云南省高等学校民族团结进步理论与实践协同创新中心资助项目
中国特色民族团结进步事业智库资助项目

中国特色民族团结进步事业丛书

主编　王德强

# 互嵌式社会与民族团结

## 人类学的视角

张少春/ 著

社会科学文献出版社
SOCIAL SCIENCES ACADEMIC PRESS(CHINA)

# 总　　序

　　民族是客观存在的实体，而不是"想象的共同体"。人类社会是民族的大千世界，当今世界仍有两三千个民族。民族多，国家少；多民族国家多，单一民族国家少，是当今世界的常态。如何处理统一性和多样性之间的关系，以实现"尊重差异、包容多样"的国民整合，是世界性的难题。

　　在漫长的历史发展进程中，解决民族问题的观念和实践多以消除差异为目标，其手段也不外乎武力征服、强迫同化、驱赶围困，甚至赶尽杀绝。这种手段或政策，在西方殖民主义时代形成了通则，并被推向了极致，为今天世界民族问题留下了诸多的"历史遗产"。

　　殖民时代结束后，随着同化、熔炉政策的整体性失败，多元文化主义开始成为西方国家解决民族问题的普遍性潮流，但是好景不长，"多元文化主义已经过时"的论调接踵而来，与之相呼应，"文明冲突论"甚嚣尘上。世界许多国家似乎对多样性失去了兴致，对处理统一性和多样性之间的关系失去了耐心、穷尽了智慧。

　　与此形成鲜明对照的是，中国共产党始终坚持把马克思主义基本原理同中国多民族国情相结合，开辟了中国特色解决民族问题的正确道路，缔造了中国特色民族团结进步辉煌事业。实践证明：只有坚持马克思主义的立场、观点和方法，才能正确处理民族问题。

　　新民主主义革命时期，中国共产党根据马列主义关于民族问题的理论与国家学说，结合中国民族问题的现状，明确提出了民族平等、民族团结这一马克思主义正确处理民族问题的原则。民族平等是民族团结的前提和基础，民族团结是民族平等的目标和实现形式。1922 年，中共二大宣言指出：中国的反帝国主义运动要并入世界被压迫民族的民族革命浪潮中，与世界无产阶级革命运动联合起来。"世界无产阶级联合起来"的主张是中国共产党民族团结进步思想的萌芽。在战争时期，中国共产党明确提出了实行民族平等政策，中华苏维埃第一次全国代表大会决定：凡是居住在苏维埃共和国的少数民族劳动者，在汉人占多数的区域，和汉族的劳苦人民一律平等，享有法律上的一切权利，并履行相应义务，而不加以任何限制。1934 年 5 月 5 日，中国共产党在《党团中央为声讨国民党南京政府告全国劳动群众书》中首次提出了民族团结的主张，指出不分党派、职业、民族、性别、信仰都团结起来，一致抗日。在长征途中，中国共产党始终团结各民族，并建立了少数民族自治政权，积累了民族团结和民族工作的宝贵经验。抗日战争全面爆发后，中国共产党提出了联合国内各种力量建立广泛的抗日民族统一战线的主张，1937 年 8 月 15 日《中国共产党抗日救国十大纲领》中明确提出"抗日的民族团结"，主张全民族的联合和一致对外。在整个抗日战争时期，中国共产党都坚持民族团结、一致抗日的主张和政策。从第一次国内革命战争到第二次国内革命战争，中国共产党解决民族问题、处理民族事务的政策主张从民族"联合"走向民族"团结"，并在抗日战争的历史背景下，实现了从民族"联合"到民族"团结"的根本转型。

解放战争时期，中国共产党客观分析当时的形势，把抗战时期民族团结、抗日救国的政策主张，发展为各民族团结起来，共建独立、自由、和平、统一和强盛的人民民主共和国的主张。1947 年 5 月，中央明确提出建立第一个省级自治区——内蒙古自治区。新中国成立前夕，在总结新民主主义革命胜利的经验基础上，中国共产党继承和发展了马克思主义的民族团结观。《中国人民政治协商会议共同纲领》明确规定："中华人民族共和国境内各民族一律平等，实行团结互助，反对帝国主义和各民族内部的人民公敌，使中华人民共和国成为各民族友爱合作的大家庭。反对大民族主义和狭隘民族主义，禁止民族间的歧视、压迫和分裂各民族团结的行为。"丰富和深化了中国共产党关于民族团结理论与政策的内涵，并成为新中国处理民族问题的基本原则。

中华人民共和国成立后，中国共产党全面开创民族团结进步事业。创建统一的多民族国家，实行民族区域自治保障民族平等和各民族团结；在民族地区政权建设进程中把民族因素与区域因素相结合，历史与现实相结合，因地制宜，实行民族区域自治，增强各民族的团结，维护国家统一。派出中央民族访问团，毛泽东手书"中华人民共和国各民族团结起来！"为访问团壮行，访问团累计行程 8 万多公里，足迹遍布除西藏、台湾外的所有民族地区，宣传党的民族政策，消除民族隔阂，化解矛盾纠纷，促进各民族的团结。继而又开展了民族大调查、民族识别等工作，极大地丰富和深化了对多民族国情的认识，为全面实行民族区域自治和促进民族团结创造了条件。分类指导，改革少数民族地区社会经济制度。中华人民共和国成立以来终结了民族压迫、剥削、歧视的历史，全面建立了促进民族平等团结、共同繁荣发展的崭新的政治经济社会文化制度，民族团结达到了全新的水平。从新中国成立到"文化大革命"前这段时期，各民族的团结达到了空前的高度，民族工作迎来了"第一个黄金时期"。

20 世纪 70 年代末，真理标准的大讨论和党的十一届三中全会，拉开了思想解放和改革开放的历史帷幕，同时开辟了巩固和加强我国民族团结进步事业的正确航道。1979 年全国边防工作会议重申了党的民族政策，确定了新时期民族工作的主要任务："在全党、全国各族人民中间，普遍地、深入地、大张旗鼓地进行民族政策再教育，认真检查民族政策的执行情况，切实解决存在于民族关系方面的问题，消除不利于民族团结的因素"，各地在贯彻落实中央的这一精神过程中，创造性地开展了形式多样的民族团结进步宣传活动，取得良好的效果。改革开放以来，中国共产党高度重视民族团结进步事业，以邓小平为核心的第二代中央领导集体开创性地提出了"汉族离不开少数民族，少数民族也离不开汉族"的重要思想，并在党的十三届四中全会以后最终形成了中国共产党关于中国民族关系"三个离不开"的基本认识。同时，根据党和国家中心工作的历史性转变，及时将民族工作的中心转移到社会主义现代化建设上来，加大民族政策贯彻落实力度，特别强调了发展是解决民族问题的核心，并逐步形成了"各民族共同团结奋斗，共同繁荣发展"的新时期民族工作主题。"两个共同"的思想深刻阐释了维护民族团结和加快民族地区发展的辩证关系。在实践层面制定并实施西部大开发战略，制定实施人口较少民族发展、兴边富民、少数民族事业发展三个专项规划，采取一系列重大举措加快少数民族和民族地区发展；专门研究部署加快西藏、新疆等边疆民族地区经济社会发展，推进民族团结进步事业；定期召开民族团结进步表彰大会，总结经验，表彰先进；全面、深入地开展民族团结进步创建活动；等等。在改革开放的进程中，在复杂多变的国际环境中，我国不仅保持了民族团结、边疆稳定和国家统一，而且使中国特色民族团结进步事业全面推进。

党的十八大以来，以习近平同志为核心的党中央，深刻洞察世界政治经济格局的走向与变化，全面分析和科学研判我国民族工作新的阶段性特征，深入研究党和国家事业发展对民族工作的时代要求，提出了一系列关于做好民族工作的新理念、新思想、新战略，科学回答了新形势下推进中国特色民族团结进步事业发展的一系列重大理论和实践问题，全面阐释了中国特色解决民族问题的正确道路，彻底澄清了近年来民族工作领域理论上的一些模糊认识，切实纠正了实践中的一些不当做法，开启了中国特色民族团结进步事业的新航程。民族地区的五大文明建设全面推进，各民族之间的交往交流交融全面展开、深入发展。

在理论层面，深化了对多民族国情的认识，强调多民族是"特色"、是"有利因素"，多元一体是"重要财富"、"重要优势"。这一新定位、新认识，为族际交往从"各美其美"走向"美人之美，美美与共"，提供了内在根据；强调中华民族和各民族的关系，是一个大家庭和家庭成员的关系，各民族之间是大家庭里不同成员之间的关系，一家人都要过上好日子，全面建成小康社会，一个民族也不能少；为增强中华民族共同体意识、加快共有精神家园建设，为夯实民族团结进步事业的物质基础指明了方向。

在实践层面，多措并举，综合施策。强调推动民族工作要做到物质力量和精神力量并用，一把钥匙开一把锁：物质层面的问题要靠物质力量、靠发展来解决；精神层面的问题要靠精神力量、思想教育来解决。强调法律保障和争取人心并重；习近平总书记既强调要用法律来保障民族团结；又强调"做好民族工作，最管用的是争取人心"，要"绵绵用力，久久为功"，强调人心是最大的政治。强调要在全社会不留死角地搞好民族团结宣传教育。民族团结宣传教育应少做"漫灌"，多做"滴灌"和精耕细作。强调城市民族工作中对少数民族流动人口既不能搞关门主义，也不能放任自流，关键是要抓流出地和流入地的两头对接，着力点是推动建立相互嵌入的社会结构和社区环境。党的十八大以来关于民族事务治理的新理念、新思想、新战略，从理论和实践层面科学回答了新的历史阶段民族工作中面临的新问题、新挑战，丰富和发展了马克思主义民族理论。

由云南省高等学校民族团结进步理论与实践协同创新中心和中国特色民族团结进步事业智库共同推出的"中国特色民族团结进步事业丛书"同时得到了中宣部文化名家暨"四个一批"人才项目专项经费、云南省"万人计划"云岭学者专项经费联合资助。本丛书旨在全面总结中国特色民族团结进步的成功经验，深刻阐释中国特色解决民族问题的正确道路，深入揭示各民族共同团结奋斗、共同繁荣发展的内在逻辑，深入研究推进中国特色民族团结进步事业面临的新情况、新问题，希冀不断巩固和加强中国特色民族团结进步事业；并通过讲述中国故事，传播中国声音，彰显中国特色民族团结进步事业的价值和意义，为化解"文明冲突"和民族纷争，促进文明互鉴、族际和谐提供借鉴。

王德强

2018 年 1 月 10 日于临沧

# 序　一

王希恩

　　"民族互嵌"和"民族团结"都是近年来比较热门的话题。后者念叨了几十年甚至上百年，近几年来却特别"火"；前者虽然自2014年才经中央有关会议提出，但各类研究成果已经不绝如缕。要在这样两个大家都在关注的话题上做出新鲜东西来实属不易。令人欣喜的是，我的年轻同事，张少春博士毅然选择了这样一个有难度的课题，而且真的做得不错。

　　关于"民族互嵌"，中央相关的表述是"推动建立相互嵌入式社会结构和社区环境"。这里明确是讲"社会结构"和"社区环境"，并不只是"社区环境"。少春注意到了这一点。他在对既有研究文献的梳理后批评说，不少文章在解读"嵌入式社会结构和社区环境"过程中往往把重点放在"嵌入式社区"，有简化这一重大战略的倾向。他认为"嵌入式社会结构和社区环境"致力的应是解决新时期我国民族团结的全局性问题，不能局限于某地，也不能局限于城市，嵌入式社区建设是手段而不是目标，其意义在于通过空间上的嵌入式居住，强化民族间在日常生活、社会交往、文化交流等领域的交往交流交融，最终实现更高层次的民族团结。因而他提出应走出"嵌入式社区"，从根本上形成一个"民族互嵌型社会"。应当说这是少春这本书着力表现的一个观点，很有见地。

　　作者花了足够的篇幅从词源学和概念史的角度对"嵌入"和"社区"两个概念做了解读。之后，用了闽宁镇的劳动力市场、阿拉善左旗的传统资源与公共文化建设、红寺堡的社区环境与社会心态、木座寨的纠纷矛盾与社会控制、宝赠村的村寨交往与文化规则、黄家村的天主教会与乡村生活等六个个案，分别从经济、文化、空间、社会、民俗、宗教等六大方面讨论了不同领域的互嵌特征及背后的共性生成问题，充分展示了"嵌入"本身具有的诸多面向，表达出了他的核心思想：在民族团结的语境中讨论"相互嵌入"，应是指各民族在交往交流交融过程中的全面"嵌入"，在社会、经济、文化、思想等方面联结互动为一个整体；而经过经济、文化、空间、社会、民俗、宗教等领域多元相互嵌入、共同性不断增长的过程，便是各民族逐步深化团结于中华民族这一共同体的过程。

纵观全书，从研究综述和提出问题，到引入研究视角和调查个案，再到结语的提炼，结构清晰、首尾一体、观点明确，不能不说这是一部给人以启发和拓展视野的佳作。

在对核心观点和材料的陈述过程中，作者不时表达出的一些研究心得构成了全书不可或缺的精彩之处。如他对当下流行的"社会团结"和"民族团结"概念的甄别，认为"社会团结"主要讨论的是人与人如何结合起来的问题，也就是社会何以组织起来的问题；而"民族团结"不是个体的结合，主要指不同民族之间的团结即族际团结，是团体之间的关系问题。再如他认为，中华民族共同体意识是对这个共同体在民族平等、经济依存、社会互嵌、文化兼容四方面不可分割的认识，是对这个共同体的历史、当下与未来共同命运的认识，是对"你中有我，我中有你，谁也离不开谁"格局的认识，根本上是对中华民族作为一个整体的认同和理解。这些认识或心得在书中时有所现，为全书增色不少。有研究经历的人都知道，"灵感"的出现和表达或是作者一时的神来之笔，但其背后是持续而不懈的思考。在此我们可以看到作者的顿悟，更能看到他的执着。

显然与作者的学术背景有关，全书对研究方法和视角着墨颇多，其中一节"人类学视角"专门涉及这个问题。作者直言，以马克思主义民族理论为指导，在调查研究的基础上推动民族理论研究的新思考是本书的目标。或者更明确讲，本书是"以人类学的田野调查来开展民族理论的研究"。"民族互嵌"无疑属于"民族理论"的研究内容，因为它是一种政策导向，也是一种理论范畴。民族理论学科的特征或使命就是从宏观上探讨民族现象、民族问题和解决民族问题途径。

关于怎样将人类学方法纳入民族理论研究，作者首先秉承了人类学强调的田野调查传统。在入职不长的几年内，少春待在所内的时间并不长，而是主动或借机利用各种机会进行调研。本书选取的个案清晰地留下他的调研足迹。但可贵的是少春并没有沉溺于田野资料的简单获取，而是不断思考，将其融入更为广阔和普遍的问题。比如他讲，本书借用"社区研究"的方法来开展"互嵌式社会"研究，不是要做具体社区的研究，而是将其作为一个"窗口"，通过小的个案去观察超出社区边界的宏大进程和理论问题。以人类学的田野调查来开展民族理论研究，在"社区研究"的方法论确定之后，还必须特别注意个案与理论如何衔接的问题；个案研究始终面临着如何处理特殊性与普遍性、微观与宏观之间的关系问题。他认识到，"互嵌式社会"研究可以做小问题的切片，但却不能局限于社会与文化的片断，把它们与宏大问题的有机联系割断，应该顺藤摸瓜将小村寨放置在它所处的大网络中来观察。避免这种局限，既不是以大统小，也不是以小见大，而是要将大和小联系起来，将国家的力量同地方的肌体、国家的制度与地方的操作、国家的政策与地方的实践结合起来。民族理论的发展有其历史渊源和现实条件，必须兼顾中央宏观原则和地方具体实践，也必须兼顾向后看与向前看两种取向，同时还需要借鉴我国历史与外部治理实践两种经验。

这些话语显然和传统"民族理论"有着隔膜，但并非不能相容。中国的民族理论从来就是一门开放的学问，容纳着多学科的概念、方法和理念，也承担着既宏观又具象、既理论又现实的责任。如此，它没有也绝不会拒绝与它有着很多重合点的人类学的介入。少春是人类学博士，目前从事的又是民族理论研究，他深知二者的深浅，探索着如何实现突破，如何扬长避短。看得出，这本著作已经凝聚了他将二者结合的学术自觉和自信。我相信，它既是一个研究如何实现"互嵌式社会和民族团结"的样本，又是实现人类学与民族理论研究结合的样本。

"小荷才露尖尖角，早有蜻蜓立上头"。作为一个"85后"年轻学人，少春博士在短短的几年内既已拿出这样一本有厚度的研究成果，我深感欣慰，寄他以厚望。中国的民族理论研究可望在年轻一辈的努力中不断走向进步。

2018 年 4 月 1 日于北京

# 序　二

麻国庆

　　摆在手边的《互嵌式社会与民族团结：人类学的视角》书稿我是三月底看到的，其中有的社区比较熟悉，有的则比较陌生。像四川平武白马藏人和广西龙胜侗族的田野点，是我在中山大学人类学系指导少春和他的同门们开展"藏彝走廊"和"南岭走廊"研究时开拓的。四川平武的白马藏人在我国民族学人类学的发展史上具有重要意义，费孝通先生1978 年发表的《关于我国民族的识别问题》一文中，正是以"平武藏人"的识别为例，提到要"把北自甘肃，南至西藏西南的察隅、珞瑜这一带地区全面联系起来，分析研究靠近藏族地区这个走廊的历史、地理、语言并和已经暴露出来的民族识别问题结合起来"。"民族走廊"的概念正是发端于此。

　　当时我指导学生们开展"民族走廊"的研究，正是想强调走廊地带的人类学定位及其意义。在中国多民族交接地带，贸易、婚姻、文化、习俗、宗教等相互交融与叠加，为超越时空限制来理解民族区域的形成与发展过程提供了恰当的研究视角。"民族走廊"的理论意义在于，可以将"多元一体"理论所揭示的历史过程放置到一个具体的空间范围内，从而对于多元如何结成一体形成新的理解。延伸来看，这个空间既可以是山川河流造就的广阔走廊，也可以是因为移民搬迁、民族交往、文化传播所形成的具体的社区。在民族走廊地带、民族结合部有很多这样的村寨，多元的民族、社会、文化和经济体系在社区内相交汇，逐步形成了具有地方特色的共同体特征。

很明显，少春延续了当时我们讨论的问题。他从各地的个案出发，研究了不同社区内部经济、社会、文化、民俗和宗教等领域多元因素如何杂糅与叠加，塑造出一个个你中有我我中有你的共同体。但是他并没有全面地考察社区各个方面的多元体系如何达成共同性，而是从社区生活的某个面向着手。比如平武木座寨关注的是社会控制，书中发现当地社区内外的社会控制处于一套跨体系的社会规则下，为新的社会整合建立了基础。而地处"南岭走廊"的龙胜宝赠寨则是通过"欠"与"还"的文化逻辑，将村寨交往中的互惠原则实践和维持下来，在当地整合出具有区域公共性的民俗文化。

而那些新的田野点，是少春 2014 年进入 6 号楼工作开始慢慢积累的。民族所理论研究室专注于马克思主义民族理论和现实中国民族问题的研究，曾经推出过马克思、恩格斯、列宁、斯大林论民族问题汇编等一批重要的成果。他原来在中山大学一直接受人类学的训练，进入民族理论研究室后，开始尝试一些新的研究。本书所讨论"互嵌式社会"的问题，正是他对于理解中国民族团结的一种努力。他研究的是"民族团结""互嵌式社会"等民族理论研究所关注的主题，但不是从政策文本出发，而是以人类学者熟悉的生计方式、文化变迁、社会控制等概念来展开。书中所讨论的几个社区涉及不同地域、民族，也是在类型比较的基础上，试图寻找中国民族团结经验层面的社会与文化解释。

以民族学人类学的方法来进行民族理论问题的研究，事实上由来已久。人类学在英国创建之初，就是为了认识境外殖民地的"他者"，从而为殖民帝国服务。而起源欧洲大陆的民族学，主要关注内部的"他者"如何达成认同上的共识，以服务于民族国家建设。这两门学科引入中国，一开始就与民族的觉醒和民族国家的建设进程联系在一起。整个 20 世纪前半叶，我国的民族学人类学前辈们或投身田野，或钩沉史海，研究了国家与民族、中华民族与境内各民族之间的关系，回应的就是在中国这样一个多民族国家建立民族国家的理论困境。而他们的研究成果不仅推进了中华民族的自觉，也为"统一的多民族国家"国家观的确立提供了思想和学术支持。

新中国成立初期，民族学人类学者曾广泛参与到民族识别、少数民族社会历史大调查等工作当中，为落实少数民族区域自治，推动中国特色民族理论体系的形成贡献了力量。这其中最为瞩目的就是费孝通先生的"多元一体格局"理论。

所以说在我国民族研究相关学科的发展过程中，各个领域原本就是相互借鉴、相互交叉的。如果我们回顾老一辈学者的工作，会发现他们并没有明确的学科界线，而是把传统思想中"格物"和"致用"、"道学问"和"尊德性"的取向融汇在他们的研究当中。追求真理的专业主义与国家主义的责任感使命感并存于他们的学术生涯。正如费孝通先生晚年在反思自己的研究时就指出，他与同时代的学者都带有中国知识分子的传统烙印，一是"天下兴亡，匹夫有责"，二是"学以致用"。

但是在学科体系规范化的过程中，人类学与民族理论逐渐发展为不同一级学科下面的二级学科，两者之间的分野才固定化了。我国的民族理论学科主要的研究内容是马克思主义民族理论体系，重在研究我国民族工作和民族发展中的宏观理论问题，总结党和政府的民族工作经验。与这类研究相联系的是人类学在政治领域的应用研究，即通过研究民族形成、发展规律为党和国家制定民族政策提供理论依据和经验支撑。

研究主题上的交叉是容易实现的，但人类学与民族理论学科的根本差异在于对民族这一研究对象的看法。民族理论研究将"民族"视为人们社会生活中最为重要的身份，56 个民族共同构成了"中华民族"是其基础，强调概念的政治性和确定性。而人类学者则将"民族"作为诸多社会身份的一种，与性别、年龄、信仰和阶级等身份并无二致。正是因为这一点，"民族"与"族群"这对概念相纠结，才引发了"实体论"与"建构论"的讨论。并在多年之后的"去政治化""第二代民族政策"等理论争论中也能看到影响。

我曾经在《明确的民族与暧昧的族群》一文中指出，"民族"概念的演变是从模糊到确定，而"族群"的使用则是从清晰到暧昧。"民族"指涉的是"社会中的民族"，即当代中国社会整体中各民族在政治、经济、文化领域的互动，强调的是民族在社会中的单位特征。而"族群"概念主要适于讨论"民族中的社会"，即在某一民族内部或多民族杂居地域不同群体的人们如何展开互动。"族群"概念在一定程度上激活了民族现象的复杂性，破解了单一民族研究的束缚。

"民族"与"族群"的"名实之争"反映了社会科学"实在论"与"建构论"的二元对立。而费孝通先生 1988 年发表的《中华民族多元一体格局》一文则是超越了这种非此即彼的论述模式。一般民族理论学界较为关注"中华民族多元一体"所揭示的双层结构。而对于民族学人类学来说，重要的不仅是总结提炼出怎样的"格局"，更是多元社会的结合和国家整合的关系，即多元和一体的关系问题。多元不是强调分离，只是必须坚持平等；一体不是要消灭多元，而是要加强团结。其核心是强调多元中的互动性、有机联系性和共生性。

将多元纳入共生的有机联系中，多民族国家的整体性才得以展现出来。少春或许正是看到这一点，所以从社区内部多元体系如何达成共同性来理解"互嵌式社会"中的民族团结。民族团结不是融为一体，而是强调各民族经由各种有机的联系团结在多民族国家之内。这种有机的联系既可以是生计的，还可能是文化的。这本书正是从经济、文化、空间、社会、民俗、宗教等六大面向，讨论不同领域的互嵌性特征，特别是背后的共同性如何生成和表现的问题。他提到："各个领域多元相互嵌入，共同性不断增长的过程，便是各民族逐步深化团结于中华民族这一共同体的过程。"为民族团结的研究提供了一种人类学的新视角。

2014 年中央民族工作会议指出，当前阶段我国的民族工作具有"五个并存"的阶段性特征。目前许多研究倾向于将民族作为一个特定的社会和文化单位，将民族界线延长到社会生活的各个角落作族别研究。民族现象包含历史、经济、文化与心理等维度。要发展适应新时期阶段性特征的民族学，就必须从民族现象的基本维度出发，突破民族单位的限制。民族是在历史、生产、语言、文化、风俗以及心理等方面具有共同特征的人们共同体。民族学人类学应该对民族现象中的历史记忆、经济活动、文化习惯、心理认同与宗教生活等领域的转型过程予以持续的关注。要重视这个过程中多种因素、多种力量、多种趋势并存的复杂性，关注跨越民族、区域、文化和政治边界的社会性领域建构过程。

这就需要把理论研究的宏观视野与经验研究的微观视角结合起来，推进我们对于民族问题的认识。从现实出发的民族研究不应局限于具体的学科领域，而是要从多重的视角来开展民族关系、民族问题的研究。这里人类遗传学、考古学、历史学、语言学、人类学、民族学、政治学、国际关系等学科都有各自的视角。人类学的特殊性在于，有助于学者们进入人们的日常生活，从社会结构、文化交流等基础层面来看待民族团结等宏大理论和实践问题。书中我也看到他对于如何将人类学方法与民族理论研究结合起来有了自己的思考。当然，这还只是年轻人的探索和尝试，存在许多问题，希望他能再接再厉。

2018 年 4 月 5 日
于北京魏公村

# 目　录

# 图表目录

# 第 一 章
# 理论与问题

## 一 何为"互嵌式社区"

"嵌入式社区""互嵌式社区"在民族学界近年来的热烈讨论,源自中央对于民族工作的一系列新思路。2014 年 5 月中共中央政治局在"进一步推进新疆社会稳定和长治久安"工作会议上,首次提出"推动建立各民族相互嵌入的社会结构和社区环境,促进各民族交往交流交融,巩固平等团结互助和谐的社会主义民族关系"[①]。此后在第二次中央新疆工作座谈会上,习近平总书记提出:"推动建立各民族相互嵌入式的社会结构和社区环境,有序扩大新疆少数民族群众到内地接受教育、就业、居住的规模,促进各族群众在共同生产生活和工作学习中加深了解、增进感情。"[②] 此后又在中央民族工作会议中上升为我国民族工作的重要部署:"要推动建立相互嵌入式社会结构和社区环境,促进各民族群众相互了解、相互尊重、相互包容、相互欣赏、相互学习、相互帮助。"[③] 这一部署在全国城市民族工作会议上又被作为推进城市民族工作的抓手,

---

[①] 《中共中央政治局召开会议研究进一步推进新疆社会稳定和长治久安工作》,《人民日报》2014 年 5 月 27 日第 1 版。

[②] 新华社:《习近平在第二次中央新疆工作座谈会上发表重要讲话》,2014 年 5 月 30 日,新华网,http://www.xj.xinhuanet.com/zt/2014 - 05/30/c_1110932196.htm。

[③] 中共中央、国务院:《关于加强和改进新形势下民族工作的意见》,《人民日报》2014 年 12 月 23 日第 1 版,人民网,http://paper.people.com.cn/rmrb/html/2014 - 12/23/nw.D110000renmrb_20141223_2 - 01.htm。

会议指出："以推动建立相互嵌入的社会结构和社区环境为抓手，推进城市民族工作制度化、规范化、精细化，让城市更好接纳少数民族群众、让少数民族群众更好融入城市，切实加强各民族交往交流交融。"① 因为城市社区的特殊性，嵌入式社区中的"社区"也被简化为城市环境中作为基层社会单位的社区，成为类似街区/小区一样的具有明确空间边界的单位。

"推动建立相互嵌入式社会结构和社区环境"作为一项民族工作的新思路，自然不能局限于具体领域，而是涉及社会生活各个方面的总体性体系。但值得注意的是，在中国知网当中以"嵌入式社会结构和社区环境"为篇名和关键词的文章仅有17篇，而以"嵌入式社区"为篇名和关键词的文章达到66篇。② 不难发现，政策文件中的"嵌入式社会结构和社区环境"在解读过程中往往把重点放在"嵌入式社区"，有简化这一重大战略的倾向。为了弄清楚这一问题，首先需要梳理一下学术界和社会各界对于各种与此相关的理论和现实问题进行的讨论，特别是围绕"互嵌式社区"③ 的一系列知识生产。

在从政策话语向学术概念转化的过程中，首先要解决什么是"互嵌式社区"的问题。虽然不断有政府人员和专家学者在媒体上讨论相关话题，但是这些片段的论述并没有给出"互嵌式社区"的明确定义。有学者在辨析"社区"、"民族社区"和"多民族社区"等已有概念的基础上，指出"民族互嵌型社区"的涵义为："由两个以上（包括两个）民族共同居住并形成空间相错的同一区域内的共同体，这一共同体中的具有不同民族身份的成员之间形成自由交往交流并相互包容的关系。"④ 虽然在定义中强调了共同的空间关系，作者同时指出"民族互嵌"的共同

① 《全国城市民族工作会议在京召开》，《人民日报》2016年1月7日第1版，人民网，http://politics.people.com.cn/n1/2016/0107/c1024-28021895.html。
② 数据来源：通过中国知网 http://www.cnki.net/进行检索，结果中包含期刊、报纸、会议文章和学位论文，检索日期：2016年12月26日。
③ 目前部分研究使用"嵌入式社区"，但"推动建立各民族相互嵌入的社会结构和社区环境"中明确指出了主体的多民族性和互动性，因而不是一个民族嵌入另一个民族，而是相互嵌入共同地理、经济、社会和文化体系。所以本书中使用了"互嵌式社区"这一表述。
④ 杨鹍飞：《民族互嵌型社区：涵义、分类与研究展望》，《广西民族研究》2014年第5期。

体具有"空间关系"与"精神关系"两个关键属性，甚至认为其中自由交往、相互包容的精神关系更为重要。也有学者通过整理"社区"概念，提出："民族互嵌式社区就是指建立于一定的地域基础之上，由不同民族成员组成的，多元文化之间平等相处、彼此尊重的社会利益共同体。"① 这一社会共同体被认为具有人文因素、地域因素、利益因素、关系因素、文化因素等五大方面内容。有学者进一步指出，嵌入式社区有居住空间的互嵌、组织网络的互嵌、文化接入的互嵌和认同的互嵌五个维度，表现出来就是社区的现实基础：空间基础、文化基础、社会基础和心理基础。②

而对于如何建设的问题，有学者指出，虽然这一设想最早是在新疆工作会议上提出，但互嵌式社区建设不只适用于新疆地区，也适用于新疆之外的其他地区；不仅适用于城市和城镇地区，也适用于乡村地区。在建设过程中要注意"三个结合"：一是"互嵌式民族社区"建设与新型城镇化战略推进的结合；二是"互嵌式民族社区"建设与国家及社区治理体系和治理能力现代化的结合；三是"互嵌式民族社区"建设与国家意识、中华民族共同体意识教育紧密结合起来。③ 有学者强调了政府和社区的双重作用，指出通过强化社区功能和文化建设，促进社区各民族空间分布上相互嵌入，促进社区各民族成员情感上相互包容，推动社区各民族成员之间自由交往交流交融。在建设"嵌入式社区"的过程中，要给予建设主体多民族性、多元文化互动性、建设过程动态性以特别的重视。④ 还有学者进一步明确了嵌入的面向，认为可以从结构互嵌、经济互嵌、关系互嵌、文化互嵌四个维度对"民族互嵌式"进行分析和研究。其中结构互嵌和经济互嵌被归为社区物质环境建设的内容，关系

---

① 张会龙：《论各民族相互嵌入式社区建设：基本概念、国际经验与建设构想》，《西南民族大学学报》（人文社会科学版）2015 年第 1 期。
② 闫丽娟、孔庆龙：《民族互嵌型社区建构的理论与现实基础》，《新疆师范大学学报》（哲学社会科学版）2015 年第 6 期。
③ 张会龙：《论各民族相互嵌入式社区建设：基本概念、国际经验与建设构想》，《西南民族大学学报》（人文社会科学版）2015 年第 1 期。
④ 杨鹍飞：《民族互嵌型社区建设的特征及定位》，《新疆师范大学学报》（哲学社会科学版）2015 年第 4 期。

互嵌和文化互嵌被划为社区精神环境建设的内容。① 也有学者延伸开来，认为新型城镇化战略为民族互嵌型社会建设提供了空间场域和动力机制，表现为推动空间重组与家园重塑、促发民族互嵌型社会的生产重构、创新教育政策以增进文化互尊、开展心理健康建设推动社会交融等方面。②

在理论研究的同时也有学者对互嵌式社区建设的现状进行了实证研究。有学者在分析了新疆嵌入式社会结构和社区环境的一系列实践，比如居住环境、教育、"双语"教育、劳务输出、"援疆"工作、干部下基层等内容之后，指出新疆嵌入式社会结构和社区环境建构过程中存在着部分嵌入措施难以落实；南疆地区嵌入难度大；内地各界对"有序扩大新疆少数民族群众到内地接受教育、就业、居住"缺乏应对；政策和法律支持体系亟待健全等问题。在此基础上提出：要加强新疆嵌入式社会建设的顶层设计和分类指导，既要重视各民族间的"有形"嵌入，又要重视各民族间的"无形"嵌入；要以南疆地区为重点和突破口；内地政府和社会各界要以更积极、更包容的心态对待新疆少数民族融入内地；国家、新疆和内地三个层面要共同做好政策和法律的制度保障。③

有学者研究了曾是南方丝绸之路和茶马古道交汇点、古要塞和古战场的云南省大理关迤社区。该地立足多民族共居的历史和现实，关迤社区以创建民族团结进步示范社区为契机，围绕社区建设中的人文、地域、利益、历史文化等要素，突出公共组织的作用，实施"以管理服务促进和谐、以历史文化凝聚力量、以公共广场建设宣传政策、以联建互助增强认同、以基层党建促进和睦"的创建思路，不断推进民族嵌入式社区建设。并提出了三条经验：运用历史思维，加强民族嵌入式社区实践性的历史考察；理论与实践相结合，推动民族嵌入式社区的发展；正确定

---

① 裴圣愚：《相互嵌入：民族社区环境建设的新方向》，《黑龙江民族丛刊》2015 年第 1 期。
② 胡小武：《民族互嵌型社会的动力结构及优化模式》，《新疆师范大学学报》（哲学社会科学版）2015 年第 5 期。
③ 张朝霞：《新疆嵌入式社会结构和社区环境的实现路径研究》，《西北师大学报》（社会科学版）2016 年第 1 期。

位政府及其政策在民族嵌入式社区建设中的角色。[①]

也有研究者从社区资源支持角度，评价社区经济资源、文化资源和社会资源对民族互嵌式社区建设的作用与影响。天津市"两县三区"的调查显示，总体上天津市少数民族成员的嵌入意愿较高，其中民族交往意愿高于居住模式意愿，居住模式意愿又强于民族通婚意愿。进而指出，经济资源对民族互嵌式社区建设最为重要。需要引导和鼓励企业单位、社会组织、民众共同参与社区建设，为其提供必要的人力、物力、财力支持，以及需要重点解决民族互嵌式社区建设中存在的"经济'硬'资源供给不足、资金来源渠道单一"问题。民族互嵌式社区建设既要注重少数民族文化的保护与发展，但当前也应注重解决以社区为单元的各民族共同的物质文化资源和精神文化资源的供给问题。应着力解决民族社区少数民族成员面临的"就业难、看病难、上学难、养老难"的问题，以此转变他们的社会认知和提高他们的社区意识，帮助他们尽快地融入城市社会。[②]

武陵山片区靖州民族社区互嵌式建设的经验显示，靖州民族社区属于主导型社区，当前建设的重点是社区外部环境。从民族社区硬环境建设来看，各民族社区形成了交错分布的格局，为不同社区各民族成员频繁的交往交流提供了地域空间，从而实现了民族社区的结构互嵌。从民族社区软环境建设来看，各民族社区形成了共有共享的文化内核，形成了相互协调的治理模式，形成了相互依存的经济产业，从而增强了社区认同、民族认同、家乡认同，构筑了共同的精神家园，实现了民族社区的文化互嵌、制度互嵌和经济互嵌。结构互嵌为靖州民族社区的建设发展奠定了基础，文化、制度和经济上的相互嵌入推动了各民族社区在物质层面和精神层面上的发展，巩固了民族团结。靖州民族社区互嵌式建设的最大特点是提炼和形成了"飞山"等多个被各族群众广泛认同的关键符号，这些关键符号的表达反映了靖州各个民族以及民族

---

① 杨刚、李若青：《民族嵌入式社区建设实践的理论思考——基于云南大理关迤社区的调查》，《北方民族大学学报》（哲学社会科学版）2016 年第 5 期。

② 陈纪：《社区资源：民族互嵌式社区建设的社会支持研究——天津市"两县三区"的调查报告》，《西南民族大学学报》（人文社会科学版）2016 年第 6 期。

社区之间良好的互动关系。① 靖州各民族社区通过建设实现了在结构、文化、制度、经济上的相互嵌入，为其成员提供了一个财富充足的物质家园和精神家园，为研究主导型民族社区的互嵌式发展提供了有价值的实践经验。

也有学者以新疆石河子市明珠社区汉族流动人口春节族际互动网络为研究对象，指出多民族社区流动人口的社会关系嵌入是构建互嵌式民族社会结构的重要维度。该研究引入社会网络结构视角，以社区节日互动情境为切入点，测量流动人口在多民族社区中的族际网络结构嵌入程度，分析族际互相嵌入的具体机制。研究发现人口流动促进了族际互嵌关系途径的增多，但公共文化资源分配、文化共享程度等限制了流动人口的族际嵌入程度。发展社区经济、调整公共文化资源分配和增强族际文化共享是促进新疆嵌入式社会结构和社区环境营造的现实路径。②

新疆塔城市民族关系的实证研究发现塔城市的多民族关系呈现出较为和谐的民族互嵌型特征，呈现为居住格局、语言、习俗、文化与地域认同等多方面的民族互嵌。这种局面的形成是历史、地域、民族文化特性、政策、宗教等方面影响的结果。他们提出这种和谐民族关系的生成机制对新时期促进各民族交往交流交融，推进民族团结具有重要借鉴意义。③

从上面简单梳理的政策文件和研究成果中可以看出，"相互嵌入式社会结构和社区环境"先是被省去了"社会结构"的重要内容，简化为"社区环境"，然后后者再次被明确为类似街区的"社区"。政策的明确当然有助于其落地实施，但是也同时失去了其作为国家民族工作新精神的理论意义。"相互嵌入式社会结构和社区环境"致力于新时期我国民族团结的全局性推进，不能局限于某地，也不能局限于城市，而是应该

---

① 裴圣愚、唐胡浩：《武陵山片区民族社区互嵌式建设研究——以湖南省靖州苗族侗族自治县为例》，《中南民族大学学报》（人文社会科学版）2015 年第 2 期。

② 吴良平：《流动人口与新疆嵌入式民族社会结构构建——以新疆石河子市明珠社区汉族流动人口春节族际互动网络为例》，《西南民族大学学报》（人文社会科学版）2016 年第 2 期。

③ 王平、严学勤：《论民族互嵌与和谐民族关系的构建——以新疆塔城市的实证研究为例》，《新疆师范大学学报》（哲学社会科学版）2015 年第 5 期。

从民族理论的高度来发掘其对于推进民族团结的重要意义。"互嵌式社区"建设是手段而不是目标，其意义在于通过空间上的嵌入式居住，强化民族间在日常生活、社会交往、文化交流等领域的交往交流交融，最终实现更高层次的民族团结。

## 二　走出"互嵌式社区"

目前已有学者对政策文本中的"建立各民族相互嵌入的社会结构和社区环境"进行了拆解，认为民族互嵌型社会结构是民族团结的宏观基础，民族互嵌型社区环境是民族团结的现实支撑。要从社会结构和社区环境两个层面来推动各民族相互嵌入，其目标在于从根本上形成一个"民族互嵌型社会"。而这里的"民族互嵌型社会"是指各民族通过频繁而有序的交往交流交融，形成一个结构相连、利益相关、情感相通的共同体社会形态。[①]"民族互嵌型社会"这一概念的提出，较好地回应了中央的提法，也有助于摆脱已有"嵌入式社区"研究的局限。有学者从社区与社会的关系出发，指出"民族互嵌型社区"到"民族互嵌型社会"是传统社会走向现代社会的必然发展趋势。从这个意义上讲，"民族互嵌"绝非仅仅指代不同民族之间的相互影响和相互渗透的空间关系，更多是指不同民族之间形成自由交往、相互包容的社会关系和精神认同。这里所定义的"民族互嵌型社会"，主要体现为在一定的地域范围内共存有多个不同民族的人们共享自然生态资源并开展生产劳动，进行社会交往的一种民族混居、民族杂居或民族合居的社会状态。[②] 然而要走出"互嵌式社区"，并不是说提出一个新的概念替代它就可以。首先必须回到概念史进行整理，考察那些在政策话语转化为学术概念的过程中被忽视的细节。从词源来看，"互嵌式社区"的理论渊源有两点，需要从"嵌入""社区"两个概念来梳理。

---

① 郝亚明：《民族互嵌型社区社会结构和社区环境的理论分析》，《新疆师范大学学报》（哲学社会科学版）2015 年第 4 期。
② 胡小武：《民族互嵌型社会的动力结构及优化模式》，《新疆师范大学学报》（哲学社会科学版）2015 年第 5 期。

　　"嵌入"（embedment）① 作为学术概念源自卡尔·波兰尼的《大转型：我们时代的政治与经济起源》一书。这一概念最重要的使用者是卡尔·波兰尼②和格兰诺维特③。人们在谈到"嵌入"概念时，往往会提及波兰尼和格兰诺维特两人，并将后者视为对波兰尼的发展，赞赏其将这一概念分析工具化。但是对于两者思想的差异则语焉不详，事实上两人对这一概念的使用存在明显的差别。波兰尼的取向具有明显的社会理论意义，而格兰诺维特更倾向于将之作为分析性和操作性的概念工具，发展一种连接宏观与微观的中层理论。④ 两人直接讨论的都是市场与社会的关系，波兰尼提出一种整体性嵌入的思想，认为经济活动附属于整体社会，也就是他说的"市场经济是附属在社会体系之中的"⑤；而格兰诺维特虽然承认市场受到外部社会因素的影响，但认为市场中总存在一个社会因素无法进入的"硬核"部分。比较波兰尼的"整体性嵌入"与格兰诺维特的"形式嵌入"⑥，诚如布洛克所言，波兰尼的"嵌入"思想更具社会理论的价值。⑦ 黄志辉进一步揭示了波兰尼赋予"嵌入"概念的多重"社会思想"意涵，指出其包含空间、经济、政治、历史以及社会整体等诸多面向。"嵌入"的空间面向，呈现出一种可以称为"嵌入式分布"的总体格局，蕴含"共生性"与"交互性"两个空间分布特征；"嵌入"的总体面向，要嵌入的总体是作为总体的社会文化体系之中的，

---

①　这一概念出现在卡尔·波兰尼《巨变——当代政治与经济的起源》（黄树民译，社会科学文献出版社，2013）第 129 页等地方，不过波兰尼本人并没有清晰地说明。较为重要的概念提炼是弗雷德·布洛克为《巨变》2001 年英文版所写的导论，参见〔英〕卡尔·波兰尼《巨变——当代政治与经济的起源》，黄树民译，第 25 ~ 30 页，社会科学文献出版社，2013。"嵌入"（波兰尼：《大转型：我们时代的政治与经济起源》，冯钢等译，浙江人民出版社，2007）是冯钢等人的译法，在黄树民的翻译中作"嵌含"。

②　〔英〕卡尔·波兰尼：《巨变——当代政治与经济的起源》，黄树民译，社会科学文献出版社，2013，第 25 ~ 30 页。

③　Mark Granovertter, "Economic Action and Social Structure: The Problem of Embeddedness", American Journal of Sociology, 1985, p. 91.

④　符平：《嵌入性：两种取向及其分歧》，《社会学研究》2009 年第 5 期。

⑤　波兰尼：《大转型：我们时代的政治与经济起源》，冯钢等译，浙江人民出版社，2007，第 50 页。

⑥　符平：《嵌入性：两种取向及其分歧》，《社会学研究》2009 年第 5 期。

⑦　弗雷德·布洛克为《巨变》2001 年英文版写的导论，参见卡尔·波兰尼《巨变——当代政治与经济的起源》，黄树民译，社会科学文献出版社，2013，第 25 页。

由仪式及其体验、社会位置、互惠体系、家庭与亲属关系构成的实质性社会文化系统，包罗了政治、经济等子系统。[①]

顺着波兰尼多重"嵌入"的思路，"互嵌式社区"也是嵌入在整体社会当中的。在民族关系或族际关系领域，"嵌入"实质上是一种关系，同民族成员在心理、现实生活等层面相互交接、相互理解、相互认可的稳定关系。[②] 也有学者指出"民族互嵌"是民族交往联系的一种状态，表现为民族之间在社会、经济、文化、思想等方面的联结互动或者某个民族的社会联结镶嵌于其他民族中。这种观点认为，"民族互嵌"具有物质形式和精神文化两个维度的意涵，物质形式方面如互嵌式社区建设；而民族互嵌的重点在于精神文化方面，后者是推进民族互嵌工作的核心和目标所在。[③] 有了空间上、物质上的互嵌，不等于就有文化心理上的交融。"拼盘"和"马赛克"都是民族交错杂处、相互嵌入的形象说法，同在一"盘"中的不同民族可以和睦相处，实现团结和融合，也可能因矛盾频发而格格不入，甚至分解分化。[④] 大力建设"互嵌式社区"，目的正是巩固中华民族共同体的基础，最终实现各民族社会上的嵌入、文化上的相互接纳、心理上的相互认同。

有关"嵌入"的理论歧义相对较少，下面主要聚焦于"社区"这一概念，恢复其作为"共同体"的本来面貌。现在使用的"社区"一词源自滕尼斯在《共同体与社会》中提出的一个与"社会"相对应的理想类型，德文 Gemeinschaft 一词更恰当的翻译应该是"共同体"。它与工业化进程中出现的、建立在契约与理性基础上的"社会"不同，指涉的是一种前工业时代的人类群体类型。它们都是基于协作关系的有机组织形式，这里"关系本身即结合，或者被理解为现实的和有机的生命——这就是共同体的本质，或者被理解为思想的和机械的形态——这就是社会的概念……一切亲密的、秘密的、单纯的共同生活……被理解为在共同体里的生活。社会是公众性的，是世界。人们在共同体里与同伙一起，从出

---

① 黄志辉：《"嵌入"的多重面向——发展主义的危机与回应》，《思想战线》2016 年第 1 期。
② 严庆：《互嵌的机理与路径》，《中国民族报》2015 年 11 月 6 日第 7 版。
③ 吴月刚、李辉：《民族互嵌概念刍议》，《民族论坛》2015 年第 11 期。
④ 王希恩：《民族的融合、交融及互嵌》，《学术界》2016 年第 4 期。

生之时起，就休戚与共，同甘共苦。人们走进社会就如同走进他乡异国"①。在滕尼斯的理论体系中，Gemeinschaft 是指建立在血缘、地缘、情感、传统纽带之上并富有情感和认同的人类共同体类型，不仅包括"社区"这样的地域共同体，还包括血缘共同体和精神共同体。所以说，"共同体"远比"社区"更贴近滕尼斯的本意。②

按照滕尼斯的定义，"共同体"指的是有着相同价值取向、人口同质性较强的社会共同体，其内部个体之间的关系表现为一种亲密无间、守望相助、服从权威且具有共同信仰和共同风俗习惯的面貌，主要的形式就是传统的乡村社区，作为人类社会的自然状态，它是由传统的血缘、地缘和文化等自然因素塑造出来的。而工业化之后，新出现的"社会"则同劳动分工以及法理性的契约联系在一起，所塑造出来的人际关系是一种理性化的、缺乏感情交流与关怀照顾的人际关系。最为典型的例子就是人口异质性特征鲜明、价值取向多元化的城市社会。③

作为《共同体与社会》一书的主旨，滕尼斯在定义了这两种人类社会形态之后，进一步还说明了两者之间的关系。作为一个悲观主义者，他认为："共同体是持久的和真正的共同生活，社会只不过是一种暂时的和表面的共同生活。因此，共同体本身应该被理解为一种生机勃勃的有机体，而社会应该被理解为一种机械的聚合和人工制品。"④虽然历史的发展趋势是由传统的"共同体"发展为城市"社会"，但滕尼斯没有将这个过程看作单线的进化，"社会"的出现并不一定意味着"共同体"的完全消失，这一过程是前后包容的。具体地说，"共同体的力量在社会的时代内，尽管日益缩小，也还是保留着，而且依然是社会生活的现实"⑤。

弄明白"社区"一词的来源，接下来我们来处理这一概念的发展流变。20世纪20年代，滕尼斯的思想被引入美国，美国的社会学家把德

①　〔德〕斐迪南·滕尼斯：《共同体与社会》，林荣远译，商务印书馆，1999，第52～53页。
②　〔德〕斐迪南·滕尼斯：《共同体与社会》，林荣远译，商务印书馆，1999，第68页。
③　〔德〕斐迪南·滕尼斯：《共同体与社会》，林荣远译，商务印书馆，1999，第53～94页。
④　〔德〕斐迪南·滕尼斯：《共同体与社会》，林荣远译，商务印书馆，1999，第53～54页。
⑤　〔德〕斐迪南·滕尼斯：《共同体与社会》，林荣远译，商务印书馆，1999，第341页。

文表述 Gemeinschaft 翻译为 Community，其拉丁词源是 Communitas，有"共同性"、"联合"或"社会生活"等意思。而这一概念在英文学术界的使用首先是由城市生态学和其他社区研究完成的。特别是美国的芝加哥学派把社区问题作为其研究美国不同类型地域社会及其变迁的核心概念，为这一概念赋予了较浓的空间色彩。在该学派代表人物罗伯特·帕克的定义中，城市"社区"有三个特征：按地区组织起来的人口，这些人口程度不同地深深扎根在他们所生息的那块土地上，社区中的每一个人都生活在一种相互依赖的关系中。[①] 地区空间和它所划定出来的人群是其研究的重要关注点。

20 世纪 30 年代"社区"概念和研究范式传入中国学界，这一概念在国内的引介推广，与当时学者寻找研究工具以认识中国的急迫需求有关。"社区"概念引入国内的标志性事件是 1933 年帕克访问燕京大学。据费孝通先生回忆，在此之前我国学界把"Community"和"Society"均翻译为"社会"。正是因为帕克坚持"Community is not society"，他和同学们才把"Community"翻译成自创的"社区"一词。新词中以"社"字表示人群之意，以"区"字作为群体的空间坐落。[②] 对于新出现的"社区"，吴文藻先生的定义为社会的具体体现："社会是描述集合生活的抽象概念，是一切复杂的社会关系全部体系之总称。而社区乃是一地人民实际生活的具体表现，有实质的基础，是可以观察得到的。"[③] 只有划定这样一个边界限定的研究对象，才能"从社区着眼，来观察社会，了解社会"。[④] 在为费孝通先生《花篮瑶社会组织》一书所做的"导言"中，吴文藻先生明确了"社区"是"社会生活的各方面都密切地相互关联而成的一个整体"，"一个特殊的社会结构"，一个"社会功能和社会

---

① 北京大学社会学人类学研究所编《社区与功能——派克、布朗社会学文集及学记》，北京大学出版社，2002，第 115 页。
② 费孝通：《学术自述与反思》，三联书店，1996，第 212 页。
③ 吴文藻：《社区的意义与社区研究的近今趋势》，见吴文藻《论社会学中国化》，商务印书馆，2010，第 440 页。
④ 吴文藻：《现代社区实地研究的意义和功用》，《社会研究》第 66 期，1935。见《吴文藻人类学社会学研究文集》，民族出版社，1990，第 144 页。

结构二者合并起来"的"社会体系"。① 该概念的第二重含义是要以整体的、功能的观点来研究"社区"。"先认清社区是一个，整个就在这整个的立足点上来考察它的全部社会生活，并且认清楚这社会生活的各方面是密切相关的，是一个统一体系的各部分，要想在社会生活的任何一方面求得正确的了解，必须就从这一方面与其他一切方面的关系上来探索穷究。"②

传统的"社"与地理的"区"结合，来翻译 Community，虽然在芝加哥学派的观点是恰当的，但却进一步远离了滕尼斯的初衷。在吴文藻先生和他学生们的时代，中国大体上是一个"被土地束缚的中国"（Earthbound China）或者说"乡土中国"。③ 所以尽管"区"字强化了地理共同体的含义，对精神、文化等其他共同体面向传达不足，但在当时环境中却不会导致学术上的困惑。只不过我国社会转型和人口流动之后，以往精神共同体常常与地域共同体合一的传统格局被打破，"社区"与"共同体"两者之间的裂隙才日益扩大。④

费孝通教授在社会学重建时期主持编写的《社会学概论》（试讲本）中，重新明确了"社区"的含义，即社区是若干社会群众、社会组织聚集在某一地域里所形成的生活上相互关联的大集体。⑤ 而系统梳理当年的教科书和工具书，可以发现我国社会学界对社区概念的界定和认识主要包含三个方面：第一，都主张从地域的角度来研究社区和确定"社区"概念的基本内涵，把社区视为一种地域共同体，即具有相对独立性的地域社会；第二，都认为构成社区的基本要素至少有 4 个，即人口因素、地域条件、相对完整的社会活动体系、共同的文化和心理特征；第三，都认为社区是一种复合体系，其规模没有大小限制，若干个小社区

---

① 吴文藻："导言"，见费孝通、王同惠《花篮瑶社会组织》，江苏人民出版社，1988，第 4 ~ 7 页。

② 吴文藻：《〈社会学丛刊〉总序》，见吴文藻《论社会学中国化》，商务印书馆，2010，第 6 页。

③ Hsiao Tung Fei & Chih-I Chang, *Earthbound China*: A Study of the Rural Economy of Yunnan, Routledge & Kegan Paul, 1948.

④ 胡鸿保、姜振华：《从"社区"的语词历程看一个社会学概念内涵的演化》，《学术论坛》2002 年第 5 期。

⑤ 费孝通：《社会学概论》（试讲本），天津人民出版社，1984，第 213 ~ 214 页。

往往构成一个大社区。①

不难发现，此时的"社区"与早期"社区研究"的定义相去还不远。大致是从两个方面来解释"社区"的本质属性，一是地域性，二是社会性。但随着政府机构的改革和"单位制"的解体，城市居民逐渐由"单位人"转变为"社区人"，推进社会发展的大量社会事务需要通过社区来落实。② 社区被视为解决单位管理失效所产生问题的钥匙，是为了解决单位制解体后城市社会整合与社会控制问题自上而下建构起来的国家治理单元③，或者介于邻里和区域之间的一个社会实体或社会地域单位④。有学者曾经清楚地阐述了这一背景对中国社区实践的方向性影响："国家把社区作为社会问题的社区解决方案……不理解这点就不能理解现代（中国）社区的发展，也不会跳出滕尼斯（之类的西方式）的社区愿景。"⑤

自 20 世纪 80 年代后"社区"的概念在学术界和政策领域复兴以来，主要有四种意涵：一是相对于"社会"的"社区"；二是相对于"社团"的"社区"；三是相对于"单位"的"社区"；四是相对于"政府"的"社区"。⑥ 在部分社会学者的观点中，"社区"是相对于"社团""单位""政府"的概念，特别是指涉城市社区，往往从社会建设、政府职能转变和市场的角度来使用。相对于"社团"，"社区"强调的是其组成人员共同的地域性而非职业性；相对于"单位"，"社区"承担了原来"单位"所承接的社会功能；相对于"政府"，"社区"是一定地域范围内所住居民自治的组织，这便是今日使用最频繁的"社区"概念。如果从这些意思出发去讨论"互嵌式社区"，自然偏离了这一部署推进中华

---

① 吴鹏森：《社区：具有相对独立性的地域社会——与丁元竹、江汛清同志商榷》，《社会学研究》1992 年第 2 期。

② 孙立平、王汉生、王思斌、林彬、杨善华：《改革以来中国社会结构的变迁》，《中国社会科学》1994 年第 2 期。

③ 杨敏：《作为国家治理单元的社区——对城市社区建设运动过程中居民社区参与和社区认知的个案研究》，《社会学研究》2007 年第 4 期。

④ 丁元竹、江汛清：《社会学和人类学对"社区"的界定》，《社会学研究》1991 年第 3 期。

⑤ 丁元竹：《社区的发展史和思想史研究》，《学习与研究》2009 年第 2 期。

⑥ 童星、赵夕荣：《"社区"及其相关概念辨析》，《南京大学学报》2006 年第 2 期。

民族共同体建设、巩固民族团结的政策初衷。

　　而人类学者更为忠实地使用了滕尼斯的原意，那是因为人类学所研究的广大村寨和群体与所谓现代的城市社会差异很大，这一概念很好地适应了人类学研究所要求的整体观。那些由传统的血缘、地缘和文化等自然因素造就的民族村寨与市镇自有其特殊的历史和文化网络，不能用外部所谓"现代""科学""文明"的概念进行切割。所以滕尼斯的"Gemeinschaft"在人类学的话语中更倾向于翻译为"共同体"，本研究强调走出"社区"，便是要走向"共同体"。

　　走出之后，该如何来认识这种"共同体"的性质呢？"跨社会体系""跨体系社会"的概念对笔者颇有启发。在 2009 年 5 月举办的"跨社会体系——历史与社会科学叙述中的区域、民族与文明"会议上，有学者重新介绍了马歇尔·莫斯（Marcel Mauss）的"超社会体系"（Supra-societal Systems）[1] 概念。莫斯所定义的"超社会体系"实际上就是由"几个社会共同的社会现象"所组成的文明概念。在莫斯和涂尔干看来，文明是经由一些中介和起源关系而长期保持关联的社会聚合体，是"集体表象与实践的传播"。而"跨社会体系"的观点，指出这一体系超越了通常定义的"民族体"的区域性物质与精神关系的体系，既有物质文化、地理、经济的表达方式；亦有宗教、仪式、象征、法权、伦理的表达方式，既可以是现世的，也可以是宇宙论与道德—法权方面的。[2]

　　而汪晖则从另一个角度，提出了"跨体系社会"："包含着不同文明、宗教、族群和其他体系的人类共同体，或者说，是指包含着不同文明、族群、宗教、语言和其他体系的社会网络。它可以是一个家庭、一个村庄、一个区域或一个国家。"[3] 这个社会是不同文化、不同族群、不同区域通过交往、传播和并存而形成的一个相互关联的社会和文化形态。利用这一概念，他"强调物质文化、地理、经济、宗教、仪式、象征、

---

① 〔法〕马塞尔·莫斯、爱弥尔·涂尔干等：《论技术、技艺与文明》，蒙养山人译，世界图书出版公司，2010，第 63 页。

② 王铭铭：《"跨社会体系——历史与社会科学叙述中的区域、民族与文明"研讨会实录》，载《中国人类学评论》，世界图书出版公司，2010，第 79 页。

③ 汪晖：《东西之间的"西藏问题"》，三联书店，2011，第 148 页。

法权和伦理表述的多样性共存于一个社会体内，从而为观察一个社会的政治文化提供新的视野"①。他还具体地以我国西南民族混居地区为例，认为这些地区的家庭与村庄常常包含着不同的社会体系（族群的、宗教的、语言的等），并与这些体系之间存在着超越地域的联系，但同时这些社会体系又内在于一个家庭、村庄或社会。这里的体系不是孤立存在的，而是相互渗透的，各种体系的要素综合在不断变动的关联之中。他跨越体系来认识社会的观点契合了波兰尼"嵌入"的思想，任何民族、文化、地区都不是孤立的、封闭的、单元的，我们用来研究的概念工具必然需要能够涵盖这种复杂性和嵌入性。

虽然他们两人讨论的问题存在于不同层面，但都试图超越民族、国家、区域等民族主义时代的传统范畴的局限。汪晖指出："如果这些族群、宗教和语言是交互错杂地存在于一个区域、一个村庄、一个家庭，那么，这一叙述方式就可能造成对这一复杂关系自身的删减、夸大和扭曲。"② 所以我们需要回到历史的现场，回到现实的田野中，穿过那些可能让我们忽略真实情况的概念与知识，重新描述基层的民族关系。

"推动建立各民族相互嵌入式的社会结构和社区环境"明确包括两部分，一部分是"社会结构"的互嵌，一部分是"社区环境"的互嵌。"社会结构"的基本意思是指社会构成的各种要素及其组合状态，所不同的只是对社会构成分析的视角不同。宏观的社会结构包括经济结构、政治结构、文化结构、民族结构，狭义的社会结构主要指人口结构、就业结构、收入结构、教育结构、城乡结构、阶层结构等，由此来看，"社会结构"就绝不是"居住环境"所能涵盖或替代的了。各民族相互嵌入的社会结构指的是民族交往的宏观机制，强调各民族在政治、经济、文化等领域达成一种多元性充分表达一体性不断强化的结构联系。这一结构是民族团结、国家稳定的宏观基础。而各民族相互嵌入的社区环境则是上述结构在一定社会单位内的投影。一定空间、社会、文化边界之内的各民族人口参与共同的生产活动、社会交往、文化交流，从而形成

---

① 汪晖：《东西之间的"西藏问题"》，三联书店，2011，第 148 页。
② 汪晖：《中国：跨体系的社会》，《中华读书报》2010 年 4 月 14 日。

密切的民族交往，达成共享的社区文化，以及共通的心理联系。宏观的社会结构决定了微观的社区环境，而微观的嵌入式社区则体现了整体社会结构的基本特征。然而现在无论是学术讨论还是实际工作，许多人都把互嵌问题集中在"社区环境"或居住问题了，或者虽讲"社会结构"实际仍讲"社区环境"，而最后都把"互嵌"理解成民族之间的居住问题，或直接理解成"民族混居"了。这类认识显然不全面，与政策文本也存在明显的出入。

不难发现，现有的研究大多将"互嵌式社区"理解为一定空间边界之内各种政治、经济、文化和社会相互"嵌入"所形成的社会单位。这里有两点值得商榷，首先，"嵌入式社区"应该关注的是各个不同体系之间的"嵌入"和联系，即这样的"社区"如何团结起来，而不是先入为主地划定这样的边界。其次，"嵌入式社区"也不可以理解为社会单位，更合适的理解应该是社会节点。一个社会之内或诸社会之间政治、经济、文化和民族等不同的体系在这里联结起来。这样的节点更多地出现在民族杂居地区、民族走廊和省际结合部，多元的文化、民族和其他社会体系在此相互碰撞、交流和杂糅，从而达成一种稳定、共享的状态。

# 三　人类学的视角

中国共产党在领导中国革命、建设、改革的历史进程中，坚持把马克思主义基本原理同中国具体实际相结合，形成了关于正确处理民族问题、做好民族工作的基本理论和基本政策，开创了具有中国特色的解决民族问题的正确道路。主要思想渊源来自马克思主义民族理论的主要内容、毛泽东思想关于民族问题的理论、中国特色社会主义民族理论。简单来说，中国民族理论体系就是解决我国社会主义初级阶段民族问题的基本观点的总和。

改革开放 40 年来，在国内外整体环境和学术潮流的影响下，我国民族理论研究经历了一系列的发展和丰富。就研究视角来说，近年来中国民族理论研究的热点问题可以简单归纳为四点：怎样看待中国民族、怎样看待中国民族问题、怎样看待中国民族政策、现阶段能否实现民族融合。① 就研究主题来说，其中有关民族概念问题、民族形成问题、民族结构与民族属性问题、民族意识与民族关系的讨论较为突出，构成了学界的重要主题。② 就学科发展来说，一方面是传统马克思主义民族理论研究界探索新的发展路径，加强了族际政治理论和民族政治学视角的跨学科研究；一方面国内政治学界、法学界、人类学界也有相当多的学者开始利用系统的学科理论关注和探讨民族理论问题；此外还有一些既是理论性研究也涉及民族现实问题，既属于学术探讨也有很强的政策指向性的研究，引起了民族理论学界甚至整个民族工作领域的巨大反响、争议和讨论，如实行第二代民族政策问题、民族问题去政治化问题。③ 从研究内容来看，主要集中在代表人物的民族理论研究；马克思主义民族理论、中国共产党民族理论、中国特色社会主义民族理论综合研究；中国民族理论或中国共产党民族理论发展历程研究等三类主题上。④

上述多种分类体现了民族理论研究不断丰富发展的现状，但也同时说明民族理论研究领域的分歧和争议越来越大。特别是新疆、西藏等地区民族问题凸显之后，学术界和社会上对于如何理解我国当前的民族问题、如何看待我国现行的民族问题产生了激烈的讨论。部分学者和大众甚至将民族问题多发和民族关系受损归咎于我国现行的民族理论政策，产生了我国民族理论政策是"苏联模式"、民族区域自治制造了民族隔阂、优惠政策形成了"逆向歧视"等观点。与这些明显倾向于质疑、反对甚至否定现行民族理论政策体系的声音相反，民族理论界大多数学者还是坚持认为，中国共产党的民族理论政策符合中国国情。⑤ 但是却也

---

① 杨文顺、金炳镐：《近年来中国民族理论研究的热点问题》，《民族论坛》2013 年第 2 期。

② 熊坤新、王建华：《改革开放以来中国民族理论若干问题研究述评》，《民族研究》2008 年第 6 期。

③ 刘世哲：《民族理论政策热点问题的讨论与启示》，《西南民族大学学报》（人文社会科学版）2013 年第 10 期。

④ 严庆：《新形势下中国民族理论研究简析及其建议——基于 2006—2010 年民族理论研究分析》，《贵州民族研究》2010 年第 6 期。

⑤ 王希恩：《中国特色民族理论政策十年发展观》，《中南民族大学学报》（人文社会科学版）2015 年第 3 期。

较少对新兴的民族现象和民族问题提出更有说服力的解释，特别是面对新的民族问题形势，我们的理论政策应该如何完善和发展。针对这些争论，习近平在第四次中央民族工作会议上明确指出可以休矣。这就要求学术界深入社会现实，从民族政策实践中的具体问题出发讨论我国民族理论和政策的落实和完善，进而对于新出现的现象和问题提出新的认识。

第四次中央民族工作会议明确指出当前阶段民族工作的基本特征是，"改革开放和社会主义市场经济带来的机遇和挑战并存，少数民族和民族地区市场经济起步晚、竞争能力比较弱；民族地区经济加快发展势头和发展低水平并存，总体上与东部地区发展绝对差距拉大、民族地区之间发展差距拉大问题突出；国家对民族地区支持力度持续加大和民族地区基本公共服务能力建设仍然薄弱并存，历史欠账较多，一些群众生产生活条件比较落后；各民族交往交流交融趋势增强和涉及民族因素的矛盾纠纷上升并存，影响民族关系的因素更加复杂；反对民族分裂、宗教极端、暴力恐怖斗争成效显著和局部地区暴力恐怖活动活跃多发并存等"。① 这种整体性阶段特征导致的新问题，给民族理论研究带来新的挑战，研究方法上也提出了新的要求。

研究方法上要求以精细化实证研究为目标。坚持马克思主义民族理论的基本原理与中国多民族国情实际相结合，是丰富和发展中国特色社会主义理论体系的题中之意。我国现代化推进对民族事务的影响和研究，是民族理论发展的重要生长点。改革开放以来中国民族问题发生了重大变化，如发展差距明显、民族之间利益矛盾增多、国内与国外民族问题相联系等，需要民族理论对此进行说明和研究。只有深入开展调查研究，专门进行具体问题的分析，才能逐步揭示这种复杂性背后民族发展的普遍规律和基本问题，形成对于我国民族理论研究的创新发展。第四次中央民族工作会议在发展策略中强调"毛细血管"，宣传教育中讲"滴灌"，城市民族工作中要求"精细化"等表述都说明，中央对于民族问题研究已经提出了更精细的要求。我们的理论和政策研究也必须进一步

---

① 闵言平：《深刻把握民族工作"五个并存"的新特征》，《中国民族报》2014 年 11 月 28 日第 5 版，http://www.seac.gov.cn/art/2014/11/28/art_8017_220692.html。

同社会实践结合起来，从具体的现象和问题出发，通过扎实的实证研究形成精细化的民族理论研究风格，这也正是本书所努力的方向。

要尝试这样的研究取向，方法方面需要以调查研究为着力点。我国是一个统一的多民族国家，各民族之间在长期的交往交流交融过程中，存在着各种各样的民族问题和民族互动形式。这种现实国情，要求理论工作者对民族理论的研究不能只是书院式的研究，而要更多地走出书院、放眼社会、研究现实，也就是开展调查研究。① 理论研究的真正意义在于解决民族发展中的实际问题。这就要求民族理论研究一定要紧密联系社会发展的实际情况，实事求是地进行研究，而且应研究出切实可行、行之有效的解决办法。认识当下我国的民族问题，不得不联系到社会转型、文化转型过程中民族关系的新特点。我国民族工作领域已经出现了许多新现象、新问题，只有深入开展调查研究才能认清基本的社会事实。民族理论研究除了积极利用相关学科研究成果已获取的材料和信息外，还应该大力开展以民族理论问题为中心的调查研究，掌握第一手的材料，推动理论研究与社会实际紧密结合。特别是当今我国民族地区发展不平衡、少数民族人口大规模流动、民族地区城镇化快速推进的情况下，更应该强调"解剖麻雀"式的调查研究。以马克思主义民族理论为指导，在调查研究的基础上推动民族理论研究的新思考是本书的目标。

以人类学方法来开展民族理论政策的研究，在我国近代学术史上是有深厚传统的。只是由于近日学科分野的固化，才需要多费文字来加以说明。人类学的诞生，与殖民主义有着密切的联系，这个学科一直就有应用和服务社会的传统。引入我国之初，在救亡图存的社会环境影响下，人类学者便主动参与到当时的社会建设与研究中。到了 20 世纪 30 年代以后，因为抗日战争的影响，部分民族学、人类学机构转移到西部地区。同时兴起了以边政研究为名的学术活动，以帮助政府了解边疆少数民族地区的现实情况。这一时期人类学者所开展的田野调查和资料收集，成为国民政府开发边疆地区的重要依据，甚至有部分学者如吴文藻、凌纯声直接参与到政府工作中去。新中国成立之后，为了认识少数民族地区

---

① 刘吉昌：《新时期我国民族理论研究的发展趋向》，《中国民族报》2015 年 4 月 10 日第 6 版。

的历史与现状以开展社会改革，广大民族学、人类学者又参与到少数民族社会历史调查和民族识别工作中，为少数民族地区的民主改革和社会主义改造奠定了基础，同时塑造了今日我国民族工作的基本框架。人类学参与民族理论研究，还有一个更为直接的成果，那就是费孝通先生提出的"多元一体"格局。此外，在边疆开发、民族发展、扶贫攻坚等领域人类学者也贡献了重要的智慧，比如"人口较少民族发展""集中连片特困地区扶贫"等政策的出台都受到了人类学的影响。

通过梳理原著和已有的研究，明晰了本研究所使用的"社区"概念（本书更倾向于"共同体"，这里只是为了方法论上讨论的便利）。事实上同时也处理了一个方法论的问题，即如何开展对于"社区"的研究。从方法论意义上来看，"社区"可以理解为一种研究社会的特殊方法、研究范式和切入点，或者说把它作为研究其他主题的多元主体互动博弈的特殊社会场域和理解其他理论问题的"透镜"。从此出发的"社区研究"可以既在社区之内又在社区之外，因为研究者可能是在社区里研究，但在本质上却并不是在研究社区。作为一种研究方法和研究范式，"社区研究"最突出的特点是其"见微知著"的"透视"功能——以"社区"来透视"社会"。[1] 以"社区研究"的方法来展开"互嵌式社区"的研究，就是希望将其内部多元体系互相嵌入、联结、互动的关系揭示出来，以理解多元中的共同体性质如何形成，从而为铸牢中华民族共同体意识打下基础。

首先简单梳理一下"社区研究"的脉络。出于认识中国改造中国的立意，吴文藻先生结合英国功能主义人类学和美国芝加哥学派的社会学理论，提出"社区"是了解中国社会的方法论和认识论单位，试图创立以"社区方法论"为主体的"中国社会学派"。[2]

美国芝加哥学派通过对城市社区人文区位、人口、种族、邻里关系、贫民窟、犯罪等问题的调查研究，强调单个社区与文明社会的联系。1926年该学派标志性学者帕克出版《都市社区》，奠定了社会学领域社

---

① 肖林：《"'社区'研究"与"社区研究"——近年来我国城市社区研究述评》，《社会学研究》2011年第4期。

② 王铭铭：《社会人类学与中国研究》，三联书店，1997，第30~31页。

区研究的基本理念。该学派的代表性著作还有沃斯的《贫民区》（1928）、左布夫的《黄金海岸和贫民区》（1929）、路易斯·沃斯的《城市主义作为一种生活方式》（1938）。而人类学早期极少有社区研究，更多的是殖民地的各种共同体研究，关注的是"共同体"而非"社区"。不过这个时期的分析单位与"社区"类似，都是一个边界相对封闭的单位，重视的不是其与外部的联系，而是内部的整体性。布朗在对中国乡村社会学调查所提的建议中就指出了这种整体论视角："一个特殊社区的社会生活的各方面，均系密切地相互关联着，或为一个统一的整体，或体系中的各部分。……任何活动的功能，任何风俗和信仰的功能，就是把社区看作一个统一的体系，来定它在这整个社会生活中的地位。"①

在帕克和布朗访华之后，吴文藻先生开始多次撰文阐述社区研究的意义与相关理论方法②，后来在为费孝通与王同惠合著的《花篮瑶社会组织》所做的序言中专门系统论述了他的社区研究认识③。他与费孝通先生都将"社区"视为整体"社会"的具体单位，这里"社区"是"有物质的基础"和"可以观察到的"④，是"人民的生活有时空的坐落"⑤。虽然着眼于具体的社区，但是志趣远不止于此，而是要"从社区着眼，来观察社会、了解社会"⑥ 和"了解更广阔更复杂的'中国社会'"⑦。在吴先生的思路中，要通过这类社区研究来实现以小见大，就必须同时展开三方面的研究："（甲）横的或同时的研究（以前曾称为静态研究，或模型调查），系专门考察某指定期间内某社区的内部结构和

---

① 〔英〕拉德克利夫·布朗：《对于中国乡村生活社会学调查的建议》，载《社会人类学方法》，夏建中译，华夏出版社，2002，第181～182页。

② 吴文藻：《现代社区实地研究的意义和功用》，载《北平晨报》副刊《社会研究》，1935年1月9日。吴文藻：《社区的意义与社区研究的近今趋势》，载《社会学刊》1936年第5卷第1期。吴文藻：《中国社区研究计划的商榷》，载《益世报》副刊《社会研究》第1期，1936年5月6日。

③ 吴文藻：《导言》，载费孝通、王同惠著《花篮瑶社会组织》，江苏人民出版社，1988。

④ 吴文藻：《现代社区实地研究的意义和功用》，载《北平晨报》副刊《社会研究》，1935年1月9日。

⑤ 费孝通：《乡土中国　生育制度》，北京大学出版社，1998，第92页。

⑥ 吴文藻：《现代社区实地研究的意义和功用》，载《北平晨报》副刊《社会研究》，1935年1月9日。

⑦ 费孝通：《社会调查自白》，《费孝通全集》第10卷，群言出版社。

生活，而不涉及其过去的历史，或正在进行中的变迁的。（乙）村落社区的外部关系的研究，即系考察该社区与其他各种社区的外部关系，以及与较大社区的外部关系。（丙）纵的或连绵的研究（以前曾称为动态研究，或变异调查），系专门考察村落社区的内部结构与外部关系间，已在及正在进行中的变迁的。"① 当然也不能脱离当时的时代，或忽视其局限来认识这一研究方法。具体的研究内容可以商榷，也不见得全部符合今日的实际。但是这种从横纵两个方向来分解研究对象的框架以实现由小"社区"来理解大"社会"的思路，却仍然具有重要的意义。

在吴文藻先生"社区研究"的指引下，国内以燕京大学为中心涌现了一批村庄研究著作，培养了一批从事社区研究的学者。比如林耀华先生的《金翼》，费孝通先生与张子毅合作完成的《禄村农田》《易村手工业》《玉村农业和商业》，此外还有杨懋春、许烺光、李安宅、杨庆堃、李有义等人的调查。这些学者的工作对于中国社会学、人类学传统的奠定影响深远，甚至被马林诺斯基称为社会学的中国学派。②

这种以小见大的方法也受到代表性的质疑，也就是一个小的社区如何能够代表复杂的中国。英国人类学家莫里斯·弗里德曼便提出中国作为一个有历史的文明社会，与传统人类学研究的原始部落存在根本的不同，在这样的复杂社会里，社区不是社会的简单缩影，功能的整体分析不足以反映其整体社会事实和特点。③ 而埃蒙德·利奇也提出："在中国这样广大的国家，个别社区的微型研究能否概括中国国情？"他进一步指出："费虽称他那本书为《中国农民的生活》，他并不冒称他所描述的社会体系是整个国家的典型……这种研究并不或不应当自称是任何个别事物的典型。"④

正是为了解决上述方法论上的限制，费孝通先生等学者后来又进一步采取了比较研究的策略。以不同社区进行分类比较，来逐渐认识作为

---

① 吴文藻：《论社会学中国化》，商务印书馆，2010，第470页。
② 潘乃谷：《但开风气不为师——费孝通学科建设访谈》，载《社区研究与社会发展》，天津人民出版社，1996，第53页。
③ Maurice Freedman, "A Chinese Phase in Social Anthropology", *The British Journal of Sociology*, 1963, Vol. 14, No. 1, pp. 1–19.
④ 费孝通：《论人类学与文化自觉》，华夏出版社，2004，第23、25页。

整体的社会。他自己就从江村的研究出发，进一步在《云南三村》中开创了多点民族志式的社区类型比较研究。他后来提出了"类型"的概念，认为一个社区的研究可以在某些问题上代表一类社区，构成中国农村的一种类型。而通过各种不同社区类型的比较，可以从个别逐渐接近整体，从而实现从个别出发去认识整体。① 也就是"用比较方法逐步从局部走向整体"，才能"逐步接近我想了解的'中国社会的全貌'"。② 费孝通先生在回顾他的研究生涯时就指出，他所做的农村、小城镇、区域发展都是坚持"社区研究"的方法。③

而在另一条不那么明显的脉络上，他也继承了吴文藻先生所谓纵式的以小见大，研究了联结乡村社区上下内外的乡绅。在晚年反思自己的学术生涯时，费先生明确指出："对中国农村的调查不能限于农村，因为在经济上它是城乡网络的基础，离开了上层的结构就不容易看清它的面貌。在意识形态上，更受到经济文化中心洗练过用来维持一定时期的整个中国社会的观念体系所控制。这里存在着一个立体的上下关系，基础和上层建筑的关系。"④

有学者总结了20世纪国内外汉学人类学对中国农村社区的研究后指出，"几十年来社区研究的发展所表现出来的演进线路，是'社区'作为方法论单位，向'社区'作为社会现象和社会透视单位的结合体转变的过程"。⑤ 简单地说，便是从"有形村落"到"无形中国"。⑥

虽然面对诸多质疑和挑战，"社区研究"仍然有四方面的优势不可忽视。一是能够将理论的讨论置放于一个具体的地点；二是能够在与更广大的社会结构的关系中将个人定位，说明宏观趋势对人们日常生活的意义；三是通过强调情境促进了对社会关系的全盘把握，是对日益狭窄

---

① 费孝通：《人的研究在中国》，载《论人类学与文化自觉》，华夏出版社，2004，第26页。
② 费孝通：《学术自述与反思》，三联书店，1996，第34～35页。
③ 费孝通：《农村、小城镇、区域发展——我的社区研究历程的再回顾》，《北京大学学报》（哲学社会科学版）1995年第2期。
④ 费孝通：《学术自述与反思》，三联书店，1996，第35页。
⑤ 王铭铭：《小地方与大社会——中国社会的社区观察》，《社会学研究》1997年第1期。
⑥ 刘小峰：《以"有形"过渡到"无形"：中国社区研究史再反思》，《中国农业大学学报》（社会科学版）2013年第3期。

的专门化趋势的反动；四是拉近研究者、研究对象和读者的叙述风格使得研究成果更容易被理解和接受，并具有特殊的分析力度。[①] 作为研究对象的社区具有伸缩性，可以是具体的村寨，以观察社会生活的全部细节；也可以是某个市镇，构成不同村寨和人群交往互动的网络节点；还可以是县域这样大的范围，作为了解中国社会整体的基本单元。在我国多民族社会的不同层面，社区研究可以选择不同性质的研究对象，并将之作为观察民族与社会互动的窗口。

但是并不是说简单地将这一方法引入民族理论研究就可以，还需要做出适合这一领域的调整。借用"社区研究"的方法来开展"互嵌式社会"的研究，不是要做具体社区的研究，而是将其作为一个"窗口"，视为一个不同社会力量和行动主体展开互动的"载体"[②] 和"舞台"[③]。通过小的个案去观察超出社区边界的宏大进程和理论问题，讨论宏观理论问题的基本要素之关系如何在一个微观的社区中展开，从而实现对于理论问题的新认识。在这样的"社区"观基础上，还必须通过一定的假设。费先生曾指出："一切要从已发生的事实为基础，观察和描述'已然'。用可以观察到的事实为资料，进行比较和分析，探索在事物发展中可能发生的情况，作出设想，然后通过思考，引发出'或然'。最后以实践去检验其正确与否，经过历史的对证，得出'果然'或'不然'的结论。"[④]

以人类学的田野调查来开展民族理论的研究，在"社区研究"的方法论确定之后，还必须特别注意个案与理论如何衔接的问题。个案研究始终面临着如何处理特殊性与普遍性、微观与宏观之间的关系问题。单从宏观的、概念上的区分，并不能揭示社会生活的全部面貌。所谓政治、经济、文化等都是外部的抽象，要研究社区环境中的结构与关系，必须从基本的联系入手。基层社会世界中的区分与联系，它们既是"横的"，又是"纵的"，既是结构组织的左右关系，又是历史地发展变化的前后

---

① Graham Grow, "Developing Sociological Arguments through Community Studies", *International Journal of Social Research Methodology*, 2000, Vol. 3, No. 3.

② 何艳玲：《都市街区中的国家与社会：乐街调查》，社会科学文献出版社，2007。

③ 项飙：《社区何为——对北京流动人口聚居区的研究》，《社会学研究》1998 年第 6 期。

④ 费孝通：《农村、小城镇、区域发展——我的社区研究历程的再回顾》，《北京大学学报》（哲学社会科学版）1995 年第 2 期。

关系。这些关系没有一样能够摆脱外部的、宏观的关系，但也都深刻地篆刻在基层社会生活的脉络中。在力量、制度和观念上，卷入关系中的单元，如国家、民族、群体、单位和个人之间互动中的不平衡是常态，它们之间通常存在着不同程度的大小对比和上下之分。研究这样的关系和关系之间的结构，讨论它们怎样将国家、民族和个体连接在一个结构中，容纳在一个场域中是我们认识民族社会的一个思路。所以从基本的区分与联系出发，本着以小见大的理念，我们是可以从小小的村寨来认识全局性的理论与政策问题的。

本书做这样的民族理论研究，不是要研究具体的村寨，而是在村寨做研究。在小的环境中去观察宏大的国家力量如何进入，如何激荡起连续的波澜，塑造出基层新的面貌。转换一个角度，不去深入地了解基层的现实，分析地方的实践，又如何才能严肃地讨论民族理论这样重大的问题？部分民族理论政策研究中存在以大统小的问题，从宏观的理论出发，将地方视为被动的对象，忽视了地方社会的复杂性和人们的主体性。而人类学以小见大的理念也有限制，往往将国家视为外部的力量，过度强调地方的特殊性和自主性，更有甚者将国家妖魔化。这不仅需要人类学的研究方法，还必须把社会学、历史学的方法和理论研究结合起来，对基层社会生活的方方面面、发展变迁的来龙去脉加以整体的考察。可以做小问题的切片，但却不能局限于社会与文化的片断，把它们与宏大问题的有机联系割断，应该顺藤摸瓜将小村寨放置在它所处的大网络中来观察。本书在研究过程中，试图避免上述两方面的局限，既不是以大统小，也不是以小见大，而是要将大和小联系起来，将国家的力量同地方的肌体、国家的制度与地方的操作、国家的政策与地方的实践结合起来。不过也必须坦诚，本书的研究只是在这一思路下的初步尝试，自然还有些幼稚。

某种程度上，现在从事民族理论研究是容易的，不断有各个学科的学者从不同的角度出发来"反思"，还有不同领域的人士提出各种"反例"。但并不是每个个案都能联系到理论问题上，需要对个案构成特定类型的内部结构和关系进行分析。首先做类型比较的研究，然后才能以不同的类型来谈一般的、抽象的理论问题。以小见大是可能的，但并不是所有"小"都能见到"大"，也不是"小"就能直接见到"大"，这里需要重视方法论的问题。从另外一个角度来看，在我国民族事业的新阶段从事民族理论研究又是艰难的。正如第四次中央民族工作会议所指出，在全社会进入改革深水区的新时期，民族工作领域也存在"五个并存"的复杂性。在这样的特殊阶段，民族理论研究如何容纳社会实践中反映出来的新趋势，如何指导解决社会转型导致的新问题，凝练出新时代的理论特色，便具有突出的重要性。民族理论的发展有其历史渊源和现实条件，必须兼顾中央宏观原则和地方具体实践，也必须兼顾向后看与向前看两种取向，同时还需要借鉴我国历史与外部治理实践两种经验，这些工作都不简单。

所以，人类学者不应畏于宏大的理论问题，这些问题正不断推动着民族社会的发展变化。要主动去在田野中讨论民族理论的原则、关系如何影响基层民族社会。民族理论学者也不能安于从理论到理论的讨论，而是要深入理论实践的现场，发现现实的社会实践如何重塑理论政策的面貌，如何挑战已有理论的基础，以及民族理论发展的可能性在什么地方。

具体到民族团结问题，经济发展、政策法规、社会问题、文化观念这些在一般讨论民族团结问题时所涉及的主题，大多是从民族交往的外部条件、制度体制出发，关注宏观的外部因素如何影响民族关系，是以大统小。而民族团结的微观基础和基层逻辑则不受重视。也就是无法深入基层的社会生活中去观察维系族际团结的纽带，以及可能的挑战。特别是受到民族理论学科传统的影响，过于强调政府和政策所发挥的作用，而忽视了地方在社会发展、族际交往和政策实践过程中的新鲜经验。一个基本的判断是，民族团结不是在真空中发生，也无法脱离历史而实现，社会是民族团结的土壤。对于民族团结政治性的过度强调，一个必然的结果就是基层生活世界中鲜活的交往、组织、情感和认同被抽象为宏观的政治事务。问题是这层外衣一层层裹起来，我们便只能看到僵硬的外壳，而忽视了日常生活中民族团结现象本身的活力。

本书把"嵌入"视为涉及社会生活各个方面的总体性体系，"社会"作为各民族你中有我我中有你的共同体，分析经济、社会、文化、民俗和宗教等领域的共同性如何生成和表现的问题。主要内容来自笔者在宁夏、内蒙古、四川、广西和陕西等地的田野调查，涉及回族、蒙古族、白马藏人、侗族和汉族等不同的民族和群体。从经济、文化、空间、社会、民俗、宗教等六大面向，重点讨论了：扶贫工作中的民族关系；互嵌式社区的交往与心态；冲突事件中的权威与规则；民俗交往中的地区性；乡村天主教与汉族村落生活等问题。从各地的个案出发，讨论不同民族、文化、社会通过交往和并存怎样形成相互关联的共同体社会。

目前关于互嵌式社区的实证研究，大都从社区治理的角度出发，将之视为一个正在进行的课题，集中在建设什么样的嵌入式社会，或者如何建设。但是建成之后，"互嵌式社区"是否必然促进民族团结，如何走向中华民族共同体则无法说明。常有学者举证新加坡打破民族聚居的地理景观，实现多民族混居共处的例子，来描述"互嵌式社区"的未来。① 这一观点忽视了新加坡重塑空间的历史背景和组屋制度的社会基础，中国社会可能永远无法完全打破旧的民族格局，翻天覆地地重塑地理和社会景观。我国多民族社会的一个资源就是历史上已形成的各种"你中有我，我中有你"的村寨和市镇。在我国，更可取的路径是去研究当下民族互嵌的发展，及其对于民族团结的影响。不能忽略了历史上在民族走廊地带、省际结合部、西部大中城市早已形成的各民族杂居共生的村寨与社区，以及经过三线建设、西部大开发等一系列发展战略的落实，数十年来在各种工矿企业、军垦地区、移民社会、旅游景区新形成的一大批互嵌式社区。现在研究对于嵌入的空间格局形成之后，甚至嵌入的民族交往和社会结构初步建立之后，如何认识互嵌式社会关注不够。研究这些社会中的各民族群众如何团结起来，整理它们内部构成共同性的因素及其结构网络，不仅可以拓宽我们对于"推动建立相互嵌入式社会结构和社区环境"的理解，也有利于积累推进中华民族共同体建设的历史和文化资源。围绕田野调查所发现的个案，打破"互嵌式社区"的僵化限制，从"互嵌式社区"走向"互嵌式社会"，进而为"构筑中华民族共同体"提供学术支撑，是本书的主要思路。

---

① 张会龙：《论各民族相互嵌入式社区建设：基本概念、国际经验与建设构想》，《西南民族大学学报》（人文社会科学版）2015 年第 1 期。高永久、张金国：《民族学视野下的"新加坡经验"及其启示——以组屋"族群比例"政策为中心》，《广西民族研究》2016 年第 1 期。胡洁：《民族互嵌式社区的变迁轨迹和变迁机理——来自国际经验的启示》，《西藏研究》2016 年第 4 期。宋红彬、艾恒平：《国外社区建设对新疆构建"嵌入式"多民族聚居区之借鉴》，《新疆社会科学》2017 年第 2 期。

# 第 二 章

# 生计互嵌:闽宁镇的扶贫
# 攻坚与就业转变

## 一 社区概况

宁夏回族自治区银川市永宁县闽宁镇位于银川市南端、贺兰山东麓、永宁县西部。闽宁镇南北长 22.5 公里,东西宽 3.5 公里,区域面积为 63.2 平方公里。镇域总土地面积 16.9 万亩。其中:农用地面积为 14.79 万亩,占总土地面积的 87.51%。在农用地中耕地面积 12.79 万亩,占总土地面积的 75.68%;园地 0.38 万亩,占总土地面积的 2.25%;林地 0.17 万亩,占总土地面积的 1.01%;牧草地 0.22 万亩,占总土地面积的 1.3%,其他农用地 1.30 万亩。引水灌溉面积 3.7 万亩。

全镇下辖福宁、园艺、木兰、武河、玉海、原隆 6 个村民委员会,86 个村民小组。现有农户 9109 户 4.53 万人(其中包括 0.66 万生态移民、0.75 万自发移民),拥有劳动力 29910 人。其中:从事农业劳动人口 1.73 万人,从事本地二三产业劳动人口 0.35 万人,外出务工人口 0.91 万人。村属人口占镇域总人口的 80%,全镇回族人口约 3.76 万人,占镇域总人口的 83%,属典型的回族移民聚集乡镇。①

闽宁镇是一个纯移民地区,移民主要来源于宁夏南部贫困的西海固

---

① 数据来源于 2014、2015 年调查时闽宁镇政府提供的资料,下文未注明来源的数据均出自于此。

地区。因为移民来源的原因，该地一开始就形成了多地域、多民族、多教派杂居的格局。闽宁镇原来是一块荒芜地带，1990年宁夏回族自治区党委、政府决定从西吉、海原两县通过易地搬迁的方式，在此地建设成立吊庄移民区，第一批从西吉县搬迁来8000名移民，主要来自宁夏中南部9个贫困县（区），是全国最主要的回族聚居区。当地人均水资源占有量仅为136.5毫米，曾被联合国粮食计划署确定为"最不适宜人类生存的地区"。1982年，西海固地区贫困发生率高达74.8%，位居当时全国18个集中连片贫困地区之首。

1996年时任福建省委副书记的习近平同志作为福建省对口帮扶宁夏回族自治区领导小组组长，落实了党中央东西协作的战略决定，全面开展了闽宁对口扶贫协作。1997年福建、宁夏两省区第二次联席会议确定共同投资，在此地成立闽宁村，作为两省区合作的样板工程。建设了闽宁村等18个生态移民示范村和140个闽宁示范村，完善了一大批水利水保、农村电网、道路、广播电视、饮水等基础设施。1999年，闽宁村与玉海经济开发区合并为闽宁经济开发区，照明、道路、学校等基础设施进一步完善，移民们开始种植葡萄。在世纪之交的2000年，闽宁经济开发区移交永宁县管辖。2001年经自治区人民政府批准成立闽宁镇。2010年自治区党委、政府实施生态移民，再次从宁夏南部山区大量搬迁困难群众到此。到目前每年仍然有大量生态移民和自发移民移居到该镇。

2014年底全镇地区生产总值9.9亿元，其中第一产业产值3.96亿元，第二产业产值2.47亿元，第三产业产值3.47亿元，产业结构比重为40:25:35。有农民专业合作组织19个，家庭农场2个，农家乐4个。6个村村集体经济收入265.91万元。农民人均纯收入9002元，其中工资性收入5398元，经营性收入2704元，财产性收入693元，政策性收入207元。2014年农民人均纯收入全县排名第六，增幅第一。

农业方面，以葡萄种植和畜牧养殖为主的优势产业格局基本形成。目前葡萄种植面积10万亩，建成11座酒庄，葡萄酒年产量2.6万吨，引进了福建德龙公司、中粮公司等优质企业在当地进行葡萄酒酿造加工。畜牧业也是当地重要的产业，闽宁镇万亩草畜产业带项目正在有序推进。全镇肉牛存栏总量达1.6万头，建成标准化羊舍9200平方米。1537户贫困人口肉牛托管项目已兑现了第一、二批的分红资金。落实"散户养殖、整村推进"圈舍改造 200 户。

工业方面，在"一城两园"框架下，闽宁产业城入园项目 5 个，银峰铝业、创业谷、金强建材、酱香舍得酒业和人和管业项目正在加紧推进，累计完成投资 14.23 亿元。占地 1750 亩的闽宁扶贫产业园入驻 5 家企业，先后引进福建亚通、南安青川管业等 6 家企业落地建设。项目建成后，预计可实现年产值 20 亿元，带动就业 3000 人。此外，该镇建成了宁夏生态移民培训示范基地和生态移民创业就业服务中心，开设与区市县联网的闽宁镇劳务市场，搭建了移民培训、就业平台，年均培训1200 余人，人均务工纯收入过万元。

该镇贯彻"建园区、种葡萄、养黄牛、抓劳务"的思路，通过打造"四个样板"镇的要求，计划将闽宁镇建设成为全市、全区乃至全国东西合作的扶贫样板。[①] 2014 年闽宁镇实现地区生产总值 4.67 亿元，其中第一产业 0.57 亿元，第二产业 2.0 亿元，第三产业 2.1 亿元；完成固定资产投资 8.57 亿元，实现社会消费品零售总额 3.2 亿元，规模以上工业增加值 1.9 亿元，农林牧渔业总产值 1.08 亿元，粮食播种面积 1312 公顷，产量 8668 吨；农村居民人均可支配收入 9002 元，城镇化率达53.9%。农村居民人均可支配收入由 1997 年的不足 500 元跃升到 2014年的 9002 元，再到 2015 年全镇家庭人均纯收入 10361 元。不仅成功进入全国重点乡镇行列，还获得了"全国民族团结进步模范集体""全国社会扶贫先进集体"等荣誉称号。该镇从昔日荒无人烟的戈壁滩，发展到今天的特色小镇，其发展得益于国家东西协作和区内南北互助两大政策。

2014 年 4 月闽宁镇开展了机关干部"千人百村万户大民情大数据"调查活动[②]，样本显示闽宁镇回族家庭占比 72.9%，汉族为 27.1%。在

---

① 中共永宁县委、永宁县人民政府：《闽宁镇经济社会发展情况汇报》，2015 年 5 月 25 日。

② 据 2012 年人口普查数据，闽宁镇农业人口占总人口的 87.5%。闽宁镇机关干部"千人百村万户大民情大数据"调查共完成有效家庭问卷 6116 份，占全镇 8807 户的 69.44%，其中农业户口样本 5630 户，非农业户口样本 486 户，故这里主要分析该镇农业户口受访者。数据分析参考了中国社会科学院民族学与人类学研究所国情调研闽宁基地课题组《东西协作扶贫机制研究》，2014。

6个行政村中，回族家庭比例最高的是园艺村（100.0%）、玉海村（94.8%）和木兰村（90.2%），福宁村和武河村的回族比例为69%，原隆村的回族调查样本最低只有33.04%。

分析闽宁镇农业户口家庭收入情况发现，全镇农业户口家庭人均家庭收入8773元，其中工资性收入占73.16%，家庭经营收入占23.04%，财产性收入占0.38%，转移性收入占3.42%。分别来看，非贫困家庭人均家庭收入9430元，其中工资性收入占73.44%，家庭经营收入占22.95%，财产性收入占0.35%，转移性收入占3.26%。贫困家庭人均家庭收入1376元，其中工资性收入占51.51%，家庭经营收入占30.38%，财产性收入占2.46%，转移性收入占15.65%。不难发现，工资性收入已经是当地农业户籍家庭最重要的收入来源。当地的工资性收入包括外出从业得到的收入和其他岗位工资收入。其次为家庭经营收入，主要是第一产业和第三产业收入，特别是农业收入、牧业收入、交通运输业收入、批零贸易业餐饮业收入、农产品加工收入等。转移性收入在当地主要包括各项农业补贴收入、离退休金和养老金收入、救济金抚恤金救灾款、无偿扶贫或扶持款等，也是一项稳定的收入来源。总体而言，贫困家庭与非贫困家庭的收入差距主要在于工资性收入，非农就业已经成为闽宁镇农民家庭的主要收入来源，而全镇农业家庭经营收入平均已不足家庭总收入的1/5。

闽宁镇所属永宁县是一个多民族聚居县，除汉族外，有回族、满族、蒙古族、壮族、朝鲜族、土族、藏族、侗族、苗族、东乡族、维吾尔族、布依族、土家族、羌族等14个少数民族。全县总人口23.09万人中，少数民族人口4.78万人，占全县总人口的20.7%。回族人口4.63万人，占全县总人口的20.05%。县域内有伊斯兰教、佛教、基督教、道教四种宗教，依法登记的宗教活动场所63个，其中伊斯兰教清真寺53座，佛教寺庙8座，基督教活动点2座，道教没有活动场所。全县在职宗教教职人员59人，其中伊斯兰教教职人员53人，佛教6人。伊斯兰教宗教格局为哲合忍耶、嘎德忍耶、虎夫耶、格底目、伊合瓦尼三大门宦两大教派。

闽宁镇是该县唯一的移民乡镇，至2013年有清真寺28座，教职人员 28 人，有哲合忍耶、嘎德忍耶、虎夫耶三大门宦和伊合瓦尼、格底目两个教派。2011 年实施生态移民工程以来，闽宁镇新增移民 4328户 17800 人，其中，回族 800 户 4000 余人。宗教场所方面，在原隆村预留了 2 处清真寺建设点，规划建设宗教场所 2 处。2014 年 7 月，闽宁镇政府被国家民委评为"全国民族团结进步模范示范乡镇"，同年9 月，闽宁镇政府被国务院评为"全国第六次民族团结进步创建先进集体"。

闽宁清真大寺是闽宁镇最重要的宗教场所之一，位于闽宁镇镇区中心。初建于 1999 年，翻建于 2004 年。总占地面积 4700 平方米，大殿建筑面积 988 平方米，为砖木结构，中国殿堂式与阿拉伯伊斯兰式建筑风格。白色墙面，殿顶绿瓦覆面，两侧各有一间邦克楼，中间有一座圆形穹顶。厢房 600 平方米，水房 300 平方米。该寺属哲合忍耶门宦清真寺，周围辐射近 4000 户、20000 名信教群众。平常主麻日进寺礼拜人数在1500 人左右，每逢"斋月"和重大宗教活动，参加群众最多时达到 4000多人。该寺在清真寺设立"伊玛目"劝解室，由开学阿訇和寺管会主任担任矛盾纠纷调解员，调解邻里之间、回族群众之间以及回汉群众之间发生的普通民事纠纷，多年来调处了大量的矛盾纠纷。2011 年，闽宁清真大寺被国家宗教事务局授予"首届全国创建和谐寺观教堂先进集体"。该寺刘德馨阿訇也被国家宗教事务局授予"首届全国创建和谐寺观教堂先进个人"。

闽宁镇从无到有，从荒滩到城镇的巨变背后，是中央和宁夏回族自治区一系列发展政策结出的果实。从早期的吊庄移民到今日的生态移民、东西协作、精准扶贫，这些政策的实施深刻地改变了当地的自然环境和人文环境。坚持各民族共同繁荣发展，是我国民族政策的根本立场。多年来，国家把支持少数民族和民族地区加快经济社会发展作为国家发展建设的重要内容，不断出台政策措施支持少数民族和民族地区发展。这些政策虽然不属于狭义的民族政策范畴，但是在民族地区却产生了深刻的影响。

## 二　城镇化进程中的社区再造

闽宁镇从往昔荒无人烟的戈壁滩，发展为今日特色鲜明的小城镇，反映出当地实施精准扶贫、精准脱贫的成效显著。借助东西协作和南北互助两大政策，闽宁镇计划将 1186 户贫困户分 3 年实现脱贫。为了实现这样的发展目标，该镇以建设闽宁协作移民扶贫示范镇为着力点，围绕"种葡萄、养黄牛、抓劳务、育菌草、建园区"的产业发展思路，全镇各项事业均实现了跨越式发展。这里仅以全镇农民人均现金纯收入为指标，揭示当地经济社会发展的基本情况。2013 年闽宁镇全镇农民人均现金纯收入达到 7120 元，比 2012 年增长 52%；[①] 2014 全年全镇农民人均可支配收入接近 9000 元，增幅接近 30%；[②] 2015 年全镇农民人均可支配收入达到 10361 元，增长了 15%。[③]

2012 年，闽宁镇农业人口 38500 人，占总人口的 87.5%，非农业人口 5480 人，占总人口的 12.5%。农业户口占绝大多数，也是扶贫攻坚的主要对象，因此对于农业户籍人口的统计描述可以揭示当地经济社会发展的基本面貌。根据 2014 年 4 月闽宁镇"千人百村万户大民情大数据"，调查了农业户口家庭 5630 户，非农业户口家庭 486 户。闽宁镇下辖的 6 个行政村中，福宁村的受访家庭 1520 户，占总样本的 27%；木兰村的受访家庭 673 户，占总样本的 11.95%；武河村的受访家庭 1274 户，占总样本的 22.63%；玉海村的受访家庭 1055 户，占总样本量的 18.74%；原隆村的受访家庭 793 户，占总样本量的 14.09%；园艺村的受访家庭 238 户，占总样本量的 4.23%。[④]

---

① 永宁县史志编纂委员会办公室：《永宁年鉴》（2014），2015，第 231 页。见 http://www.nxyn. gov. cn/zjyn/ynnj/201709/P020170915430880148253. pdf。

② 永宁县史志编纂委员会办公室：《永宁年鉴》（2015），2016，第 286 页。见 http://www.nxyn. gov. cn/zjyn/ynnj/201709/P020170915439946717792. pdf。

③ 永宁县史志编纂委员会办公室：《永宁年鉴》（2016），2017，第 326 页。见 http://www.nxyn. gov. cn/zjyn/ynnj/201709/P020170905386335934276. pdf。

④ 中国社会科学院民族学与人类学研究所国情调研闽宁基地课题组：《东西协作扶贫机制研究》，2014，第 65～66 页。

2013 年闽宁镇农业户口家庭的人均收入是 8773.265 元，收入构成中工资性收入占比为 73.16%，家庭经营收入占比是 23.04%，财产性收入为 0.38%，转移性收入为 3.42%。分析贫困家庭的收入构成可以发现，工资性收入的比例只有 51.51%，低于全镇平均值近 22 个百分点；以农业为主的家庭经营收入占比为 30.83%，高于全镇均值近 8 个百分点；土地流转收入为主的财产性收入比例是 2.46%，以政府转移支付为主的转移性收入比例远远高于一般家庭的 3.24%，达到了 15.65%。可见政策性的社会保障、扶贫资金以及各种补贴已成为当地农业户口贫困家庭相当重要的收入来源，有效弥补了贫困家庭的收入障碍。

调查数据显示，闽宁镇贫困家庭共 459 户，贫困发生率是 8.15%。闽宁镇下辖的六个行政村中，福宁村（1.25%）、木兰村（4.16%）、武河村（7.61%）的贫困发生率都低于全镇均值；玉海村（9.38%）、原隆村（19.29%）和园艺村（14.71%）的贫困发生率都高于全镇平均水平。[①] 这也符合现实的观察，福宁村是移民最早的定居地，也是原来闽宁村的所在地，目前是镇政府所在地，相较其他五个村发展基础好。而 2013 年才搬迁结束的原隆村贫困发生率达 19.29%，该村主要是来自固原市原州区和隆德县两地的生态移民。因为 2012 年才开始搬迁，该村居民原来主要居住在六盘山区，生活尚未安定又缺乏一定的谋生手段，发展相对缓慢。

在全镇范围内，汉族家庭与回族家庭的贫困发生率相差不大，分别为 7.6% 和 8.36%。分行政村来看，玉海村、武河村、福宁村贫困家庭的民族差异不大，汉族家庭贫困发生率与回族家庭相差在一个百分点左右；木兰村汉族家庭贫困发生率高于回族，分别为 6.06% 和 3.95%；园艺村样本不全。原隆村回族家庭贫困发生率高于汉族，显示移民搬迁的适应情况有差异。

原隆村位于闽宁镇镇区以北，是永宁县最大的移民安置村。2010 年规划建设，2012 年 5 月实施搬迁，至 2016 年 9 月搬迁结束，共安置原州

---

① 中国社会科学院民族学与人类学研究所国情调研闽宁基地课题组：《东西协作扶贫机制研究》，2014，第 71 页。

区、隆德县八批移民 1998 户 10578 人 14 个村民小组。其中，回族群众 705 户 3337 人，占近 35%。辖区有各类残疾人 370 多户近 400 人。2014 年全村有建档立卡户 709 户 3234 人，2014～2015 年底陆续退出 691 户。2016 年确定精准扶贫户 70 户（新增 52 户）351 人。通过 411 项目扶持模式，到 2016 年底每户分红资金达到 2.8 万元，全部实现脱贫。2016 年，原隆村农民人均可支配收入达到 7000 元，比搬迁前原居住地不足 4500 元增加了 2500 多元，同比增长 15%。村集体收入突破 50 万元，较上年增加了 37.4 万元，同比增长 74.8%。① 原隆村党支部深入实施脱贫攻坚，形成了劳务输出、特色种植、光伏农业、肉牛养殖为主的四个产业增收渠道。

　　根据 2015 年永宁县机关干部"千人百村万户大民情大数据"调查，对闽宁镇 4104 户回族家庭和 1526 户汉族家庭的实地大样本调查发现：绝大部分农民群众愿意居住在农村。调查结果说明，有 37% 的回族农村家庭和 41% 的汉族农村家庭选择中心村为未来居住地；愿意选择原先所在村庄作为未来居住地的回族家庭占比是 21.22%，汉族家庭比例是 31.31%；未来希望居住在小城镇的汉族家庭占比是 10.18%，回族家庭比例是 28.34%；选择县城作为未来居住地的回族家庭比例是 13.04%，汉族家庭比例是 16.68%。收入较高的家庭选择县城和小城镇的比例偏高于平均值，而贫困家庭、低保五保家庭选择中心村和原先所在村庄的比例明显高于平均值。②

　　有关闽宁镇农村社区的数据显示，闽宁镇农村居民入住农村社区后的消费支出均大于入住前。这既反映了总体生活水平的提高，也说明闽宁镇中心村消费条件同迁入农户原先所在地区相比较为便利，现金在居民生活中的作用大大增强。将入住农村社区前的家庭人均消费金额和入住之后的家庭人均消费金额相比较，发现收入最低的人群入住后的家庭消费增加最多，之后呈现下降趋势。和全镇的农村家庭平均水平相比，贫困家庭在入住农村社区后的消费差额增长更多。这也说明，入

---

① 以上数据由原隆村村委会 2017 年提供。
② 丁赛：《城镇化建设民意调查分析报告》，载中国社会科学院民族学与人类学研究所国情调研闽宁基地课题组：《城镇化进程中的文化建设研究》，2015，第 81～104 页。

住农村社区后居民生活水平明显改善。显示出因为自身资源和网络的差异，城镇化将首先在收入较高的家庭中实现。而贫困家庭更倾向于农村生活环境，以减少生活成本中的现金支出。这也与不同家庭的收入结构有关，贫困家庭缺乏稳定的工资性收入，影响了他们进入城镇的积极性。

调查中发现，农民群众对目前的中心村模式比较认同。对于未来居住意向，调查显示在县城、小城镇、中心村和其他四个选项中，选择中心村的比例是最高的。其中全镇平均选择中心村的比例为38.47%，贫困家庭为46%。位居第二位的是小城镇，和中心村相比，全镇选择小城镇的农业家庭比例为24%，贫困家庭为16%。选择县城为居住点的家庭比例，在全镇是13%，贫困家庭样本为10%。

永宁县中心村建设目标是水、电、路、气、房、光纤六到农户。在社会服务配套上，力争逐步做到村委会、社区居委会、学校、幼儿园、卫生室、小广场、文化健身活动室、物业、商业网点、银行、邮政、通信、垃圾及污水处理十三到位。根据规划，永宁县的中心村以5～6层楼房为主，近一两年才开始有高层住宅，户型为60平方米、90平方米和110平方米三类。中心村距离最近的公交车站平均距离为398米，中心村之间开通了居民免费乘坐的村村通公交线路。开往永宁县和银川市的公交车间隔为10～40分钟。可见中心村的基础设施方面，城乡差距明显缩小。

永宁县的城镇化规划坚持"县城周边的村庄向县城集中，其他村落向附近的小城镇和中心村集中"的总体思路。目标是将全县偏远的村落全部整合，把群众集中到小城镇、中心村生活，形成以县城为中心、望远为侧翼、特色小城镇和中心村为补充的四级新型梯级式城镇空间发展格局。先后实施了闽宁镇、李俊镇小城镇建设，使闽宁镇作为全区移民示范镇的定位更加鲜明，李俊镇作为区域集贸中心的定位效果初显。在加快新型城镇化和社会主义新农村建设，推进统筹城乡一体化发展的过程中，永宁县提出基础设施一体化、公共服务均等化、产业发展集聚化、社会保障同城化、社会管理社区化、土地利用集约化的"六个一体化"目标。其中"中心村"是该县城乡一体化建设的重要措施。先后建成了望远人家、杨和新村、李俊镇新区、新华中心村等一个个整齐划一、设施高档、功能齐备、环境优雅的失地农民生活安置小区，整合安置24个自然村14818户。小区集住宅、商业场所、镇村中心、医疗文体场所、老年之家等相关配套设施于一体，成为全县失地农民安置小区的典范工程。为了解决进村农民的粮食、生产资料、农机具等库存设施的配套问题，探索成立"粮食收储银行"和"农机作业服务公司"，规划了农民二次创业的配套产业功能区（特别是养殖小区）。

公共文化服务体系建设，提升公共文化服务水平是城乡一体化的重要方面。闽宁镇近年大力完善村（社区）级文化设施，建成行政村（社区）综合性文化服务中心（农民文化大院）20个，配备了电脑、图书、乐器等设施设备。其中原隆村文化活动中心建于2014年，占地面积4000平方米，建设面积600平方米，面向14个村民小组。该中心共设有7个功能室及1个灯光球场，分别是排演室、残疾人康复训练室、中老年人棋牌活动室、体育活动室、图书阅览室、书香苑、民俗文化展示室。各活动室坚持常年免费向村民开放。文化活动中心大院内还设有篮球场和羽毛球场，是原隆村村民开展文化娱乐活动的主要场所。农民文化大院主要开展文艺培训、党员教育、老年人活动、图书阅览、文艺演出、电影放映等活动。

闽宁镇在巩固已有民间文艺团队的基础上，继续培育组建新的文艺团队，在全镇每个行政村都组建了一支文化活动团队。原隆村组建了130余人参加的由秧歌、舞狮、旱船、毛驴、秦腔组成的原隆村社火队。先后承办了闽宁镇"和谐杯"篮球运动会，同园艺、福宁的秦腔自乐班交流演出，接待区、市、县文化下乡文艺演出10场次。每年5~10月青年男女自发组织夜间广场舞和卡拉OK，每晚参加活动的人数都不少于60人。

为了适应城镇生活环境下群众的公共文化需求，永宁县积极组织开展多种形式的群众文化活动，打造了"百场文艺下基层""湖城之夏·广场文化季""千场电影下农村""激情广场大家乐""乡村大舞台"等文化活动。大力开展"四送六进"公共文化及数字电影"六进"活动。2014年全年各类演出600场，放电影1466场，观众达35万人次。全年在各乡镇组织群众文化活动达 3 次以上，每个行政村组织群众文化活动达 3 次以上，文化活动群众参与率达到 70%。2015 年开展了"千场电影下农村"活动，由文化旅游广电局负责，在全县范围内共放映 1500 场次。上半年放映公益电影 496 场次，观众人数达 6 万余人次，实现了一村一月 1.5 场电影的放映目标。据统计，原隆村 2015 年 10 月 13～20 日期间，就放映了 17 场电影。

在当地公共文化体系建设与群众文化活动取得丰硕成果的背后，也存在一些重要的问题。在城镇化建设和政策扶持下，公共文化设施建设超前，设施的利用率有待提高。人们刚从农村生活环境中进入城镇，对于城镇化条件下的文化设施和服务体制还不熟悉。这也显示了当地城镇化尚在进行中的状态，硬件的设施实现了城镇化，但是人的生活状态和习惯还没有转变，表现为公共文化体系与群众自发文化活动之间的联系不够紧密。

在城镇化迅速推进的同时，因为居住格局的互嵌日益深化，民族交往加强所带来的积极影响不断扩大，同时也难免出现一些新的风险，比如宗教派别之间的互动。本地移民来自宁夏南部山区各地，原来就有复杂的宗教派别之分。来到闽宁镇之后则聚居在一起，教派关系便更为明显。仅原隆村，2015 年前定居的 715 户回族家庭中，就有哲合忍耶、嘎德忍耶、虎夫耶、格底目、伊合瓦尼三大门宦两大教派。该村目前有 4 处临时礼拜活动点，大致反映了当地居民的移民来源和居住格局。哲合忍耶临时活动点在南二区 3 排预留的宗教场所用地，信众主要是来自中河、三营等乡镇。格底目临时活动点在南三区 9 排预留地临时活动房，信众主要是来自城镇的群众。嘎德忍耶、虎夫耶临时活动点联合借用南二区 2 排 8 号，其中嘎德忍耶信众主要来自炭山乡。伊合瓦尼临时礼拜点借用南三区 10 排 3 号。

众多教派门宦集中在一个行政村，也给当地群众带来了一定的经济压力。搬迁来的移民本来就非常困难，搬迁新村后既要进行建房、修院等基础设施建设，还要投入新的农业生产和维持一家人的正常生产生活，所以普遍经济都比较紧张。为了改善宗教活动场所，筹资建寺又带来了新的压力。为了方便信教群众正常宗教活动的开展，当地政府在维持现有 4 个临时活动点的同时，积极推动两个人数较多的教派建寺。并积极开展调查研究，深入了解信教群众的需求，就合坊建寺等可能性广泛征求意见。在平衡脱贫攻坚和满足当地信教群众合理宗教生活需求方面，进行了积极的尝试。

为了方便信教群众，当地政府的解决方案是维持现有 4 个临时活动点的格局。将规划预留的两处建寺用地分给两个人数较多的教派建寺用。另外借用民房做礼拜点的就地指给其他两个教派。同时向市、区宗教部门上报原隆村 4 座清真寺建寺审批资料，缩短宗教活动场所的申请审批以及建设周期，方便信教群众正常宗教活动的开展。这样既能避免合坊建寺后教派之间因教仪规定不同而出现的纠纷矛盾，又能维护长远稳定。

宗教问题只是一个方面，闽宁镇也重视移民社区的民族团结工作。该镇创建"民族团结进步示范单位"的一大举措就是将民族团结教育同加强和创新社会管理相结合。

在民族团结教育方面，积极组织镇、村、组三级学习《民族区域自治法》、民族政策理论等知识，不断提高广大干部的理论素养。共举办镇村组干部集中培训学习 30 余期，培训骨干近 300 人。针对群众受地域、文化、传统、家族观念等因素的影响，积极开展思想道德建设，引导广大群众树立社会主义核心价值观。以村组为单位召开群众学习会议 160 场次，参会人数累计达 3 万余人次。此外还以"三定学习"、座谈交流、外出考察、观摩培训等形式不断加强对宗教教职人员的正面教育。举办宗教人士学习班 30 余期，累计参会人数 1600 余人次。

在创新社会管理方面，规划编制少数民族地区发展项目，投资 21.4 万元，完成福宁村庭院灌溉 3 眼机井改造维修，更换扬水泵站电机 3 台、水泵 1 台、阀门 2 台。变群众上访为领导下访，调解积累多年、涉及土地等各类矛盾纠纷 60 余起，解决困难家庭救助 130 余起，发放救助资金近 4 万元，受益人数达 600 余人。积极开展送温暖和对宗教人士的慰问活动。

在树立典型、表彰先进方面，积极开展和谐文化进场所活动，促进宗教事务管理规范化。开展法律法规、计划生育等政策宣传教育 10 余场次，先后设立图书阅览室 1 个，农民健康教育咨询点 28 个，升挂国旗 28

面，聘请义务调解员 28 名，伊玛目调解室 1 个。近年来先后创建了 12 处县级"和谐清真寺"，4 处市级"和谐清真寺"，表彰了 12 名县级先进个人。表彰奖励民族团结进步创建先进集体 3 个，乡镇级先进个人 18 名、县级 4 名、市级 3 名。

在加强党的领导、密切干群关系方面，完善工作责任机制，成立了以党委书记任组长，各单位负责人为第一责任人的民族团结进步创建活动领导小组。在全镇范围内开展以党员承诺、践诺、履诺、评诺和设置功能党小组等形式的"创先争优"活动。党员的奉献意识得到了提高，党员带头致富、发展生产的作用得到了充分体现。利用党员奉献日、评星定格、干部勤廉双述、民主议政日、政务村务财务公开等活动的开展使党群、干群关系进一步密切，基层党组织的凝聚力、战斗力不断增强，民族团结的氛围更加浓厚。

## 三 东西协作背景下的生计变迁

闽宁镇从建设之初，就受到国家和自治区层面扶贫政策的支持，但对当地影响最大的政策实践，当属东西协作。

东西协作是中国特色社会主义发展道路的重要内容，符合我国社会主义大家庭的基本性质，体现了邓小平同志对于改革开放事业所提出"先富带动后富，东部带动西部"的战略设想，是"两个大局"思想的重要体现。1995 年 9 月，中共中央十四届五中全会通过的《中共中央关于制定国民经济和社会发展"九五"规划和 2010 年远景目标的建议》中，提出了沿海发达地区对口帮扶中西部的 10 个省区的规定。其中确定由福建省帮扶宁夏回族自治区，东西扶贫协作已有了政策雏形。

1996 年 10 月，在《中共中央、国务院关于尽快解决农村贫困人口温饱问题的决定》中，中央进一步确定沿海发达省市对口支援西部贫困省区的具体安排。同时要求"对口帮扶的任务要落实到县，协作要落实到企业和项目。组织富裕县和贫困县结成对子，进行经济合作，开展干部交流。动员富裕县的企业到西部贫困县去，利用人才、技术、信息、市场、管理、资金等各种优势，在互利互惠的基础上与贫困县共同开发当地资源。省一级对口帮扶的双方，要做好协调组织工作"。至此，东西扶贫协作在全国 23 个省（区）、市正式启动。当年福建省委、省政府迅速成立由时任福建省委副书记习近平任组长、19 个省直机关为成员单位的对口帮扶宁夏领导小组，闽宁扶贫协作正式启动。

2016 年 12 月，中共中央办公厅、国务院办公厅印发《关于进一步加强东西部扶贫协作工作的指导意见》，要求推进东西部扶贫协作和对口支援工作机制不断健全，合作领域不断拓展。确保西部地区现行国家扶贫标准下的农村贫困人口到 2020 年实现脱贫，贫困县全部摘帽，解决区域性整体贫困。主要任务确定为开展产业合作、组织劳务协作、加强人才支援、加大资金支持、动员社会参与。①

在党中央的指导下，闽宁两省区逐步走出了一条以政府援助、企业合作、社会帮扶、人才支持为主要内容的道路，从单向扶贫到产业对接，从经济援助到社会事业多领域深度合作，形成了独具特色的"闽宁模式"。2013 年 9 月，国务院扶贫办将"闽宁模式"列入《中国社会扶贫创新行动优秀案例集》②，作为具有创新性的成功案例向全国推介。

"闽宁模式"被誉为"中国东西协作扶贫的成功典范"。在深度上，两省区结对帮扶已由县区延伸到乡镇和行政村，两省区 64 个乡镇、34 个村结对帮扶，精准帮扶力度更大，在全国开了先河。在广度上，两省区在教育、医疗、文化等领域广泛推进对口协作，组织、统战、民政、司法教科文卫等几十个部门和社会团体建立起帮扶关系。

在 1996 年召开的闽宁对口扶贫协作第一次联席会议上，习近平同志就提出"支持开展多种形式的合作与交流，着力培育扶植支柱产业，加快建立新的经济运行机制，增强造血功能"，"积极引导企业和投资者，到宁夏投资办厂，以各种形式帮助宁夏发展资源开发型和劳动力密集型产品的生产"。此后历次闽宁对口扶贫协作联席会议上都强调要"培植扶贫支柱产业""以产业协作为基础"，动员更多福建企业到宁夏去投资

---

① 中办、国办印发《关于进一步加强东西部扶贫协作工作的指导意见》，新华社，12 月 7 日，http://www.gov.cn/xinwen/2016-12/07/content_5144678.htm。

② 国务院扶贫办编《中国社会扶贫创新行动优秀案例集：2012》，中共中央党校出版社，2013。

办厂。在2002年第六次联席会议上，习近平同志提出并肯定了"闽宁合作经济开发区"的思路，形成了"闽宁模式"的重要特色。

"闽宁模式"成功实现了由政府援助为主，向政府主导、产业协作、企业合作和全社会参与的多层次、全方位、宽领域的扶贫协作转变。在闽宁协作框架下，闽宁产业园是工业扶贫的重要机制。以闽宁产业园为载体，推动福建和宁夏的经济技术协作与企业合作，引导东南沿海地区产业、资金、技术优势与宁夏资源、劳动力优势相结合。该机制同时服务于东部地区产业升级和西部大开发两项国家战略，是加快贫困地区形成自我发展能力的重要平台。产业园在推动沿海地区产业转移、改善贫困地区产业结构等方面发挥了重要作用。

产业园并不仅是一个企业聚集的空间，而且是一个政策实践、分工优化、人才聚集、技术创新、观念革新的综合体。政府、企业和劳动力都在产业园的发展中扮演重要角色，也得以分享其发展成果。这点在我国东部沿海地带的科技园、工业园、电子园等发展历程中已经被不断证明。在地理空间或行业领域移入一个完全与本地没有社会联系的单位，这就带来一系列"价值体系的重组"，从而在社会、文化和观念层面实现变革。[1] 我国改革开放的一个重要经验就是"摸着石头过河"，某种意义上，各种特区、新区、工业园便是"石头"。借由这些特殊的机制，新的经济活动、社会制度、文化观念被引入，从而逐步扩散开来，影响了周围社会的方方面面。

扶贫工作应该借鉴这方面的经验，首先以产业园带动部分人口生产方式和就业方式转变，然后进一步影响贫困地区更多的社会部门。闽宁产业园作为试验田，外来企业作为刺激地方市场发展的"鲶鱼"，意义在于倒逼地方破除制约市场主体活力和要素优化配置的障碍。从而短期提高民众收入水平，长期改善市场经济环境，从根本上消灭贫困的社会根源。

在福建和宁夏两省区政府的大力支持下，目前西吉县、盐池县、隆

---

[1]　Aihwa Ong, *Neoliberalism as Exception*: *Mutations of Citizenship and Sovereignty*, Durham, NC: Duke University Press, 2007, pp. 182 – 183.

德县已建有 3 个闽宁产业园，此外还分别建成了红寺堡晋江产业园和永宁县闽宁产业城。这些不同类型的产业扶贫平台构成"闽宁模式"的重要内容。企业合作、产业扶贫、项目带动、共同发展是"闽宁模式"下产业发展机制的重要特点。以产业发展为基础，园区建设为平台，移民务工为主体，福建企业为骨干形成了所谓"园区建设＋移民致富＋企业盈利""三位一体"的闽宁产业协作模式。政府建设闽宁产业园，根据两地经济结构调整和产业发展方向，积极培育产业对接点，发挥商会、行业协会等民间组织的作用。企业关注移民致富，通过企业发展扩大非农就业规模，利用产业园区稳定就业周期，从根本上转变移民的生计方式。

闽宁镇新建的闽宁产业城（望远）和闽宁扶贫产业园汇聚了葡萄酒酿造加工、轻纺加工、机械电气等无污染、劳动密集型的十余家企业。截止到 2016 年 6 月，产业园已经入驻银峰铝业、中小企业创业谷、福建亚通和青川管业等 17 家企业，吸纳 1300 余名移民成为产业工人。规划建设的闽宁新镇区占地 2200 亩，面向社会企业招商地块 47 个，目前已签约企业 21 家，占用地块 43 个，银川众一集团、福建龙钰投资等 13 家企业已入场开工建设。中银绒业公司在闽宁镇投资建设的年产 100 万件针织衫加工项目 2015 年初正式投产。该项目总投资 1.5 亿元，目前高峰期雇用本地劳动力 500 人，实现 250 多人的稳定就业。

闽宁产业园的发展具有两大特点，一是紧密结合当地自然、文化和农业资源。比如依托葡萄产业、畜牧产业聚焦资源优势，大力发展农产品深加工。二是以解决就业为首要着眼点。改变就业方式是扶贫工作的重要突破口，企业扩大就业的广度、深度和稳定性应该是产业园发展的重要指标。当地政府在招商之初，就清晰地把关注点放在劳动力密集型企业，以解决农业转移人口的就业问题。

此外葡萄种植业已成为农民增收的特色优势产业。2014 年时全县葡萄种植面积 13.5 万亩，种植农户约 4000 多户。葡萄酒大型加工企业 4 家，小型加工企业 5 家，加工能力约 5.5 万多吨，占全区加工能力的 60% 以上。围绕葡萄酒产业，该县建成了葡萄小镇 1 个，特色葡萄酒庄 15 个。其中宁夏中粮长城葡萄酒庄、德龙公司酿酒葡萄酒庄、巴格斯酒庄、类人首酒庄、轩尼诗酒庄等已经具有较高的知名度。闽宁镇结合自治区贺兰山东麓百万亩葡萄产业带建设，引进福建德龙、世界 500 强企业中粮公司等优质企业，建成酒庄 13 座。全镇葡萄种植面积达 6.2 万亩，有 1000 多户农户种植葡萄，整个产业带动了镇上 4000 多人就业。2017 年转移劳动力从业人员 6000 余人。葡萄园种植和相关务工经济已经成为当地农民增收的重要来源，围绕葡萄产业的种植、包装、物流、旅游等相关产业成为解决就业的重要渠道。

养殖产业是该镇着力打造的另一重点产业。闽宁镇有自治区级农业产业化龙头企业 3 家，市级农业产业化龙头企业 12 家，年销售收入 3.6 亿元。有 50 万只蛋种鸡养殖基地 1 个、万头肉牛养殖场 1 个、千头肉牛养殖场 1 个、大型清真牛羊肉屠宰加工厂 1 个、肉牛养殖整村推进示范村 2 个。原隆村生态移民万头肉牛养殖基地规划占地面积 460 亩，总投资 8200 万元。2013 年建设圈舍 32 栋 44800 平方米、饲草青贮池 11212 平方米。配套消毒室、配种室、防疫室、检验室及水、电、路、绿化等工程。项目建成后存栏高档安格斯基础母牛 3000 头，西门塔尔等优质育肥牛 5000 余头，安格斯育肥牛 500 头，可解决原隆村 150 名中老年移民就业。全镇 1186 户贫困户通过与宁夏壹泰牧业有限公司签订肉牛托管代养协议，贫困户户均入园托管肉牛 2 头，托管期限 3 年。每年为移民群众增加收入 726 万元，户均增收 4000 元左右。托管到期后，根据贫困户的意愿，按每头牛 8000 元返还本金或等价值的肉牛。

在产业园建设的同时，当地大力推进劳务产业，加快生计方式转变以实现人民就业方式升级。通过增加工资性收入，破解持续脱贫攻坚的难题。2013 年输出劳务人员 7177 人，创收 5604.5 万元。其中有组织输出 4791 人，创收 3765.6 万元。组织各类培训班 15 期，培训学员 945 人，指导走向工作岗位 585 人。其中培训电工 4 期 312 人，电焊工 3 期 235 人，装载机、挖掘机 2 期 168 人；葡萄种植培训班一期 65 人、生态移民中式烹饪 1 期 3 个班 120 人、生态移民就业援助工程中式烹饪 1 期 40 人。职业技能培训 533 人，其中通过鉴定 320 人。SYB 创业培训 60 人、

GYB 创业培训班 1 期 60 人。[①]

2014 年落实个体工商户营业执照 267 家，落实永宁县企业对接帮扶岗位 575 个，全年共输出劳务人员 7700 人，创收 9856 万元。其中有组织输出 6560 人，创收 8744 万元。共组织各类培训班 24 期，培训学员 780 人，指导走向工作岗位 987 人。开展职业技能培训共 533 人，其中通过鉴定 320 人。[②]

2015 年有组织输出劳务 7495 人，劳务创收 8304.2 万。新增劳务经济人 18 人，劳务派遣公司 2 家，全镇劳务经济人达 56 人，劳务派遣公司达 11 家。全年共开展装载机、中式烹饪、电焊工、瓦工、家政服务、美容美发等职业技能培训 17 期 985 人。[③]

在这些就业渠道的基础上，闽宁镇一方面强化农村改革，加快土地确权登记颁证工作，成立了永宁县农村产权交易闽宁中心，加快农村产权制度改革，将劳动力从农业生产中释放出来；另一方面扶持劳务产业公司，鼓励人们进入闽宁镇扶贫产业园、闽宁协作产业城、草畜产业、酿酒葡萄产业从事工资性生产活动。这一出一进，使当地农业户籍人口逐步从农民转变为工人。

当地相当部分的农业户口家庭已经摆脱了对于土地经济的依赖。而本地各项产业的兴起导致人们的非农就业表现出明显的地域性，在永宁县内和银川从事非农劳动的比例达到了 90%。根据调查数据，非农就业人群中就业地点在永宁县内的比例是 64%；在银川市从事非农就业的比例是 26%；在银川外而在宁夏区内的比例是 4%，在区外的是 6%。[④] 就近从业的特点非常明显。目前，闽宁镇及周边的闽宁产业园、葡萄种植基地和葡萄酒庄、110 国道扩建、棚户区改造、大整治大绿化等工程成

① 永宁县史志编纂委员会办公室：《永宁年鉴》（2014），2015，第 231 页。见 http://www.nxyn. gov. cn/zjyn/ynnj/201709/P020170915430880148253. pdf。
② 永宁县史志编纂委员会办公室：《永宁年鉴》（2015），2016，第 286 页。见 http://www.nxyn. gov. cn/zjyn/ynnj/201709/P020170915439946717792. pdf。
③ 永宁县史志编纂委员会办公室：《永宁年鉴》（2016），2017，第 326 页。见 http://www.nxyn. gov. cn/zjyn/ynnj/201709/P020170905386335934276. pdf。
④ 丁赛：《城镇化建设民意调查分析报告》，载中国社会科学院民族学与人类学研究所国情调研闽宁基地课题组《城镇化进程中的文化建设研究》，2015，第 104 页。

为移民就业的主要阵地。

　　闽宁镇先后培训发展劳务派遣公司 11 家、劳务经纪带头人 56 人。2016 年 1~10 月全镇实现劳务输出 8233 人，实现收入 1.34 亿元，生态移民 3353 人，劳务创收 4933.3 万元。其中区内输出 8041 人次，区外输出 192 人。稳定在 6 个月以上 903 人，实现稳定收入 913.2 万元。就业去向主要以附近的中粮集团、德龙酒业、中银绒业和金顺友清真牛羊肉加工等企业用工为主。当年再次实现季节用工突破万人次，主要从事葡萄种植、葡萄酒加工、工业生产等工作。

　　劳务派遣公司和劳务经纪人的繁荣，与大规模的非农就业劳动力，一起塑造了当地劳动力市场的基本面貌。该县在城镇化规划中就明确提出加快建立和完善农民工管理和服务体系、劳动力流动监测体系、就业培训体系、就业信息体系和维护农民合法权益的法律服务体系，以促进一个开放、竞争、有序的劳动力市场。劳动力市场的发展，实现了当地劳动力工资性收入的明显提高，摆脱贫困成为可能。

　　调查中也发现了几方面的问题：部分企业宁可以较高的工资雇用外地的农民工，也不愿意聘请当地群众；来自宁夏南部西海固地区的扶贫移民因为无法就业，部分返回南部山区；农业生产的路径依赖较为严重，农业收获时期出现较大规模的离职潮；争取劳动权益的维权行动中，民族和宗教因素有可能被利用。

　　劳动力市场发展的一个重要内容就是劳动力培训。2013 年闽宁镇创业就业中心成立，2014 年建成宁夏生态移民培训示范基地和生态移民创业就业服务中心。开设了与区、市、县联网的闽宁镇劳务市场，搭建了移民培训和就业平台，平均每年开展劳务技能培训 1200 人。2015 年便开设装载机、挖掘机、起重机、电焊工、电工、架子工、保安等培训班 17 期 22 个班次，培训学员 985 人。2016 年 1~10 月组织开展各类职业技能培训 31 期，其中职业技能培训 19 期 956 人，农民工实用技术培训 12 期 3500 人次。机构自成立以来先后为中银绒业闽宁针织厂定向培训针织技术工 520 人。通过开设专场招聘会，积极为镇域内企业介绍用工，引导移民由季节工向长期合同工过渡并逐步转变为产业工人。专门为中银绒业开展现场招聘会 3 场次，达成就业意向 722 人，实现就业 461 人。

当地百姓作为发展主体，就要求改变就业观念、提升职业技能，以适应新的就业市场的要求。当地政府和企业利用多种渠道创造职业培训的机会，帮助初次就业的人们适应生计方式的转变。这里就以原隆村的一个案例来说明基层精准脱贫能力培训的参与情况。原隆村专门成立了生态移民就业创业服务站，对移民群众进行职业技能、实用技术等多种形式的培训，并组织引导移民外出务工就业创业。2016 年，组织各类技能培训 10 期 500 余人，其中职业技能培训 6 期 300 人，技能型务工人员累计达到 900 余人。培育发展劳务派遣公司 3 家，全村劳务输出 2900 余人，创劳务收入 4600 余万元，人均劳务收入达到 4300 多元。

根据永宁县扶贫开发办公室与银川市美力嘉职业技能培训学校所签订的协议，2016 年 12 月 13 日至 2017 年 1 月 1 日，银川市美力嘉职业技能培训学校在永宁县闽宁镇原隆村举办了 50 人的手工编织培训班。该课程的目标是使培训对象掌握编织和刺绣的基本理论知识和技能，培训结束应熟练掌握技法并能独立完成编织和刺绣作品。在开展培训的同时，扶贫办就与该培训机构签订了学员手工艺产品收购协议，以 30 元一个的价格收购了学员在培训期间制作的 300 个汽车挂件。这样，让学员不仅学到技能，还可以真实地获得收入，体验到增强就业技能的重要性。经过 20 多天的培训，有效提高了学员在手工编织方面的技能，调动了他们在生产致富等方面的积极性，一定程度上改变了他们的就业观念。

在接受银川市美力嘉职业技能培训学校所提供"手工编织一（初级）"课程的 50 人当中。34～38 岁年龄段的学员最为集中，达到 15 人；其次分别为 29～33 岁 11 人，24～28 岁 10 人，39～45 岁 8 人，19～23 岁和 44～48 岁同样为 3 人。就学员教育背景而言，小学毕业的学员为 36 人，中学教育背景的为 14 人。教育一直被认为是解决贫困问题的根本途径之一，受教育水平低是贫困人口摆脱贫困的主要障碍。这一数字显示，当地政府的培训措施具有较强的针对性，专门为这些只完成了小学教育的劳动者开设了手工编织这样学历门槛低，但是就业灵活的技能培训。

在这些受训学员中，以女性为主，只有 1 名行动不便的男性。虽然"女性能顶半边天"，但是在原隆村这样既是回族聚居区，又是农业为主要生计方式的社会，女性一直被束缚在家庭之内。她们既要照顾家里的老人小孩，又要从事农业生产，根本无法远离家庭参与劳动力市场。所以如何就地解决这些女性的就业问题，是扶贫攻坚的重要突破口。让这些被束缚的女性劳动力释放出来，参与劳动力市场以获得现金收入，是快速脱贫的重要思路。

在这 50 名学员当中，汉族和回族各占一半，均为 25 人。显示当地政府在扶贫工作中非常重视民族团结，在民族之间实现了机会均等和民族平等。但是具体来看，回族和汉族在年龄分布上又有不同。回族学员主要集中在 33 岁、34 岁和 38 岁，均为 3 人；其次 26 岁、28 岁、29 岁和 39 岁有 2 人。而汉族学员在 35 岁有 3 人，28 岁、32 岁、40 岁和 46 岁各有 2 人。33～39 岁的青年女性是此次培训的主要对象，其中汉族学员的平均年龄为 35 岁，高于回族学员的 33 岁。这与两个民族女性的婚姻和家庭生活模式有关，回族初婚和生育的年龄要比汉族小。所以她们家庭生活稳定然后寻找就业机会的年龄就比同村的汉族要低一些。

就业去向存在民族方面的差异。汉族签订就业意向的比例高于回族，而回族学员自主创业的比例较高。回族作为一个具有商业传统的民族，在经商方面有传统、网络等方面的优势。不同群体各有其文化传统与行为习惯，扶贫工作中要对当地劳动力就业行为进行深入了解，从而在劳动力市场上确保民族平等。在脱贫攻坚工作中坚持各民族一律平等，避免民族间的贫困差距，是关系小康社会根本的重大问题。

但也需要注意到劳动力培训中所存在的问题。现有职业技术课程较为落后，延续了学历、资质教育的传统，其课程往往与市场脱节，主要开设电焊、汽修、美容等课程。但是与产业园内企业的生产需求不衔接，企业需要的技能无法得到训练。而产业工人的一般素养，比如就业观念、法律意识、职业素养也没有相应的培训课程。

## 四　就业方式转变与身份的再生产

城镇化让人们从山区移民到中心城市银川周边，然后在特色小镇、中心村这样的城乡一体化社区定居下来。脱离了农业生产，如何取得稳定的非农工资性收入就成为扶贫攻坚的一个重要问题。当地贫困农户的收入结构正反映了这一点。同时东西协作推进的产业建设也吸引了一批工业、种植业和加工业，提供了脱贫所需要的非农就业机会。第一点把人们从土地上释放出来，第二点解决了往哪里去。两方面的现象得以实现，有赖于当地初步建立起来的市场化劳动体制。

这个劳动体制包含现代工厂制的要素，但也是高度地方化的。为了实现稳定就业，降低员工流失，企业需要采用灵活的用工制度。比如在农忙时节，像葡萄种植期、农作物收获期，可以给员工安排 5 ~ 10 天的假期。又或者灵活安排上下班时间，以方便女性员工接送小孩上学。这样企业就可以灵活安排生产，同时也照顾到了当地员工的农业生产和家庭生活。政府则通过就业补贴来减少人们的就业开支提高可支配收入，如提供住宿、餐饮、交通等方面的补贴，降低移民进厂工作所带来的现金支出，相对提高工人们的工资水平，鼓励人们转变就业方式。

习近平在第四次中央民族工作会议的讲话中强调，就业问题是社会稳定的重要保障。"一个人没有就业，就无法融入社会，也难以增强对国家和社会的认同。失业的人多了，社会稳定就面临很大危险。有的民族地区就业问题突出，必须坚持就业第一，增强就业能力，拓宽就业渠道，扩大就业容量，切实把这个民生头等大事抓好。"事实上，就业问题一直是理论界和学术界关注的焦点。有学者指出，民族问题的一个重要内因，就是快速发展过程中出现的少数民族人口就业问题。在西部大开发、退耕还林、退牧还草、生态移民等政策下，农牧民必然要进入新的就业领域，但是如果政府、民族社会、市场没有做好准备，无法进入新就业市场的民族劳动力就存在很大的社会风险。[①]

传统上西部民族地区的就业有以下特点：一是当地少数民族劳动力集中于农牧业的程度高；二是非农业劳动力主要集中在国有企事业单位；三是少数民族劳动力的受教育水平参差不齐。[②] 在计划经济时代，政府

---

① 郝时远、张海洋、马戎：《构建新型民族关系——郝时远、张海洋、马戎访谈》，《西北民族研究》2014 年第 1 期。

② 马戎：《西部开发、劳动力流动与少数民族教育》，《西北民族研究》2002 年第 1 期。

制订了一系列政策制度，促进少数民族就业机会的均等。① 此后市场经济的发展过程中，政府调控就业机会的主导作用逐步被市场竞争机制所代替。伴随着民族地区的产业转移和产业结构调整，劳动力市场化的进程日益深化，就业竞争导致西部地区的族群关系出现了新的局面。由于对新问题、新现象的管控相对滞后，少数民族人口面临着一系列的就业困难。② 如果处理不当，会对当地的社会稳定和民族关系带来不利影响。

西部民族地区的发展形成了"以大项目建设为主体、以能源原材料工业基地建设为重点、以国家投入为主渠道"的模式。③ 但是大型企业的就业门槛较高，往往对当地少数民族形成就业排斥。产业结构调整导致大量少数民族人口从传统的农牧业释放出来之后，却无法在新的经济活动中获得充分的就业机会。经济增长速度与就业增加速度并不一致，产生了一系列不平衡、不同步的就业问题④，并与更广泛层面的社会问题、民族问题纠缠在一起。

目前对于少数民族就业的研究，一个重要领域是少数民族地区劳动力转移的问题。有组织的规模性移民、城镇化过程中的人口转移、自发的人口流动是少数民族人口流迁的三种主要形式。⑤ 有研究基于第五次人口普查抽样数据指出：少数民族省内迁移率和汉族相比差距不大；而少数民族的省际迁移率大大低于汉族；少数民族迁移中经济性原因所占比重低于汉族，社会原因所占比重高于汉族。⑥ 与汉族相比，农村少数

① Barry Sautman, "Preferential Policies for Ethnic Minorities in China: the Case of Xinjiang", in William Safran (ed.), *Nationalism and Ethno-regional Identities in China*, London: Frank Cass, 1998.

② Reza Hasmath, Benjamin Ho and Elaine Liu, "Ethnic Minority Disadvantages in China's Labor Market?", Working Paper, 2009, http://www. class. uh. edu/econ/faculty/emliu/ethnic_minority. pdf, accessed by Dec. 2, 2010.

③ 陆大道、刘毅等：《1999 中国区域发展报告》，商务印书馆，2000，第 62 页。

④ 齐义军：《包容性增长视阈下民族地区就业研究——以内蒙古为例》，《中央民族大学学报》（哲学社会科学版）2011 年第 2 期。

⑤ 王希恩：《中国全面小康社会建设中的少数民族人口流迁及应对原则》，《民族研究》2005 年第 3 期。

⑥ 张善余、曾明星：《少数民族人口分布变动与人口迁移形势——2000 年第五次人口普查数据分析》，《民族研究》2005 年第 1 期。

民族劳动力的转移，既面临相同的劳动力市场竞争和社会转型问题，又必须考虑到少数民族特殊的文化背景和生活习惯。

有研究通过对兰州市少数民族流动人口的研究，指出宗教型流动人口是少数民族流动人口的重要组成部分；流动人口通常在具有民族特色的行业集中就业；部分少数民族流动人口成为城市新贫困人口。[①] 就具体的民族而言，有学者对东乡族、维吾尔族、保安族、彝族等少数民族劳动力转移的特点进行了实证研究。[②] 从民族之间的横向比较中，壮族和苗族的劳动力转移规模超过了汉族村的平均水平，而彝族、满族、回族（新疆回族）、维吾尔族则低于汉族村的平均水平。[③]

劳动力迁移的研究中，一个重要的思路是关注与迁移行为相关的三个方面。[④] 一是对"迁出地"的影响。有学者研究了蒙古族外出务工对于西部民族地区的社会影响。[⑤] 农村劳动力陷入发展困境是部分少数民族地区的重要社会问题。[⑥] 二是对"迁入地"的影响。杨圣敏等学者较早关注了北京的"新疆村"现象。[⑦] 三是对少数民族流动群体自身的研

① 汤夺先：《西北大城市少数民族流动人口若干特点论析——以甘肃省兰州市为例》，《民族研究》2006 年第 1 期。

② 马天龙：《东乡族农村劳动力转移特点及其思考》，《西北民族大学学报》2004 年第 1 期。阿布都外力·依米提：《制约少数民族农村劳动力流动因素的分析及其对策——以维吾尔族为例》，《黑龙江民族丛刊》2006 年第 5 期。马艳：《劳动力转移：社会变迁与家庭关系——以保安族为例》，《青海民族研究》2007 年第 4 期。刘东旭：《流变的传统：珠江三角洲地区的彝人家支再造》，《开放时代》2013 年第 2 期。

③ 丁赛：《农村汉族和少数民族劳动力转移的比较》，《民族研究》2006 年第 5 期。

④ Brinley Thomas, "Migration: Economic Aspects", *International Encyclopedia of the Social Sciences* (Volume 9 and 10), New York: The Mac millan Company and The Free Press, 1968, pp. 298 - 299.

⑤ 马戎：《少数民族社会发展与就业：以西部现代化进程为背景》，社会科学文献出版社，2009。马戎：《外出务工对民族混居农村的影响：来自内蒙古翁牛特旗农村的调查》，《社会》2010 年第 3 期。

⑥ 孙振玉：《当前部分少数民族欠发达地区农村劳动力之发展困境与出路——甘肃积石山县保安东乡撒拉回土五族农村劳动力发展状况调查》，《兰州大学学报》（社会科学版）2000 年第 2 期。

⑦ 杨圣敏：《新疆村的调查与分析》，《中国民族报》2001 年 9 月 4 日。杨圣敏、王汉生：《北京"新疆村"的变迁——北京"新疆村"调查之一》，《西北民族研究》2008 年第 2 期。杨圣敏：《大城市中少数民族流动人口聚居区的形成与演变：北京"新疆村"调查之二》，《西北民族研究》2008 年第 3 期。

究。有学者指出穆斯林在广州形成了"流动的精神社区"。①

通过上面对少数民族就业研究的梳理，现有研究主要将就业问题视为在流动过程中，少数民族社会、文化的特质在不同阶段的变迁，及其所造成的社会问题。这类研究往往将流动就业的少数民族人口视为产业转移和社会变迁导致的股股"洪流"，进而讨论它们对于传统民族文化、居住格局和社会组织的冲击。但却较少重视人们如何被纳入统一劳动力市场的问题。对于"流动"的认识被限制在空间领域，而不是不同生产部门之间。

社会学对于民族就业的研究，一个重要的方向是就业障碍和就业歧视的社会机制。身处一个城乡分割的二元劳动力市场，这是中国转型社会的基本特点之一，也是少数民族劳动力面临的最基本的制度环境。② 基于户籍身份的城市社会保障制度是影响农民工在就业地位上融入城市生活的主要因素。③ 劳动力市场上基于城乡分割而形成的就业歧视，在民族地区由于裹挟了民族差异，成为许多新的社会问题的根源之一。④

闽宁镇的材料可以看出，城镇化与产业扶贫在当地造就了一个地方的劳动力市场。各种企业在贫困地区落地之后，给当地的劳动力市场发展带来明显的改变。引进劳动力密集型产业有助于大幅提升农业人口就业，减少了当地老百姓长期务农和打零工的现象，在家门口就可以做产业工人。不仅带动了当地经济的发展，同时有助于减少农村空洞化、留守儿童、残疾人就业等社会问题。从没有产业经验的农业人口转变为拥有一定就业技能、熟悉工厂环境的产业工人，有助于贫困人口彻底转变就业方式，从而持续地消灭贫困的再生产。

这个劳动力市场的一个直观的象征就是闽宁镇创业就业中心门外的

① 马强：《流动的精神社区——人类学视野下的广州穆斯林哲玛提研究》，中国社会科学出版社，2006。
② 蔡昉：《劳动力迁移的两个过程及其制度障碍》，《社会学研究》2001年第4期。蔡昉、都阳、王美艳：《劳动力流动的政治经济学》，三联书店、上海人民出版社，2003。
③ 谢桂华：《农民工与城市劳动力市场》，《社会学研究》2007年第5期。
④ 王美艳：《城市劳动力市场上的就业机会与工资差异——外来劳动力就业与报酬研究》，《中国社会科学》2005年第5期。

LED 显示屏。该中心既有劳务市场的功能，介绍各种招聘信息；又作为信息中心，收集、登记劳务人员信息。电子屏是一个有形的市场，不断发布企业用工信息。而 CAD 移动信息发送平台就是一个虚拟的市场。该中心利用移动信息发送平台将短信发送到登记的劳动者手机上。仅 2017 年上半年，信息平台及电子屏发送就业信息 1800 余条，而且还在各村设立用工信息发布展示栏，由专门的劳务联络员发布用工信息，为移民就业和企业用工牵线搭桥。

如果把劳动力市场的发展视为一个过程的话，就是市场经济所裹挟的规则、技术、关系和文化如何逐步进入民族地区，如何在少数民族社会的日常生活中同传统的宗教、知识与习惯进行互动的问题。这个市场的建立是一个由政府、市场精英、民族精英、农民等多元行动主体共同参与的社会过程。其中不同民族、不同来源地、不同宗教派别的人们共同参与到同一个劳动力市场的竞争当中。民族、宗教等方面的差异在这个过程中被弱化，人们之间在经济生活上的差别愈来愈小。统一的劳动力市场必然塑造出具有共同特点的劳动力，因为只有具备了市场欢迎的特质，才能在就业竞争中取得优势。

在民族地区的劳动力市场上，以国家民族政策、扶贫政策为特色的再分配逻辑，与以市场竞争为特色的市场逻辑，以及以民族关系再生产为特色的文化逻辑，形成了理解少数民族就业的三个基本关系。这些关系在不同部门、不同时期的力量对比，是我们在研究过程中需要注意的。

市场经济有造就民族经济一体化的强大动能，也有分化社会、孕育矛盾的负面作用。劳动力市场的发展、竞争原则的引入导致民族关系中的利益因素日益个体化，不可避免地带来一系列新的问题。[①]

市场机制深入人们生活的各个领域，必然导致传统社会中积蓄巨大的张力和风险。同时民族社会也积极展开动员，产生出各种新的社会规范和制度安排。这两方面共同作用下，出现劳务纠纷之后，少数民族工

---

① 王希恩：《社会主义市场经济和中国的民族意识》，《民族研究》1998 年第 3 期；王希恩：《中华民族凝聚力的更新和重构》，《民族研究》2006 年第 3 期。

人缺乏使用法律手段的能力与资源，而是倾向于发动群体性事件。劳动纠纷被同民族关系联系起来，有复杂化的风险。产业转移带来民族地区以经济利益矛盾、文化纠纷为特色的新型民族问题日益突出。

还有一个需要注意的现象，就是就业方式转变过程中出现的"新精英"。在社会转型的过程中，传统民族社会的组织和纽带被打破，出现了一些新的群体和关系。掌握这些社会资本的"新精英"具有重要的影响力，是认识基层社会某些具体问题的关键。相应的负面效应是，精英分子往往垄断了新的就业渠道和机会，对普通劳动者形成新的限制。

闽宁镇福宁村的TM与大多数移民一样，靠劳务为生。2000年她从西吉老家搬来此地后，前5年都是靠一个人打工维持生计。当时主要是到附近的玉泉营农场打工，慢慢与农场的人熟悉起来，只要遇到用工都找她。后来她开始带着十几个人干活，附近哪里有工作就去哪里，逐步形成了稳定的队伍。现在她组织的务工人员已经发展到100余人，一年收入30多万元。同时，她还担任了所在村民小组的组长，并被评为永宁县宣传的典型。

我国民族地区的发展困境和社会问题，是民族、民生、宗教等诸多问题相互牵连的产物，经济发展带来民族地区以经济利益矛盾、文化纠纷为底色的新型民族问题日益突出。而要认识这些复杂的问题，显然不能通过话语之间的相互生产，这只会使得问题本身"问题化"，却遮蔽了我们对于问题本身的直接认识。更为有效的路径或许是去讨论人的转变，人在这些问题中的角色、关系和行为。就业过程不仅是劳动者以自己的劳动换取工资收入的过程，更是不断地协商"合格劳动力"或者"自由劳动力"身份的过程，也是他们再生产自身民族身份和重塑认同的过程。劳动力商品化并不必然将各群体化约为千篇一律的劳动者，民族身份在一些特殊的情景中也有可能受其他因素作用而强化，从而使得民族关系复杂化。

# 第 三 章

# 文化互嵌：阿拉善左旗的传统
# 资源与共享文化

## 一 社区概况

阿拉善左旗位于内蒙古自治区西部、贺兰山西麓，属阿拉善盟东部地区。该旗东北与内蒙古自治区巴彦淖尔市乌拉特后旗、磴口县相连；东与内蒙古自治区乌海市、鄂尔多斯市鄂托克旗毗邻；东南与宁夏回族自治区的石嘴山市、平罗县、贺兰县、银川市、永宁县、青铜峡市交界；南与宁夏回族自治区中卫市、中宁县，甘肃省景泰县、古浪县相望；西与甘肃省武威市、民勤县，内蒙古自治区阿拉善右旗为邻；北与蒙古国接壤，国境线长 188.678 公里。辖区范围为北纬 37°24′ ~ 41°52′，东经 103°21′ ~ 106°51′。平均海拔 800 ~ 1500 米，最高海拔 3556 米。

阿拉善左旗属温带荒漠干旱区，为典型的大陆型气候，以风沙大、干旱少雨、日照充足、蒸发强烈为主要特点。年降雨量 80 ~ 220 毫米，年蒸发量 2900 ~ 3300 毫米。年日照时间 3316 小时，年平均气温 7.2 摄氏度，无霜期 120 ~ 180 天。耕地面积 381.6237 平方公里（其中农业总播面积 180 平方公里），园地总面积 2.5336 平方公里，林地总面积 5013.4321 平方公里，草地 43186.4147 平方公里，城镇村及工矿用地 223.0987 平方公里，交通运输用地 50.1174 平方公里，水域及水利设施用地 166.2302 平方公里，其他土地 30790.2278 平方公里。全旗荒漠面积约 3.4 万平方公里，境内有腾格里、乌兰布和两大沙漠。目前已发现矿产 61 种，矿产地 333 处，探明储量的矿产 35 种。煤、盐、硝、石膏、石灰岩、铁、铜、金、石墨、大理石、膨润土、白云岩、花岗岩等储量可观。其中煤炭、盐湖和芒硝是阿左旗最具特色和优势的矿种，煤炭保有储量 35.5 亿吨，湖盐储量达 1.3 亿吨，芒硝总储量约 0.6 亿吨。①

　　该旗的历史可以追溯到新石器时代，自春秋战国时代起，狄、匈奴、鲜卑、柔然、突厥、回纥、吐蕃、蒙古等民族曾先后在这片土地上繁衍生息。春秋时此地属于秦国，秦朝设北地郡，汉时属北地、武威、张掖三郡，晋为前凉、后凉、北凉等所据，唐属河西节度使，宋景德中入于西夏，元隶属甘肃行中书省（元初为今鄂尔多斯市境内的鄂尔多斯部居住），明永乐初为西部瓦剌地区。自清设旗迄今已有 320 多年的历史。清康熙二十五年（1686），康熙皇帝赐和罗理率领部落牧阿拉善地区。康熙三十六年（1697），在此正式设立阿拉善和硕特旗，属不设盟的独立旗（辖境包括今阿拉善左旗和阿拉善右旗全部、磴口县和乌海市乌达区，简称阿拉善旗），直辖于理藩院。嘉庆二十年至二十三年（1815～1818 年）当地开始设苏木、巴格行政建置，设 8 个苏木、36 个巴格。民国时期，国民政府将阿拉善旗在行政上划归甘肃省管辖，政治则直属中央政府蒙藏委员会。民国 17 年（1928），国民政府设立宁夏行省，阿拉善旗划归宁夏省管辖。1949 年 9 月 23 日，阿拉善旗和平解放。次年划归宁夏省，成立宁夏省阿拉善和硕特旗自治区人民政府。1954 年 9 月，宁夏省建置撤销，阿拉善和硕特旗自治区由甘肃省管辖。1955 年 3 月和 11月，先后更名为甘肃省蒙古自治州和甘肃省巴彦浩特蒙族自治州。1956年 4 月，国务院决定设置巴彦淖尔盟，并将巴彦浩特镇改设为市（县级市），划归内蒙古自治区。巴彦淖尔盟盟府驻巴彦浩特市，辖阿拉善旗、额济纳旗、磴口县、巴彦浩特市。1961 年 4 月，阿拉善旗划分为阿拉善左旗和阿拉善右旗。1969 年，阿拉善左旗连同阿拉善右旗北部 5 个苏木划归宁夏回族自治区管辖。1979 年 7 月，阿拉善左旗复划归内蒙古自治区。是年 12 月国务院批准设立内蒙古自治区阿拉善盟，辖阿拉善左旗、阿拉善右旗、额济纳旗。

---

　　①　阿拉善左旗政府：《阿拉善左旗简介》，2015 年 7 月 3 日。

全旗下辖 15 个苏木（镇）、139 个嘎查（村）、36 个社区居民委员会。常年居住有蒙古族、汉族、回族、满族、朝鲜族、达斡尔族、鄂温克族、壮族、藏族等民族。2015 年末，全旗户籍总人口 142523 人，比上年减少 824 人。全年出生人口 1790 人，人口出生率 9.09‰；死亡人口 691 人，死亡率 3.51‰；自然增长人口 1070 人，自然增长率 5.43‰。①

当前阿拉善左旗经济社会发展表现出三方面的鲜明特点：矿产资源开发推进经济增长的特征明显；重视社会事业和公共服务建设，社会发展呈现较高水平；城镇及农牧民收入水平相对较高，城镇差距较小。② 2015 年全旗实现生产总值 2526446 万元，比上年增长 7.7%。其中，第一产业增加值 81883 万元，增长 3.9%；第二产业增加值 1840825 万元，增长 8.1%；第三产业增加值 603738 万元，增长 6.6%。人均生产总值达到 128264.00 元，增长 5.6%。全旗生产总值中一、二、三次产业比例为 3.2∶72.9∶23.9。当年居民人均可支配收入 28012.00 元，同比增长 8.02%；全体居民人均生活消费支出 23544 元，同比增长 1.28%。城镇常住居民人均可支配收入 32037.00 元，同比增长 7.78%；城镇常住居民人均生活消费支出 25878.00 元，同比增长 0.16%。农村牧区常住居民人均可支配收入 14812.64 元，同比增长 8.11%。农村牧区常住居民人均生活消费支出 14931.00 元，同比增长 4.79%。

2015 年农作物总播种面积 24923 公顷，同比增长 4.52%。其中，粮食作物播种面积 17611 公顷，同比增长 1.09%；经济作物播种面积 7312 公顷，同比增长 13.82%。全年粮食总产量 162531 吨，同比下降 0.30%；其中，玉米产量 155349 吨，同比下降 0.72%；油料产量 18780 吨，同比增长 5.80%。

截至 2015 年 6 月，全旗牲畜总头数 137.97 万头（只），同比增长 3.12%。其中，骆驼存栏 4.83 万峰，同比增长 25.55%。牲畜出栏 52.9 万头（只），牲畜出栏率达到 40.83%。

2015 年，全部工业增加值 1667875 万元，比上年增长 8.1%。工业

---

① 金山主编《阿拉善盟年鉴》，阿拉善盟档案史志局，2016 年 7 月，第 348~350 页，本部分 2015 年数据均来自于此，下同。

② 张瑞娟：《内蒙古县域发展水平综合评价研究》，《内蒙古财经大学学报》2015 年第 2 期。

对全旗经济增长的贡献率为 74.6%。全旗规模以上工业企业主营业务收入 3477922.9 万元，实现利润 286955.7 万元，亏损企业亏损额 54571 万元。

截至 2015 年，全旗累计完成人工种植梭梭林 112 万亩，接种肉苁蓉 20 万亩，接种锁阳 9 万亩，种植沙葱 1140 亩。同时，引种黑果枸杞、黄芪、羽叶丁香、甘草等具有当地特色的中草药，扩大沙生植物种植范围。种植黄芪 942 亩，丹参 665 亩，种植黑果枸杞面积达 442 亩。完成荒山荒（沙）地造林面积 56927 公顷。其中，人工造林 26794 公顷；飞播造林 17133 公顷；无林地和疏林地新封育林 1.3 万公顷。完成天然林资源保护工程造林面积 30800 公顷；完成"三北"防护林体系工程建设造林面积 17666 公顷。

2015 年阿拉善左旗累计接待游客 272.8 万人次，实现旅游收入 25.79 亿元，同比分别增长 37.86% 和 40.85%。已建成广宗寺（AAAA级）、月亮湖（AAAA 级）、通湖（AAAA 级）、乌日斯（AAA 级）、福因寺（AAA 级）、阿拉善博物馆（AAA 级）六个国家 A 级景区。成功打造了阿拉善玉·奇石文化旅游节、越野 e 族阿拉善英雄会、阿拉善骆驼那达慕大会三大品牌节庆活动。现已形成阿拉善石博园、奇石一条街、定远营古城等 7 个较大规模的观赏石交易市场，商铺达 1800 多家，近 4 万人从事奇石经营及附属产业。越野 e 族阿拉善英雄会年均吸引参赛车队 250 支、游客 10 万余人、社会车辆 2 万余台。

近些年对于阿拉善左旗社会影响最大的，当属"生态移民"和"十个全覆盖"两项工程的实施。在"兴边富民行动"项目资金的支持下，2009 年阿拉善左旗开始实施游牧民定居工程。解决了乌兰布和、腾格里沙漠腹地及边缘治理区、生态环境严重恶化区牧户住房问题。对于银根、乌力吉等苏木守土成边的牧民，通过分散方式安置，就地建设住房，改善其居住条件。无固定住房或住房条件差的游牧户，转移搬迁至中心城镇，集中安置。2010 年连片开发试点工程批复建设，项目区建在巴彦浩特镇和巴润别立镇，搬迁额尔克哈什哈苏木、巴润别立镇、巴彦浩特镇退牧区贫困牧民 300 户 1036 人，其中少数民族 134 户 466 人。就地扶持巴润别立镇、巴彦浩特镇贫困牧民 250 户 855 人，其中少数民族 107 户

368 人。2011 年，阿拉善盟从生态恶劣不宜居住区安排转移安置试点任务 927 人，其中阿拉善左旗 540 人。阿拉善左旗主要包括沙漠腹地的额尔克哈什哈苏木 348 人，巴彦木仁苏木 110 人，戈壁地区的巴彦诺日公苏木 82 人。2012～2015 年阿拉善左旗共新建移民住房 145 户，其中超格图呼热苏木 40 户、银根苏木 16 户、敖伦布拉格镇 72 户、巴彦木仁苏木 17 户。2013 年阿拉善左旗响应自治区安排，成立了农村牧区工作部，统筹管理"三农三牧"工作，其中生态移民是该部门一项重要工作内容。到 2013 年该旗先后实施了六期易地扶贫搬迁工程和五期移民扩镇扶贫工程，累计投入移民安置资金 4.04 亿元，建成 2 个移民新村和 8 个移民小区。逐步向嘉尔嘎勒赛汉、巴彦浩特、巴润别立、吉兰泰、巴彦木仁、乌斯太等苏木镇安置移民 2613 户 10941 人（其中嘉尔嘎勒赛汉两期移民扩镇 200 户 694 人）。搬迁的移民全部纳入农牧民基本养老保险和新型农牧区合作医疗保险范围。2014 年，阿拉善左旗生态移民项目共移民 391 户 1460 人，涉及温都尔勒图、巴润别立、嘉尔嘎勒赛汉、巴彦浩特、超格图呼热、敖伦布拉格、巴彦木仁、宗别立及巴彦诺日公等 9 个苏木镇 30 个嘎查村。移民安置点选在交通便利、公共设施齐全、具有产业发展条件的巴彦浩特镇西城区、巴彦浩特希尼套海嘎查、巴彦诺日公苏木驻地、宗别立敖登格日勒。①

　　退牧还草、生态移民不仅涉及居住环境的改变，更具意义的是生计方式的转变。部分移民搬迁之后，继续从事农牧业。在生态移民安置区内，政府主导建设了饲草料基地、棚圈、日光温室、青贮窖、饲草料加工机械、移民住房等，供移民免费使用，帮助生态移民从事舍饲养殖、温棚蔬菜种植和特色沙产业。这类生态移民主要集中在巴彦浩特、嘉尔嘎勒赛汉、乌斯太、巴润别立、吉兰泰、巴彦木仁、敖伦布拉格等生态绿洲地区。2010 年底累计已建成标准化舍饲养殖棚圈 4343 座，青贮窖 2254 座，日光温室 652 座，饲草料基地 57720 亩，购置饲草料加工机械 2269 套，建成 4 个工厂化养羊基地、3 个标准蔬菜种植基地。也有部分移民开始从事工业和手工业。目前已形成了以煤炭采掘加工为主的煤炭

---

① 以上数据均来自阿拉善左旗政府提供的资料。

工业，以盐硝开采转化为主的盐化硝化工业，以石膏等开采加工为主的建材工业，以驼绒制品、手工地毯为主的纺织工业和以肉类苁蓉、锁阳为原料的保健品加工业。安置地主要选择在巴彦浩特、吉兰泰、宗别立、腾格里额里斯等工业经济开发区。这些工业企业提供了大量就业机会，促使人们从农牧民转变为工人。此外，随着当地经济和旅游的发展，商贸流通、物流配送、旅游、餐饮、休闲娱乐等行业也吸纳了大量移民，主要分布在巴彦浩特、额肯呼都格、达来呼布、乌斯太、吉兰泰等中心城镇。移民生计方式的跨越式转变，一定程度上促进了高效养殖和温棚种植等设施农牧业的快速发展，同时也彻底改变了移民的生计方式，从而推动了当地城乡一体化发展和新农村建设，对阿左旗的社会文化产生了深远的影响。

2014 年内蒙古自治区农牧区工作会议提出要按照"生产发展、生活宽裕、乡风文明、村容整洁、管理民主"要求，扎实推进新农村新牧区建设，并计划利用 3 年时间实施农村牧区"十个全覆盖"工程，以提高公共服务水平。主要内容为：危房改造工程，安全饮水工程，街巷硬化工程，电力村村通和农网改造工程，村村通广播电视和通信工程，校舍建设及安全改造工程，标准化卫生室建设工程，文化室建设工程，便民连锁超市工程，农村牧区常住人口养老医疗低保等社会保障工程。阿拉善左旗在开展"十个全覆盖"工程建设的同时，启动实施了"十个全覆盖"扩面工程。即在"十个全覆盖"基础上，通过增加亮化、绿化、屋顶改造、立面装饰（保温和节能）、院墙统一改造和嘎查环境卫生综合整治项目对公路沿线嘎查、村（场）进行环境卫生综合治理。按照覆盖要素全、建设标准高的要求重点打造"十个全覆盖"示范村。

2015 年，阿拉善左旗对 11 个苏木镇 1065 户实施危房改造，已竣工805 户，完成投资 5302 万元；实施农村牧区饮水安全工程 25 项，解决9530 人饮水安全问题，完成投资 664.38 万元；对温都尔勒图镇、巴彦浩特镇、敖伦布拉格镇、吉兰泰镇、宗别立、巴润别立、巴彦诺日公 7 个苏木镇 66 个嘎查村及 3 个农林场进行街巷硬化，总长 207.1 公里，完成总投资 9323.5 万元；村村通电及农村电网改造升级工程解决 55 户新能源转网电供电和边防八连通电，完成投资 1570.5 万元；实施 3 个无线地面数字电视覆盖工程和 11 个苏木镇 114 个嘎查村的村村响广播工程，完成投资 361.2 万元；新建的敖伦布拉格镇幼儿园已整体完工，完成投资 565.4 万元；在 8 个苏木镇 19 个嘎查村建设卫生室 19 所（其中宗别立镇敖登格日勒嘎查、巴彦诺日公苏木都日勒吉嘎查 2 所为固定卫生室，其余均为流动卫生室），完成投资 176 万元；全年完成便民连锁超市改造 26 个；继续开展农牧区养老工程和高龄津贴工程常态化工作，发放 8131 人养老补贴和 121 人高龄补贴。[1]

在移民搬迁和交通发展之后，传统基于地域和民族的社会网络被打破，基于新生计方式的合作社发展起来，重塑了当地社会的纽带。至 2012 年 7 月初，阿拉善左旗经工商部门登记在册的农牧民专业合作社达 73 家，吸收社员近 3000 人，注册资金近 1.46 亿元，带动农牧户 15000 余人。基本覆盖玉米、棉花、小麦、油葵、番茄、药材、西瓜、辣椒、畜禽等多个特色主导农畜品种，其经济效益和社会效益日趋明显。以巴彦浩特镇诺明蔬菜专业合作社、阿拉善盟绒源白绒山羊专业合作社、阿拉善左旗科泊那木格牧民新型养殖专业合作社为代表，发展典型种植养殖特色产业合作社。举例来看，阿拉善盟绒源白绒山羊汉峰驼专业合作社成员户达到 548 户，共 1973 人，其中羊、驼兼养户 257 户，共 915 人。养有双峰驼 13863 峰，山羊 127828 只，合计注册资金达到 5329.16 万元，草场面积 971267 公顷。[2] 但也需要注意到当地城镇化所面临的问题。虽然转移的农牧民实现了空间转移和职业转换，但身份和地位的转变并不容易完成。在教育、就业、医疗、养老、保障性住房等方面新进城的农牧民未能享受到与城镇居民均等的基本公共服务。农牧民尚未真正融入城镇，而且存在被"边缘化"的风险。

目前阿拉善左旗共有蒙、汉、回、满、朝鲜、达斡尔等 28 个民族，少数民族 27 个，43725 人，占总人口的 34%。其中蒙古族 38914 人，占 30.26%；回族 8879 人，占 6.90%；满族 689 人，占 0.54%。是一个以

---

① 金山主编《阿拉善盟年鉴》，阿拉善盟档案史志局，2016，第 351 页。
② 潘咏梅、徐艳华、巴图巴根、曹小艳、何强寿、宋晨染：《阿拉善左旗农牧民专业合作社发展情况调研》，《蔬菜》2013 年第 10 期。

蒙古族为主体、汉族居多数的少数民族聚居旗。① 蒙古族的主体地位是在历史上就确定的，而汉族和回族等其他民族则在阿拉善的开发过程中扮演了重要的角色。因为历史记录的缺失和行政区划的变更，无法整理出当地民族结构变迁的清晰脉络，只能根据历史材料中的一鳞半爪，来窥视当地民族结构的变迁。1937 年，全旗人口计有 8 万人以上，其中十之七、八为蒙古人，其余为汉、满、回等。汉人多是来自甘、晋、绥、豫等省的农业和商业人口；满人主要是清时随公主下嫁或京师官员随从等入旗者，据称清朝时有百余家，民国时只有 20 余家；此外在沙金套海、可贝尔四坝一带还有蒙古穆斯林约 200 余家。② 1947 年进行的一次调查显示，全旗人口 35000 余人，其中蒙古族 21000 人，占 65.6%；汉族 11000 人，占 34.4%。到 1949 年和平解放时，全旗人口仅有 25692人，其中蒙古族 12402 人、汉族 10854 人。③ 可见虽然因为战争和时局等因素，当地人口总量变化很大，但是各民族交往交流交融日益深化所导致的民族结构变化确是稳定的。

要理解阿拉善左旗各民族人口的变化，需要从当地牧业、农业和商业的结构关系入手。康熙二十五年（1686），清廷将宁夏甘州边外，也就是今日阿拉善盟的土地作为牧场赐予首领和罗理所率领的卫拉特和硕特部蒙古人。④ 嘉庆二十五年（1820）阿拉善和硕特额鲁特扎萨克的一项谕令就称："查本王所辖之旗，蒙民世代依赖牲畜及牧场为生。"⑤ 游牧传统直到清末仍然主导着阿拉善的经济生活。"蒙人均以牧畜为生。业农者大多汉人，惟仅限于少数可耕区域，惟从整个地方与气候观察，适于耕种之地极少，即此少数可耕地方因气候寒冷，雨量稀少，生物维

---

① 《阿左旗科教文卫概况》，见阿拉善左旗人民政府网站，http：//www. alszq. gov. cn/zjazq/shjj/kjww/，2017 年 10 月 20 日。

② 阿拉善盟地方志编纂委员会办公室：《阿拉善盟史志资料选编》（第 2 辑），1987，第 241 ~242 页。

③ 阿拉善左旗地方志编纂委员会：《阿拉善左旗志》，内蒙古教育出版社，2000，第 199 页。

④ 朱风：《近代阿拉善旗社会初析》，载《中国蒙古史学会论文选集》，内蒙古人民出版社，1986，第 308 页。

⑤ 全国人民代表大会民族委员会办公室编辑《内蒙古自治区巴彦淖尔盟阿拉善旗清代单行法规及民刑案件判列摘译》，全国人民代表大会民族委员会办公室，1958，第 2 页。

艰，产量亦极有限，故阿旗蒙人生活极苦，所资以生活者，全在牧畜，故牧畜极盛。"① 据统计，到 20 世纪 40 年代，全旗约有 30 万头只羊，约 15 万峰骆驼，8000 余匹马，3000 头牛，约 3000 头驴。当时，年产羊毛 90 万斤左右，驼毛 80 余万斤，每年收羊皮约 4000 张，牛皮 1000 余张，此外还有少量驼皮、兽皮等。② 但不能将早期的阿拉善经济生活视为纯粹的牧业，事实上农业一直扮演着重要的角色。在阿拉善著名的八大长调民歌中，最著名的就是《富饶辽阔的阿拉善》，直到今天在重要场合中都会出现。这首歌据说创作于阿拉善建旗之初，由王爷列入阿拉善八大夏司特尔民歌加以推广。③ 歌词中有 "种在北方的大麦精华""种在田间的五谷精华" 等内容，表明在 300 年前，农业的重要性已为人们所熟悉。

　　而汉人虽然可能较早就进入了阿拉善地区，但直到民国时期，汉人数量均未超过蒙古人。为了阻挠蒙汉民众交往，也为了保护蒙古王公的利益，有清一代对于蒙地开发有着明确的禁令。如不许蒙汉通婚、杂居，禁止汉民到蒙地耕种，限制汉民进入蒙地等。康熙二十五年（1686），清廷在派理藩院官员去实地勘定赐予和哆理的牧地时，就明确规定了 "自宁夏之玉泉营至贺兰山阴，自甘州之镇番口至额济纳河，俱以离边六十里为界"④。这六十里的地带便是蒙汉、蒙回人口接触交往的地带，但是不能越界进入阿拉善。而民人（即汉人）要进入，则必须取得许可。"每年农民于春时出口，各给腰牌，注明年貌、姓名、籍贯，听其教令蒙古耕种，秋收后，仍令进口。"⑤

　　清中叶以后，边疆地区因为相对稳定的社会秩序和优裕的生产条件，成为内地贫困民人所向往的地方。在日益高涨的移民潮的冲击下，乾隆、嘉庆以降，清政府对蒙古实施的封禁政策逐渐松动，为内地移民大量涌

---

①　阿拉善盟地方志编纂委员会办公室编《阿拉善盟史志资料选编》（第 2 辑），1987，第 241 页。

②　阿拉善盟地方志编纂委员会办公室编《阿拉善盟史志资料选编》（第 2 辑），1987，第 268 ~ 270 页。

③　马英：《阿拉善长调民歌的生态理想——阿拉善蒙古族长调民歌生态文化解析》，广西师范大学出版社，2009，第 20 页。

④　俞正燮：《癸巳存稿》卷六。

⑤　阿拉善左旗档案馆档案：101 - 04 - 75 号。

入阿拉善提供了更有利的政治环境。① 乾隆四十五年（1780），亲王罗卜藏多尔济向清政府首次正式提出招募内地民人前往该旗开垦耕种的要求。他提出"宜令本旗蒙古觅雇民人开垦耕种"，"特此差派蒙员等前往昌宁，于附近昌宁地方觅雇镇番民人汪如梅等二十余人开垦"。② 后来清政府批准了招民耕种的请求，但明确要求汉回人口在阿拉善旗不能永久居住，并且严禁家庭式移民，甚至在农作物收获之后便要立即返回原籍。

阿拉善旗的农业生产在定远营附近最盛。汉人农民最早进入此地，正是阿宝所娶和硕格格带领的民人，和受雇于王爷的民人，所以大多集中在定远营周边。③ 据估计，民国时期阿拉善旗有耕地 4 万余亩，其中 1/4 分布在定远营周边，其余耕地则分布在巴伦必勒（腰坝、白石头、长流水）、厢根达赖、沙力布力都、磴口、多伦素海、哈拉和呢图、沙金套海等处。当时全旗耕地中旗府占地约有 4/10，王爷占 2/10，寺庙占 1.5/10，私人（贵族平民）约占 2.5/10。④ 耕种这些土地的农民多为甘肃民勤人，此外来自于宁夏、绥远、山东、山西等。⑤ 他们没有耕地的所有权，多数租种王府之地。耕种的汉人必须向王府请求领租，以顷为单位，每顷缴租茶四块，官粮四斗，租金二十元。民国 30 年租金涨到四十元，其余照旧。定远营附近的土地则多以亩出租，上等田每年每亩租金四元，中等田二三元，下等田五角至一元。在租金之外还需要缴纳官草，约为谷草二百斤，麦草四捆。如果土地属于某个贵族，则只需要纳租，不需要再向旗府纳税。⑥

在批准的农工之外，同时存在汉回人口私自进入阿拉善地域，从事开垦耕种、采挖矿产、做生意、放牧等活动。汉人也参与到阿拉善的商业活动中，成为当地商业贸易的主体。民国时期，定远营城内外有大小

---

① 胡日查：《清代汉族移民在阿拉善和硕特旗的开发活动——以阿拉善左旗蒙古文档案为中心》，《蒙古史研究》第 10 辑，2010 年。

② 阿拉善左旗档案馆档案：101-03-37 号。

③ 阿拉善左旗档案馆档案：101-04-0231-009 号。

④ 《阿拉善旗初步调查》，载阿拉善盟地方志编纂委员会办公室编《阿拉善盟史志资料选编》（第 2 辑），1987，第 211 页。

⑤ 阿拉善盟地方志编纂委员会办公室编《阿拉善盟史志资料选编》（第 2 辑），1987，第 277 页。

⑥ 阿拉善盟地方志编纂委员会办公室编《阿拉善盟史志资料选编》（第 2 辑），1987，第 277 页。

商店百余家，其中多数是专做贸易的杂货店。输出旗外的主要是当地畜产品，如皮张等。输入旗内的则以粮食、布、砖茶、酒等商品为主，此外还有绸缎、铜、铁等生活日用品。定远营中最著名的商号为祥泰隆、永盛合、兴泰隆、万泰永、兴泰合等大商号，这些大商号在各巴格还开设了分号，深入阿拉善的腹地。从事商业的人口中，甘肃民勤人占半数，山西人占十分之三，其他宁夏、绥远、山东、河南、河北、商人占十分之二。① 汉商还参与开发了阿拉善境内的煤矿资源，呼鲁苏太、玉木关、石头煤井沟、河拐子等地都有煤矿开采。他们需要每年向旗府缴纳租金，来取得煤矿的开采权。② 到 1945 年，全旗已经有 15 家煤炭开采户，从业者达 189 人。③ 当地的另一项重要资源便是盐，咸丰八年察汉布鲁克盐池改为官营，承包给汉商经营。有调查发现："吉兰泰池……招雇工人多为甘肃民勤人，其次为宁夏人，再次为蒙古人。捞盐人数，平时约十余人，有时多至三十余人……和屯盐池……招雇工人多为甘肃民勤人，其次为宁夏人，再次为山西。蒙人自己甚少挖掘。捞盐人数，平时为四、五十人，有时百余人……"④ 此外，还有大量汉人以雇工的身份进入此地，一种是牧工，为蒙古人牧主放牧、帮工。中等以上的蒙古牧民家庭，多雇用汉人放牧，俗名"受苦"，以甘肃民勤县汉人居多。一般的汉人牧工，其工资多以年龄大小、工作年限为依据，主人供给食宿。小孩初到第一年，每月工资三四元，以后逐渐增加到七八元不等。而年龄在 25 岁左右的牧工第一年工资每月约十元，然后再酌量增减。⑤ 另一种是手工，为蒙古人雇主干一些砌圈、起圈、盖房、打井、赶毡之类的工作。早年"在阿拉善牧区，蒙古人自己不会盖房子而必雇汉人。其他如砌圈、打井等手工杂活也全都雇用甘肃民勤人"⑥。根据 1947 年的调查，当时汉人居定远营者约 6000 人，散于该旗各巴噶内经商者大约 500 人，

① 阿拉善盟地方志编纂委员会编《阿拉善盟史志资料选编》（第 2 辑），1987，第 280、283 页。
② 阿拉善盟地方志编纂委员会编《阿拉善盟史志资料选编》（第 2 辑），1987，第 286~288 页。
③ 阿拉善左旗地方志编纂委员会：《阿拉善左旗志》，内蒙古教育出版社，2000，第 387 页。
④ 《宁夏阿拉善旗各盐池概况》，《边疆通讯》第 1 卷第 8 期，1943。
⑤ 阿拉善盟地方志编纂委员会编《阿拉善盟史志资料选编》（第 2 辑），1987，第 267 页。
⑥ 闫天灵：《汉族移民与近代内蒙古社会变迁研究》，民族出版社，2004，第 103 页。

而给蒙古人做雇农的民勤人多达 5000 人。①

回民也较早就参与到阿拉善的开发进程中来。乾隆二十一年（1756）便记录回民进入阿拉善，主要是在吉兰泰从事贩盐等贸易活动。但他们也面临与汉人一样的问题，凡来定远营卖粮贩物的回民，只准晨入夕出，不许在巴镇街内留宿。直到 1929 年，这一禁令才最终取消。因为西北政局的混乱，大批回民进入阿拉善，到 1949 年仅巴彦浩特回民就已达到近千人。② 回民在阿拉善多从事驼运业运盐、贩粮、卖炭，也有部分开办清真餐饮。每年的十一月、十二月及第二年的一月、二月间回民商人将外地粮食运送到阿拉善左旗，帮助当地的农牧民度过青黄不接的周期。③

理解阿拉善人口结构变迁以及因此而产生的民族关系变化，必须回到牧业、农业与商业的关系中。农进牧退的生计方式转变一直是理解汉人进入牧区的一个思路，将农业和牧业视为截然两分的两种生产活动，争夺土地和水源。但或许可以换个角度，从人类生存的角度来看，两者都是维持人类社会繁衍发展的生产活动。在阿拉善这样土壤贫瘠、荒漠化严重的地区，不论是牧业还是农业都无法独立存在。两者共存于这片土地上，相互依存，共同推进了阿拉善的开发和发展。开垦黄河沿岸的土地进行耕种，补充了牧业生产的周期和风险，也为阿拉善带来了人口的稳步增长。商业则开发了阿拉善的矿产资源，将煤、盐和特产售出，并交换来粮食等其他物资，巩固了巴彦浩特的中心地位。而且汉人从牧也是当地蒙汉互助合作的重要表现，早期作为雇工帮助放牧的汉人，慢慢通过招赘、抱养、收留等形式居留下来，成为牧业社区的一部分。历史上牧业和农业相互补充的传统也延续到今日。由于自然条件恶劣，草场沙化日趋严重，以及禁牧还草等政策的施行，牧业发展的制约越来越突出。该地区的农区开始向饲草种植业发展，农业中饲草种植占有重要地位，生产了大量的饲草以供应牧业，形成了新的农牧结合。结为一体的农牧业造就了蒙、汉、回等民族互助合作的民族关系，成为本地社会

---

① 《阿拉善旗概况》，《西北论坛》第 1 卷第 1 期，1947。
② 金占祥：《回民在巴彦浩特》，《回族研究》1996 年第 2 期。
③ 黄丽娜：《新时期内蒙古自治区阿拉善左旗民族关系研究》，西北民族大学硕士论文，2015，第 16 页。

发展的一大特征。① 生计方式并不是民族交往的天然屏障。在一定的环境条件下，人类利用自然资源谋求生存发展的愿望和能力是一致的，并没有哪一个民族只能从事哪一种生产活动的道理。巴彦浩特镇巴彦霍德嘎查的部分汉族就经历了从早期农业生产到牧业生产，生态移民之后再回到农业生产的转变。当地更多人则是从牧业生产转向农业生产或工业和服务业。②

混居的历史、密切的生产联系造就了各民族紧密联系的历史和现实，其中一个重要的标识就是族际通婚。作为阿拉善地区的传统领袖，蒙古王爷和贵族一直将族际通婚视为巩固权力基础的重要手段。有研究指出，在阿拉善蒙古王公子弟所娶的 14 名满族格格中，有 10 人的生母是汉人。就是说这些格格已是满、汉混血，联姻所形成的后裔子孙便是蒙古、满、汉三个民族血缘的融合。③ 根据一份蒙古文档案记载，理藩院在回复有关蒙汉纠纷时指出："民人所娶蒙古妇人及其所生儿女，男人已故而无依靠，可移交该扎萨克入旗，若有男人，且生子孙，勿让其离散，并据双方意愿，返回原地，未返回者仍入旗……"④ 可见不仅贵族，平民阶层的蒙汉通婚也是存在的。而且不单蒙古人男性配汉人女性，汉人男性娶蒙古妻子的情况也早已出现。这样的案例可能并不少，其引起的矛盾才会受到理藩院的重视。

这样的通婚现象也延续到现代。根据一项调查，2009 年阿拉善左旗结婚 959 对，族际通婚 319 对，族际通婚率 33.3%。2010 年结婚 1052 对，族际通婚 304 对，族际通婚率 29%。2011 年结婚 1255 对，族际通婚 307 对，族际通婚率 24.5%。不难看出，阿拉善左旗的族际通婚较为普遍，三年平均下来达到 29%。也就是说，差不多每三对新婚夫妻中就有一对是跨族通婚。现代当地族际通婚表现出以下几点特征。一是族际通婚以蒙汉通婚为主。2009 年汉男娶蒙女 132 对，蒙男娶汉女 113 对，

---

① 刘援朝：《历史与现实，阿拉善盟的汉族与蒙古族——阿拉善盟民族关系调查》，《西北民族研究》1995 年第 1 期。

② 丁鹏：《内蒙古阿拉善左旗巴彦浩特镇汉族移民文化变迁研》，兰州大学博士学位论文，2008，第 58 页。

③ 杜家骥：《阿拉善蒙古与清廷联姻述评》，《民族研究》2001 年第 5 期。

④ 阿拉善左旗档案馆档案：101 - 04 -0231 -09 号。

占族际通婚总数的 76.8%；2010 年汉男娶蒙女 136 对，蒙男娶汉女 122 对，蒙汉通婚占族际通婚总数的 84.9%；2011 年汉男娶蒙女 115 对，蒙男娶汉女 126 对，蒙汉通婚占族际通婚总数的 79%。二是通婚涉及的民族逐年上升。除蒙汉通婚外，2009 年族际通婚对数为 11，2010 年族际通婚对数为 11，2011 年族际通婚族对数为 12。可见族际通婚的广度逐年扩大，在传统的蒙、汉、回等民族外，新的民族逐渐被纳入阿拉善族际通婚的交往体系中来。三是"旗内婚""镇内婚"为主要形式，"区外婚"逐年上升。这三年中"旗内婚"511 对，占族际婚总数的 54.9%；而在"旗内婚"中，巴彦浩特镇的"镇内婚"又占"旗内婚"的一半；"区外婚"所占比例从 2009 年的 19% 上升到 2011 年的 30%。① 虽然各民族的文化各有特点，但生活在阿拉善这片土地几百年之后，人们在生活习惯、文化风俗等方面已经形成了较广的地域共同性。不同民族在历史上的交往交流过程中，交融并塑造出了阿拉善独特的地域文化。这种地域共同性是人们族际通婚的文化基础，而互嵌式的生产方式与空间环境则提供了社会基础。伴随着城镇化、交通条件、通信工具的发展，人们的交往范围大大扩展，超越地缘关系的婚姻正是民族交往扩展和深化的结果。

## 二　地域文化资源

任何社会都是从历史中走来，并活在历史当中。同样的，任何社会的文化都不是凭空产生的，而是建立在历史积淀的文化资源之上，经由一定社会过程不断地重新生产出来。费孝通先生指出："所谓人文资源就是人工的制品，包括人类活动所产生的物质产品和精神产品……人类通过文化的创造，留下来的、可供人类继续发展的文化基础，就叫人文资源。"② 要认识当地各民族、各体系文化互嵌的局面，需要先梳理当地基础的文化资源。这既包括有形的物质文化，也包括无形的非物质文化

---

① 何生海、孙傲：《阿拉善左旗族际通婚研究》，《西北师范大学学报》（社会科学版）2014 年第 3 期。

② 费孝通、方李莉：《关于西部人文资源研究的对话》，《民族艺术》2001 年第 1 期。

遗产，还有塑造当地文化面貌的民族文化。

**（一）文物**

目前，阿拉善左旗境内共有全国重点文物保护单位 1 处，自治区级重点文物保护单位 6 处，盟级重点文物保护单位 63 处，旗、县级重点文物保护单位 131 处。其中，2006 年 5 月，定远营被国务院核定并公布为第六批全国重点文物保护单位。2006 年 9 月，广宗寺、福因寺、达里克庙、昭化寺、苏木图石窟、西勃图城址被内蒙古自治区人民政府公布为第四批自治区级重点文物保护单位。2011 年 6 月，阿左旗人民政府公布哈拉乌烽火台等 126 处不可移动文物点为第二批旗级重点文物保护单位。2012 年 7 月，阿拉善盟行政公署公布敖伦布拉格岩画等 63 处不可移动文物点为第一批盟级重点文物保护单位。截止到 2012 年 12 月，阿拉善左旗已登记不可移动文物点 390 处，其中新发现 330 处，复查 60 处，登记消失不可移动文物点 5 处。按类别分为：古遗址 294 处，古墓葬 32 处，古建筑 16 处，石窟寺及石刻 35 处，近现代重要史迹及代表性建筑 13 处。

**表 3 - 1　阿拉善左旗的重要文物遗迹**

| 类别 | 名称 | 朝代 | 地点 |
|---|---|---|---|
| 古城址 | 前古城子遗址 | 清代 | 嘉尔嘎勒赛汉苏木 |
| | 西勃图城址 | 西夏 | 吉兰泰苏木 |
| | 敖伦布拉格城址 | 汉代 | 敖伦布拉格镇 |
| | 吉兰泰遗址 | 新时期时代 | 吉兰泰镇 |
| | 敖伦布拉格六连窑址 | 汉代 | 敖伦布拉格镇巴音毛道农场 |
| 古墓葬 | 冬青坑墓群 | 汉代 | 敖伦布拉格镇巴音毛道农场 |
| | 八连墓群 | 汉代 | 敖伦布拉格镇巴音毛道农场 |
| | 红旗墓群 | 西夏 | 宗别立苏木 |
| | 温都尔勒图 | — | 温都尔图镇 |
| | 阿拉善王陵 | 清代 | 巴彦浩特镇 |
| 古建筑 | 延福寺 | 清代 | 巴彦浩特镇 |
| | 阿拉善王府 | 清代 | 巴彦浩特镇 |
| | 广宗寺 | 清代 | 巴润别立镇 |
| | 西夏古塔 | 西夏 | 巴润别立镇 |

续表

| 类别 | 名称 | 朝代 | 地点 |
|------|------|------|------|
| 古建筑 | 木头井烽火台 | — | 嘉尔嘎勒赛汉镇 |
| | 红旗烽火台 | 明代 | 宗别立苏木 |
| | 三关长城 | 明代 | 巴润别立镇 |
| 碑刻与岩画 | 通湖山碑刻 | — | 腾格里额里斯苏木 |
| | 定远营碑 | 清代 | 巴彦浩特镇 |

资料来源：阿拉善左旗地方志编纂委员会：《阿拉善左旗志》，内蒙古教育出版社，2000，第880～884页。

最为瞩目的当属全国重点文物保护单位定远营。2006年定远营被确定为全国第六批国家重点文物保护单位，也是阿拉善左旗唯一的国家级文物保护单位。雍正八年（1730）陕甘总督岳钟琪奏建定远营城（今巴彦浩特），驻兵镇守，以防刚刚平息叛乱的青海和祁连山后和硕特诸部。岳钟琪在《建城方案报告》中称："贺兰山后，葡萄泉一带水甘土肥，引导诸泉，亦可耕种。兼之，山险挺生松柏，滩中多产红盐，且扼瀚海往来之捷路。控北塞七十二处之隘口，在此修建一城名曰'定远营'，可西接平羌，遥通哈密、巴里坤等处，东接威城，远连'三受降城'，两狼山之要地。借以保障边远与内地联络畅通，安定和睦。"定远营城自1731年始建，1733年落成，1931年清王朝将定远营赐予阿拉善郡王阿宝，自此成为世代王爷的府邸和官署所在。历经清代、民国和新中国近300年，定远营及今日的巴彦浩特一直是阿拉善的旗府驻地，也是政治、经济、军事、文化中心。

但是由于战乱以及"文化大革命"等特殊历史的影响，古城内部分建筑年久失修。2011年开始阿拉善盟按照"修缮、复古、创古"的原则，投入5.24亿元实施了定远营古城修缮工程。现存的定远营遗址主要由阿拉善王府、延福寺、城垣设施、传统民居等建筑构成，反映了定远营城丰富的历史文化内涵。

阿拉善王府位于巴彦浩特镇王府街北侧，旧定远营城内。始建于雍正九年（1731），占地面积2万平方米。中轴线由北向南有府门、过厅（东西有瓦房）、长厅（东西有瓦房）、左右厢房、后书房等建筑，西部有末代王爷卧室及三套四合院。① 王府在建设之初就仿照了北京颐和园、四合院等建筑风格，后来清朝公主下嫁阿拉善王爷，陪嫁的满汉工匠进一步带来了京式的建筑风格。最终在城内形成了一座独树一帜的明清京式建筑群落，定远营也因此被称为"小北京"。在王府内的装饰、牌匾等细节方面，存留下来的文物则明显地反映出中原文化与草原文化融合交流的特征。1997 年阿拉善王府被阿拉善盟改为阿拉善博物馆，主要展示阿拉善和硕特历史、土尔扈特部落历史、阿拉善民族民俗、阿拉善宗教文化、阿拉善出土文物等内容。这些文物和展品反映出在阿拉善地区近代历史上发挥重要影响的蒙古族、汉族、满族和藏族等民族的交往互动，也体现出藏传佛教、佛教、民间信仰、萨满教等共融共存的文化格局。

**（二）非物质文化遗产**

根据联合国教科文组织《保护非物质文化遗产公约》定义：非物质文化遗产（Intangible Cultural Heritage）指被各群体、团体、有时为个人视为其文化遗产的各种实践、表演、表现形式、知识体系和技能及其有关的工具、实物、工艺品和文化场所。②

我国于 2011 年通过的《中华人民共和国非物质文化遗产法》将非物质文化遗产定义为各族人民世代相传并视为其文化遗产组成部分的各种传统文化表现形式，以及与传统文化表现形式相关的实物和场所，并进一步明确为以下内容：（1）传统口头文学以及作为其载体的语言；（2）传统美术、书法、音乐、舞蹈、戏剧、曲艺和杂技；（3）传统技艺、医药和历法；（4）传统礼仪、节庆等民俗；（5）传统体育和游艺；（6）其他非物质文化遗产。③ 在我国的非物质文化遗产工作体制中，不同的遗产项目被依据其文化价值分为国家级、省区级、市级、县级，并纳入不同层次的保护体系。

---

① 阿拉善左旗地方志编纂委员会：《阿拉善左旗志》，内蒙古教育出版社，2000，第 882 页。
② 联合国教育、科学及文化组织：《保护非物质文化遗产公约》，2003 年 10 月 17 日，http：//www. npc. gov. cn/wxzl/wxzl/2006 - 05/17/content_350157. htm，检索时间：2015 年 9 月 28 日。
③ 《中华人民共和国非物质文化遗产法》，2011，见中华人民共和国中央人民政府网站，http：//www. gov. cn/flfg/2011 - 02/25/content_1857449. htm。

2005 年，阿拉善左旗成立了专门的非物质文化遗产领导小组，进行文化遗产的挖掘、整理、资料收集等抢救性保护措施，全面启动了民间优秀传统文化的保护传承工作。在做好基础保护工作的同时，不断推动各层级非遗项目的申报与保护。2007 年 6 月，阿拉善地毯织造技艺、查玛、沙力搏尔、蒙古象棋、阿拉善婚礼、吉日格、诺日布、蒙古鹿棋等 8 项进入第一批自治区级非物质文化遗产项目名录。2008 年 6 月，阿拉善地毯织造技艺、查玛、沙力搏尔、蒙古象棋等 4 个项目进入第二批国家级非物质文化遗产项目名录。2009 年 6 月，信仰伊斯兰教的蒙古族服饰、乘马射箭进入第二批自治区级非物质文化遗产项目名录。2011 年 5 月，和硕特民歌、佛坛城制作技艺、和硕特服饰、蒙古族剪发仪式、信仰伊斯兰教的蒙古族婚礼等 5 项进入第三批自治区级非物质文化遗产项目名录。2012 年额日格吉德玛、刘赋国、那巴特尔、道尔吉等 4 名传承人入选国家级非物质文化遗产项目代表性传承人保护名录，24 名传承人入选自治区级非物质文化遗产项目代表性传承人保护名录。截止到 2015 年 6 月共收集整理 128 个非物质文化遗产项目，其中国家级项目 4 个，自治区级项目 15 个，盟级项目 53 个，旗级项目 56 个。

表 3 - 2　阿左旗各级非物质文化遗产与传承人信息

| 级别 | 类型 | 名称 | 传承人 | 民族 | 性别 |
|---|---|---|---|---|---|
| 国家级 | 传统音乐 | 阿拉善和硕特长调民歌 | 额日格吉德玛 | 蒙古族 | 女 |
| | 传统手工技艺 | 阿拉善地毯织造技艺 | 刘赋国 | 汉族 | 男 |
| | 传统体育、游艺与杂技 | 沙力搏尔式摔跤 | 那·巴特尔 | 蒙古族 | 男 |
| | 传统舞蹈 | 查玛 | 道尔吉 | 蒙古族 | 男 |
| 自治区级 | 传统舞蹈 | 查玛 | 何达华 | 汉族 | 男 |
| | | 查玛 | 贾尚勤 | 汉族 | 男 |
| | 传统音乐 | 蒙古族长调民歌 | 纳·乌力吉 | 蒙古族 | 男 |
| | | 蒙古族马头琴音乐 | 乔宝 | 蒙古族 | 男 |

| 级别 | 类型 | 名称 | 传承人 | 民族 | 性别 |
|---|---|---|---|---|---|
| 自治区级 | 传统体育、游艺与杂技 | 沙力搏尔式摔跤 | 阿拉腾乌拉 | 汉族 | 男 |
| | | 沙力搏尔式摔跤 | 阿拉腾呼依格 | 汉族 | 男 |
| | | 沙力搏尔式摔跤 | 斯琴巴依尔 | 蒙古族 | 男 |
| | | 沙力搏尔式摔跤 | 阿尔斯楞 | 蒙古族 | 男 |
| | | 沙力搏尔式摔跤 | 图日格日勒 | 蒙古族 | 男 |
| | | 蒙古象棋 | 杨宝勒德 | 蒙古族 | 男 |
| | | 蒙古象棋 | 那日来 | 蒙古族 | 男 |
| | | 蒙古象棋 | 贺如太 | 蒙古族 | 男 |
| | | 诺日布 | 苏日特勒图 | 蒙古族 | 男 |
| | | 诺日布、蒙古鹿棋 | 铁木尔萨那 | 蒙古族 | 男 |
| | | 吉日格 | 哈斯乌拉 | 蒙古族 | 男 |
| | | 乘马射箭 | 巴音岱 | 蒙古族 | 男 |
| | 传统手工技艺 | 阿拉善地毯织造技艺 | 马彦贵 | 汉族 | 男 |
| | | 阿拉善地毯织造技艺 | 赵海荣 | 汉族 | 男 |
| | 民俗 | 蒙古族服饰 | 哈斯图雅 | 蒙古族 | 女 |
| | | 信仰伊斯兰教的蒙古族服饰 | 莫日雅 | 蒙古族 | 女 |

通过表 3 - 2 不难发现：这些重要的非物质文化遗产反映了当地以蒙古族为主体，多民族交流密切的文化格局。各项遗产的主要传承人均为蒙古族，但是涉及手工艺的项目，比如阿拉善地毯织造技艺、查玛面具制作则主要由汉族传承。这种差异反映了蒙汉两个民族在历史交往中密不可分的合作关系。阿左旗非遗财富的传承和发展正是在当代重新展现了蒙古族、汉族、回族等民族在历史交往中形成的密切联系，巩固了当地融洽的民族关系。

其中阿拉善地毯的制作历史源远流长，诞生于公元 1736 年以后，有270 多年的历史。阿拉善地毯制被称为中国地毯五大派系之一。它融合了阿拉伯和京式宫廷地毯的传统，以其精细独特的做工、淳朴秀美的图案而著称于世。阿拉善地毯制作业的兴起与宗教的发展和王公贵族的需求有关。光绪年间，"福泰云"掌柜王泰专程到宁夏一些地毯作坊学习地毯织作和管理，随后在定远营办起了第一家地毯手工作坊。20世纪40年代末定远营已有20多家地毯作坊，其织出的地毯享誉内外蒙古和世界各地。阿拉善地毯的代表作三蓝仿古地毯以苍天厚土的蓝黄为主色调，沿用民间流传数千年的结扣工艺，仿宫廷图案精心手编而成。阿拉善三蓝地毯的形成与蒙古族的生活习惯紧密相连，表现了西部额鲁特蒙古族独特的历史文化和地域生态文化。这项地毯织造技艺也于2008年入选第二批国家级非物质文化遗产项目名录。

### （三）多民族文化

民族文化是阿左旗另一项重要的文化资源，直接塑造了当地社会生活的现代面貌。不同于文物与非物质文化遗产，民族文化鲜活地流传于当地各民族群众的生活领域，与现代生活密不可分。民族文化的传承、发展与变迁构成当地文化事业的重要内容。

### 1. 藏传宗教文化活动

藏传佛教传入阿拉善已有300多年的历史。明崇祯十五年（1642）卫拉特蒙古和硕特部首领顾实汗，进兵西藏扶持藏传佛教的黄教派。其孙和罗理之子阿宝又奉命护送达赖喇嘛入西藏，统兵驻守4年之久，从青海带来阿拉珠尔经和宗喀巴佛像，在王府设家庙。1716~1746年，六世达赖仓央嘉措流落阿拉善弘扬佛法，传播佛教30年之久，并指点高徒建立了今日的南寺。据史料记载，清同治年间，阿拉善地区佛教兴盛，僧侣人数一度达6400多名。在新中国成立前尚有4270多名喇嘛，占当时总人口的13%之多。新中国成立前阿拉善旗境内先后建造了40座寺庙，延福寺、广宗寺、福因寺等大寺庙均有清帝御赐的满、藏、蒙、汉四种文字书写的金字匾额。这些寺院继承了藏传佛教的建筑特色，工艺精巧，布局整齐，古色古香，金碧辉煌。不仅是内蒙古西部藏传佛教名刹，更是享誉中外的宗教文化圣地，吸引了众多的朝拜者和旅游观光者。依托这些寺院，藏传佛教在阿左旗群众的社会生活和文化信仰中发挥了重要的影响。宗教舞蹈形式"阿拉善查玛"、酥油朵玛（酥油花）艺术、南寺宗教"八大音乐"艺术、阿拉善桑（祭祀仪式）及原始阿拉善桑祝颂诗歌、各大寺庙引人入胜的传奇故事传说等，塑造了阿拉善宗教文化神秘而博大精深的面貌。即使到了今天，阿拉善地区各寺庙均有举办传统庙会，内容和形式还保持着较原始的特色，以祭祀活动为主要内容。较有特色的文化习俗有：正月十五"出象"、正月十九跳"查玛"、四月"嘛呢"法会、六月初六"挂佛"、七月燃灯会等。每逢庙会，远近牧民皆携物牵羊，顶礼膜拜，各种活动规模庞大，形成了独特的庙会文化。

2. 阿拉善骆驼文化活动

阿拉善地区自古以来有"驼乡"的美称，是我国双峰驼的主要分布区，在漫长的历史岁月中形成了独具地域特色的阿拉善骆驼文化。阿拉善双峰驼可分为戈壁驼和沙漠驼两大类型。戈壁驼主要分布在中蒙国境线以南、乌力吉山区及以北的广大戈壁地区和乌兰布和沙漠向戈壁过渡的狭长地带，沙漠驼主要分布在腾格里、乌兰布和沙漠内外及相邻的滩地。阿拉善双峰驼从体质外形、地域分布、毛色、选育等方面都有各自的特点。比如沙漠驼毛色以黄色为基色，而戈壁驼毛色比沙漠驼毛色要深，因而有"戈壁红驼，沙漠黄驼"的说法。当地的骆驼文化有着丰富多彩的内容和深厚的文化底蕴，牧民大都掌握一套高超的骑驼技术。每逢婚宴、春节、敖包盛会、寺庙经会等盛大集会，牧民从居住地，三五成群地驱驼疾驰，成为一项重要的特色民俗。骆驼的放牧、饲养、骆驼用具（如驮架子、毡屉、驼铃、缰绳、鼻棍子等）、阉公驼、驼队赶运、选种公驼、剪驼毛、祭种公驼等和骆驼有关的生产生活习惯，内容五花八门，具有丰富的文化内涵。虽然骆驼已经不再是当地牧民的主要生产工具，但是蒙古族已经积累了大量和骆驼有关的语言词汇、生活谚语，并产生了许多关于骆驼的祝颂词、阿拉善长调民歌和民间传说故事。

哈鲁乃祭祀神驼传统民俗节据记载至今已有二百多年的历史，是阿左旗敖伦布拉格地区重大的民俗宗教传统活动之一。当地信教群众以户为单位，三年一届轮流做东主持。活动费用由轮值主持人自筹和应邀嘉宾捐助，规模大小不等。平均参加人数为一百人左右，活动于每年的农历二月十五日举办。主要祭祀包括祭火、祭神驼、祭仓、焚香、祈祷、供奉神像、喇嘛诵经等。在祭祀期间还会举办赛驼、训驼、搭驼具、削鼻棍、搓鼻绳、捻毛线、结驼鞭、编驼绊等一系列骆驼文化活动和长调民歌比赛、摔跤、爬山等民俗文化活动。

### 3. 祭敖包活动

阿拉善蒙古族的敖包崇拜、祭祀活动和敖包那达慕盛会已形成了具有民族特色、地域特色的敖包文化。敖包有很多种类，有风水标记敖包、战时烽火敖包、道路边境标记敖包、山水神灵祭祀敖包等。除此之外还有各巴格（苏木）的敖包、寺庙敖包和牧民私家敖包，等等。以其尊贵的程度又可以分为神灵敖包和普通敖包两种。现在的敖包多为普通敖包，但每年的祭敖包活动没有间断。目前阿左旗境内有诺彦敖包、胡秀敖包（旗敖包）、将军敖包、希热布尔都敖包、巴彦笋布尔敖包、巴彦温都尔敖包、格日勒朝克敖包、巴彦宝格丁敖包、胡吉尔台敖包、塔尔巴卓克敖包、上海敖包、伊克胡都格敖包、曼都拉敖包、通湖敖包、淖尔图敖包、德尔图敖包、盐湖敖包、阿门乌素敖包、儿驼山敖包等 167 座敖包。已有近 90 座敖包恢复了敖包祭祀活动，还新建了南寺塔尔巴卓克敖包、将军敖包和北寺阿拉夏敖包等大型敖包，为敖包文化注入了新的时代内涵。

祭敖包的时间一般为每年农历的五六月牧草返青时节，有的为春秋雨季。祭祀时先由喇嘛在敖包附近的泉水处诵经，然后才进入正式的祭祀仪式。参加祭祀的人们都身穿节日的盛装，在敖包上插柏枝、献哈达、挂彩旗、在木架上拴挂各类牲畜连绳、串起来的羔羊耳记等。先由头人代表部落献牲洒血，称血祭，喇嘛诵经吹海螺，众人从左向右绕敖包三圈。绕圈时，将带来的鲜奶、酥油、奶茶、食品或酒等洒在敖包上，祈求平安幸福，风调雨顺，牲畜兴旺。敖包祭祀仪式之后还举行敖包那达慕，进行摔跤、赛马、赛骆驼、射箭等民族体育比赛，为传统的敖包祭祀活动增添了节日的欢庆气氛。

### 4. 蒙古浩腾（蒙古回回）

阿拉善左旗还有一群特殊的族群，其历史和文化体现了该地多民族融合的缩影。"蒙古浩腾"是这个群体的自称之一，此外还有"缠头""缠头回回""缠回""浩腾""蒙古浩腾""蒙古回回"等说法。而周围的人一般称呼他们为"蒙古回回"，部分学者则使用"蒙古族穆斯林"

的称谓。① 这群信仰伊斯兰教的蒙古族主要分布在阿拉善左旗东北部的敖伦布拉格、巴彦木仁、乌素图、吉兰泰、罕乌拉苏木，还有巴音淖尔市磴口县哈腾套海苏木巴音毛道嘎查等。总人口约有两千多人，宗教活动点主要在敖伦布拉格的别克太清真寺和好来宝清真寺。这个群体的语言、文字、生产生活方式基本同于蒙古族，以放牧为主，但信仰伊斯兰教。饮食习俗基本与回族相同，只不过他们与其他蒙古族一样喜食奶食品。婚嫁习俗也和蒙古族相同，不同之处是要请阿訇主持婚礼，有少量伊斯兰教程序。②

关于这个人群的来源，有几种不同的观点。一种认为他们是乾隆时扎萨克罗布藏多尔济远征带回的哈萨克人，"一如旗内蒙民，说旗话，习旗俗，唯奉回教戒律，今居旗内沙金套海、可是儿四镇等一带，约二百余家"③。也有人认为，他们是新疆哈密"缠回"的一支，即维吾尔人的后裔。"我看他们高高的鼻子，略带灰色的眼睛，不和普通蒙古人一样，知道他们正是'回回蒙古'或'蒙古回回'这一特别民族。他们现在住蒙古包，说蒙古话，穿蒙古服装，也过蒙古游牧生活，政治上属阿拉善旗管辖。但是他们不信仰喇嘛教，而信仰回教，从很远的地方请来回教教主为他们念经。据他们自己的说法，他们祖先是哈密人，迁移到阿拉善旗来的，故大致为新疆东土耳其人（缠回）之一支。后来血统与生活被蒙古人所同化，而宗教则尚存旧日之传统。他们现在三百余家，散处在磴口西北一带。"④ 这些哈萨克穆斯林以谢、安、胡、乌四姓为主，后来从哈密前来做生意的维吾尔人左、段、哈三姓又在此地定居，这七姓构成今天左旗蒙古族穆斯林的最早来源。⑤ 他们还有一个重要的来源应该是回族，马、杨、王姓被认为祖先都是回民。清末民国时期，

---

① 马平：《阿拉善的"蒙古浩腾"人族群——对阿拉善地区蒙古族穆斯林群体的初步田野调查报告》，《回族研究》2006 年第 4 期。

② 丁明俊：《阿拉善草原信仰伊斯兰教的蒙古族穆斯林》，《西北民族研究》2005 年第 4 期。

③ 陈国均：《阿拉善经济状况》，原载《经济汇报》1944 年第 9 卷第 11 期，见甘肃省图书馆编《西北民族宗教史料文摘宁夏分册》（内部发行），1986。辛秀文、马怀诚：《伊斯兰教在阿拉善旗传播发展概况》，政协阿拉善盟委员会编《阿拉善盟文史》第 4 辑，1988。

④ 范长江：《中国西北角》，新华出版社，1980，第 212 页。

⑤ 丁明俊：《阿拉善草原信仰伊斯兰教的蒙古族穆斯林》，《西北民族研究》2005 年第 4 期。

从甘肃、宁夏等地的回族进入阿拉善地区经商、务农、放牧、逃难，有
一部分还跟原来的蒙古族穆斯林通婚，慢慢学蒙语、穿蒙衣，部分融入
蒙古族或者蒙古族穆斯林家庭。① 据调查记录："我祖上是给蒙古王爷打
工，后招婿于蒙古王爷家。我们杨家发展到现在有一百多口人，现户口
登记为蒙古族，但信仰伊斯兰教，两大节日（指开斋节和古尔邦节）都
上清真寺。遇父母亡故忌日，请阿訇来家念经。我从左旗二中毕业，后
参加工作，蒙语好，汉语一般。"② 也有学者认为他们与青海的托茂人、
甘肃的东乡族存在联系。③

不管如何称呼，这个群体清晰地展现出伊斯兰、蒙古和汉几种文化
的杂糅与结合。日常生活中，他们说蒙古语，使用蒙文字，采纳蒙古人
的生活习惯，也与当地蒙古人过着同样的牧业生活。所以在民族识别过
程中被认为是具有特殊信仰的蒙古族。但宗教上他们又重视伊斯兰三大
节日——开斋节、古尔邦节、圣纪节，饮食上严格遵循伊斯兰教规定。
由于受周围汉族群众的影响，蒙古族穆斯林也很重视春节，会贴对联、
拜年、请客等，甚至部分群众还有逢农历腊月二十三祭灶的习俗。④

阿拉善左旗蒙古族穆斯林另一个重要的宗教活动就是每年五月中旬
第二个星期五去给祖先上坟，称为"上坟节"，也称为"都巴"。这个节
日是该群体的一次盛大宗教集会。每个人早起做完大小净后，先请有威
望的阿訇或者伊玛目宰牲，之后就前往位于敖伦布拉格镇阿尔苏的公墓。
之所以前往阿尔苏，是因为这是个具有特殊意义的圣地。据当地老人讲，
曾经有位蒙古族穆斯林百姓用骆驼驮着逝者的尸体准备找地方安葬，到
了阿尔苏时尸体突然自动落地。正在此时，落过的阿訇看见死者是穆斯
林就下马诵经，并帮助这位穆斯林就地安葬了死者。从此以后，这里就
成为周围蒙古族穆斯林的圣地和公墓。在敖伦布拉格乡，草原各处的蒙
古族穆斯林牧民，公墓上坟这一天带着自家的帐篷或者简易蒙古包，骑

---

① 海日、索音布：《试论蒙古族穆斯林的历史与现状》，《神州文化》2013 年第 6 期。
② 丁明俊：《阿拉善草原信仰伊斯兰教的蒙古族穆斯林》，《西北民族研究》2005 年第 4 期。
③ 嘎尔迪：《阿拉善左旗信仰伊斯兰教的蒙古人之由来》，《西北民族学院学报》1990 年第 2 期。
④ 韩莲：《内蒙古阿拉善左旗"蒙古族穆斯林"文化的民族学调查与思考》，中央民族大学硕
  士学位论文，2010，第 63 页。

马或者骆驼，前往阿尔苏公墓集中，开展诵经、上坟等祭祀活动。有的牧民家离"穆斯林公墓"较远，即使从别格太清真寺出发也要五六十公里的距离。祭祀时阿訇在坟上恭诵《古兰经》中的部分章节，接着跪在公墓前虔诚地祈祷，信徒民众也跟着阿訇一起祈祷。宰牲祭奠结束后，来参加的每个人都能分到一份祭品。仪式结束后还伴有聚会等活动。①

蒙古族穆斯林除了进行伊斯兰教教义活动和过伊斯兰教各种节日之外，也参加蒙古族传统祭祀或者节日活动。比如祭敖包、那达慕、祭火神等节庆活动，他们也参加或者自行举行。有些蒙古族穆斯林人家，与信仰佛教的蒙古族一样会去寺庙里去参加法会，点佛灯、献祭品、磕头祈祷。同时邀请喇嘛到家里，制作巴灵供品，以驱邪招福的也不少。②由于牧区地广人稀，居住分散，而蒙古族的佛事活动、传统节日往往是一片草原上的盛事，是人们交流感情、休闲娱乐的重要机会。同时，伴随着这些重大节庆，流动的商贩也会带来日常生活用品、粮食等进行交易，形成了暂时的集市。所以阿拉善蒙古族穆斯林民众往往会参与当地重要的佛事、祭敖包等活动。在这些功能性的因素之外，蒙古族穆斯林也吸纳了当地蒙古人的一些萨满信仰，以求得精神上的慰藉，特别是趋吉避凶。

在参与蒙古族祭敖包的同时，这个群体还形成了专用的敖包。阿拉善蒙古族穆斯林的敖包在敖伦布拉格的阿门乌苏一带沙漠中，由石头和梭梭树干堆成。这个敖包是蒙古族穆斯林自己的敖包，其他蒙古族一般不来参加这个敖包的祭祀活动。蒙古族穆斯林的敖包及其祭祀习俗与蒙古族传统祭祀习俗既有相同之处又有不同的地方。祭祀敖包当天，人们进行大小净、穿好新衣服、带上刚刚宰的新鲜全羊、骑着马或者骆驼来到敖包。在日出之前赶到敖包，绕敖包三圈后，将带来的树条或石块加放在敖包上，用"梅德格"绳固定住，把哈达等悬挂在敖包上。将带去的祭品献放在敖包前的祭台上。然后在敖包周围的香炉台上，点香、燃

---

① 苏利德：《中国蒙古族穆斯林研究——历史、传统、文化多样性》，中央民族大学硕士学位论文，2012，第38～39页。韩莲：《内蒙古阿拉善左旗"蒙古族穆斯林"文化的民族学调查与思考》，中央民族大学硕士学位论文，2010，第58～59页。

② 勃儿吉斤·道尔格：《阿拉善和硕特》（下册），内蒙古文化出版社，2002，第1249页。

放柏叶香火。一切准备就绪后，喇嘛们开始诵经、吹海螺。众人随着诵经声和海螺声，手里拿着"希利奇格"一把一把地祭洒着绕敖包转，祈求人畜平安、幸福美满和草原雨水充沛。转三圈后人们各自进行一些自由祭奠项目。煨桑、点香、安放羊毛羊绒等许愿物品。骑着马绕敖包三圈后，敖包祭祀的仪式宣告结束。人们就地熬茶，吃着各自带来的食物，然后奔向举行敖包祭祀庆典活动的场地。庆典是一场盛大的节日活动，主要内容包括射箭、摔跤、赛马、拔河、跳绳、下蒙古棋等活动，现在还包括唱歌跳舞、工艺品展示等一系列娱乐活动。[1] 围绕着敖包祭祀，人们既学习接纳了传统的蒙古敖包祭祀文化，又赋予其自身伊斯兰信仰的特色。这个特殊人群所表现出来的多元性和包容性，也是阿拉善这个地方的地域文化特色。

也有学者认为，这种敖包祭祀更应该称为"祈雨仪式"。因为阿拉善地处荒漠化草原地带，降水量小于蒸发量，雨水对于农牧业的重要性不言而喻。所以蒙古族穆斯林选在农历五月中旬祭敖包，同时举办祈求雨水的仪式。这里的差别在于：蒙古族穆斯林仪式中诵经者是会念经的蒙医，而不是喇嘛；参与者是部分蒙古族穆斯林，不是信仰藏传佛教的蒙古族牧民；祭敖包的主要目的是祈雨；供品是清水而非白酒；祭牲采用伊斯兰宰牲法，由阿訇主持，而不是蒙古式宰牲法；此外，信众祭敖包不磕头。[2]

文化上的兼收并蓄不仅体现在服饰、饮食等日常生活领域，上坟、祭敖包等宗教仪式当中，个体的人生仪礼也体现了蒙古文化和伊斯兰文化的交融。这里就以国家级非物质文化遗产项目"信仰伊斯兰教的蒙古族婚礼"来说明。[3] 蒙古族穆斯林的婚礼与当地其他蒙古族不同，不念喇嘛经，念的是《古兰经》。在婚礼中增加了"尼卡哈"，但与回族婚礼

---

① 苏利德：《中国蒙古族穆斯林研究——历史、传统、文化多样性》，中央民族大学硕士学位论文，2012，第41~46页。韩莲：《内蒙古阿拉善左旗"蒙古族穆斯林"文化的民族学调查与思考》，中央民族大学硕士学位论文，2010，第60~63页。

② 马平：《阿拉善的"蒙古浩腾"人族群——对阿拉善地区蒙古族穆斯林群体的初步田野调查报告》，《回族研究》2006年第4期。

③ 阿拉善左旗文化馆：《国家级非物质文化遗产代表性项目申报书：信仰伊斯兰教的蒙古族婚礼》，2013年10月。

也不尽相同，体现出了文化上的"蒙回结合"。婚娶过程大致可分为三个阶段，即求婚、订婚、结婚，也有叫"会晤酒""订婚酒""喜酒"。正式定亲后男方在婚期前一天到达女方家，女方佯作闭门不纳之状，男方顷门辞递哈达，方可进屋，说明来意，赠送礼物后，男女各唱三支歌，喝喜茶，大家歌舞相庆，直至天明。婚礼当天要请阿訇为新人念"尼卡哈"，结束后新娘的发辫便梳成两根，盘起漂亮的头饰，才能出门。送亲的队伍绕蒙古包一圈后策马急行，新郎随后追逐，直到男方家。新娘行新房礼后，男方设整羊席款待客人。第二天早晨，女方客人告别返回，婚礼遂告终。可见，婚礼仪式将蒙古族礼俗与伊斯兰教仪式相结合，体现了民族文化的融合与互嵌，具有鲜明的地域特色。

## 三　公共文化体系建设

从传统的民族文化，增加进现代文化的符号和精神，发展出一种新的文化面貌，就出现了文化转型的问题。所谓文化转型是指在某一特定时期内，文化发展明显产生危机和断裂，同时又进行急剧的重组与更新。① 这种变化的过程当然不是界限清楚的化学反应，有学者就指出这不是从一个结构一下子变为另一个，而是"从一个金字塔式的等级结构变为一场马拉松赛"②。就是几个时代、不同民族、不同地区的文化特质同时并存，相互摩擦，寻求建立一种有机联系的过程。

转型时期少数民族文化发展的复杂性表现为复兴、衰退和变异三种状态并存。③ 第一，在政府和社会各界的努力下，弘扬少数民族传统文化已经取得共识。加上市场机制的作用，许多地区对传统文化遗产的重视日益提高，各种形式的文化保护活动成为风潮。举例来说，各地开始自觉地利用民族节日推广传统文化，开办了各式各样的民俗节、文化节、文艺节，使得传统节庆的规模不断扩大。第二，日常生活领域的传统文化受到前所未有的冲击。以各种形式保护下来的文化遗产逐渐与民间生

---

① 乐黛云：《文化转型与文化冲突》，《民族艺术》1998 年第 2 期。
② 孙立平：《断裂：20 世纪 90 年代以来的中国社会》，社会科学文献出版社，2003，第 1 页。
③ 王希恩：《论中国少数民族传统文化现状及其走向》，《民族研究》2000 年第 6 期。

活脱节，失去了自我更新的土壤。功利主义影响到人民群众的文化生活，虽然在各种"民族村""民俗村"或其他形式的少数民族旅游区，表现民族文化的各种建筑、用具、服饰和礼仪等随处可见，但这些东西大多已经不是民族文化的自然状态，而是出于商业利益的再造、夸张甚至扭曲。第三，许多传统文化的特质与现代生活相结合，并做出适应新时代的调整，从而展现出适应新环境的变迁。比如，不少民族地区的群众虽然保持着传统服饰，但在款式、质料和制作方式上已发生了变化，揉进了现代技艺和时尚。人们把民族文化中宝贵的特质继承下来，并与现代的技术、材料、工艺相结合，从而使得传统文化展现出全新的面貌。

这样简单的分类虽然清晰，却也无法展现快速变迁的少数民族传统文化所面临的巨大挑战。这是一个整体性、多元性、长期性的过程，也是一个民族文化重构的过程。传统社会中为整个群体所共享的文化资源随着人群的分裂而变异，成为一部分人的工作、一部分人的生意和一部分人的消费。

从民族发展的历史过程来看，文化传承是民族延续的内在机制。它实质上是一种文化的再生产，是民族群体的自我完善，是民族意识的深层次积累。[①] 在文化发展过程中，一个民族的文化资源与价值判断起了重要的作用。人们根据文化传统的限制性和文化内容的可得性，从自己群体生存发展的角度出发，以学习、接受、排斥相互夹杂的过程完成文化的更新。人们总是根据历史和现实的环境对自身的文化进行不断地重构，一方面坚持植根于自己民族土壤中比较稳定的部分，另一方面则在民族交流中对周边的文化进行吸纳和加工，在当时可掌握的文化内容之间做出有选择的创新与组合。就是将新的文化内容与传统文化进行结构重组，形成新的有机联系，展现出适应新时代的功能。

一个地区的文化景观虽然有其历史、民族和文化的特点，但也受到文化发展的一般性影响。意识形态、资源条件、市场规模等方面都对各种形式的文化发生作用，其中国家推行的现代文化建设也发挥了影响。下面就以双语环境、公共文化体系、群众文化等方面的材料，来讨论当

---

① 赵世林：《论民族文化传承的本质》，《北京大学学报》（哲学社会科学版）2002 年第 3 期。

地新时期建设共享文化的一些政策实践。这里所说的"新文化"与"传统文化"，并没有先进与落后之分的意思，只是指涉它们出现在这个区域的先后关系。同样的，"现代文化"与"民族文化"也不是进化论的区分，在今日的话语中，两者指向不同的内容、符号和价值。下面的讨论正是建立在这个理解之上。

**（一）营造双语生活环境**

根据我国的民族政策，尊重少数民族风俗习惯和推进中华民族共有精神家园是民族地区文化建设的基本面向。而要兼顾这两方面，首先必须处理好少数民族语言文字与国家通用语言文字的关系，营造双语的学习、生活和工作环境。为贯彻落实《内蒙古自治区蒙古语言文字工作条例》，阿左旗成立了蒙古语文工作委员会。该委员会办公室设在阿左旗民族事务局，负责蒙古语言文字工作具体事务，旗政府为蒙古语言文字工作提供经费保障。由政府分管副旗长担任组长，宣传、住建、城管、交通、民事、文化、工商等部门为成员单位。先后印发《阿左旗社会市面蒙汉两种文字并用工作集中整治实施方案的通知》、《关于进一步加强党政机关蒙汉文并用并行工作的通知》及《关于对社会市面蒙汉两种文字并用情况进行整改的通知》。在机制建设和制度建设的基础上，主要采取了以下几方面的措施。①

1. 民族语言的翻译。该旗重视国家机关和事业单位蒙语翻译人员队伍建设，2014～2015年培训了120余人的全旗各党政机关蒙古语文专兼职翻译人员。在队伍建设的基础上，工作机制也不断完善。阿左旗规范了蒙古语翻译审批程序，开设网络服务平台，通过QQ等即时通信软件为各广告制作企业提供蒙文翻译和审核服务。据统计，仅2015年上半年就免费翻译各类牌匾标识6000余个，从制作源头上杜绝了不规范蒙文流入社会。针对蒙汉两种文字广告牌匾设计制作混乱的现状，该旗2014年先后举办两次广告制作企业负责人培训班，参训人员达60余人（次）。通过企业培训，极大地提高了对蒙古语文政策法规的认识，有效规范了社会上蒙汉两种文字并用行为。

---

① 本部分数据来自阿拉善左旗政府提供的汇报材料。

2. 加强双语规范使用监督检查。该旗先后印发《进一步做好社会市面蒙汉两种文字并用工作的通知》和旗直各部门、各苏木镇、街道办以及公共服务行业《关于做好社会市面蒙汉两种文字并用整改工作的通知》，出台《社会市面蒙汉两种文字并用治理整顿实施方案》等文件。有效规范了交通、通信、银行、保险、旅游、医院等窗口服务行业蒙古语言文字使用，切实保障了少数民族群众在日常生活中使用本民族语言文字的权利。2015年上半年共检查整顿47个旗直各部门，40余个窗口单位和金融部门，通讯机构及保险公司、车站、飞机场等30余个公共服务行业文头、公章、公示栏、工作流程图、科室门牌的蒙汉两种文字并用情况。积极协调政协，联合检查50个旗直各部门和86个二级单位的237个文头，392枚公章及公示栏、科室门牌的蒙汉两种文字并用情况，就地改正蒙文使用错误的147个文头和108枚公章。同时由民委牵头，组织开展由市监局、城管、法院、公安、文明办、交通及各新闻媒体参加的联合大检查。2014～2015年共检查4700余个个体工商户牌匾，累计下发1100余份整改通知书，现场告知和督促整改广告牌匾100余块，累计整改不规范广告牌匾800多块。目前，全旗各主要街路和场所及苏木镇街道办、行政事业单位社会市面蒙汉两种文字牌匾并用率达98%以上，准确率达95%以上，合格率达96%以上。

3. 多种渠道开展双语工作宣传。语言文字政策和法规是我国民族法规和民族政策的重要组成部分。为了扩大《内蒙古自治区蒙古语文工作条例》的社会影响力，2014年该旗充分利用广播、电视、报纸等媒体大力宣传民族语言文字政策法规，推动了蒙古语言文字工作的扎实开展。2015年在巴彦浩特地区出租车上用蒙汉两种文字张贴社会市面蒙汉两种文字并用宣传标语700余条，不断提高了全社会对蒙古语言文字工作的法律意识。在大力宣传之外，该旗持续开展各种形式的通用语言文字和民族语言文字活动。比如，蒙古文书法作品征集活动、蒙古语祝赞词比赛和中小学校师生双语经典诵读与规范书写等活动。据当地教育局数据，2012～2015年先后举办"阿拉善首届蒙语赞词比赛"、"阿拉善首届蒙语演讲比赛"和中小学校师生双语经典诵读与规范书写大赛及"蒙古语听写大赛"，在全社会营造了学习使用蒙古语言文字的浓厚氛围。

4. 双语教学与民族教育。双语工作的基础是在民族教育中大力开展双语教学，培养一代又一代既能传承民族文化又能熟练掌握通用语言文字的双语人才。据旗教育局统计，到 2015 年全旗蒙语授课学校、幼儿园共 5 所，其中九年一贯制学校 1 所，小学 1 所，幼儿园 3 所。民族学校在校生 2675 人（其中牧区户籍 1253 人），其中初中 257 人，小学 890人，在园幼儿 1528 人（蒙语授课生 580 人）。各类蒙古语授课班级 85个，其中初中 12 个、小学 36 个、幼儿园 40 个（蒙班 17 个）。蒙语授课中小学入学率、巩固率、毕业率、升学率均 100%，辍学率为 0。民族教育教职工 379 人，其中初中 69 人，小学 143 人，幼儿园 167 人，人才储备 26 名，临时代课 32 名，教师学历合格率均 100%。在学校教育中积极探索蒙语授课中小学"小班化"教学课堂模式，大力推进以蒙古语教学为主的三语教学（蒙古语、汉语、英语）及校本民俗课程，突出"双语""三语"教学特色。2014 年起全旗所有民族中小学一律使用自治区教育厅规定的民族小学英语蒙文教材。按照自治区蒙授中小学《语文课程标准》的要求，开设了蒙、汉文书法课程。积极推进"中国少数民族汉语水平等级考试"和"内蒙古自治区蒙古语文应用水平等级考试"，提高少数民族学生的蒙古语和汉语应用能力。其中阿拉善左旗蒙古族第二实验小学前身为阿拉善盟蒙古族实验小学。该校以民族特色教育、民族特色校园建设和民族特色学生素质培养为教学宗旨，不断提高教师队伍建设，不断推进新课程改革力度。作为民族学校，开展马头琴、舞蹈、民歌、蒙古象棋、博克及足球、篮球、乒乓球等二十项课外活动小组，促进了学生全面发展。先后获自治区级"文体卫先进学校""民族教育科研示范学校""义务教育达标示范学校""汉语课改先进学校"等殊荣。到 2014 年共有教学班 18 个，在校学生 413 人，住校生 160 人，教职工 72 人。

**（二）公共文化服务体系建设**

阿左旗按照"保基本、强基层、建机制、重实效"的工作思路，大力加强公共文化服务体系建设，促进基本公共文化服务标准化、均等化。近年当地财政加大对公益性文化事业的保障力度，在阿左旗建立起了较为完善的公共文化服务体系。据统计，在文化产业法人单位中，2014 年行政事业单位和民间非营利组织支出合计达 18141 万元，占全部法人单位支出合计的 80.68%。①

以 2015 年来看，阿左旗公共文化服务体系建设主要包含三方面内容。一是公共文化设施。年末全旗拥有广播电台 1 座、电视台 1 座、图书馆 2 个、博物馆 1 个、文化馆 1 个、文化站 15 个、电影录像管理站 1 个、歌舞团 1 个、群众艺术馆 1 个、乌兰牧骑 1 个。二是群众文化活动。成功举办了巴彦浩特地区 2015 年元宵节、百日消夏等多场群众性文化活动和展演服务。三是民族文化发展。全年举办陶布秀尔等 7 类公益性培训班 147 期 414 课时，收集整理阿拉善原创歌曲、长调民歌、内蒙古草原歌曲精选、蒙古国民歌 1000 首，原创节目 18 个，学演节目 58 个。下面将重点从前两方面来介绍阿左旗公共文化事业的发展状况。

1. 公共文化设施

基础文化设施是公共文化供给的基本保障，也是反映一个地区公共文化发展水平的显性标志。阿左旗基础文化设施可分为三大类型。一是现代通信传播技术，由最开始的广播站、电视转播台、调频发射台、微波站，实现全覆盖的广播电视，以及快速渗透的移动互联网。二是城镇文化设施，如图书馆、博物馆、文化馆、群艺馆都可视为城镇化进程现代文化建设的产物。三是继承当地游牧文化机制的流动文化机构，电影录像管理站、歌舞团、乌兰牧骑等适应当地地广人稀、人口分散的现状，有效补充了固定基础文化设施的不足。

就发展历程来看，阿拉善左旗 2006 年开始建设本地广播和电视机构，目前拥有广播电台和电视台各一家。城镇文化设施方面，图书馆由原来的一所发展为两所；博物馆、文化馆和群艺馆 2004 年开始建设，目前各有一所；流动文化机构新世纪之初只有乌兰牧骑一个，2004 年开始建成歌舞团一家。不难发现，2004 年是阿左旗基础文化设施建设历史上最为重要的年份。

---

① 阿左旗统计局：《阿左旗文化产业发展现状》，阿左旗统计局内部稿，2015 年 6 月 4 日。

表 3 - 3　阿左旗公共文化设施数量概况

单位：所，个，家

| 年份 | 广播 | 电视台 | 图书馆 | 博物馆 | 文化馆 | 文化站 | 群艺馆 | 电影录像管理站 | 歌舞团 | 乌兰牧骑 |
|---|---|---|---|---|---|---|---|---|---|---|
| 2000 | 0 | 0 | 1 | 0 | 0 | 28 | 0 | 0 | 0 | 1 |
| 2001 | 0 | 0 | 1 | 0 | 0 | 23 | 0 | 0 | 0 | 1 |
| 2002 | 0 | 0 | 1 | 0 | 0 | 23 | 0 | 0 | 0 | 1 |
| 2003 | 0 | 0 | 1 | 0 | 0 | 23 | 0 | 0 | 0 | 1 |
| 2004 | 0 | 0 | 2 | 1 | 1 | 23 | 1 | 1 | 1 | 1 |
| 2005 | 0 | 0 | 2 | 1 | 1 | 23 | 1 | 1 | 1 | 1 |
| 2006 | 1 | 1 | 2 | 1 | 1 | 13 | 1 | 1 | 1 | 1 |
| 2007 | 1 | 1 | 2 | 1 | 1 | 13 | 1 | 1 | 1 | 1 |
| 2008 | 1 | 1 | 2 | 1 | 1 | 13 | 1 | 1 | 1 | 1 |
| 2009 | 1 | 1 | 2 | 1 | 1 | 13 | 1 | 1 | 1 | 1 |
| 2010 | 1 | 1 | 2 | 1 | 1 | 13 | 1 | 1 | 1 | 1 |
| 2011 | 1 | 1 | 2 | 1 | 1 | 13 | 1 | 1 | 1 | 1 |
| 2012 | 1 | 1 | 2 | 1 | 1 | 13 | 1 | 1 | 1 | 1 |
| 2013 | 1 | 1 | 2 | 1 | 1 | 13 | 1 | 1 | 1 | 1 |
| 2014 | 1 | 1 | 2 | 1 | 1 | 13 | 1 | 1 | 1 | 1 |
| 2015 | 1 | 1 | 2 | 1 | 1 | 15 | 1 | 1 | 1 | 1 |

资料来源：整理自阿左旗统计局《年度国民经济和社会发展统计公报》2000～2015 年数据，见 http://www. azqtj. gov. cn/news_more. asp? lm2 =118。但是必须注意统计数据的可靠性，因统计口径变化，部分数据缺失，如 2009 年之前统计的是电视转播台、调频发射台、微波站等机构。

通过广播电视传输覆盖工程等多项工程推进现代通信传播技术。2009～2012 年，该旗实施了四批广播电视"村村通"工程建设任务，共完成 4689 户农牧民的入户安装工作，实现了广播电视"村村通"工程的全覆盖。2013 年实施广播电视"户户通"工程，完成了本旗 13900 户农牧民的广播电视"户户通"工程建设任务，覆盖率达 90% 以上。2014年全旗村村通电视项目为 14 个苏木镇 95 个嘎查村的 2480 户安装了设备，年底覆盖率达到 100%；无线地面数字电视覆盖工程在阿拉善盟广播电视传输发射中心台巴彦浩特机房建设；村村响广播工程在阿左旗巴彦浩特镇巴彦霍德嘎查建设。村村通广播电视工程 2015 年下达建设任务为总投资为 361.2 万元，地面数字覆盖工程实际完成投资 156 万元，实施 3 个无线地面数字电视覆盖工程。村村响广播工程全年计划投资 216 万元，实际完成 136.2 万元。

伴随着城镇化进程的推进，当地城镇文化设施的建设也不断细化。从层级来开，当地建设了旗、苏木镇、嘎查村（社区）三级文化基础设施，覆盖城乡的公共文化服务体系基本建立。

在阿左旗层面，建设有文化系统二级单位 4 个。其中：文化馆占地 2280 平方米，有非物质文化遗产展厅 1 个，美术活动室 1 个，舞蹈排练厅 1 个，文化艺术展厅 1 个，会议室、办公室共计 10 间，为"自治区十佳文化馆"和"国家一类文化馆"；乌兰牧骑办公、排练场地 2500 平方米，为国家民委"国家民委民族文化工作联系点"及"自治区一类乌兰牧骑"、"自治区十佳乌兰牧骑"；图书馆馆舍面积 973 平方米。在此基础上实施了图书馆、文化馆、文化站免费开放，极大地发挥了公共文化设施的影响力。

各苏木镇大力改善苏木镇综合文化站基础建设和配套设施设备。全旗 12 个苏木镇均设有文化体育服务中心，同时在 7 个苏木镇建成了露天舞台、流动舞台、牧区小舞台等形式的公共文化空间。目前已实现了在全旗所有的城镇社区建设面积不低于 200 平方米的文化室和相应的活动设施，基本达到 15 分钟公共文化服务圈标准（即在城市生活的居民从家中出来 15 分钟以内就可以到达公共文化服务场所进行文化娱乐活动）。

嘎查村（社区）层面依托嘎查村文化活动室建设、"草原书屋"建设工程、农牧区电影放映"2131"工程等项目，在全旗农牧区的嘎查（村）全部设立了文化室。2014 年全旗为巴彦木仁苏木、宗别立镇、巴润别立镇等 14 个苏木镇的 135 个嘎查村配备文化器材，每个配备 5000 元文化器材，年底覆盖率达到 79.81%。自 2008 年开展草原书屋工程以来，截至 2014 年已建成草原书屋 120 家，覆盖率达 97% 以上。

阿拉善左旗乌兰牧骑于 1958 年 10 月成立，属阿拉善左旗文化旅游局全额拨款事业单位。现有国家二级演员2人，国家三级演员11人，国家四级演员13人。2000年4月28日，阿拉善左旗乌兰牧骑与内蒙古庆华集团联合成立了内蒙古庆华集团艺术团，迈出了市场化改革的步伐。2000～2012年，阿左旗乌兰牧骑基层演出达717场，观众达29.5万人次。城镇演出1560场，观众人次68万人次。经典剧目有歌舞剧《苍天般的阿拉善》。

表3-4　阿拉善左旗乌兰牧骑历年演出一览表

| 年　份 | 演出场次 | | 合计（场次） | 观众人次 | | 合计（万人次） |
| --- | --- | --- | --- | --- | --- | --- |
| | 城镇演出（场次） | 基层演出（场次） | | 城镇（万人次） | 基层（万人次） | |
| 2000 | 70 | 37 | 107 | 4.6 | 2 | 6.6 |
| 2001 | 76 | 39 | 115 | 14.4 | 1.9 | 16.3 |
| 2002 | 75 | 36 | 111 | 8.8 | 1.5 | 10.3 |
| 2003 | 73 | 68 | 141 | 6.8 | 1.6 | 8.4 |
| 2004 | 130 | 43 | 173 | 1.2 | 1.8 | 3 |
| 2005 | 138 | 51 | 189 | 7.8 | 1.2 | 9 |
| 2006 | 130 | 56 | 186 | 7.2 | 1.4 | 17.6 |
| 2007 | 139 | 70 | 209 | 1.1 | 1.6 | 2.7 |
| 2008 | 183 | 67 | 250 | 1.2 | 4.3 | 5.5 |
| 2009 | 149 | 41 | 190 | 3.6 | 4.2 | 7.8 |
| 2010 | 150 | 39 | 189 | 3.7 | 2 | 5.7 |
| 2011 | 123 | 85 | 208 | 4.7 | 3 | 7.7 |
| 2012 | 124 | 85 | 209 | 2.9 | 3 | 5.9 |
| 合计 | 1560 | 717 | 2277 | 68 | 29.5 | 97.5 |

在已经机制化的歌舞团和乌兰牧骑之外，阿左旗在农牧区基本实现了一村一月放映一场电影的公益服务目标。在牧区和偏远地区，争取建设流动文化服务网络，配备流动文化车，居住分散的农牧户也实现了流动文化服务全覆盖。这些工作打破了阿拉善左旗地广人稀的自然条件限制，较好地满足了当地农牧民的文化需要。

## 2. 群众文化活动

在城镇化过程中，让农牧民进入城镇空间容易，但让农民融入城镇文化氛围，参与城镇文化活动却有较大难度。基础文化设施建设是基层政府自上而下地打造公共文化服务体系的努力。而鼓励群众广泛开展群众文化活动就是自下而上地重塑人们的文化生活。这两方面共同构成了基层公共文化体系文化建设的主要工作内容，两者缺一不可。由于后者更能激发民间的智慧和热情，可能更为重要。

根据该旗文化部门 2015 年的年度总结材料，当年重要的文化活动有：第四届骆驼文化那达慕、乌力吉苏木家庭那达慕、吉兰泰镇家庭骆驼那达慕、"三八"老年人广场舞比赛、"工运杯"职工足球联赛、第十届学生运动会、全旗第六届职工运动会、阿拉善诺颜敖包祭祀活动暨首届阿拉善沙力搏尔式摔跤和蒙古式摔跤比赛。其中不难看出，蒙古族传统文化活动与基于年龄、职业的现代文化活动交错举行，不断展演并实践着当地传统与现代融合互嵌的文化格局。

群众文化发展的成就之一就是成立了众多的群众业余文艺团体。这些并非财政支持的非营利、业余团体吸纳了当地众多的业余文艺爱好者。他们积极参与当地的春节社火、百日消夏广场文化活动、那达慕大会等大小型文艺活动，活跃和丰富了阿拉善左旗的群众文化事业。

老少"心连心"艺术团成立于 2002 年，目前全团演员维持在 25 人左右，均为退休干部、职工。2008 年，自创舞蹈《苍天般的阿拉善》荣获《夕阳秀——第八届全国中老年艺术大赛》牡丹金奖和最佳编导奖。2009 年，舞蹈《陶布秀尔情》在《我和祖国一起成长》全国中老年艺术展演中荣获牡丹金奖及最佳创意奖。2012 年，被自治区文化厅评为全区"十佳民间剧团"。

阿左旗民歌协会成立于 2012 年，其前身是阿拉善民歌协会阿左旗分会。协会现有会员 100 余人，致力于丰富传统民歌节目，传承地区非物质文化遗产。该协会一方面对全旗广大民歌手进行联络、协调、服务及业务指导，发挥组织、引导、服务的作用，组织民歌手开展对外演出演唱活动。另一方面也从事阿拉善民歌的抢救保护工作，扶持开展阿拉善民歌的传承与发展，培养青年民歌手，加强对民间原生态艺术的搜集、整理、研究和传播。

激情广场老教师合唱团成立于 2003 年，由阿左旗第二实验小学退休教师张银花和驼绒厂退休职工张淑梅创建。正是因为创建人的原因，合唱团在几年的发展过程中吸引来了一大批退休教师和其他歌唱爱好者的广泛参与。从一开始的十余人发展到现在的 126 人。自创节目有快板《老年人的幸福生活》、舞蹈《我要上春晚》等。

阿左旗群众性文化活动已形成了多层次的活动机制，常年开展形式多样的文化活动。每年组织广场、社区、企业、校园、苏木镇文艺演出等各类公益性群众文化活动不少于 8 次。组织书画、摄影、手工艺品、非物质文化遗产等公益性展览展示每年不少于 8 次。

随着巴彦浩特城镇建设的发展，城市广场日益成为当地最重要的公共文化空间。在这个空间内，由阿左旗党委政府和旗宣传部、文化旅游局等政府部门主办，文化馆等公共文化机构承办，群众自发组织的群众文艺团体参与，各方共同塑造了当地群众文化生活的基本面貌。群众文艺团体与政府文化部门的各项公共文化政策相配合，在当地形成了一批重要的品牌文化活动。其中最为重要的就是百日消夏广场文化活动。

"百日消夏广场文化活动"自 2005 年至今已连续举办了 10 届，开展了社区文艺会演、嘎查（村）文艺会演及各企事业单位、系统参与演出的一系列文化体育活动。每年参加演出的演职人员达 5000 人次，10 年来共演出 340 余场，观众累计达 10 万人次。

另一项重要的品牌文化活动是春节社火。巴彦浩特地区春节社火文化活动已有 13 年历史。围绕社火开展各项民俗文化演出、灯谜及广场趣味游艺活动。近年每年有 10 支以上表演队 1000 余名演员参加社火文艺节目的演出，观众达 8 万人次。

随着各项文化惠民工程的实施，阿左旗农牧区公共文化服务体系日益完善。但是必须指出，群众文化活动建设还存在一定的问题。一些群众文化活动主要依托于城镇化建设，不符合农牧民群众生活特点。这导致一些政府大力推动的公共文化活动群众参与热情不高。而且地广人稀，人口居住分散、交通不便的自然条件限制了基层公共文化供给。比如有的苏木镇文化站还未配备流动文化服务车，给电影放映、文艺演出等工作带来一定的不便。因而流动的公共文化设施建设应当是发展的重点。

# 四  共享文化与民族关系

诚如上文的梳理中所发现的，不同体系文化的互嵌在阿拉善是一个已然形成的状态。接下来就以简单的数据来说明一下，当地互嵌式的文化生活造就出了怎样的阿拉善人，塑造了怎样的民族关系。

### 表 3 – 5  阿拉善左旗调查样本的基本情况

单位：份，%

| 民族 | 样本量 | 百分比 |
| --- | --- | --- |
| 汉族 | 318 | 71.46 |
| 蒙古族 | 102 | 22.92 |
| 回族 | 19 | 4.27 |
| 彝族 | 2 | 0.45 |
| 满族 | 2 | 0.45 |
| 侗族 | 1 | 0.22 |
| 达斡尔族 | 1 | 0.22 |
| 合计 | 445 | 100.00 |
| 性别 | 样本量 | 百分比 |
| 男性 | 266 | 59.51 |
| 女性 | 181 | 40.49 |
| 合计 | 447 | 100.00 |
| 宗教信仰 | 样本量 | 百分比 |
| 没有宗教信仰 | 353 | 79.68 |
| 佛教 | 48 | 10.84 |
| 伊斯兰教 | 26 | 5.87 |
| 不知道 | 9 | 2.03 |
| 天主教 | 2 | 0.45 |
| 民间信仰 | 2 | 0.45 |
| 其他 | 2 | 0.45 |
| 基督教 | 1 | 0.23 |
| 合计 | 443 | 100.00 |

续表

| 户籍 | 样本量 | 百分比 |
| --- | --- | --- |
| 农业 | 306 | 69.07 |
| 非农业 | 78 | 17.61 |
| 居民户口（之前是非农业户口） | 42 | 9.48 |
| 居民户口（之前是农业户口） | 17 | 3.84 |
| 合计 | 443 | 100.00 |

| 年龄段 | 样本量 | 百分比 |
| --- | --- | --- |
| 15～20 岁 | 8 | 1.79 |
| 21～25 岁 | 19 | 4.25 |
| 26～30 岁 | 34 | 7.61 |
| 31～35 岁 | 30 | 6.71 |
| 36～40 岁 | 51 | 11.41 |
| 41～45 岁 | 89 | 19.91 |
| 46～50 岁 | 108 | 24.16 |
| 51～55 岁 | 55 | 12.30 |
| 56～60 岁 | 27 | 6.04 |
| 60 岁以上 | 26 | 5.82 |
| 合计 | 447 | 100.00 |

| 教育程度 | 样本量 | 百分比 |
| --- | --- | --- |
| 初中 | 167 | 37.53 |
| 高中、中专或职高技校 | 94 | 21.12 |
| 小学 | 83 | 18.65 |
| 大学专科 | 34 | 7.64 |
| 大学本科 | 33 | 7.42 |
| 未上学 | 31 | 6.97 |
| 研究生 | 3 | 0.67 |
| 合计 | 445 | 100.00 |

这里采用了中国社会科学院民族学与人类学研究所于 2014 年开展实施的中国社会科学院创新工程重大专项"21 世纪初中国少数民族地区经济社会发展综合调查"在内蒙古自治区阿拉善盟阿拉善左旗的家庭问卷

抽样调查数据。共收回有效问卷 447 份。样本分布如下：民族方面，汉族样本占 71.46%，蒙古族样本比例为 22.92%，回族样本占 4.27%；户籍方面，农业户籍样本占 69.07%，非农户籍样本占 17.61%，居民样本占 13.32%；性别方面，男性样本占 59.51%，女性样本 40.49%；年龄方面，46~50 岁年龄段样本占比最高达 24.16%，41~45 岁年龄段样本占 19.91%，51~55 岁年龄段占比 12.30%，36~40 岁年龄段占 11.41%，多数样本集中在 36~55 岁；信仰方面，没有宗教信仰的样本占 79.68%，信仰佛教的样本占 10.84%，信仰伊斯兰教的样本占 5.87%；教育程度方面，初中学历受访者占 37.53%，高中同等学力样本占 21.12%，小学学历样本占 18.65%。

表 3-6　阿拉善左旗语言使用情况

单位：份，%

| | 普通话 | | 汉语方言 | | 民族语言 | | 合计 |
|---|---|---|---|---|---|---|---|
| | 样本量 | 百分比 | 样本量 | 百分比 | 样本量 | 百分比 | |
| 汉族 | 205 | 48.46 | 218 | 51.54 | 0 | — | 423 |
| 蒙古族 | 77 | 40.53 | 59 | 31.05 | 54 | 28.42 | 190 |
| 回族 | 15 | 51.72 | 14 | 48.28 | 0 | — | 29 |
| 彝族 | 1 | 50.00 | 1 | 50.00 | 0 | — | 2 |
| 满族 | 2 | 66.67 | 1 | 33.33 | 0 | — | 3 |
| 侗族 | 1 | 100.00 | 0 | — | 0 | — | 1 |
| 达斡尔族 | 1 | 50.00 | 1 | 50.00 | 0 | — | 2 |
| 合计 | 302 | 46.46 | 294 | 45.23 | 54 | 8.31 | 650 |

在语言使用能力方面，整体上普通话和汉语方言的使用率最高，民族语言使用率不高。其中汉族使用率最高的是方言，达到 51.54%，受访者当中没有出现懂民族语言的样本；蒙古族受访者主要使用普通话和汉语方言，分别占比为 40.53% 和 31.05%，掌握民族语言的样本占 28.42%。可见汉族受访者掌握汉语方言的比例高于普通话，而少数民族受访者掌握普通话的比例均高于汉语方言。

表 3 - 7　阿拉善左旗文字使用情况

单位：份，%

| | 汉字 | | 民族文字 | | 合计 |
|---|---|---|---|---|---|
| | 样本量 | 百分比 | 样本量 | 百分比 | |
| 汉族 | 300 | 98.68 | 4 | 1.32 | 304 |
| 蒙古族 | 97 | 66.90 | 48 | 33.10 | 145 |
| 回族 | 18 | 94.74 | 1 | 5.26 | 19 |
| 彝族 | 2 | 100.00 | — | — | 2 |
| 满族 | 2 | 100.00 | — | — | 2 |
| 达斡尔族 | 1 | 100.00 | — | — | 1 |
| 合计 | 420 | 88.79 | 53 | 11.21 | 473 |

在文字使用能力方面，整体上所有受访者中掌握汉字使用能力的样本占 88.79%，会使用民族文字的样本占 11.21%。其中汉族掌握汉字使用能力的样本占 98.68%，掌握民族文字能力的占 1.32%；蒙古族受访者可以使用汉字的样本占 66.90%，会书写民族文字的占 33.10%。

表 3 - 8　阿拉善左旗子女接受双语教育的意愿

单位：份，%

| | 愿意 | | 不愿意 | | 无所谓 | | 合计 |
|---|---|---|---|---|---|---|---|
| | 样本量 | 百分比 | 样本量 | 百分比 | 样本量 | 百分比 | |
| 汉族 | 177 | 57.65 | 33 | 10.75 | 97 | 31.60 | 307 |
| 蒙古族 | 78 | 77.23 | 5 | 4.95 | 18 | 17.82 | 101 |
| 回族 | 14 | 73.68 | 1 | 5.26 | 4 | 21.05 | 19 |
| 彝族 | 0 | — | 0 | — | 2 | 100.00 | 2 |
| 满族 | 0 | — | 1 | 50.00 | 1 | 50.00 | 2 |
| 侗族 | 1 | 100.00 | 0 | — | 0 | — | 1 |
| 达斡尔族 | 1 | 100.00 | 0 | — | 0 | — | 1 |
| 合计 | 271 | 62.59 | 40 | 9.24 | 122 | 28.18 | 433 |

对于是否愿意送子女到双语学校学习的问题，62.59% 的受访者表示愿意，不愿意的比例仅为 9.24%。28.18% 的受访站表示无所谓，说明

当地持续的双语环境建设成效显著。汉族受访者有 57.65% 的比例表示愿意，回答无所谓的受访者占 31.60%；蒙古族受访者有 77.23% 表示愿意送子女接受双语教育，远高于平均水平的 62.59%，表示不愿意的比例最低，仅为 4.95%。受访样本中各族群众均有较高的意愿让自己的子女接受双语教育，特别是汉族受访者有一半以上表示愿意，这显示当地民族交往交流交融取得了令人瞩目的成绩。

表 3 - 9　阿拉善左旗跨民族交友情况

单位：份，%

| | 0 人 | | 1 ~ 2 人 | | 3 ~ 5 人 | | 6 人以上 | | 合计 |
|---|---|---|---|---|---|---|---|---|---|
| | 样本量 | 百分比 | 样本量 | 百分比 | 样本量 | 百分比 | 样本量 | 百分比 | |
| 汉族 | 68 | 21.94 | 96 | 30.97 | 118 | 38.06 | 28 | 9.03 | 310 |
| 蒙古族 | 10 | 9.90 | 22 | 21.78 | 52 | 51.49 | 17 | 16.83 | 101 |
| 回族 | 3 | 15.79 | 6 | 31.58 | 8 | 42.11 | 2 | 10.53 | 19 |
| 彝族 | 1 | 50.00 | 0 | — | 1 | 50.00 | 0 | — | 2 |
| 满族 | 0 | — | 0 | — | 2 | 100.00 | 0 | — | 2 |
| 侗族 | 0 | — | 1 | 100.00 | 0 | — | 0 | — | 1 |
| 达斡尔族 | 0 | — | 0 | — | 1 | 100.00 | 0 | — | 1 |
| 合计 | 82 | 18.81 | 125 | 28.67 | 182 | 41.74 | 47 | 10.78 | 436 |

调查中以拥有外民族朋友为问题考察了跨民族交友情况。整体上当地受访者跨民族交友现象突出，41.74% 的受访者有 3 ~ 5 人的外民族朋友，28.67% 的受访者拥有外民族朋友 1 ~ 2 人，10.78% 的受访者有 6 人以上的外民族朋友，而没有外民族朋友的比例仅为 18.81%。汉族受访者有 3 ~ 5 人外民族朋友的比例为 38.06%，30.97% 的受访者拥有外民族朋友 1 ~ 2 人，没有外民族朋友的比例仅为 21.94%，而 9.03% 的受访者有 6 人以上的外民族朋友。蒙古族受访者中有 51.49% 的样本外民族朋友达 3 ~ 5 人，21.78% 的受访者有 1 ~ 2 人外民族朋友，16.83% 的受访者外民族朋友达到 6 人以上，无外民族朋友的比例仅为 9.90%。在当地跨民族交友密切的整体环境中，少数民族跨民族交友的现象更为突出。

表 3 - 10　阿拉善左旗跨民族通婚情况

单位：份，%

| | 0 | | 1~2人 | | 3~5人 | | 6人以上 | | 合计 |
|---|---|---|---|---|---|---|---|---|---|
| | 样本量 | 百分比 | 样本量 | 百分比 | 样本量 | 百分比 | 样本量 | 百分比 | |
| 汉族 | 246 | 78.59 | 56 | 17.89 | 7 | 2.24 | 4 | 1.28 | 313 |
| 蒙古族 | 61 | 61.00 | 33 | 33.00 | 6 | 6.00 | 0 | 0.00 | 100 |
| 回族 | 16 | 84.21 | 3 | 15.79 | 0 | 0.00 | 0 | 0.00 | 19 |
| 彝族 | 2 | 100.00 | 0 | 0.00 | 0 | 0.00 | 0 | 0.00 | 2 |
| 满族 | 1 | 100.00 | 0 | 0.00 | 0 | 0.00 | 0 | 0.00 | 1 |
| 侗族 | 0 | 0.00 | 0 | 0.00 | 1 | 100.00 | 0 | 0.00 | 1 |
| 达斡尔族 | 1 | 100.00 | 0 | 0.00 | 0 | 0.00 | 0 | 0.00 | 1 |
| 合计 | 327 | 74.83 | 92 | 21.05 | 14 | 3.20 | 4 | 0.92 | 437 |

调查中还以亲戚中有几人非本民族为问题考察了跨民族通婚情况。与其他研究阿拉善左旗族际通婚的数据相接近，当地拥有外民族亲戚的比例达到 25.17%。其中汉族受访者中 78.59% 没有外民族亲戚，17.89% 的受访者有 1~2 名。蒙古族受访者中有 1~2 人外民族亲戚的比例为 33.00%，无外民族亲戚的比例为 61.00%。整体而言，少数民族受访者家庭拥有外民族亲戚的比例要高于汉族。

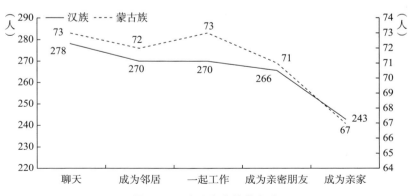

图 3 - 1　跨民族交往的程度

对于是否愿意和其他民族交往，以及交往的深度，调查中采用聊天、成为邻居、一起工作、成为亲密朋友、成为亲家等指标进行了测量。这几组行为从日常交往直到族际通婚，大致可以揭示族际交往由浅入深的变化。从图 3 - 1 可见，从聊天、成为邻居、一起工作、成为亲密朋友到结为亲家，不论汉族受访者还是蒙古族受访者，族际交往由浅入深的过程中，受访者表示愿意的频率也大致由高到低。这符合我们一般的理解，人们的交往总是由日常到亲密层层递减的。加强民族团结，促进各民族交流交往交融也必须符合这一规律，从创造互嵌式的社区环境入手，逐步推进嵌入式社会结构的建设。

表 3 - 11 阿拉善左旗关于民族冲突的评价

单位：份，%

| | 非常严重 | 有点严重 | 不算严重 | 完全不严重 | 不清楚 | 样本量 |
|---|---|---|---|---|---|---|
| 汉族 | 0.63 | 6.03 | 39.37 | 34.92 | 19.05 | 315 |
| 蒙古族 | 3.96 | 10.89 | 44.55 | 30.69 | 9.90 | 101 |
| 回族 | 5.56 | 16.67 | 27.78 | 16.67 | 33.33 | 18 |
| 彝族 | 0.00 | 50.00 | 0.00 | 0.00 | 50.00 | 2 |
| 满族 | 0.00 | 0.00 | 100.00 | 0.00 | 0.00 | 2 |
| 侗族 | 0.00 | 100.00 | 0.00 | 0.00 | 0.00 | 1 |
| 合计 | 1.59 | 7.97 | 40.09 | 32.80 | 17.54 | 439 |

对于本地区民族冲突的调查显示，大多数受访者表示阿拉善左旗民族关系的局部不和谐"不算严重"（40.09%）、"完全不严重"（32.80%），只有 9.66% 的受访者较为担心。分民族来看，汉族受访者较为乐观，39.37% 的受访者认为当地的民族关系不和谐现象不算严重，完全不严重的比例为 34.92%。而蒙古族受访者认为不算严重的比例为 44.55%，完全不严重的比例为 30.69%，同时认为有点严重和非常严重的比例分别为 10.89%、3.96%。数据显示蒙古族作为人口上的少数民族，对于民族关系的紧张较为敏感，也说明当地民族工作仍需要进一步深入。

该调查中还对不同时期民族关系进行了测量，分为改革开放前、改革开放至 2000 年、2001 年至调查时三个阶段，让受访者进行"好"、"一般"、"不好"和"不清楚"四种评价。从受访者认为民族关系较好

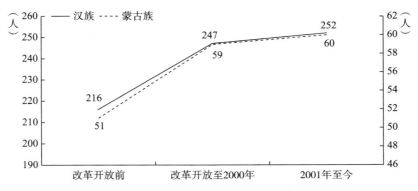

**图 3 - 2　对于民族关系发展评价较好**

的频数来分析，总体上当地民族关系呈现越来越融洽的趋势，而且汉族和蒙古族受访者的态度较为一致。这是历史上当地民族交往密切的结果，也是当代民族工作不断加强的成效，和谐的民族关系不断强化。

与这个问题相联系，调查中还考察了少数民族受访者的民族身份在本地社会交往、工作就业、日常生活中是否存在不便利。蒙古族受访者中有 75.51% 表示没有不便，6.12% 表示很少，而有 7.14% 的受访者认为偶尔有不便利的地方，4.08% 认为经常有。这也从侧面显示当地的民族工作较为深入，民族身份都与人们的社会活动没有形成限制。这里还可以举出当地少数民族公务员的数据为证。截至 2014 年，阿拉善左旗共有少数民族公务员 839 名，其中蒙古族 745 人，回族 74 人，满族 17 人，其他少数民族 3 人，占全旗公务员总数的 60.1%，高于少数民族的人口比例。分级别来看，处级干部中蒙古族干部 14 人，回族干部 3 人，少数民族干部占处级干部总数的 40.48%；科级干部中少数民族干部有 348 人，占科级干部总数的 45.97%。①

这一局面的形成，当然不单是现在哪项工作的成就，而是历史上延续下来当地持续的地域共同体建设的结果。虽然历史上，阿拉善此地的蒙古族是为了躲避战争千里迁徙而来，后来也陆陆续续地吸纳了其他民族和群体的人口。但也需要注意到地方精英凝聚地域认同的种种努力。

---

① 数据来源：阿拉善左旗政府提供资料。

作为一个多民族地区，地方精英很早就开始关注地域文化的建设，强调地域共同的文化和认同，而不单单是哪个人群。后世的人们在阿拉善王爷曾经居住过的地方建起敖包，供奉阿拉善佛像，并持续地加以祭祀。许多敖包供奉阿拉善佛，寺庙里建有阿拉善佛堂，人们在祷告时会口中念道"罕阿拉善保佑"，将"阿拉善（阿勒夏）"作为地方神和保护神去供奉。这当然有蒙古王爷巩固统治的考量，但客观地发展出了"阿拉善"这一地域的文化特殊性。正是因为各种传说、信仰、歌谣的存在，使得各个族群的人们在这片土地上和睦相处了三百多年，乃至形成了基于地域概念的"阿拉善"认同。这种地域文化以蒙古族文化为基础，吸纳了多个民族的文化内容。

今天在文化馆等文化管理机构的文本中，以"阿拉善服饰""阿拉善习俗"来描述了这一地区人们所共享的文化样貌。以当地的饮食文化举例来说，在当地家庭的餐桌上，既可能出现体现蒙古族饮食文化的黄焖羊肉、羊血肠、奶茶、奶酪等，又能看到汉族喜欢的酸汤揪面片，回族的馓子也深受蒙、汉等民族群众欢迎。这里不同民族文化的关系，既不是简单地"拼凑"或者"结合"，也不是完全的"融合"，似乎更像是相互嵌入。最终形成了一种不同于传统蒙古族，又不同于其他汉族、回族地区，各民族文化体系之间互有区别又连为一体的地区性共享文化。

阿拉善左旗的材料体现出来的文化互嵌，不仅是蒙古、汉、回等多个民族文化的互嵌，还是藏传佛教、汉传佛教和伊斯兰教等多种宗教文化的互嵌，从更深层次上来说也是游牧文明、农耕文明等多种文明系统的互嵌。

# 第 四 章
## 空间互嵌: 红寺堡的社区环境与社会心态

## 一 社区概况

红寺堡属宁夏回族自治区吴忠市, 是全国最大的异地生态移民扶贫开发区。1998 年宁夏扶贫扬黄灌溉一期工程在该地开始建设, 1999~2001 年是南部移民搬迁规模最大的 3 年, 2002 年当地开始安排生态移民, 2009 年正式成立了红寺堡开发区。到 2014 年累计安置移民 23 万人, 回族人口占 62% 以上。① 目前红寺堡开发区辖 2 镇 3 乡 (红寺堡镇、太阳山镇、新庄集乡、大河乡、柳泉乡), 1 个街道办事处 (新民街道办事处)、5 个城镇社区 (罗山、鹏胜、创业、振兴、东方社区)、63 个行政村。2015 年末常住人口 197350 人, 常住户数 49092 户, 其中回族占 62.64%。②

中国社会科学院民族学与人类学研究所的中国社会科学院创新工程重大专项 "21 世纪初中国少数民族地区经济社会发展综合调查" 于 2014 年在宁夏吴忠市红寺堡区进行了问卷调查。样本回收数为 400 份, 有效样本 399 份。本部分就以此次调查收集的数据为基础, 加以相关材料, 分析红寺堡嵌入式社区的空间特点、人们在此空间内的交往活动, 以及对民族关系的影响。

---

① 根据 "红寺堡区基本概况", 红寺堡开发区人民政府网站, http://www.hspzfw.gov.cn/zjts/qqjj.htm, 检索日期: 2016 年 12 月 10 日。

② 红寺堡统计局: 《红寺堡区 2015 年国民经济和社会发展统计公报》, 2016 年 4 月 25 日, 红寺堡统计信息网, http://www.hsbtj.gov.cn/onews.asp? id = 238&Page = 1, 检索日期: 2016 年 9 月 20 日。

　　从人口学特征来看，性别比例方面：男性受访者样本比例为67.6%，女性为32.4%，男性样本偏多。民族比例：回族受访者占比56.6%，与2014年人口统计公报中的60.4%接近，汉族为43.1%。年龄分层：19～60岁的劳动年龄层达到87.3%，其中31～45岁阶段的受访者比例最高（40.9%），18岁及以下只占2.5%，61岁及以上占10.3%。教育程度：接受九年义务制以内教育的受访者占53.8%，未上学的样本量达到23.4%，高中及相应的高职教育背景的受访者占13.3%，接受过高等教育的占9.5%。宗教信仰：信仰伊斯兰教的受访者占57.3%，基本与当地的回族比例一致，没有宗教信仰的样本占33.1%，佛教徒占7.6%。职业分布：农业生产人员在总样本中比例最大，占59.7%，其次存在不方便分类的其他从业人员为22.2%，商业、服务业人员为10.6%，公务员和事业单位受访者比例为4.5%。总之，问卷样本所反映的受访者人口学信息与当地人口统计的特征基本一致，能够有效反映当地社会的基本情况。①

　　红寺堡是因扬黄灌溉工程和移民安置而发展起来的，水利建设在当地的历史中扮演了重要的角色。根据工程设计，灌区干渠平行于地形等高线建设，支渠垂直于等高线建设。一个行政单位建有一条支渠。比如新庄集乡的中川村使用新三支干7～8支，而东川村使用新三支干9～11支。这些水利工程和农田配套划分了红寺堡的农田，从而也影响到村庄和城镇的布局。根据一份政府统计表显示②，红寺堡地区的土地开发利用规划不是以行政区划，比如乡镇、村组为单位，而是以渠道名称来进

---

① 户籍维度中，农业户籍样本中包含"居民户口（之前是农业户口）"（2份），非农业户籍样本包含"居民户口（之前是非农业户口）"（2份）；教育程度维度中，"大学及以上"样本中包含"大学专科"（7份）、"大学本科"（30份）、"研究生"（1份）；宗教信仰维度中，"其他宗教信仰"样本中包含"道教"（6份）、"民间信仰"（1份）、"其他（请注明）"（1份）；职业维度中，"公务员和事业单位人员"样本中包含"国家机关党群组织、事业单位负责人"（2份）和"国家机关党群组织、事业单位工作人员"（16份）；"专业技术人员"样本中包含"专业技术人员"（4份）与"生产、运输设备操作人员及有关人员"（3份）；"不便分类的其他从业人员"样本中包含"不便分类的其他从业人员"（87份）与"军人"（1份）。问卷中职业类型是按照人力资源与社会保障部职业能力建设司公布的国家职业分类目录编制，详情可参见网站，http://ms.nvq.net.cn/nvqdbApp/htm/fenlei/index.html。

② 红寺堡开发区志编纂小组：《红寺堡开发区志》，宁夏人民出版社，2006，第126页。

行分类。对于当地农民来说，这种空间感不需要鸟瞰的视野就能感受到。一方面编号清晰的水利设施及相关地名在日常生活中不断提醒人们某一地点在整个红寺堡灌区中的位置。另一方面，每到灌溉季节灌区采用干渠、支干渠续灌，支渠、斗渠、农渠轮灌方式，水流方向和灌溉次序再次将上述空间的体系展现出来。

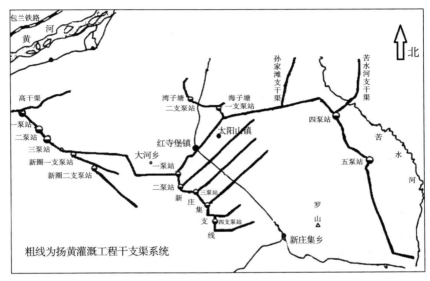

**图 4-1 红寺堡区水利设施示意图**

资料来源：本示意图参考"红寺堡灌区工程布置示意图"，见红寺堡开发区志编纂小组《红寺堡开发区志》，宁夏人民出版社，2006，第 117 页。

在自然移民的地方，往往是人类的聚居和生产活动奠定了当地的地理景观。而红寺堡则与此不同，先期的引黄灌溉工程及后续的农田水利建设已经将当地的自然面貌进行了改造，后来的移民则是被安置进规划好的不同区域。移民安置主要围绕农田水利配套工程，农田水利工程和基础设施是塑造移民社区空间的骨架。当地政府在描述红寺堡风光时所用的"田成档、树成行、渠成网、遍地是庄稼"[1] 很好地说明了水利设施在塑造这个移民社会空间景观中的重要作用。

---

[1] 束锡红、杨荣斌、聂君、樊晔：《生存与发展：宁夏红寺堡区大河村生态移民经济社会变迁考察》，阳光出版社，2014，第 7 页。

　　水利设施确定了当地社会空间的基本框架，而被安置进入这个框架体系中的移民呈现出互嵌式的居住特点。移民安置一开始就执行"坚持小集中、大分散的原则，不搞一县建一乡、一乡建一村、一村建一点的模式，以村为单位插花组建大行政村"①。所以就形成了这样的格局：一个移民小组或行政村由原籍一个县或几个乡的移民组成，而一个乡镇则安排了若干迁出县的移民。

　　抽样调查所涉及的 14 个行政村/社区中，振兴社区、团结村、南源村、沙草墩村、龙泉村均为回汉杂居。其中位于县城的振兴社区回汉比例基本持平，团结村、龙泉村以回族居民为主，而在南源村、沙草墩村则是汉族较多。以大河乡大河村为例，该村是回汉杂居村，回族人口比例约为 40% 。大河村共有 7 个村民小组，其中一、三、五、七组是汉民组，二、四、六组是回民组。以贯穿全村的恩红公路为界，五组和六组位于公路南侧，其他 5 个村民小组均在公路北侧。以恩红路南侧的清真寺为中心，三个回民组紧挨公路，四个汉民组离公路较远。居住格局形成了回民组在内，汉民组在外，以清真寺为圆心的两个同心圆。②

　　在地区层面上，嵌入式空间的一个重要因素就是公共服务设施建设的互嵌化。在水利设施奠定了当地空间关系的基础之后，一波波现代公共服务设施的建设，使得当地互嵌式的空间关系不断复杂化。本调查以教育设施、医疗设施、治安设施、活动设施、交通设施等方面的具体标志为指标，对于当地的公共服务设施建设现状进行了研究。总体而言，当地基本服务设施建设差距不大，涉及服务内容广泛。但也存在服务半径的差异。这种空间格局可分为三个圈层：一是小于 1 公里，许多基本的公共服务都在此距离内可以获得。在此范围内幼儿园（农村 42.8%/城镇 51.2%）、小学（农村 75.2%/城镇 59.8%）、社区医院（农村 67.3%/城镇 51.2%）、警卫室（农村 32.3%/城镇 38.6%）、活动中心（农村 37.1%/城镇 35.7%）、运动场所（农村 49.3%/城镇 41.7%）、农贸市场（农村

---

① 宁夏回族自治区政府：《宁夏回族自治区人民政府关于印发红寺堡开发区移民搬迁安置工作的办法的通知》（宁政发〔1999〕111 号），1999 年 10 月 16 日。

② 束锡红、聂君：《红寺堡移民区大河村回汉民族关系实证研究》，中国社会学年会西部民族地区社会建设理论创新与政策设计，2012。

24.4%/城镇25.0%）城乡差异不大。二是1～10公里，城镇居民的公共服务需求基本上全部可以在此范围内满足，城乡差距明显。特别是1～3公里的半径内，如中学（农村12.2%/城镇42.2%）、活动中心（农村20.1%/城镇44.0%）、运动场所（农村16.7%/城镇41.7%）、农贸市场（农村15.2%/城镇47.6%）、银行（农村11.1%/城镇33.3%）。三是10公里以上，这个范围是农村人口部分重要公共服务的覆盖范围。中学（农村70.4%/城镇6.0%）、派出所（农村40.3%/城镇6.0%）、农贸市场（农村45.9%/城镇6.0%）、邮电所（农村67.5%/城镇3.6%）、银行（农村68.3%/城镇3.7%）。总之，一些基本的公共服务半径在1公里之内，城乡差异在1～10公里以上的范围内最为明显，这基本反映了城乡居民生活空间的格局。

**表4－1　红寺堡公共服务设施空间布局**

单位：份，%

| | | 小于1公里 | 1～3公里 | 3～5公里 | 5～10公里 | 10公里以上 | 不知道 | 合计 | 样本量 |
|---|---|---|---|---|---|---|---|---|---|
| 教育设施（幼儿园） | 农村 | 42.8 | 24.6 | 1.9 | 2.6 | 26.2 | 1.9 | 100.0 | 313 |
| | 城镇 | 51.2 | 41.7 | 1.2 | 2.4 | 3.6 | 0.0 | 100.0 | 84 |
| 教育设施（小学） | 农村 | 75.2 | 21.3 | 2.2 | 0.3 | 1.0 | — | 100.0 | 315 |
| | 城镇 | 59.8 | 30.5 | 6.1 | 2.4 | 1.2 | 0.0 | 100.0 | 82 |
| 教育设施（中学） | 农村 | 6.6 | 12.2 | 4.6 | 4.6 | 70.4 | 1.6 | 100.0 | 304 |
| | 城镇 | 36.1 | 42.2 | 9.6 | 3.6 | 6.0 | 2.4 | 100.0 | 83 |
| 社区或乡卫生院或最近的医院 | 农村 | 67.3 | 22.9 | 3.5 | 0.6 | 5.7 | | 100.0 | 315 |
| | 城镇 | 51.2 | 28.6 | 9.5 | 7.1 | 1.2 | 2.4 | 100.0 | 84 |
| 治安设施（派出所、警卫室等） | 农村 | 32.3 | 17.6 | 4.5 | 3.5 | 40.3 | 1.9 | 100.0 | 313 |
| | 城镇 | 38.6 | 32.5 | 15.7 | 4.8 | 6.0 | 2.4 | 100.0 | 83 |
| 活动中心（活动室、老年活动中心、广场等） | 农村 | 37.1 | 20.1 | 4.8 | 2.9 | 30.7 | 4.6 | 100.0 | 313 |
| | 城镇 | 35.7 | 44.0 | 8.3 | 4.8 | 3.6 | 3.6 | 100.0 | 84 |
| 运动场所及器材 | 农村 | 49.3 | 16.7 | 4.2 | 2.3 | 22.9 | 4.6 | 100.0 | 306 |
| | 城镇 | 41.7 | 41.7 | 7.1 | 4.8 | 3.6 | 1.2 | 100.0 | 84 |
| 农贸市场 | 农村 | 24.4 | 15.2 | 5.3 | 3.0 | 45.9 | 6.3 | 100.0 | 303 |
| | 城镇 | 25.0 | 47.6 | 14.3 | 7.1 | 6.0 | 0.0 | 100.0 | 84 |
| 车站（码头） | 农村 | 72.6 | 17.1 | 2.9 | 0.6 | 4.5 | 2.3 | 100.0 | 310 |
| | 城镇 | 43.4 | 28.9 | 15.7 | 8.4 | 3.6 | 0.0 | 100.0 | 83 |

续表

|  |  | 小于1公里 | 1~3公里 | 3~5公里 | 5~10公里 | 10公里以上 | 不知道 | 合计 | 样本量 |
|---|---|---|---|---|---|---|---|---|---|
| 邮电所 | 农村 | 6.5 | 11.0 | 5.8 | 4.2 | 67.5 | 4.9 | 100.0 | 308 |
|  | 城镇 | 46.4 | 28.6 | 15.5 | 6.0 | 3.6 | 0.0 | 100.0 | 84 |
| 银行（信用社） | 农村 | 6.2 | 11.1 | 5.9 | 4.2 | 68.3 | 4.2 | 100.0 | 306 |
|  | 城镇 | 43.2 | 33.3 | 12.3 | 7.4 | 3.7 | 0.0 | 100.0 | 81 |

在上面两种空间关系基础上，当地的嵌入式社区融入了地域、民族、宗教的多重特征。

一是不同来源地的移民互嵌。当地群众主要来自同心县、海原县、西吉县、固原县、彭阳县、泾源县、隆德县等的扶贫移民。截止到 2009 年，红寺堡累计接纳移民 39984 户，共计 195585 人。其中各县区移民比例为：开发区 30.58%、泾源县 9.61%、海原县 19.61%、隆德县 11.26%、西吉县 18.15%、彭阳县 9.80%、原州区 0.75%、中宁县 0.25%。[1] 来自不同县域的人们彼此之间的语言、风俗和文化也有一定的差别。以语言为例，移民语言大致可分为兰银官话、中原官话两种。移民方言的交流接触主要体现在词汇上，其中变化最为明显的是亲属称谓词、时间名词、外语借词等方面。[2] "分散搬迁、组合建村"的安置原则使来自不同地域、不同文化的移民在同一行政村共同生活，呈现出混杂居住的格局。如红寺堡镇团结村有 1.1 万人，80% 来自同心县，其他人口来自海原县、西吉县、隆德县。[3]

二是不同民族互嵌。这里主要涉及的是回族和汉族的相互嵌入。在当地的移民群体中，回族一直占据比较大的比重。宁夏南部山区是回族传统上的聚居地，尤其是移民原居地同心县、泾源县、海原县的回族比例均超过 70%。根据人口统计，2015 年回族占红寺堡总人口的 62.64%，

---

① 《红寺堡之光》编委会：《红寺堡移民开发史》，宁夏人民出版社，2009，第 81 页。

② 张秋红、杨占武：《宁夏红寺堡生态移民区回族方言接触探析》，《北方民族大学学报》（哲学社会科学版）2016 年第 1 期。

③ 张京泽：《红寺堡生态移民区域发展新视角》，宁夏人民出版社，2013，第 353 页．

汉族为 37.25% 。① 总体数字上的民族比例反映在具体村落，便是当地所存在的一大批回汉杂居村。以红寺堡镇为例，该镇回族 3.33 万人，占比为 60.3% 。其中兴旺村是从彭阳县、海原县迁来的回汉移民共 1121 户5411 人；团结村有区内移民 944 户 9354 人，回族占 80% ；朝阳村有彭阳县、泾源县、海原县三县搬迁农户 1325 户 5044 人，回汉杂居。② 当然不是说当地所有行政村都是回汉杂居。红寺堡当地及周边同心县山区的回汉居民主要是整体就近安置，多采取整村搬迁的方式，所以形成的纯民族村较多。而对于扶贫移民，则有较为严格的筛选条件和程序，所以来自宁夏南部山区的移民大多被分散安置到不同的行政村，形成了回族和汉族交错杂居的局面。这样的回汉杂居村有新庄集乡红阳村、新庄集乡红滩沟村、太阳山镇买河村、新庄集乡南源村、大河乡乌沙塘村等。③

　　三是不同宗教派别互嵌。宗教多元的特征在当地也很明显，虽然都是回族，但是其内部的教派门宦复杂，清真寺林立。来自不同地区，信奉不同教派（门宦）的回族穆斯林建设各自的清真寺或宗教场所，以开展宗教活动或凝聚社区。不同教派（门宦）的宗教设施比邻而建，有的甚至相距不过几百米。早在 2005 年，红寺堡境内回族群众已经建成了各种形式和规模的宗教活动场所 165 座（其中清真寺 38 座，宗教活动场所 127 座）。④

　　总之，在空间互嵌层面，水利工程和基础设施塑造了当地地理空间的骨架，呈现出以村民小组为单位集中，行政村为单位嵌入的空间特点。在这个空间当中，多元的地域文化、民族人口与宗教派别相互嵌入在一起，成为人们开展社会交往的重要网络。

　　在这样的空间之内，当地社会取得了令人瞩目的发展成就。根据《红寺堡区 2013 年国民经济和社会发展统计公报》，2013 年全区城镇居民人均可支配收入 15438.6 元，同比增长 12.5% ；城镇居民人均消费支出 10632.4

---

① 根据 2015 年统计数据，三县回族人口比例为：同心县 86.06% 、泾源县 78.40% 、海原县 70.85% 。宁夏回族自治区统计局、国家统计局宁夏调查总队："4 - 9 表：各市县民族人口和构成（2015 年）"，《宁夏统计年鉴 2016》，见宁夏回族自治区统计局网站，http://www.nxtj.gov.cn/nxtjjxbww/tjsj/ndsj/2016/indexfiles/indexch.htm。

② 张京泽：《红寺堡生态移民区域发展新视角》，宁夏人民出版社，2013，第 352 页。

③ 张京泽：《红寺堡生态移民区域发展新视角》，宁夏人民出版社，2013，第 351 ~ 352 页。

④ 红寺堡开发区志编纂小组：《红寺堡开发区志》，宁夏人民出版社，2006，第 609 页。

元。2013 年全区农民人均纯收入 5305.1 元，同比增长 14.9%；农民人均生活消费支出 5981.3 元。[①] 2014 年全区城镇居民人均可支配收入 16588.6元，同比增长 8.3%；城镇居民人均消费支出 11080.4 元，增长 12.0%。全区农村居民人均可支配收入 5836.6 元，同比增长 12.0%；农民人均生活消费支出 6197.2 元，增长 9.9%。[②] 问卷数据中关于城镇个人与家庭的数据存在较大问题，这里仅以农村家庭总收入及总支出两组数据进行分析。2013 年农村家庭总收入均值为 44786 元，总支出均值为 51380 元。

**表 4 - 2　红寺堡 2013 年城乡基本经济情况**

单位：元，份

| | | 均值 | 中值 | 众数 | 极小值 | 极大值 | 样本量 |
|---|---|---|---|---|---|---|---|
| 农村 | 家庭总收入 | 44786 | 35200 | 20000 | 1400 | 302600 | 306 |
| | 家庭总支出 | 51380 | 40000 | 50000 | 3400 | 614500 | 307 |
| 城镇 | 城镇（个人）总收入 | 5805 | 0 | 0 | 0 | 80000 | 399 |
| | 城镇（个人）总支出 | 29934 | 20000 | 9000 * | 2000 | 380000 | 87 |
| | 城镇（家庭）总收入 | 60924 | 50000 | 50000 | 10000 | 500000 | 88 |
| | 城镇（家庭）总支出 | 57053 | 46750 | 50000 * | 12500 | 352000 | 86 |

*①存在多个众数时，显示最小值。②城镇（个人）总收入（货币收入）中有效样本出现"0" 318 次；城镇（个人）总支出中缺失值 312 个样本；城镇（家庭）总收入（货币收入）中缺失值 311 个样本；城镇（家庭）总支出中缺失值 313 个样本。

根据表 4 - 3，农村家庭收入有三大来源：农牧业经营收入面最广，涉及 286 个有效样本；非农收入（包括工资性收入、自营收入等）比重最大，均值达到 25546 元；政府转移支付覆盖面广，有效样本达到275 个，基本与农牧业经营收入样本量一致，可见基本对农业生产人

① 红寺堡统计局：《红寺堡区 2013 年国民经济和社会发展统计公报》，2014 年 6 月 17 日，http://www.hsbtj.gov.cn/onews.asp? id = 204，检索日期：2015 年 10 月 15 日。

② 红寺堡统计局：《红寺堡区 2014 年国民经济和社会发展统计公报》，2015 年 6 月 23 日，http://www.hsbtj.gov.cn/onews.asp? id = 225&Page = 4，检索日期：2015 年 10 月 15 日。

口实现了全覆盖；同时政府转移支付门类细致，涉及农民生产生活的方方面面，其中前五位收入补贴依次是：报销医疗费（均值1238元）、无偿扶贫或扶持款（均值828元）、粮食直补和良种补贴收入（均值527元）、领取最低生活保障费（均值369元）、新农保或政府养老金（均值233元）。农村家庭支出主要有两大类别：生产经营性支出比重不大，均值为6097元；生活消费支出比例最大，均值达到29700元。生活消费支出中又以医疗费支出最为重要（均值为9821元），其次是全年人情往来费用（均值7400元）。总之，农村家庭收支数据显示，非农收入（包括工资性收入、自营收入等）是农民增收最重要的来源，以医疗费支出为代表的生活消费支出是当地农民家庭最主要的开销。

**表4-3  红寺堡农村家庭收入与支出情况**

单位：元，份

| | | | 极小值 | 极大值 | 均值 | 样本量 |
|---|---|---|---|---|---|---|
| | 农牧业经营收入 | | 500 | 270000 | 14713 | 286 |
| | 非农收入（包括工资性收入、自营收入等） | | 500 | 200000 | 25546 | 259 |
| 总收入 | | 总体 | 70 | 102700 | 5304 | 275 |
| | | 1. 救济、救灾款 | 0 | 7000 | 34 | 399 |
| | | 2. 领取最低生活保障费 | 0 | 10000 | 369 | 399 |
| | | 3. 退耕还林（还草）补贴 | 0 | 9600 | 155 | 399 |
| | | 4. 无偿扶贫或扶持款 | 0 | 50000 | 828 | 399 |
| | 政府转移支付 | 5. 购置和更新大型农机具补贴 | 0 | 3500 | 15 | 399 |
| | | 6. 购买生产资料综合补贴 | 0 | 800 | 3 | 399 |
| | | 7. 报销医疗费 | 0 | 100000 | 1238 | 399 |
| | | 8. 粮食直补和良种补贴收入 | 0 | 5000 | 527 | 399 |
| | | 9. 领取养殖业补贴 | 0 | 5000 | 93 | 399 |
| | | 10. 新农保或政府养老金 | 0 | 14530 | 233 | 399 |
| | | 11. 其他来自政府的补贴 | 0 | 12000 | 92 | 301 |

续表

| | | | 极小值 | 极大值 | 均值 | 样本量 |
|---|---|---|---|---|---|---|
| 总支出 | 生产经营性支出 | | 0 | 100000 | 6097 | 305 |
| | 生活消费支出 | 总体 | 50 | 585000 | 29700 | 306 |
| | | 1. 医疗费支出 | 0 | 500000 | 9821 | 303 |
| | | 2. 教育费用支出 | 0 | 40000 | 4291 | 305 |
| | | 3. 全年人情往来费用 | 0 | 70000 | 7400 | 305 |
| | | 4. 全年社会活动支出（包括节日各项支出） | 0 | 20000 | 2940 | 306 |

根据对于受访者拥有产权的自有住房所进行的统计，395 份有效问卷中 86.8% 拥有一套住房，5.8% 没有自有住房，5.6% 达到两套。性别方面差异不大；民族差异不明显；户籍方面，农业户籍受访者绝大多数拥有一套住房（89.7%），无住房比例很低（3.9%），非农业户口无住房受访者达到 13.1%，同时拥有两套住房的比例为 9.5%，显示出城乡住房政策的差异；年龄方面，在成年受访者中，18 岁及以下无房 20.0% 更高见表 4－4。19～30 岁受访者群体无房（13.1%）比例最高，只有一套住房的比例为 78.6%，31～45 岁群体中 90.8% 的受访者拥有一套住房，46～60 岁受访者当中一套住房的比例为 90.8%，两套住房的比例为 5.1%；教育方面，小学至初中教育水平受访者一套住房比例最高，达到 90.5%，大学及以上受访者无房比例达到 13.2%，二套房比例最高（10.5）。总之，就住房现状而言，性别、民族差异不大，户籍因素主要体现出现行城乡住房政策的差异，年龄与住房的关系可能受到家庭生命周期的影响，教育方面特征不明显。

表 4－4　自有住房数量

单位：%，份

| | | 自有住房套数 | | | | | | 合计 | 样本量 |
|---|---|---|---|---|---|---|---|---|---|
| | | 0 | 1 | 2 | 3 | 5 | 11 | | |
| 性别 | 男性 | 5.2 | 86.5 | 6.4 | 1.1 | 0.4 | 0.4 | 100.0 | 267 |
| | 女性 | 7.1 | 87.4 | 3.9 | 1.6 | — | — | 100.0 | 127 |
| 民族 | 汉族 | 6.5 | 87.1 | 5.3 | 2.2 | 0.6 | 0.6 | 100.0 | 170 |
| | 回族 | 5.4 | 86.6 | 5.8 | — | — | — | 100.0 | 224 |

| | | 自有住房套数 | | | | | | 合计 | 样本量 |
| | | 0 | 1 | 2 | 3 | 5 | 11 | | |
|---|---|---|---|---|---|---|---|---|---|
| 户口 | 农业 | 3.9 | 89.7 | 4.5 | 1.3 | 0.3 | 0.3 | 100.0 | 311 |
| | 非农业 | 13.1 | 76.2 | 9.5 | 1.2 | — | — | 100.0 | 84 |
| 年龄 | 18岁及以下 | 20.0 | 80.0 | — | | | | 100.0 | 10 |
| | 19~30岁 | 13.1 | 78.6 | 4.8 | 2.4 | — | 1.2 | 100.0 | 84 |
| | 31~45岁 | 3.1 | 90.8 | 4.9 | 1.2 | — | — | 100.0 | 163 |
| | 46~60岁 | 2.0 | 90.8 | 5.1 | 1.0 | 1.0 | | 100.0 | 98 |
| | 61岁及以上 | 7.5 | 80.0 | 12.5 | | | | 100.0 | 40 |
| 教育 | 未上学 | 5.4 | 85.9 | 7.6 | 1.1 | | | 100.0 | 92 |
| | 小学至初中 | 3.8 | 90.5 | 3.3 | 1.4 | 0.5 | 0.5 | 100.0 | 211 |
| | 高中 | 9.4 | 81.1 | 7.5 | 1.9 | | | 100.0 | 53 |
| | 大学及以上 | 13.2 | 76.3 | 10.5 | | | | 100.0 | 38 |
| 总体 | | 5.8 | 86.8 | 5.6 | 1.3 | 0.3 | 0.3 | 100.0 | 395 |

总体而言，40.8%的受访者住房或宅基地面积在60~100平方米，20.9%的受访者住房面积330平方米以上，14.9%的受访者住房面积达到100.30~150平方米。性别方面：男性受访者住房面积在60~100平方米的最高（43.8%），高于女性的34.5%，女性受访者在100.30~150平方米和160~200平方米类型的比例分别为17.2%和8.6%，高于男性。民族方面：汉族受访者在主要类型60~100平方米的样本比例（36.9%）低于回族的43.3%，而在100.30~150平方米类型的比例（19.7%）高于回族（11.4%）。户籍方面：农业户籍在160平方米以上各类型的比例均高于非农业户籍，非农户籍受访者比例较高的两类分别是60~100平方米（58.2%）与100.30~150平方米（32.8%）。年龄方面：19~30岁受访者在100.30~150平方米类型比例（18.3%）高于其他群体，31~45岁受访者在160~200平方米类型比例（7.6%）高于其他群体，在60~100平方米类型比例（42.7%）高于其他群体，61岁及以上受访者

在 50 及以下平方米类型（10.5%）和 330 平方米类型（23.7%）的比例高于其他群体。教育方面：未上学受访者比例最高的类型是 330 平方米及以上（29.5%），小学至初中受访者中 42.2% 住房面积为 60~100平方米，高中学历受访者中 54.5% 住房面积为 60~100 平方米。总之，性别、民族因素差异不大，农业户籍受访者住房面积大于非农户籍，年龄差异特征不明显，受教育水平越高则住房面积越小。

表 4-5　住房（或宅基地）面积

单位：%，份

| | | 住房面积（平方米） | | | | | | | 合计 | 样本量 |
|---|---|---|---|---|---|---|---|---|---|---|
| | | 50 及以下 | 60~100 | 100.30~150 | 160~200 | 210~240 | 260~300 | 330 及以上 | | |
| 性别 | 男性 | 5.2 | 43.8 | 13.9 | 2.8 | 1.6 | 11.6 | 21.1 | 100.0 | 251 |
| | 女性 | 3.4 | 34.5 | 17.2 | 8.6 | 0.9 | 15.5 | 19.8 | 100.0 | 116 |
| 民族 | 汉族 | 2.5 | 36.9 | 19.7 | 3.8 | 1.3 | 16.6 | 19.1 | 100.0 | 157 |
| | 回族 | 6.2 | 43.3 | 11.4 | 5.2 | 1.4 | 10.0 | 22.4 | 100.0 | 210 |
| 户口 | 农业 | 5.3 | 36.9 | 11.0 | 5.0 | 1.7 | 15.0 | 25.2 | 100.0 | 301 |
| | 非农业 | 1.5 | 58.2 | 32.8 | 3.0 | 0.0 | 3.0 | 1.5 | 100.0 | 67 |
| 年龄 | 18 岁及以下 | 0.0 | 83.3 | 0.0 | 0.0 | 0.0 | 0.0 | 16.7 | 100.0 | 6 |
| | 19~30 岁 | 4.2 | 35.2 | 18.3 | 2.8 | 1.4 | 15.5 | 22.5 | 100.0 | 71 |
| | 31~45 岁 | 3.8 | 42.0 | 15.3 | 7.6 | 1.3 | 10.8 | 19.1 | 100.0 | 157 |
| | 46~60 岁 | 4.2 | 42.7 | 12.5 | 3.1 | 2.1 | 13.5 | 21.9 | 100.0 | 96 |
| | 61 岁及以上 | 10.5 | 34.2 | 15.8 | 0.0 | 0.0 | 15.8 | 23.7 | 100.0 | 38 |
| 教育 | 未上学 | 5.7 | 27.3 | 12.5 | 4.5 | 2.3 | 18.2 | 29.5 | 100.0 | 88 |
| | 小学至初中 | 5.9 | 42.2 | 13.7 | 5.4 | 1.5 | 12.3 | 19.1 | 100.0 | 204 |
| | 高中 | 0.0 | 54.5 | 13.6 | 2.3 | 0.0 | 4.5 | 25.0 | 100.0 | 44 |
| | 大学及以上 | 0.0 | 51.6 | 32.3 | 3.2 | 0.0 | 9.7 | 3.2 | 100.0 | 31 |
| 总体 | | 4.6 | 40.8 | 14.9 | 4.6 | 1.4 | 12.8 | 20.9 | 100.0 | 368 |

住房是许多中国家庭最重要的资产类型，也是衡量社会财富分布的

重要指标。总体而言，红寺堡受访者中45.1%的住房市场价值在11万~
20万元。性别方面：男性受访者在11万~20万元类型中的比例
（43.7%）低于女性（48.8%），在21~30万元类型中的比例（22.8%）
高于女性（14.0%）。民族方面差异不大。户籍方面：农业户籍受访者
中46.5%选择11万~20万元，非农业户籍中41.9%选择21万~30万
元。年龄方面：19~30岁受访者中21万~30万元类别的比例（30.4%）
高于其他群体，31~45岁受访者中34万~60万元类别的比例（10.4%）
高于其他群体，46~60岁受访者中11万~20万元类别的比例（53.5%）
最高。教育方面：未上学受访者中选择0.25万~10万元的比例
（36.1%）高于其他群体，小学至初中受访者48.4%的住房价值在
11万~20万元。总之，男性住房价值高于女性，民族差异不大，非农户
籍受访者高于农业户籍受访者，年龄越大住房价值越低，教育水平越高
住房价值越高。

表4-6　现有住房市场价值

单位：%，份

| | | 住房市场价值（万元） | | | | 合计 | 样本量 |
|---|---|---|---|---|---|---|---|
| | | 0.25~10 | 11~20 | 21~30 | 34~60 | | |
| 性别 | 男性 | 25.4 | 43.7 | 22.8 | 8.1 | 100.0 | 197 |
| | 女性 | 31.4 | 48.8 | 14.0 | 5.8 | 100.0 | 86 |
| 民族 | 汉族 | 27.3 | 44.5 | 20.9 | 7.3 | 100.0 | 110 |
| | 回族 | 27.7 | 45.1 | 19.7 | 7.5 | 100.0 | 173 |
| 户口 | 农业 | 30.7 | 46.5 | 16.2 | 6.6 | 100.0 | 241 |
| | 非农业 | 9.3 | 37.2 | 41.9 | 11.6 | 100.0 | 43 |
| 年龄 | 18岁及以下 | 0.0 | 33.3 | 66.7 | 0.0 | 100.0 | 3 |
| | 19~30岁 | 21.4 | 41.1 | 30.4 | 7.1 | 100.0 | 56 |
| | 31~45岁 | 24.0 | 44.0 | 21.6 | 10.4 | 100.0 | 125 |
| | 46~60岁 | 32.4 | 53.5 | 12.7 | 1.4 | 100.0 | 71 |
| | 61岁及以上 | 44.8 | 37.9 | 6.9 | 10.3 | 100.0 | 29 |

续表

| | | 住房市场价值（万元） | | | | 合计 | 样本量 |
|---|---|---|---|---|---|---|---|
| | | 0.25~10 | 11~20 | 21~30 | 34~60 | | |
| 教育 | 未上学 | 36.1 | 44.4 | 9.7 | 9.7 | 100.0 | 72 |
| | 小学至初中 | 27.1 | 48.4 | 20.0 | 4.5 | 100.0 | 155 |
| | 高中 | 16.7 | 53.3 | 20.0 | 10.0 | 100.0 | 30 |
| | 大学及以上 | 19.2 | 19.2 | 46.2 | 15.4 | 100.0 | 26 |
| 总体 | | 27.5 | 45.1 | 20.1 | 7.4 | 100.0 | 284 |

人们对于未来的预期首先建立在过去的经验之上。在有效回收的398份样本中，45.5%受访者认为自己的生活水平在过去五年上升很多，42.5%认为略有上升。性别方面：男性受访者认为上升很多的比例达到51.3%，高于女性样本的32.8%，女性10.2%认为没有变化。民族方面：汉族受访者选择略有上升的比例最高（46.5%），回族48.4%的受访者认为上升很多，同时4.0%的回族认为略有下降。户口方面：农业户口受访者中49.0%认为上升很多，非农业户口51.2%认为略有上升。年龄方面：成年受访者中，19~30岁受访者当中47.1%认为略有上升，为各年龄段中最高，46~60岁受访者中55.0%认为上升很多，同时6.0%认为略有下降。教育方面：未上学群体中48.9%认为上升很多，小学至初中教育水平受访者49.1%认为上升很多，高中背景受访者中45.3%认为略有上升。总之，男性生活水平上升较女性明显，民族差异不大，户籍差异不大，31~45岁群体生活水平上升最明显，教育差异不大。

表4-7　过去五年生活水平变化的评价

单位：%，份

| | | 与五年前相比生活水平有什么变化 | | | | | | 合计 | 样本量 |
|---|---|---|---|---|---|---|---|---|---|
| | | 上升很多 | 略有上升 | 没有变化 | 略有下降 | 下降很多 | 不好说 | | |
| 性别 | 男性 | 51.3 | 38.7 | 5.6 | 3.0 | 0.4 | 1.1 | 100.0 | 269 |
| | 女性 | 32.8 | 50.8 | 10.2 | 2.3 | 0.0 | 3.9 | 100.0 | 128 |

| | | 与五年前相比生活水平有什么变化 | | | | | | 合计 | 样本量 |
|---|---|---|---|---|---|---|---|---|---|
| | | 上升很多 | 略有上升 | 没有变化 | 略有下降 | 下降很多 | 不好说 | | |
| 民族 | 汉族 | 41.3 | 46.5 | 8.7 | 1.2 | 0.6 | 1.7 | 100.0 | 172 |
| | 回族 | 48.4 | 39.6 | 5.8 | 4.0 | 0.0 | 2.2 | 100.0 | 225 |
| 户口 | 农业 | 49.0 | 40.1 | 6.1 | 2.9 | 0.3 | 1.6 | 100.0 | 314 |
| | 非农业 | 32.1 | 51.2 | 10.7 | 2.4 | 0.0 | 3.6 | 100.0 | 84 |
| 年龄 | 18 岁及以下 | 20.0 | 50.0 | 10.0 | 0.0 | 0.0 | 20.0 | 100.0 | 10 |
| | 19～30 岁 | 34.1 | 47.1 | 12.9 | 2.4 | 0.0 | 3.5 | 100.0 | 85 |
| | 31～45 岁 | 46.9 | 45.1 | 4.3 | 1.9 | 0.0 | 1.9 | 100.0 | 162 |
| | 46～60 岁 | 55.0 | 34.0 | 4.0 | 6.0 | 1.0 | 0.0 | 100.0 | 100 |
| | 61 岁及以上 | 46.3 | 41.5 | 12.2 | 0.0 | 0.0 | 0.0 | 100.0 | 41 |
| 教育 | 未上学 | 48.9 | 39.1 | 6.5 | 3.3 | 0.0 | 2.2 | 100.0 | 92 |
| | 小学至初中 | 49.1 | 39.3 | 7.5 | 2.3 | 0.0 | 1.9 | 100.0 | 214 |
| | 高中 | 37.7 | 45.3 | 5.7 | 5.7 | 1.9 | 3.8 | 100.0 | 53 |
| | 大学及以上 | 26.3 | 65.8 | 7.9 | 0.0 | 0.0 | 0.0 | 100.0 | 38 |
| 总体 | | 45.5 | 42.5 | 7.0 | 2.8 | 0.3 | 2.0 | 100.0 | 398 |

　　未来生活预期建立在人们对自身经济社会地位与整体社会发展趋势的判断之上。总体而言，42.5% 的受访者认为自己未来五年的生活水平会上升很多。性别方面：44.8% 的男性受访者认为会上升很多，而女性持此看法的比例为 37.2%，同时 24.0% 的女性受访者认为不好说。民族方面：47.8% 的回族受访者选择上升很多，而汉族受访者为 35.1%。户籍方面：农业户口受访者比例最大的类别为上升很多（45.1%），非农业户口则是略有上升（34.9%）。年龄方面：19～30 岁受访者 42.4% 认为自己的生活水平会上升很多，31～45 岁受访者当中认为上升很多的比例（44.2%）为各群体中最高，46～60 岁群体中有 2.0% 的受访者认为会下降很多。教育方面：未上学受访者中 47.3% 认为未来五年生活水平会上升很多，小学至初中受访者此比例为 43.9%，高中教育背景的样本

40.4% 认为将略有上升。总之，男性较女性乐观，回族较汉族乐观，农业户籍较非农户籍乐观，31~45 岁群体最为乐观，教育程度越高越消极。

表 4-8　未来五年的生活水平预期

单位：%，份

| | | 未来五年的生活水平将会怎样变化？ | | | | | | 合计 | 样本量 |
| | | 上升很多 | 略有上升 | 没有变化 | 略有下降 | 下降很多 | 不好说 | | |
|---|---|---|---|---|---|---|---|---|---|
| 性别 | 男性 | 44.8 | 30.6 | 5.2 | 4.5 | 0.7 | 14.2 | 100.0 | 268 |
| | 女性 | 37.2 | 31.0 | 5.4 | 2.3 | — | 24.0 | 100.0 | 129 |
| 民族 | 汉族 | 35.1 | 35.1 | 7.6 | 4.1 | 0.6 | 17.5 | 100.0 | 171 |
| | 回族 | 47.8 | 27.4 | 3.5 | 3.5 | 0.4 | 17.3 | 100.0 | 226 |
| 户口 | 农业 | 45.1 | 29.4 | 6.0 | 2.9 | 0.6 | 15.9 | 100.0 | 315 |
| | 非农业 | 32.5 | 34.9 | 2.4 | 7.2 | — | 22.9 | 100.0 | 83 |
| 年龄 | 18 岁及以下 | 30.0 | 50.0 | — | | | 20.0 | 100.0 | 10 |
| | 19~30 岁 | 42.4 | 29.4 | 3.5 | 3.5 | | 21.2 | 100.0 | 85 |
| | 31~45 岁 | 44.2 | 29.4 | 6.1 | 3.7 | — | 16.6 | 100.0 | 163 |
| | 46~60 岁 | 42.4 | 32.3 | 6.1 | 4.0 | 2.0 | 13.1 | 100.0 | 99 |
| | 61 岁及以上 | 39.0 | 29.3 | 4.9 | 4.9 | | 22.0 | 100.0 | 41 |
| 教育 | 未上学 | 47.3 | 22.6 | 7.5 | 3.2 | | 19.4 | 100.0 | 93 |
| | 小学至初中 | 43.9 | 30.4 | 4.2 | 3.7 | 0.9 | 16.8 | 100.0 | 214 |
| | 高中 | 34.6 | 40.4 | 5.8 | 3.8 | | 15.4 | 100.0 | 52 |
| | 大学及以上 | 31.6 | 39.5 | 5.3 | 5.3 | — | 18.4 | 100.0 | 38 |
| 总体 | | 42.5 | 30.7 | 5.3 | 3.8 | 0.5 | 17.3 | 100.0 | 398 |

## 二　移民社会中的民族交往

本节关注的是民族成员个体之间的社会交往，而不是民族共同体之间的群体交往。① 主要涉及回汉两族人口在社会生活各领域中展开跨民族互动的状况。国内引用较早的是美国社会学者戈登（Gordon）有关跨民族社会交往的七个变量②，马戎根据国内的研究经验，从日常生活的主要场所出发，提出了民族交往中最重要的五个方面。③ 后来在此基础上扩展为七个方面：居住格局、学校格局、工作单位、消费格局、娱乐机构、宗教组织、社会网络。④ 上文已经讨论过空间因素，这里更关注人们社会交往的内容和深度。结合本研究所使用的问卷，下文将从移民社会适应、成员就业行为、民族交往行为三方面来描述红寺堡回汉人民社会交往的情况。

**（一）移民社会适应**

红寺堡区本身就是宁夏扶贫移民的重要迁入地，本次调查的数据反映了这一重要的社会特征。如表4-9所示，受访的385人当中，95.3%是从原户籍所在地迁移到本地。性别方面，男性受访者移民比例（97.3%）高于女性（91.9%）；回族移民比例（96.8%）略高于汉族（93.3%）；农业户籍移民比例（96.4%）高于非农户籍（90.9%）；年龄方面差异不大；教育水平低的受访者中移民比例略高。

**表4-9　红寺堡扶贫移民基本情况**

单位：%，份

|  |  | 是否离开户籍所在区县搬迁到本县市 |  | 合计 | 样本量 |
|---|---|---|---|---|---|
|  |  | 是 | 否 |  |  |
| 性别 | 男性 | 97.3 | 2.7 | 100.0 | 261 |
|  | 女性 | 91.9 | 8.1 | 100.0 | 123 |
| 民族 | 汉族 | 93.3 | 6.7 | 100.0 | 164 |
|  | 回族 | 96.8 | 3.2 | 100.0 | 220 |

---

① 李静：《民族交往心理构成要素的心理学分析》，《民族研究》2007年第6期。
② M. Gordon, *Assimilation in American Life*, New York: Oxford University Press, 1964, pp. 70 - 82.
③ 马戎：《拉萨市区藏汉民族之间社会交往的条件》，《社会学研究》1990年第3期。
④ 马戎：《民族社会学：社会学的族群关系研究》，北京大学出版社，2004，第399~404页。

续表

| | | 是否离开户籍所在区县搬迁到本县市 | | 合计 | 样本量 |
| --- | --- | --- | --- | --- | --- |
| | | 是 | 否 | | |
| 户口 | 农业 | 96.4 | 3.6 | 100.0 | 308 |
| | 非农业 | 90.9 | 9.1 | 100.0 | 77 |
| 年龄 | 18 岁及以下 | 80.0 | 20.0 | 100.0 | 10 |
| | 19～30 岁 | 92.4 | 7.6 | 100.0 | 79 |
| | 31～45 岁 | 98.1 | 1.9 | 100.0 | 159 |
| | 46～60 岁 | 93.8 | 6.3 | 100.0 | 96 |
| | 61 岁及以上 | 97.6 | 2.4 | 100.0 | 41 |
| 教育 | 未上学 | 94.6 | 5.4 | 100.0 | 92 |
| | 小学至初中 | 97.1 | 2.9 | 100.0 | 208 |
| | 高中 | 92.0 | 8.0 | 100.0 | 50 |
| | 大学及以上 | 91.2 | 8.8 | 100.0 | 34 |
| 总体 | | 95.3 | 4.7 | 100.0 | 385 |

　　宁夏回族自治区近十余年大力开展生态扶贫项目移民工程。项目实施中主要是以扶贫移民的迁入政策为着力点，因而关于"请问您家所在地区是否实施过退耕还林（或退牧还草）?"的 245 份有效样本中，79.6% 表示没有。人们更关注该项目的移民内容，而不是退耕还林的生态目的。而至于迁移原因（见表 4 - 10），最主要的就是宁夏回族自治区近十余年大力开展的扶贫项目移民，73.4% 的受访者属于此类。另有20.9% 的受访者属于非工程移民，主要是南部山区民众的自发式移民。这两个数据也揭示了红寺堡地区移民的两种主要形式：一是扶贫开发移民，主要由政府部门主导，将西海固等地区的贫困人口迁移到生产生活条件较好的平原地带。二是自发式移民，当地也称为吊庄移民，主要指人们为了提高生活水平而主动向北部迁移。其中回族受访者自发移民的比例（23.2%）高于汉族（17.8%），非农业户籍样本比例（27.1%）高于农业户籍（19.4%），其他因素不明显。

表4-10　红寺堡移民迁移原因

单位：%，份

| | | 迁移原因 | | | | 合计 | 样本量 |
|---|---|---|---|---|---|---|---|
| | | 生态保护等大型公共工程项目移民 | 非工程移民 | 外地迁入 | 其他 | | |
| 性别 | 男性 | 73.8 | 20.6 | 2.4 | 3.2 | 100.0 | 252 |
| | 女性 | 72.3 | 21.4 | 4.5 | 1.8 | 100.0 | 112 |
| 民族 | 汉族 | 75.0 | 17.8 | 3.9 | 3.3 | 100.0 | 152 |
| | 回族 | 72.0 | 23.3 | 2.4 | 2.4 | 100.0 | 211 |
| 户口 | 农业 | 75.9 | 19.4 | 2.0 | 2.7 | 100.0 | 294 |
| | 非农业 | 62.9 | 27.1 | 7.1 | 2.9 | 100.0 | 70 |
| 年龄 | 18岁及以下 | 87.5 | 12.5 | 0.0 | 0.0 | 100.0 | 8 |
| | 19~30岁 | 65.8 | 24.7 | 4.1 | 5.5 | 100.0 | 73 |
| | 31~45岁 | 71.4 | 22.1 | 5.2 | 1.3 | 100.0 | 154 |
| | 46~60岁 | 84.3 | 12.4 | 0.0 | 3.4 | 100.0 | 89 |
| | 61岁及以上 | 67.5 | 30.0 | 0.0 | 2.5 | 100.0 | 40 |
| 教育 | 未上学 | 77.9 | 18.6 | 0.0 | 3.5 | 100.0 | 86 |
| | 小学至初中 | 74.0 | 20.5 | 3.5 | 2.0 | 100.0 | 200 |
| | 高中 | 73.9 | 21.7 | 2.2 | 2.2 | 100.0 | 46 |
| | 大学及以上 | 54.8 | 29.0 | 9.7 | 6.5 | 100.0 | 31 |
| 总体 | | 73.4 | 20.9 | 3.0 | 2.7 | 100.0 | 364 |

　　根据表4-11，虽然是政府扶贫工程搬迁，但是受访者回顾当年的迁移意愿均很强烈，总体上91.9%的受访者表示愿意。其中女性、回族的意愿较总体值低，其他因素不明显。回到当下，在红寺堡生活数年之后，绝大部分受访者已经适应了新的生活，96.7%的受访者表示没有回迁原住地的想法。简单来说，移民前和移民后的意愿有小幅上升，表明红寺堡的移民安置和发展政策取得了实效。

表 4 – 11　移民迁移意愿及变化

单位：%，份

| | | 当时愿意搬迁 | | | | | 是否有迁回原住地的想法 | | | |
|---|---|---|---|---|---|---|---|---|---|---|
| | | 愿意 | 不愿意 | 无所谓 | 合计 | 样本量 | 没有 | 有 | 合计 | 样本量 |
| 性别 | 男性 | 92.2 | 5.3 | 2.4 | 100.0 | 206 | 98.0 | 2.0 | 100.0 | 253 |
| | 女性 | 91.1 | 7.8 | 1.1 | 100.0 | 90 | 93.8 | 6.2 | 100.0 | 113 |
| 民族 | 汉族 | 93.6 | 4.8 | 1.6 | 100.0 | 125 | 96.1 | 3.9 | 100.0 | 153 |
| | 回族 | 90.6 | 7.1 | 2.4 | 100.0 | 170 | 97.2 | 2.8 | 100.0 | 212 |
| 户口 | 农业 | 91.9 | 6.1 | 2.0 | 100.0 | 246 | 97.6 | 2.4 | 100.0 | 296 |
| | 非农业 | 92.0 | 6.0 | 2.0 | 100.0 | 50 | 92.9 | 7.1 | 100.0 | 70 |
| 年龄 | 18 岁及以下 | 100.0 | — | — | 100.0 | 7 | 100.0 | — | 100.0 | 8 |
| | 19～30 岁 | 89.3 | 5.4 | 5.4 | 100.0 | 56 | 94.5 | 5.5 | 100.0 | 73 |
| | 31～45 岁 | 92.6 | 5.7 | 1.6 | 100.0 | 122 | 97.4 | 2.6 | 100.0 | 155 |
| | 46～60 岁 | 92.5 | 6.3 | 1.3 | 100.0 | 80 | 96.7 | 3.3 | 100.0 | 90 |
| | 61 岁及以上 | 90.3 | 9.7 | — | 100.0 | 31 | 97.5 | 2.5 | 100.0 | 40 |
| 教育 | 未上学 | 90.1 | 9.9 | — | 100.0 | 71 | 95.4 | 4.6 | 100.0 | 87 |
| | 小学至初中 | 92.8 | 4.8 | 2.4 | 100.0 | 166 | 97.5 | 2.5 | 100.0 | 202 |
| | 高中 | 94.3 | 2.9 | 2.9 | 100.0 | 35 | 95.6 | 4.4 | 100.0 | 45 |
| | 大学及以上 | 87.0 | 8.7 | 4.3 | 100.0 | 23 | 96.8 | 3.2 | 100.0 | 31 |
| 总体 | | 91.9 | 6.1 | 2.0 | 100.0 | 296 | 96.7 | 3.3 | 100.0 | 366 |

　　移民搬迁前后社会的结构性变化是了解当地社会特征的重要内容。移民迁移之后一个重要的变化就是社会网络的重构，这也是受访者所在地区重要的社会特征之一。此次调查以"搬迁到本地前，生产、生活上遇到困难或麻烦时，您找谁帮忙？""搬迁到本地后，生产、生活上遇到困难或麻烦时，您找谁帮忙？"两项问题，测量了受访者群体社会网络的变迁。数据显示主要的求助对象可以分为三种类型：一是本人与血亲，二是社会权威（包括民间权威和政府权威），三是社会关系（包括业缘、地缘等）。总体而言，血亲在迁移前后都是最重要的依靠力量。其中兄

弟姐妹作为第一选择的比例在迁移前为39.1%，迁移后下降为30.3%，是最主要的选项；其次是亲戚，受访者迁移前将之作为第一选项的比例为18.3%，迁移后为19.1%；第三位的是"自己解决"，作为第一选择的比例从迁移前的17.5%上升到之后的22.1%。总之，这里存在以兄弟姐妹、亲戚邻里为主线的差序伦理，同时搬迁后村干部或街道干部的重要性明显上升。

表4-12 移民迁移前后社会网络的变化

单位：%，份

| | 搬迁前 | | | 搬迁后 | | |
|---|---|---|---|---|---|---|
| | 第一选择 | 第二选择 | 第三选择 | 第一选择 | 第二选择 | 第三选择 |
| 自己解决 | 17.5 | 5.0 | 10.4 | 22.1 | 5.6 | 10.4 |
| 父母 | 9.6 | 3.7 | 2.7 | 7.7 | 1.9 | 1.2 |
| 兄弟姐妹 | 39.1 | 15.5 | 6.9 | 30.3 | 17.0 | 5.8 |
| 子女 | 1.1 | 0.9 | 1.5 | 2.2 | 0.6 | 0.8 |
| 亲戚 | 18.3 | 49.2 | 10.8 | 19.1 | 41.0 | 14.2 |
| 当地说话有分量的权威人士 | — | 0.3 | 0.4 | 0.3 | 0.6 | 0.4 |
| 村干部或街道干部 | 5.2 | 1.9 | 5.4 | 5.2 | 4.0 | 13.1 |
| 政府部门 | 2.7 | 5.0 | 2.7 | 4.1 | 4.6 | 3.8 |
| 单位同事 | 0.8 | — | 0.8 | 0.5 | 0.3 | 0.8 |
| 邻里 | 3.8 | 9.3 | 43.5 | 6.8 | 14.2 | 36.9 |
| 好朋友 | 1.4 | 9.3 | 13.8 | 1.6 | 9.9 | 12.7 |
| 其他人 | 0.5 | — | 1.2 | — | 0.3 | — |
| 合计 | 100.0 | 100.0 | 100.0 | 100.0 | 100.0 | 100.0 |
| 样本量 | 366 | 323 | 260 | 366 | 324 | 260 |

而一旦生活中遭遇某种不公平，人们解决问题的途径则从另一方面解释了当地社会结构的变迁。第一次选择时比例最高的途径是"无能为力，只有忍受"（45.7%），显示一部分受访者对于保障自身权益的社会机制并不了解；第二是"找本县/市政府相关部门或干部"（29.6%），是解决问题首选的途径，这也印证了上面关于村干部或街道干部在当地

社会重要性增强的判断。第二途径中"没有解决办法，但可寻求宗教安慰"比例较高（17.9%），比其在第一选择中的比例（2.3%）明显上升；同时选择正规机制的比例明显提高，比如"通过社区组织解决问题"（11.7%）、"上访或集体上访"（10.7%）、"通过法律诉讼等渠道"（13.7%）。第三、四选择中借助于媒体和舆论等非正规渠道的作用明显增大，"自己想办法在网络上发信息"（10.7%、20.4%），"找相关报纸电视等媒体反映问题"（10.3%、27.5%）。总之，受访者首选的解决渠道是政府部门等正规途径，宗教的作用明显，诉诸媒体等非正规渠道往往是最后的选择。

表4-13 寻求社会公正的途径

单位：%，份

| | 第一途径 | 第二途径 | 第三途径 | 第四途径 |
|---|---|---|---|---|
| 无能为力，只有忍受 | 45.7 | 5.2 | 12.4 | 14.4 |
| 没有解决办法，但可寻求宗教安慰 | 2.3 | 17.9 | 0.9 | 2.4 |
| 找本县/市政府相关部门或干部 | 29.6 | 19.5 | 19.7 | 4.2 |
| 不用自己关心，别人会管的 | 0.8 | 0.3 | 1.7 | 1.2 |
| 自己想办法在网络上发信息 | 1.5 | 4.9 | 10.7 | 20.4 |
| 找相关报纸电视等媒体反映问题 | 2.3 | 8.5 | 10.3 | 27.5 |
| 通过非正式的渠道如托人、找关系 | 2.5 | 3.6 | 3.4 | 3.6 |
| 通过社区组织解决问题 | 7.3 | 11.7 | 8.1 | 3.0 |
| 组织周围群众集会、游行、示威等方式 | 0.0 | 0.7 | 0.9 | 1.8 |
| 上访或集体上访 | 2.0 | 10.7 | 7.3 | 5.4 |
| 通过法律诉讼等渠道 | 5.3 | 13.7 | 22.2 | 13.8 |
| 个人暴力抗争 | 0.0 | 0.7 | 0.4 | 1.2 |
| 宗族 | 0.3 | 1.3 | 0.9 | 0.6 |
| 宗教组织 | 0.5 | 1.3 | 1.3 | 0.6 |
| 合计 | 100.0 | 100.0 | 100.0 | 100.0 |
| 样本量 | 398 | 307 | 234 | 167 |

对于外来流动人口的态度是社会交往意愿的重要指标之一。此次问卷根据地域范围将流动人口分为三种类型：县外省区内、省区外国内、

外国人，对当地户籍住户进行了调查。91.7%的受访者欢迎县外省区内的外来流入人员，而对省区外国内的流动人口89.7%的受访者持欢迎态度，对于外国人此比例为79.1%。总体而言，当地户籍居民对于外来人口持非常开放的态度，来源地与红寺堡空间距离越远，则欢迎度下降。这里不同类型流动人口来源地的空间距离，反映的是社会和文化等方面的差异度。县外省内普遍最受欢迎，对外国人等文化差异较大的人群有一定的排斥，其中女性、汉族、非农户籍受访对象较为突出。特别需要注意的是，被认为保守、封闭的穆斯林和农民对于外来人口的态度更为开放。这或许是因为生产方式的差异，汉族和城市人口较易于受到外来人口的就业竞争。

表 4 - 14　社会开放程度

单位：%，份

| | 类型 | 流动人员 | 欢迎 | 不欢迎 | 视情况而定 | 合计 | 样本量 |
|---|---|---|---|---|---|---|---|
| 性别 | 男性 | 县外省区内 | 91.9 | 1.5 | 6.5 | 100.0 | 260 |
| | | 省区外国内 | 88.9 | 1.5 | 9.5 | 100.0 | 262 |
| | | 外国人 | 82.6 | 5.1 | 12.3 | 100.0 | 253 |
| | 女性 | 县外省区内 | 91.3 | 1.6 | 7.1 | 100.0 | 126 |
| | | 省区外国内 | 91.1 | 1.6 | 7.3 | 100.0 | 124 |
| | | 外国人 | 71.7 | 8.3 | 20.0 | 100.0 | 120 |
| 民族 | 汉族 | 县外省区内 | 87.6 | 1.8 | 10.7 | 100.0 | 169 |
| | | 省区外国内 | 85.1 | 1.8 | 13.1 | 100.0 | 168 |
| | | 外国人 | 76.5 | 6.2 | 17.3 | 100.0 | 162 |
| | 回族 | 县外省区内 | 94.9 | 1.4 | 3.7 | 100.0 | 217 |
| | | 省区外国内 | 93.1 | 1.4 | 5.5 | 100.0 | 218 |
| | | 外国人 | 81.0 | 6.2 | 12.8 | 100.0 | 211 |
| 户籍 | 农业户口 | 县外省区内 | 93.1 | 0.7 | 6.3 | 100.0 | 303 |
| | | 省区外国内 | 90.1 | 1.0 | 8.9 | 100.0 | 304 |
| | | 外国人 | 79.2 | 6.8 | 14.0 | 100.0 | 293 |
| | 非农户口 | 县外省区内 | 86.9 | 4.8 | 8.3 | 100.0 | 84 |
| | | 省区外国内 | 88.0 | 3.6 | 8.4 | 100.0 | 83 |
| | | 外国人 | 79.0 | 3.7 | 17.3 | 100.0 | 81 |

| | 类型 | 流动人员 | 欢迎 | 不欢迎 | 视情况而定 | 合计 | 样本量 |
|---|---|---|---|---|---|---|---|
| 总体 | | 县外省区内 | 91.7 | 1.6 | 6.7 | 100.0 | 387 |
| | | 省区外国内 | 89.7 | 1.6 | 8.8 | 100.0 | 387 |
| | | 外国人 | 79.1 | 6.1 | 14.7 | 100.0 | 374 |

当地大多数受访者对于外地受访者持欢迎的态度，这是因为人们认为这些本市县以外人员到当地工作、生活，会给当地社会带来相当正面的价值。对当地受访者欢迎本县市以外人员到当地工作生活的原因进行分析，人们比较赞同的是直观性的效果，比如增加了当地的投资（91.5%）、扩大了当地的就业机会（86.8%）、有利于弘扬本地的民族文化（88.1%）。但对于更深层次的社会影响，比如社会发展方面受访者不认同的比例较高，显示人员流动和社会交往的长期影响尚未显现。像提高了当地的社会服务水平（9.8%）、带来了先进技术和管理方式（9.1%）、增加了当地劳动力市场中的劳动力（9.9%）。

表 4-15　外地流动人口对于红寺堡的意义评价

单位：%，份

| | 同意 | 不同意 | 视情况而定 | 合计 | 样本量 |
|---|---|---|---|---|---|
| 增加了当地的投资 | 91.5 | 2.9 | 5.6 | 100.0 | 377 |
| 扩大了当地的就业机会 | 86.8 | 6.6 | 6.6 | 100.0 | 380 |
| 开阔了当地人的眼界 | 87.0 | 7.7 | 5.3 | 100.0 | 378 |
| 提高了当地的社会服务水平 | 83.0 | 9.8 | 7.2 | 100.0 | 376 |
| 带来了先进技术和管理方式 | 83.7 | 9.1 | 7.2 | 100.0 | 375 |
| 有利于缩小区域间的差距 | 83.2 | 8.1 | 8.7 | 100.0 | 369 |
| 增强了民族间的交往 | 84.6 | 8.0 | 7.4 | 100.0 | 376 |
| 增加了当地劳动力市场中的劳动力 | 82.0 | 9.9 | 8.0 | 100.0 | 373 |
| 有利于弘扬本地的民族文化 | 88.1 | 5.9 | 5.9 | 100.0 | 371 |

**（二）就业行为**

红寺堡受访者的前三种职业类型分别是：农业生产人员在总样本中比例最大，占59.7%；同时有22.2%的受访者就业形式灵活，无法分类；从事商业、服务业的受访者占10.6%。性别方面：男性受访者在农业生产领域的比例（62.9%）明显高于女性（53.5%），而女性（16.3%）在商业、服务业相比男性（7.9%）占据优势。民族方面：汉族样本从事农业生产的比例为61.6%，大致与回族的58.5%持平；而回族不便分类的其他从业人员比例（26.8%），明显高过汉族受访者（16.3%）。户籍方面：农业户口受访者毫无意外地绝大多数从事农业生产（74.8%）；而非农业户口样本较为均衡地分布在不便分类的其他从业人员（39.3%），商业、服务业人员（28.6%）以及公务员和事业单位人员（20.2%）中，具体类型比例均明显高于农业户籍受访者。年龄分层方面：19~30岁的受访者中40%从事农业，商业、服务业就业的比例（20.0%）较高；31~45岁阶段受访者属于公务员和事业单位人员的比例最高（8.0%），远高于19~30岁（3.5%）和46~60岁（2.0%）；46~60岁年龄段受访者绝大多数从事农业生产，比例高达71.0%。教育方面：未上学的受访者从事农业生产的比例是所有教育背景中最高的（76.3%）；小学至初中学历的样本其次，农业生产人员比例达到70.3%；高中学历受访者农业就业比例下降到30.2%，不便分类的其他从业人员比例最高（41.5%），商业、服务业人员比例也最高（17.0%）；大学及以上学历的受访者最重要的就业类型是公务员和事业单位人员（39.5%），不便分类的其他行业第二（34.2%）。总之，女性更多从事商业和服务业，而男性在农业生产领域比例稍高；回族更多从事灵活就业行业；农业户口受访者集中在农业生产而非农户籍受访者就业类型多样；年龄越大受访者越倾向于回归农业，灵活而有风险的其他就业类型则随着年龄的增加而降低；高中学历是就业类型多样化的门槛，大学及以上学历受访者主要就职于政府和事业单位。

表 4 – 16  职业类型分布

单位：%，份

| | | 公务员和事业单位人员 | 专业技术人员 | 企业办事人员 | 商业、服务业人员 | 农业生产人员 | 不便分类的其他从业人员 | 合计 | 样本量 |
|---|---|---|---|---|---|---|---|---|---|
| 性别 | 男性 | 4.1 | 1.5 | 1.1 | 7.9 | 62.9 | 22.5 | 100.0 | 267 |
| | 女性 | 5.4 | 1.6 | 1.6 | 16.3 | 53.5 | 21.7 | 100.0 | 129 |
| 民族 | 汉族 | 6.4 | 1.7 | 2.9 | 11.0 | 61.6 | 16.3 | 100.0 | 172 |
| | 回族 | 2.7 | 1.8 | — | 10.3 | 58.5 | 26.8 | 100.0 | 224 |
| 户籍 | 农业 | 0.3 | 1.3 | 0.3 | 5.8 | 74.8 | 17.6 | 100.0 | 313 |
| | 非农业 | 20.2 | 3.6 | 4.8 | 28.6 | 3.6 | 39.3 | 100.0 | 84 |
| 年龄 | 18 岁及以下 | — | — | — | 20.0 | 20.0 | 60.0 | 100.0 | 10 |
| | 19~30 岁 | 3.5 | 3.5 | 1.2 | 20.0 | 40.0 | 31.8 | 100.0 | 85 |
| | 31~45 岁 | 8.0 | 1.2 | 1.9 | 9.3 | 65.4 | 14.2 | 100.0 | 162 |
| | 46~60 岁 | 2.0 | 2.0 | 1.0 | 7.0 | 71.0 | 17.0 | 100.0 | 100 |
| | 61 岁及以上 | — | — | — | 2.5 | 60.0 | 37.5 | 100.0 | 40 |
| 教育 | 未上学 | — | — | — | 1.1 | 76.3 | 22.6 | 100.0 | 93 |
| | 小学至初中 | 0.5 | 1.4 | — | 13.2 | 70.3 | 14.6 | 100.0 | 212 |
| | 高中 | 3.8 | 3.8 | 3.8 | 17.0 | 30.2 | 41.5 | 100.0 | 53 |
| | 大学及以上 | 39.5 | 5.3 | 7.9 | 10.5 | 2.6 | 34.2 | 100.0 | 38 |
| 合计 | | 4.5 | 1.8 | 1.3 | 10.6 | 59.7 | 22.2 | 100.0 | 397 |

如果能够找到工作机会，受访者最愿意工作的区域情况见表 4 – 17。总体而言，受访者选择的先后是县城之内（38.5%），县外省区内，但必须是家附近的市/县（34.0%），县外省区内无所谓远近（18.5%）。性别方面：男性选择县城之内（35.2%）与县外省区内，但必须是家附近的市/县（32.2%）的差异不大；女性首选县城之内，比例为 45.8%。民族方面：汉族更偏好县城之内（40.0%），高于回族（37.0%）；回族选择县外省区内无所谓远近的比例（21.2%）高于汉族（15.3%）。户口分类：农业户口受访者在县城之内（37.1%），县外省区内，但必须

是家附近的市/县（35.7%）之间差异不大；非农业户口则更倾向于县城之内（44.4%），同时也有 12.7% 的样本选择东部一线大城市。年龄方面：19~30 岁群体首选县城之内（35.7%），14.3% 的受访者选择了东部一线大城市；31~45 岁中 43.2% 的受访者选择县外省区内，但必须是家附近的市/县；46~60 岁样本中 40.5% 选择了县城之内。教育方面：未上学受访者主要选择县城之内（45.7%）；小学至初中受访者在县城之内（34.6%），县外省区内，但必须是家附近的市/县（33.5%）之间差异不明显；高中水平教育背景的受访者大多选择县城之内（45.2%）。总之，在宁夏回族自治区内范围内，男性接受的就业半径大于女性，回族大于汉族，农业户籍大于非农户籍。越是年轻的受访者，学历较高的受访者更明显地倾向于东部大城市。

跨区域就业必然面临各种类型的就业障碍。根据对已经有外出经历的受访者进行的调查，人们认为外出工作所面临的障碍中提及率最高的是工作辛苦收入低（22.5%），其次为家里需要照顾必须返乡（17.1%），得不到相关就业信息（15.1%），孩子就学困难（10.6%），想留在就业地但生活成本太高（9.7%）。

表 4-17 就业范围意愿

单位：%，份

| | | 县城之内 | 县外省区内，但必须是家附近的市/县 | 县外省区内无所谓远近 | 本省区相邻的外省区 | 本省区外非相邻省区 | 东部一线大城市 | 其他（请注明地区名称） | 合计 | 样本量 |
|---|---|---|---|---|---|---|---|---|---|---|
| 性别 | 男性 | 35.2 | 32.2 | 22.9 | 0.9 | 0.4 | 5.7 | 2.6 | 100.0 | 227 |
| | 女性 | 45.8 | 37.4 | 9.3 | — | — | 5.6 | 1.9 | 100.0 | 107 |
| 民族 | 汉族 | 40.0 | 34.7 | 15.3 | 1.3 | 0.7 | 6.7 | 1.3 | 100.0 | 150 |
| | 回族 | 37.0 | 33.7 | 21.2 | — | — | 4.9 | 3.3 | 100.0 | 184 |
| 户口 | 农业 | 37.1 | 35.7 | 19.9 | — | 0.4 | 4.0 | 2.9 | 100.0 | 272 |
| | 非农业 | 44.4 | 27.0 | 12.7 | 3.2 | — | 12.7 | — | 100.0 | 63 |

续表

| | | 县城之内 | 县外省区内，但必须是家附近的市/县 | 县外省区内无所谓远近 | 本省区相邻的外省区 | 本省区外非相邻省区 | 东部一线大城市 | 其他（请注明地区名称） | 合计 | 样本量 |
|---|---|---|---|---|---|---|---|---|---|---|
| 年龄 | 18 岁及以下 | 10.0 | 30.0 | 10.0 | — | 10.0 | 40.0 | — | 100.0 | 10 |
| | 19~30 岁 | 35.7 | 25.7 | 17.1 | 2.9 | — | 14.3 | 4.3 | 100.0 | 70 |
| | 31~45 岁 | 38.5 | 43.2 | 14.9 | — | — | 2.0 | 1.4 | 100.0 | 148 |
| | 46~60 岁 | 40.5 | 27.4 | 27.4 | — | — | 2.4 | 2.4 | 100.0 | 84 |
| | 61 岁及以上 | 52.2 | 26.1 | 17.4 | — | — | — | 4.3 | 100.0 | 23 |
| 教育 | 未上学 | 45.7 | 37.1 | 17.1 | — | — | — | — | 100.0 | 70 |
| | 小学至初中 | 34.6 | 33.5 | 22.9 | — | 0.5 | 4.3 | 4.3 | 100.0 | 188 |
| | 高中 | 45.2 | 35.7 | 7.1 | — | — | 11.9 | — | 100.0 | 42 |
| | 大学及以上 | 38.2 | 29.4 | 11.8 | 5.9 | — | 14.7 | — | 100.0 | 34 |
| 总体 | | 38.5 | 34.0 | 18.5 | 0.6 | 0.3 | 5.7 | 2.4 | 100.0 | 335 |

总体上农业户籍受访者的工作状况中，前三位的分别是：以务农为主，同时也从事非农工作的占 36.8%，只是务农的样本占 34.2%，而以非农工作为主，同时也务农的比例达到 17.1%，兼业的特征明显。性别方面：男性受访者以务农为主，同时也从事非农工作的比例高达 40.3%，远高于女性的 29.3%；而女性只从事务农的比例为 37.0，男性为 32.7%；2.2% 的女性受访者为家务劳动者，还有 3.3% 的女性失业或待业。民族方面：汉族只是务农的比例为 37.9%，而回族为 31.7%；以务农为主，同时也从事非农工作的回族受访者占 38.3%，高于汉族的 34.7%。年龄方面：19~30 岁受访者群体中 26.4% 以务农为主，同时也从事非农工作，同时也有 26.4% 以非农工作为主，同时也务农，只从事非农工作的比例为 11.3%；31~45 岁年龄层中 44.1% 的受访者以务农为主，同时也从事非农工作，29.9% 只是务农；46~60 岁群体中只是务农

的比例为41.6%，另有42.7的受访者以务农为主，同时也从事非农工作。教育方面：未上学的受访者只是务农的比例为44.7%，另有29.4%以务农为主，同时也从事非农工作；小学至初中学历的受访者中41.3%的受访者以务农为主，同时也从事非农工作，32.6%只是务农；高中及同等学力的群体中40.7%以务农为主，同时也从事非农工作，22.2%只是务农。总之，男性兼业特征比女性明显；汉族纯粹农业就业比例高于回族；年龄越大从事农业生产的比例越高，年龄越低从事非农工作的比例越大；学历越低从事农业生产的比例越高。

不难发现，当地农业户籍受访者兼业特征明显，非农就业是农业人口重要的就业方式。如果以时间来衡量，2013年当地农业户口样本从事农业生产的平均时间为5个月，而从事非农工作平均为3个月。根据调查数据，当地农业户口受访者2013年从事非农务工66.7%是通过家人和熟人介绍。具体来说汉族利用这一渠道的比例达73.0%，高于回族的62.4%。23.7%的回族受访者还通过直接申请（含考试）获得非农就业机会，而汉族仅为12.7%。农业劳动力转移是非农就业的重要方向，但是调查中也发现当地农业户籍受访者普遍担心的一些问题。总体而言，最主要的就业障碍集中在：找不到工作（或担心找不到工作）42.4%，疾病或伤残25.4%，家中农业缺乏劳动力11.9%。

**表 4-18 农业户籍受访者就业状况**

单位：%，份

| | | 只是务农 | 以务农为主，同时也从事非农工作 | 以非农工作为主，同时也务农 | 只从事非农工作 | 农村非就业或城镇失业或待业人员 | 家务劳动者 | 全日制/非全日制学生 | 其他不工作也不上学的成员 | 合计 | 样本量 |
|---|---|---|---|---|---|---|---|---|---|---|---|
| 性别 | 男性 | 32.7 | 40.3 | 17.1 | 3.8 | 1.4 | — | 2.8 | 1.9 | 100.0 | 211 |
| | 女性 | 37.0 | 29.3 | 17.4 | 5.4 | 3.3 | 2.2 | 3.3 | 2.2 | 100.0 | 92 |
| 民族 | 汉族 | 37.9 | 34.7 | 16.9 | 4.0 | 0.8 | — | 4.0 | 1.6 | 100.0 | 124 |
| | 回族 | 31.7 | 38.3 | 17.2 | 4.4 | 2.8 | 1.1 | 2.2 | 2.2 | 100.0 | 180 |

| | | 只是务农 | 以务农为主，同时也从事非农工作 | 以非农工作为主,同时也务农 | 只从事非农工作 | 农村非就业或城镇失业或待业人员 | 家务劳动者 | 全日制/非全日制学生 | 其他不工作也不上学的成员 | 合计 | 样本量 |
|---|---|---|---|---|---|---|---|---|---|---|---|
| 年龄 | 18 岁及以下 | 25.0 | — | — | 25.0 | — | — | 50.0 | — | 100.0 | 4 |
| | 19~30 岁 | 18.9 | 26.4 | 26.4 | 11.3 | 3.8 | — | 13.2 | — | 100.0 | 53 |
| | 31~45 岁 | 29.9 | 44.1 | 22.0 | 3.1 | — | — | | 0.8 | 100.0 | 127 |
| | 46~60 岁 | 41.6 | 42.7 | 9.0 | 2.2 | 2.2 | 1.1 | — | 1.1 | 100.0 | 89 |
| | 61 岁及以上 | 58.1 | 12.9 | 6.5 | — | 6.5 | 3.2 | — | 12.9 | 100.0 | 31 |
| 教育 | 未上学 | 44.7 | 29.4 | 16.5 | 2.4 | — | 2.4 | — | 4.7 | 100.0 | 85 |
| | 小学至初中 | 32.6 | 41.3 | 18.5 | 4.3 | 2.2 | — | 0.5 | 0.5 | 100.0 | 184 |
| | 高中 | 22.2 | 40.7 | 14.8 | 3.7 | 7.4 | — | 7.4 | 3.7 | 100.0 | 27 |
| | 大学及以上 | — | — | — | 28.6 | — | — | 71.4 | — | 100.0 | 7 |
| 合计 | | 34.2 | 36.8 | 17.1 | 4.3 | 2.0 | 0.7 | 3.0 | 2.0 | 100.0 | 304 |

当地非农户口受访者的劳动合同性质以短期或临时合同工（30.0%）为主，固定职工（包括国家干部、公务员）占24.3%，长期合同工占20.0%。性别方面：女性受访者为固定职工（包括国家干部、公务员）的比例为32.1%，高于男性的19.0%，而且女性样本为从事私营或个体经营人员（14.3%）、没有合同的员工（14.3%）均高于男性，男性则在短期或临时合同工（38.1%）、长期合同工（21.4%）方面比例较高。民族方面：汉族为固定职工（包括国家干部、公务员）的比例为29.7%，长期合同工比例为24.3%，从事私营或个体经营人员13.5%，而回族受访者主要的类型为短期或临时合同工（40.6%），固定职工（包括国家干部、公务员）（15.6%）、长期合同工（15.6%）与没有合同的员工（15.6%）比例接近。年龄方面：19~30岁受访者以短期或临时合同工（38.5%）为主，31~45岁年龄层群体以固定职工（包括国家干部、公务员）（40.0%）为主。教育程度：高中水平教育程度

以长期合同工（29.4%）为主。总之，男性劳动力市场化程度高于女性，而女性获得固定工作的机会较大；汉族劳动合同比回族稳定；教育程度越高从事固定或长期合同的比例越大。

表4-19　非农户籍受访者就业状况

单位：%，份

| | | 固定职工（包括国家干部、公务员） | 长期合同工 | 短期或临时合同工 | 没有合同的员工 | 从事私营或个体经营人员 | 其他（请注明） | 合计 | 样本量 |
|---|---|---|---|---|---|---|---|---|---|
| 性别 | 男性 | 19.0 | 21.4 | 38.1 | 7.1 | 9.5 | 4.8 | 100.0 | 42 |
| | 女性 | 32.1 | 17.9 | 17.9 | 14.3 | 14.3 | 3.6 | 100.0 | 28 |
| 民族 | 汉族 | 29.7 | 24.3 | 21.6 | 5.4 | 13.5 | 5.4 | 100.0 | 37 |
| | 回族 | 15.6 | 15.6 | 40.6 | 15.6 | 9.4 | 3.1 | 100.0 | 32 |
| 年龄 | 18岁及以下 | — | — | — | — | — | 100.0 | 100.0 | 1 |
| | 19~30岁 | 15.4 | 15.4 | 38.5 | 15.4 | 11.5 | 3.8 | 100.0 | 26 |
| | 31~45岁 | 40.0 | 33.3 | 16.7 | 3.3 | 6.7 | — | 100.0 | 30 |
| | 46~60岁 | 10.0 | — | 30.0 | 20.0 | 30.0 | 10.0 | 100.0 | 10 |
| | 61岁及以上 | — | — | 100.0 | — | — | — | 100.0 | 3 |
| 教育 | 未上学 | — | — | 100.0 | — | — | — | 100.0 | 4 |
| | 小学至初中 | — | 19.0 | 42.9 | 23.8 | 14.3 | — | 100.0 | 21 |
| | 高中 | 11.8 | 29.4 | 17.6 | 11.8 | 23.5 | 5.9 | 100.0 | 17 |
| | 大学及以上 | 53.6 | 17.9 | 17.9 | — | 3.6 | 7.1 | 100.0 | 28 |
| 总体 | | 24.3 | 20.0 | 30.0 | 10.0 | 11.4 | 4.3 | 100.0 | 70 |

总体上非农业户口受访者主要从业的地区集中在乡镇内（52.1%），其次是乡镇以外县域内（32.4%），见表4-20。性别方面：女性受访者在乡镇范围内就业的比例更大（60.7%），高于男性的46.5%，而男性在县外区内的比例为18.6%，远高于女性（3.6%）。民族差异不明显。年龄方面：31~45岁受访者在乡外县内就业的比例最大（43.3%），而19~30岁样本主要集中在乡镇范围内（53.8%）。教育背景差异不大。总之，非农户籍劳动力的流动性男性高于女性，31~45岁阶段最大。

此外，本县非农户口受访者获得第一份城镇工作的渠道有家人和熟人介绍（41.9%），直接申请（含考试）（25.8%），商业职介和招聘（19.4%）。其中男性更倚重家人和熟人介绍（52.6%），女性直接申请（含考试）比例最高（33.3%），但渠道差异不大。汉族最主要的渠道是直接申请（含考试）（37.5%），而回族主要是通过家人和熟人介绍（51.7%）。

表 4-20　非农户籍受访者就业范围

单位：%，份

| | | 乡镇内 | 乡外县内 | 县外区内 | 区外 | 合计 | 样本量 |
|---|---|---|---|---|---|---|---|
| 性别 | 男性 | 46.5 | 32.6 | 18.6 | 2.3 | 100.0 | 43 |
| | 女性 | 60.7 | 32.1 | 3.6 | 3.6 | 100.0 | 28 |
| 民族 | 汉族 | 51.4 | 32.4 | 13.5 | 2.7 | 100.0 | 37 |
| | 回族 | 51.5 | 33.3 | 12.1 | 3.0 | 100.0 | 33 |
| 年龄 | 18 岁及以下 | 100.0 | — | — | — | 100.0 | 1 |
| | 19～30 岁 | 53.8 | 26.9 | 15.4 | 3.8 | 100.0 | 26 |
| | 31～45 岁 | 40.0 | 43.3 | 13.3 | 3.3 | 100.0 | 30 |
| | 46～60 岁 | 70.0 | 20.0 | 10.0 | — | 100.0 | 10 |
| | 61 岁及以上 | 75.0 | 25.0 | — | — | 100.0 | 4 |
| 教育 | 未上学 | 50.0 | 50.0 | — | — | 100.0 | 4 |
| | 小学至初中 | 59.1 | 31.8 | 9.1 | — | 100.0 | 22 |
| | 高中 | 47.1 | 47.1 | — | 5.9 | 100.0 | 17 |
| | 大学及以上 | 50.0 | 21.4 | 25.0 | 3.6 | 100.0 | 28 |
| 总体 | | 52.1 | 32.4 | 12.7 | 2.8 | 100.0 | 71 |

### （三）民族交往

民族交往指各个民族的人口在社会生活中展开跨民族的互动。其中又以跨民族共事、交友、通婚等内容最具指标性意义，本研究重点调查了红寺堡受访者交友的情况。

在跨民族交友这一指标性数据之外，我们还需要考察一下民族交往的深度。聊天、成为邻居、一起工作、成为亲密朋友、结为亲家，这五项交往行为虽然不是连续的，但也大致描述了民族交往由浅入深的程度，揭示了从偶然联系到一般联系、职业合作、情感联系和联合家庭等不同层面的交往互动行为。回族受访者对与汉族交往的意愿显示：50.9%的受访者很愿意与汉族聊天，不愿意的只有3.1%；而很愿意与汉族结为亲家的比例只有4.9%，不愿意的比例达到69.5%。回族受访者对与其他少数民族交往的意愿显示：很愿意与其聊天的比例为39.9%，成为邻居37.2%，一起工作38.2%，成为亲密朋友35.8%，而很愿意结为亲家的只有2.8%。汉族受访者对与少数民族交往的意愿显示：上述五项行为表示很愿意的比例依次为42.7%、36.8%、38.0%、36.3%、8.8%。总之，从聊天、成为邻居、一起工作到成为亲密朋友，民族交往的意愿均很强烈，其中成为邻居和亲密朋友因为涉及回族特殊的宗教和饮食习惯，有一定的障碍。结为亲家的意愿明显较低。

表 4 – 21　民族交往的意愿

单位：%，份

回族对汉族

|  | 很愿意 | 比较愿意 | 不太愿意 | 不愿意 | 不好说 | 合计 | 样本量 |
|---|---|---|---|---|---|---|---|
| 聊天 | 50.9 | 42.4 | 3.1 | 3.1 | 0.4 | 100.0 | 224 |
| 成为邻居 | 43.8 | 42.0 | 7.1 | 5.4 | 1.8 | 100.0 | 224 |
| 一起工作 | 47.3 | 47.3 | 2.2 | 1.3 | 1.8 | 100.0 | 224 |
| 成为亲密朋友 | 45.5 | 42.4 | 6.3 | 4.9 | 0.9 | 100.0 | 224 |
| 结为亲家 | 4.9 | 7.6 | 9.0 | 69.5 | 9.0 | 100.0 | 223 |

回族对其他少数民族

|  | 很愿意 | 比较愿意 | 不太愿意 | 不愿意 | 不好说 | 合计 | 样本量 |
|---|---|---|---|---|---|---|---|
| 聊天 | 39.9 | 50.9 | 3.2 | 4.6 | 1.4 | 100.0 | 218 |
| 成为邻居 | 37.2 | 50.0 | 5.0 | 5.5 | 2.3 | 100.0 | 218 |
| 一起工作 | 38.2 | 50.7 | 5.1 | 3.7 | 2.3 | 100.0 | 217 |
| 成为亲密朋友 | 35.8 | 48.6 | 5.5 | 7.3 | 2.8 | 100.0 | 218 |
| 结为亲家 | 2.8 | 12.9 | 13.8 | 55.8 | 14.7 | 100.0 | 217 |

续表

汉族对少数民族

| | 很愿意 | 比较愿意 | 不太愿意 | 不愿意 | 不好说 | 合计 | 样本量 |
|---|---|---|---|---|---|---|---|
| 聊天 | 42.7 | 43.9 | 7.6 | 5.3 | 0.6 | 100.0 | 171 |
| 成为邻居 | 36.8 | 45.6 | 11.1 | 5.8 | 0.6 | 100.0 | 171 |
| 一起工作 | 38.0 | 49.7 | 5.8 | 4.1 | 2.3 | 100.0 | 171 |
| 成为亲密朋友 | 36.3 | 44.4 | 11.1 | 6.4 | 1.8 | 100.0 | 171 |
| 结为亲家 | 8.8 | 17.5 | 21.6 | 45.6 | 6.4 | 100.0 | 171 |

除了民族交往的深度之外，另一重要的内容就是交往的广度，涉及交往行为在社会领域、地理空间等方面的表现。工作方面：没有外出工作经验的回族受访者只有21.5%，拥有5年以上外出工作经验的比例为33.1%；33.7%的受访者在有机会的情况可以接受县外附近县市的工作，21.2%可以接受县外省区内无所谓远近的工作机会。出行方式决定了人们交往的地理半径，县内日常的交通工具提及率最高的是公交车（43.5%），其次是摩托车（21.9%）。医疗方面：受访者家中近5年的新生儿中有59.4%出生在县市医院，38.7%在乡镇卫生院。信息获取：受访者获得信息文化知识的主要渠道中提及率最高的依次是电视（43.4%）、手机（21.1%）、广播（18.2%）。总之，受访者已经基本完全纳入劳动力市场当中，出行、就医和获取信息等行为也表现出明显的机制化特点。

表4－22　民族交往的内容

单位：%，份

外出工作时间

| | 1年以内 | 1～3年 | 4～5年 | 5年以上 | 没有外出从业经历 | 合计 | 样本量 | | |
|---|---|---|---|---|---|---|---|---|---|
| 百分比 | 30.6 | 12.4 | 2.5 | 33.1 | 21.5 | 100.0 | 121 | | |

期望工作地区

| | 县城之内 | 县外省区内，但必须是家附近的市/县 | 县外省区内无所谓远近 | 本省区相邻的外省区 | 本省区外非相邻省区 | 东部一线大城市 | 其他（请注明地区名称） | 合计 | 样本量 |
|---|---|---|---|---|---|---|---|---|---|
| 百分比 | 37.0 | 33.7 | 21.2 | 0.0 | 0.0 | 4.9 | 3.3 | 100.0 | 184 |

续表

县内日常出行方式

| | 步行 | 自行车 | 摩托车 | 三轮车/拖拉机 | 货运车 | 小轿车 | 公交车 | 合计 | 样本量 |
|---|---|---|---|---|---|---|---|---|---|
| 提及率 | 19.0 | 7.6 | 21.9 | 1.3 | 0.8 | 6.0 | 43.5 | 100.0 | 226 |

近5年新生儿的接生地点

| | 村（社区）卫生室 | 乡镇卫生院 | 县市医院 | 合计 | 样本量 |
|---|---|---|---|---|---|
| 百分比 | 1.9 | 38.7 | 59.4 | 100.0 | 212 |

获取信息文化的主要途径

| | 网络 | 广播 | 电视 | 手机 | 农家书屋 | 公共图书馆 | 政府办的培训班 | 其他 | 合计 | 样本量 |
|---|---|---|---|---|---|---|---|---|---|---|
| 提及率 | 12.4 | 18.2 | 43.4 | 21.1 | 1.0 | 1.0 | 0.6 | 2.3 | 100.0 | 223 |

　　虽然当地民族交往密切，但民族身份仍给部分受访者带来了不便。对于民族身份在本地社会交往、工作就业、日常生活中是否有限制，78.9%的受访者表示没有。受访者主要提及的不便体现在民族饮食习惯方面，如有受访者提出"吃饭无清真""清真饭馆不清真""聚餐时有时不清真""不好找清真"等具体的意见。对于民族身份在外出旅行或出国有无不便利这个问题，经常有的样本达到18.3%，偶尔有9.6%。可见随着交往范围的扩大，一旦离开当地熟悉的环境，民族身份确实给受访者的交往活动形成了限制。主要的制约表现在清真饮食的问题，此外信仰问题也出现了，比如有受访者提出"上清真寺不方便""做礼拜也不方便""没地方礼拜"；还有一个新问题就是就业障碍，比如"规定不让回族人打工""找工作受歧视""工地不要""有些工作不收回族人"。

表4-23　民族身份在社会生活中的限制

单位：%，份

| | 经常有 | 偶尔有 | 很少 | 没有 | 不清楚 | 合计 | 样本量 |
|---|---|---|---|---|---|---|---|
| 本地社会 | 4.0 | 6.7 | 8.1 | 78.9 | 2.2 | 100.0 | 223 |
| 外部社会 | 18.3 | 9.6 | 11.2 | 60.9 | 0.0 | 100.0 | 197 |

# 三　社会心态与民族关系

构建一个和谐、包容、平等的社会氛围，是互嵌式社会建设的基本内容。接下来的部分将通过生活压力、安全感和公平感三个方面，来对红寺堡地区的社会心态进行简单描述，以求揭示当地群众生活中的压力和感受，从而展现互嵌式社会中的基本氛围。

从总体社会压力来说，如表 4 - 24 所示，54.7% 的受访者表示有压力，21.5% 表示压力很小，17.6% 表示压力很大。具体来看，性别、民族方面差异不大。户籍方面：55.4% 的农业户籍受访者表示有压力，略高于非农受访者的 51.9%，但同时表示完全没有压力的农业户籍受访者为 6.8%，而后者为 3.8%。年龄方面：成年受访者中，压力最大的群体为 19 ~ 30 岁受访者，23.2% 表示压力很大，压力最小的为 61 岁及以上群体，10.5% 表示完全没有压力。教育方面：大学及以上受访者表示压力很大的比例为 25.0%，而高中背景受访者表示完全没有压力的比例最大（9.6%）。总之，就整体压力而言，性别、民族方面差异不大，户籍差异不明显，年龄越小压力越大，高中教育背景的受访者压力最小。

表 4 - 24　红寺堡社会压力评价

单位：%，份

| | | 社会生活压力 | | | | 合计 | 样本量 |
| | | 压力很大 | 有压力 | 压力很小 | 没有这方面压力 | | |
|---|---|---|---|---|---|---|---|
| 性别 | 男性 | 18.7 | 53.4 | 21.8 | 6.1 | 100.0 | 262 |
| | 女性 | 15.4 | 56.9 | 21.1 | 6.5 | 100.0 | 123 |
| 民族 | 汉族 | 16.8 | 56.9 | 21.6 | 4.8 | 100.0 | 167 |
| | 回族 | 17.9 | 53.2 | 21.6 | 7.3 | 100.0 | 218 |
| 户口 | 农业 | 17.6 | 55.4 | 20.2 | 6.8 | 100.0 | 307 |
| | 非农业 | 17.7 | 51.9 | 26.6 | 3.8 | 100.0 | 79 |

续表

| | | 社会生活压力 | | | | 合计 | 样本量 |
|---|---|---|---|---|---|---|---|
| | | 压力很大 | 有压力 | 压力很小 | 没有这方面压力 | | |
| 年龄 | 18 岁及以下 | 20.0 | 40.0 | 10.0 | 30.0 | 100.0 | 10 |
| | 19~30 岁 | 23.2 | 50.0 | 22.0 | 4.9 | 100.0 | 82 |
| | 31~45 岁 | 18.4 | 56.3 | 21.5 | 3.8 | 100.0 | 158 |
| | 46~60 岁 | 13.3 | 60.2 | 19.4 | 7.1 | 100.0 | 98 |
| | 61 岁及以上 | 13.2 | 47.4 | 28.9 | 10.5 | 100.0 | 38 |
| 教育 | 未上学 | 14.4 | 52.2 | 24.4 | 8.9 | 100.0 | 90 |
| | 小学至初中 | 20.3 | 54.1 | 20.8 | 4.8 | 100.0 | 207 |
| | 高中 | 7.7 | 63.5 | 19.2 | 9.6 | 100.0 | 52 |
| | 大学及以上 | 25.0 | 50.0 | 22.2 | 2.8 | 100.0 | 36 |
| 总体 | | 17.6 | 54.7 | 21.5 | 6.2 | 100.0 | 386 |

根据表 4 - 25，"压力很大"比例最高的为经济压力，为 64.2%，反映经济快速发展在改善生活条件的同时，也给当地居民造成了明显的发展压力。个人发展方面的压力也是一个重要来源，达到 24.1% 的受访者认为这方面压力很大。其次比较重要的类型还有人情往来压力、孩子教育压力、医疗/健康压力、住房压力。相比而言，压力最小的领域是婚姻生活，76.3% 的受访者表示没有这方面的压力。此外赡养父母的压力也较小，表示没压力的比例为 50.6%。

**表 4 - 25　红寺堡主要社会压力类型**

单位：%，份

| | 压力很大 | 有压力 | 压力很小 | 没有这方面压力 | 合计 | 样本量 |
|---|---|---|---|---|---|---|
| 经济压力 | 64.2 | 27.6 | 7.0 | 1.3 | 100.0 | 399 |
| 个人发展压力 | 24.1 | 45.2 | 15.6 | 15.1 | 100.0 | 398 |
| 人情往来压力 | 16.0 | 34.8 | 21.1 | 28.1 | 100.0 | 399 |
| 孩子教育压力 | 23.9 | 33.2 | 16.6 | 26.4 | 100.0 | 398 |
| 医疗/健康压力 | 18.3 | 35.7 | 19.3 | 26.6 | 100.0 | 398 |

续表

| | 压力很大 | 有压力 | 压力很小 | 没有这方面压力 | 合计 | 样本量 |
|---|---|---|---|---|---|---|
| 赡养父母压力 | 10.3 | 21.1 | 18.0 | 50.6 | 100.0 | 399 |
| 住房压力 | 19.5 | 31.3 | 18.5 | 30.6 | 100.0 | 399 |
| 婚姻生活压力 | 4.8 | 8.1 | 10.8 | 76.3 | 100.0 | 397 |

安全感是人们在社会生活中不断追求的事物，指导着人们的多数社会行为。总体上68.4%的受访者表示比较安全，表明当地社会治理取得了巨大的成绩（见表4-26）。性别方面：女性受访者觉得很安全的比例（11.8%）高于男性（9.3%）。民族方面：回族受访者表示不太安全的比例（20.4%）高于汉族（14.2）。户籍方面：农业人口表示不太安全的比例（20.4%）明显高于非农人口（7.3%），但同时农业户籍受访者表示很安全的比例（11.5%）高于非农样本（4.9%）。年龄方面：19~30岁受访者当中有6.0%表示很不安全，为所有群体中最高，61岁及以上受访者表示很安全的比例最高（12.5%）。教育方面：大学及以上学历受访者中5.3%表示很不安全，而未上学受访者中15.1%表示很安全，分别为该选项最高比例。总之，女性、农业户籍安全感更高，19~30岁受访者安全感更低，教育水平越高则安全感越低。

表4-26 红寺堡社会安全感

单位：%，份

| | | 安全感 | | | | | 合计 | 样本量 |
|---|---|---|---|---|---|---|---|---|
| | | 很不安全 | 不太安全 | 比较安全 | 很安全 | 不确定 | | |
| 性别 | 男性 | 1.9 | 19.0 | 67.9 | 9.3 | 1.9 | 100.0 | 268 |
| | 女性 | 3.1 | 15.0 | 69.3 | 11.8 | 0.8 | 100.0 | 127 |
| 民族 | 汉族 | 3.0 | 14.2 | 69.2 | 11.2 | 2.4 | 100.0 | 169 |
| | 回族 | 1.8 | 20.4 | 67.7 | 9.3 | 0.9 | 100.0 | 226 |
| 户口 | 农业 | 1.9 | 20.4 | 64.6 | 11.5 | 1.6 | 100.0 | 314 |
| | 非农业 | 3.7 | 7.3 | 82.9 | 4.9 | 1.2 | 100.0 | 82 |

续表

| | | 安全感 | | | | | 合计 | 样本量 |
|---|---|---|---|---|---|---|---|---|
| | | 很不安全 | 不太安全 | 比较安全 | 很安全 | 不确定 | | |
| 年龄 | 18 岁及以下 | 0.0 | 20.0 | 80.0 | 0.0 | 0.0 | 100.0 | 10 |
| | 19～30 岁 | 6.0 | 13.3 | 68.7 | 9.6 | 2.4 | 100.0 | 83 |
| | 31～45 岁 | 1.2 | 20.2 | 65.0 | 11.0 | 2.5 | 100.0 | 163 |
| | 46～60 岁 | 2.0 | 21.0 | 68.0 | 9.0 | 0.0 | 100.0 | 100 |
| | 61 岁及以上 | 0.0 | 7.5 | 80.0 | 12.5 | 0.0 | 100.0 | 40 |
| 教育 | 未上学 | 2.2 | 17.2 | 65.6 | 15.1 | 0.0 | 100.0 | 93 |
| | 小学至初中 | 1.4 | 21.0 | 65.6 | 9.9 | 1.9 | 100.0 | 212 |
| | 高中 | 3.8 | 15.4 | 73.1 | 5.8 | 1.9 | 100.0 | 52 |
| | 大学及以上 | 5.3 | 2.6 | 86.8 | 5.3 | 0.0 | 100.0 | 38 |
| 总体 | | 2.3 | 17.7 | 68.4 | 10.1 | 1.5 | 100.0 | 396 |

在社会总体安全感之外，不同领域的社会生活中安全感也有差异（见表4－27）。具体来说，食品安全作为全国上下普遍关注的问题，有8.3%的受访者表示很不安全；另有交通安全也是重要议题，7.0%的受访者选择该项。安全感比较高的领域分别是：人身自由（28.3%），人身安全（27.3%），个人信息、隐私安全（24.9%），个人和家庭财产安全（24.6%）。可见人们的不安主要来自食品、交通等切身相关的物质领域，在政治性较强的领域安全度较高。

表 4－27　红寺堡不同领域的安全感

单位：%，份

| | 很不安全 | 不太安全 | 比较安全 | 很安全 | 不确定 | 合计 | 样本量 |
|---|---|---|---|---|---|---|---|
| 个人和家庭财产安全 | 1.3 | 6.5 | 66.2 | 24.6 | 1.5 | 100.0 | 399 |
| 人身安全 | 2.0 | 6.0 | 62.2 | 27.3 | 2.5 | 100.0 | 399 |
| 交通安全 | 7.0 | 32.2 | 48.2 | 10.3 | 2.3 | 100.0 | 398 |
| 医疗安全 | 4.0 | 25.8 | 55.1 | 12.0 | 3.0 | 100.0 | 399 |
| 食品安全 | 8.3 | 27.6 | 49.6 | 11.5 | 3.0 | 100.0 | 399 |
| 劳动安全 | 2.8 | 12.0 | 66.2 | 15.5 | 3.5 | 100.0 | 399 |

| | 很不安全 | 不太安全 | 比较安全 | 很安全 | 不确定 | 合计 | 样本量 |
|---|---|---|---|---|---|---|---|
| 个人信息、隐私安全 | 3.3 | 8.8 | 59.3 | 24.9 | 3.8 | 100.0 | 398 |
| 生态环境安全 | 2.0 | 13.1 | 67.1 | 15.6 | 2.3 | 100.0 | 398 |
| 人身自由 | 1.8 | 2.0 | 67.4 | 28.3 | 0.5 | 100.0 | 399 |

　　社会公平是现代社会的基本要求，也是我国政府的庄严承诺，因而具有重要的意义。总体而言，67.0%的受访者表示比较公平，25.4%表示不太公平（见表4-28）。性别方面差异不大。民族方面：回族受访者认为不太公平的比例（27.6%）高于汉族（22.0%）。户籍方面：农业户籍受访者表示很不公平的比例（2.0%）低于非农人口，表示不太公平的比例（24.5%）同样低于后者（28.9%）。年龄方面：19~30岁受访者是所有年龄层中选择很不公平最高的（7.4%），61岁及以上受访者选择比较公平的比例达到90.0%。教育方面：高中背景受访者对于社会公平评价较低，8.5%表示很不公平，31.9%表示不太公平，未上学受访者选择比较公平的比例为77.8%。总之，回族、非农人口和高中教育背景的受访者公平感较低。

表4-28　红寺堡社会公平评价

单位：%，份

| | | 公平感 | | | | 合计 | 样本量 |
|---|---|---|---|---|---|---|---|
| | | 很不公平 | 不太公平 | 比较公平 | 很公平 | | |
| 性别 | 男性 | 3.5 | 25.8 | 65.8 | 5.0 | 100.0 | 260 |
| | 女性 | 1.7 | 24.8 | 69.4 | 4.1 | 100.0 | 121 |
| 民族 | 汉族 | 3.7 | 22.0 | 70.1 | 4.3 | 100.0 | 164 |
| | 回族 | 2.3 | 27.6 | 65.0 | 5.1 | 100.0 | 217 |
| 户口 | 农业 | 2.0 | 24.5 | 68.0 | 5.6 | 100.0 | 306 |
| | 非农业 | 6.6 | 28.9 | 63.2 | 1.3 | 100.0 | 76 |

| | | 公平感 | | | | 合计 | 样本量 |
|---|---|---|---|---|---|---|---|
| | | 很不公平 | 不太公平 | 比较公平 | 很公平 | | |
| 年龄 | 18 岁及以下 | 0.0 | 0.0 | 100.0 | 0.0 | 100.0 | 8 |
| | 19～30 岁 | 7.4 | 27.2 | 65.4 | 0.0 | 100.0 | 81 |
| | 31～45 岁 | 2.6 | 30.1 | 60.8 | 6.5 | 100.0 | 153 |
| | 46～60 岁 | 1.0 | 26.0 | 66.0 | 7.0 | 100.0 | 100 |
| | 61 岁及以上 | 0.0 | 7.5 | 90.0 | 2.5 | 100.0 | 40 |
| 教育 | 未上学 | 2.2 | 13.3 | 77.8 | 6.7 | 100.0 | 90 |
| | 小学至初中 | 2.4 | 26.8 | 65.6 | 5.3 | 100.0 | 209 |
| | 高中 | 8.5 | 31.9 | 57.4 | 2.1 | 100.0 | 47 |
| | 大学及以上 | 0.0 | 40.0 | 60.0 | 0.0 | 100.0 | 35 |
| 合计 | | 2.9 | 25.4 | 67.0 | 4.7 | 100.0 | 382 |

社会公平具体到不同的领域，涉及教育、语言文字、医疗卫生、住房、社会保障、司法、干部选拔任用、就业、信息、政府办事、投资经营等多个方面。如表 4 - 29 所示，"很不公平"选项比例较高的是在干部选拔任用（14.1%）和政府办事（10.6%）等方面。语言文字、医疗卫生和教育等领域公平感较高。

表 4 - 29　红寺堡不同领域的社会公平

单位：%，份

| | 很不公平 | 不太公平 | 比较公平 | 很公平 | 合计 | 样本量 |
|---|---|---|---|---|---|---|
| 教育 | 6.1 | 13.2 | 67.4 | 13.2 | 100.0 | 393 |
| 语言文字 | 1.7 | 4.2 | 72.8 | 21.3 | 100.0 | 357 |
| 医疗卫生 | 5.6 | 18.4 | 62.2 | 13.8 | 100.0 | 392 |
| 住房 | 7.2 | 27.1 | 56.0 | 9.7 | 100.0 | 391 |
| 社会保障 | 6.7 | 32.4 | 49.2 | 11.7 | 100.0 | 386 |
| 司法 | 7.1 | 31.6 | 52.4 | 8.8 | 100.0 | 351 |
| 干部选拔任用 | 14.1 | 33.1 | 46.1 | 6.6 | 100.0 | 362 |
| 就业 | 9.4 | 23.4 | 59.5 | 7.7 | 100.0 | 363 |
| 信息 | 3.6 | 15.7 | 68.3 | 12.3 | 100.0 | 357 |
| 政府办事 | 10.6 | 30.4 | 52.8 | 6.2 | 100.0 | 369 |
| 投资经营 | 5.6 | 18.2 | 67.7 | 8.6 | 100.0 | 303 |

一个社会的氛围，以及身处其中的人们所表现出来的心态，必然会影响到他们对民族有关事务的认知。平等包容的社会环境有助于消弭民族间差异的强调，而封闭紧张的社会肯定会塑造出成员悲观的心态，导致人们在主观上扩大有关民族的分歧。下面就从民族文化、民族认同和民族政策评价三个方面，来介绍一下当地群众对于相关问题的态度。

**（一）民族文化**

民族文化是一个民族最重要的外在特征，是民族精神的寄托。因而民族文化传承与发展是民族社会发展的重要内容。

表4-30中，两类提及率最高的文化事项主要是宗教活动、传统节日和道德规范。当地民众与政府在特色文化类型的认知方面基本一致，没有明显差异。这说明红寺堡地区在发展本地特色文化方面基本取得了共识，从而为当地特色文化的发扬奠定了良好的思想基础。从当地居民对最具本地特色的传统文化类型来看，提及率最高的三项文化事项先后是"宗教活动习俗"（18.3%）、"传统节日"（16.9%）、"道德规范"（14.5%）；与最需要政府保护的文化事项结合来看，"传统节日"（15.2%）与"道德规范"（12.2%）与其在受访者心目中的重要性相一致，但是"宗教活动习俗"仍然有较大的提升空间，29.6%的受访者认为最需要保护宗教习俗；此外，传统饮食虽然并不被认为最具当地民族文化特色，但是15.2%的受访者希望政府加以保护。这显然与上文提到的清真饮食对于民族交往的限制有关。

**表4-30　红寺堡民族文化传承现状**

单位：%，份

| 项目 | 最具特色的少数民族文化类型 | | 最需要政府保护的传统文化 | |
|---|---|---|---|---|
| | 样本量 | 提及率 | 样本量 | 提及率 |
| 传统民居 | 16 | 2.5 | 17 | 2.7 |
| 传统服饰 | 78 | 12.4 | 83 | 13.3 |
| 传统节日 | 106 | 16.9 | 95 | 15.2 |
| 人生礼仪 | 30 | 4.8 | 32 | 5.1 |

续表

| 项目 | 最具特色的少数民族文化类型 | | 最需要政府保护的传统文化 | |
|---|---|---|---|---|
| | 样本量 | 提及率 | 样本量 | 提及率 |
| 传统文娱活动 | 0 | 0.0 | 16 | 2.6 |
| 传统饮食 | 40 | 6.4 | 95 | 15.2 |
| 道德规范 | 91 | 14.5 | 76 | 12.2 |
| 人际交往习俗 | 51 | 8.1 | 16 | 2.6 |
| 传统生产方式 | 16 | 2.5 | 8 | 1.3 |
| 宗教活动习俗 | 115 | 18.3 | 185 | 29.6 |
| 其他 | 86 | 13.7 | 2 | 0.3 |
| 合计 | 629 | 100.0 | 625 | 100.0 |

当地最具特色的少数民族文化类型虽然已经有了共识，但是不同事项传承存在一定的差异，表现为不同回族群体对于"最具特色"的认知差异（见表4-31）。性别方面：女性受访者对于传统节日（18.4%）、人际交往习俗（9.7%）、宗教活动习俗（20.0%）的提及率明显高于男性，男性受访者提及更多的是传统民居（3.4%）、传统服饰（13.1%）和道德规范（15.2%）。户籍方面：农业户籍受访者提及更多的是人际交往习俗（9.4%）、宗教活动习俗（18.7%）；非农业户籍受访者提及更多的是人生礼仪（8.6%）、道德规范（16.4%）、传统生产方式（4.3%）。年龄方面：19~30岁受访者看重传统节日（18.9%）的比例超过其他群体，31~45岁受访者提及人际交往习俗（9.8%）的比例超过其他群体，46~60岁受访者提及宗教活动习俗（18.2%）、道德规范（16.1%）、传统节日（14.6%）的比例较高，61岁及以上受访者比其他群体更为看重传统节日（21.4%）、道德规范（17.9%）。教育方面：未上学的受访者更看重传统服饰（15.3%）、传统节日（20.4%），小学至初中背景受访者更看重传统饮食（8.1%），高中背景受访者更看重传统服饰（14.7%）、道德规范（19.1%），大学及以上学历受访者更看重传统民居（5.7%）、传统节日（25.7%）、人生礼仪（8.6%）。

表 4－31 特色民族文化事项认知

单位：%，份

| | | 传统民居 | 传统服饰 | 传统节日 | 人生礼仪 | 传统饮食 | 道德规范 | 人际交往习俗 | 传统生产方式 | 宗教活动习俗 | 其他 | 合计 | 样本量 |
|---|---|---|---|---|---|---|---|---|---|---|---|---|---|
| 性别 | 男性 | 3.4 | 13.1 | 16.3 | 4.3 | 6.8 | 15.2 | 7.5 | 2.3 | 17.6 | 13.6 | 100.0 | 442 |
| | 女性 | 0.5 | 10.8 | 18.4 | 5.9 | 4.9 | 13.0 | 9.7 | 3.2 | 20.0 | 13.5 | 100.0 | 185 |
| 户口 | 农业 | 2.3 | 12.7 | 16.6 | 3.9 | 6.6 | 14.0 | 9.4 | 2.1 | 18.7 | 13.6 | 100.0 | 513 |
| | 非农业 | 3.4 | 11.2 | 18.1 | 8.6 | 5.2 | 16.4 | 2.6 | 4.3 | 16.4 | 13.8 | 100.0 | 116 |
| 年龄 | 18岁及以下 | 0.0 | 15.4 | 23.1 | 15.4 | 7.7 | 7.7 | 15.4 | 0.0 | 7.7 | 7.7 | 100.0 | 13 |
| | 19～30岁 | 4.1 | 10.8 | 18.9 | 6.1 | 7.4 | 11.5 | 4.7 | 3.4 | 17.6 | 15.5 | 100.0 | 148 |
| | 31～45岁 | 2.2 | 13.8 | 15.6 | 3.6 | 6.5 | 14.9 | 9.8 | 2.5 | 18.9 | 12.0 | 100.0 | 275 |
| | 46～60岁 | 2.9 | 9.5 | 14.6 | 4.4 | 6.6 | 16.1 | 8.8 | 2.9 | 18.2 | 16.1 | 100.0 | 137 |
| | 61岁及以上 | 0.0 | 16.1 | 21.4 | 5.4 | 1.8 | 17.9 | 5.4 | 0.0 | 19.6 | 12.5 | 100.0 | 56 |
| 教育 | 未上学 | 1.3 | 15.3 | 20.4 | 2.5 | 2.5 | 15.9 | 8.3 | 0.0 | 21.0 | 12.7 | 100.0 | 157 |
| | 小学至初中 | 3.0 | 11.4 | 15.4 | 6.0 | 8.1 | 12.7 | 8.9 | 3.5 | 17.3 | 13.6 | 100.0 | 369 |
| | 高中 | 1.5 | 14.7 | 11.8 | 1.5 | 7.4 | 19.1 | 7.4 | 2.9 | 22.1 | 11.8 | 100.0 | 68 |
| | 大学及以上 | 5.7 | 5.7 | 25.7 | 8.6 | 2.9 | 17.1 | 0.0 | 2.9 | 8.6 | 22.9 | 100.0 | 35 |

　　如表 4 - 32 所示，当地回族了解民族文化的主要渠道可以分为亲身体验、传统机制、学校教育、大众媒体等几种类型。其中作为第一渠道被提及最多的是家庭、邻里、亲朋耳濡目染（70.0%），其次为广播、电视、互联网等（18.8%）。从渠道重要性的角度来看，最重要的是家庭、邻里、亲朋耳濡目染，其次是村庄或社区的公共文化等活动（36.9%），第三是广播、电视、互联网等（41.9%），显示人们了解民族文化主要渠道由己及人的过程。

表 4 - 32　民族文化传播的主要渠道

单位：% ，份

| | 家庭、邻里、亲朋耳濡目染 | 学校教育 | 村庄或社区的公共文化等活动 | 旅游展示 | 广播、电视、互联网等 | 图书报刊 | 其他 | 合计 | 样本量 |
|---|---|---|---|---|---|---|---|---|---|
| 第一渠道 | 70.0 | 4.5 | 0.4 | 0.0 | 18.8 | 1.3 | 4.9 | 100.0 | 226 |
| 第二渠道 | 14.0 | 14.0 | 36.9 | 1.3 | 24.2 | 5.1 | 4.5 | 100.0 | 160 |
| 第三渠道 | 2.9 | 5.7 | 29.5 | 0.9 | 41.9 | 6.7 | 12.4 | 100.0 | 107 |

### （二）民族认同

　　身份认同是多重自我身份认知的综合，具有不同的层次和面向，可以根据情境变化形成不同的身份定位。广义的民族认同包含本地人、本民族人、中国人等不同的层面，狭义的则是指对于本民族的认同。根据表 4 - 33，当向外国人介绍民族身份时，67.0% 的受访者采用中国人、本民族的排序，22.5% 认为中国人和本民族不分先后。在民族身份与公民身份之间，26.3% 受访者选择民族身份，23.2% 选择公民身份，差距不明显，50.4% 的受访者认为民族身份和公民身份一样重要。在民族身份和本地人身份之间，48.5% 的受访者选择民族身份，11.4% 选择本地人身份，40.2% 认为民族身份和本地人身份一样重要。总之，民族认同与国家认同不相上下，民族认同大于地域认同。这点在受访者心目中或实际上优先交往、信任的对象上体现得尤为明显，38.4% 选择本民族的人（不管是否同乡），而 20.5% 选择同乡（不管是否本民族的人）。

表 4 - 33　红寺堡民族认同的层次性

单位：%，份

**民族身份的排序**

| 中国人、本民族 | 本民族、中国人 | 中国人和本民族不分先后 | 不好回答 | 合计 | 样本量 |
|---|---|---|---|---|---|
| 67.0 | 9.7 | 22.5 | 0.9 | 100.0 | 227 |

**民族身份和公民身份的重要性**

| 民族身份 | 公民身份 | 民族身份和公民身份一样重要 | 合计 | 样本量 |
|---|---|---|---|---|
| 26.3 | 23.2 | 50.4 | 100.0 | 228 |

**民族身份和本地人身份的重要性**

| 民族身份 | 本地人身份 | 民族身份和本地人身份一样重要 | 合计 | 样本量 |
|---|---|---|---|---|
| 48.5 | 11.4 | 40.2 | 100.0 | 229 |

**优先交往的对象**

| 本民族的人（不管是否同乡） | 同乡（不管是否本民族的人） | 本民族的人和同乡同等交往、信任 | 不存在民族、地域差别 | 合计 | 样本量 |
|---|---|---|---|---|---|
| 38.4 | 20.5 | 24.0 | 17.0 | 100.0 | 229 |

## （三）民族政策评价

计划生育政策作为一段时期内的基本国策，在民族地区也已经实行多年。根据表 4 - 34，总体上 73.6% 的受访者对当地的计划生育政策持正面看法。性别方面：男性受访者支持的比例（76.5%）高于女性（67.4%），女性有较高比例反对（9.3%）。民族方面：回族受访者满意度（77.4%）高于汉族（68.4%）。户口方面：农业户籍受访者满意度（78.3%）高于非农人口（56.0%），非农户籍受访者反对的比例（10.7%）高于前者（5.7%）。年龄方面：61 岁及以上受访者满意度最高（85.0%），19～30 岁适婚年龄的受访者负面评价比例最高（12.9%）。教育方面：未上学受访者的满意度最高（86.0%），大学及以上教育背景受访者负面评价最高（13.2%）。总之，女性、汉族和非农业户籍人口满意度较低，年龄越大满意度越高，教育水平越高满意度越低。

表 4 - 34 计划生育政策评价

单位：%，份

| | | 好 | 一般 | 不好 | 不清楚 | 合计 | 样本量 |
|---|---|---|---|---|---|---|---|
| 性别 | 男性 | 76.5 | 14.9 | 5.6 | 3.0 | 100.0 | 268 |
| | 女性 | 67.4 | 17.8 | 9.3 | 5.4 | 100.0 | 129 |
| 民族 | 汉族 | 68.4 | 20.5 | 6.4 | 4.7 | 100.0 | 171 |
| | 回族 | 77.4 | 12.4 | 7.1 | 3.1 | 100.0 | 226 |
| 户口 | 农业 | 78.3 | 12.4 | 5.7 | 3.5 | 100.0 | 314 |
| | 非农业 | 56.0 | 28.6 | 10.7 | 4.8 | 100.0 | 84 |
| 年龄 | 18 岁及以下 | 60.0 | 20.0 | 0.0 | 20.0 | 100.0 | 10 |
| | 19 ~ 30 岁 | 56.5 | 29.4 | 12.9 | 1.2 | 100.0 | 85 |
| | 31 ~ 45 岁 | 74.2 | 14.7 | 6.1 | 4.9 | 100.0 | 163 |
| | 46 ~ 60 岁 | 84.0 | 8.0 | 4.0 | 4.0 | 100.0 | 100 |
| | 61 岁及以上 | 85.0 | 10.0 | 5.0 | 0.0 | 100.0 | 40 |
| 教育 | 未上学 | 86.0 | 8.6 | 3.2 | 2.2 | 100.0 | 93 |
| | 小学至初中 | 74.6 | 15.0 | 7.0 | 3.3 | 100.0 | 213 |
| | 高中 | 56.6 | 24.5 | 7.5 | 11.3 | 100.0 | 53 |
| | 大学及以上 | 60.5 | 26.3 | 13.2 | 0.0 | 100.0 | 38 |
| 总体 | | 73.6 | 15.8 | 6.8 | 3.8 | 100.0 | 398 |

高考加分政策是另一项重要的民族发展政策。如表 4 - 35 所示，总体上 79.8% 的受访者满意该项政策，显示该政策从设计到执行都取得了较好的社会效益。性别方面：男性受访者 73.5% 表示满意，女性为 62.8%。民族方面：回族受访者表示满意的比例 90.3% 显著高于汉族 43.3%。户口方面：农业户籍受访者中 72.9% 表示满意，非农人口为 59.5%。年龄方面：46 ~ 60 岁受访者群体满意度为 72.0%，各年龄群差异不大。教育方面：未上学受访者的满意度 73.1%，为各群体中最高，大学及以上受访者不满意的比例达 36.8%。总之，男性、回族、农业户籍满意度相对较高，年龄因素不显著，教育水平越高满意度越低。

表 4 - 35　少数民族高考加分政策评价

单位：% ，份

| | | 满意 | 不满意 | 不清楚 | 合计 | 样本量 |
|---|---|---|---|---|---|---|
| 性别 | 男性 | 73.5 | 17.5 | 9.0 | 100.0 | 268 |
| | 女性 | 62.8 | 24.8 | 12.4 | 100.0 | 129 |
| 民族 | 汉族 | 43.3 | 44.4 | 12.3 | 100.0 | 171 |
| | 回族 | 90.3 | 1.3 | 8.4 | 100.0 | 226 |
| 户口 | 农业 | 72.9 | 16.6 | 10.5 | 100.0 | 314 |
| | 非农业 | 59.5 | 32.1 | 8.3 | 100.0 | 84 |
| 年龄 | 18 岁及以下 | 55.6 | 22.2 | 22.2 | 100.0 | 9 |
| | 19 ~ 30 岁 | 69.4 | 21.2 | 9.4 | 100.0 | 85 |
| | 31 ~ 45 岁 | 70.6 | 17.2 | 12.3 | 100.0 | 163 |
| | 46 ~ 60 岁 | 72.0 | 22.0 | 6.0 | 100.0 | 100 |
| | 61 岁及以上 | 68.3 | 22.0 | 9.8 | 100.0 | 41 |
| 教育 | 未上学 | 73.1 | 18.3 | 8.6 | 100.0 | 93 |
| | 小学至初中 | 71.8 | 16.0 | 12.2 | 100.0 | 213 |
| | 高中 | 66.0 | 26.4 | 7.5 | 100.0 | 53 |
| | 大学及以上 | 60.5 | 36.8 | 2.6 | 100.0 | 38 |
| 总体 | | 79.8 | 10.2 | 9.9 | 100.0 | 372 |

　　上述计划生育政策、高考加分政策均是我国少数民族政策体系中的重要内容，作为总体的民族特殊优惠政策得到 70.1% 的受访者认可（见表 4 - 36）。性别方面差异不大。民族方面：汉族受访者的满意度较低（64.4%），而回族为 91.8%。户籍、年龄方面差异不大。教育方面：未上学受访者表示满意的比例为 85.6%，而大学及以上背景的受访者有 13.9% 表示不满意。总之，回族与汉族满意度的差异显示民族政策确实使回族受益，但也需要加强针对汉族的宣传教育。教育水平越高满意度越低，说明我国的民族优惠政策体系还需要不断完善。

**表 4 - 36　民族特殊优惠政策评价**

单位：%，份

| | | 满意 | 不满意 | 不清楚 | 合计 | 样本量 |
|---|---|---|---|---|---|---|
| 性别 | 男性 | 80.6 | 9.3 | 10.1 | 100.0 | 247 |
| | 女性 | 78.2 | 12.1 | 9.7 | 100.0 | 124 |
| 民族 | 汉族 | 64.4 | 20.2 | 15.3 | 100.0 | 163 |
| | 回族 | 91.8 | 2.4 | 5.8 | 100.0 | 208 |
| 户口 | 农业 | 82.3 | 9.2 | 8.5 | 100.0 | 293 |
| | 非农业 | 70.9 | 13.9 | 15.2 | 100.0 | 79 |
| 年龄 | 18 岁及以下 | 40.0 | 30.0 | 30.0 | 100.0 | 10 |
| | 19 ~ 30 岁 | 74.1 | 12.3 | 13.6 | 100.0 | 81 |
| | 31 ~ 45 岁 | 84.4 | 7.1 | 8.4 | 100.0 | 154 |
| | 46 ~ 60 岁 | 78.4 | 10.2 | 11.4 | 100.0 | 88 |
| | 61 岁及以上 | 87.2 | 12.8 | 0.0 | 100.0 | 39 |
| 教育 | 未上学 | 85.6 | 6.7 | 7.8 | 100.0 | 90 |
| | 小学至初中 | 80.2 | 10.2 | 9.6 | 100.0 | 197 |
| | 高中 | 72.9 | 12.5 | 14.6 | 100.0 | 48 |
| | 大学及以上 | 75.0 | 13.9 | 11.1 | 100.0 | 36 |
| 总体 | | 70.1 | 19.8 | 10.1 | 100.0 | 398 |

## 四　从空间互嵌走向民心相通

　　结合上面的分析，可见红寺堡当地的嵌入式社会具有以下特征。在空间互嵌层面，水利工程和基础设施塑造了当地地理空间的骨架，呈现出以村民小组为单位集中，行政村为单位嵌入的空间特点。非农收入（包括工资性收入、自营收入等）是农民增收最重要的来源。移民社会网络重构存在以兄弟姐妹、亲戚邻里为主线的差序伦理，村干部或街道干部的重要性明显上升。人民群众就业情况可分为农业生产和灵活就业两大形式，工作范围集中在附近县市，农业户籍受访者兼业特征明显，非农户籍受访者的劳动合同性质以短期或临时合同工为主。

　　在这样的社会环境当中，在该地社会心态方面，多数受访者表示生活有压力，主要表现为经济压力，反映经济快速发展在改善生活条件的同时也给当地居民造成了明显的发展压力。多数受访者表示安全感较高，表明当地社会治理取得了巨大的成绩。人们的不安主要来自食品、交通等切身相关的物质领域，在政治性较强的领域安全度较高。回族、非农人口和高中教育背景的受访者公平感较低。心态因素也影响到人们对于民族关系的认知和看法。在偶然联系、一般联系、职业合作、情感联系方面民族交往的意愿均很强烈，但是联合家庭的意愿明显降低。跨民族交友在当地较为普遍。受访者已经基本被纳入劳动力市场当中，出行、就医和获取信息等行为也表现出明显的机制化特点。当地民众与政府在特色文化类型的认知方面基本一致，提及率最高的文化事项主要是宗教活动、传统节日和道德规范。民族认同与国家认同不相上下，民族认同大于地域认同。回族与汉族对于民族政策的评价存在差异。

要理解嵌入式社会中空间、社会、心态几个层次之间的关系，我们需要重返概念史。波兰尼在讨论"整体性嵌入"[①] 时，指出社会文化系统正如"一条巨大的橡皮筋"，如果市场走向"脱嵌"，便会不断增加社会压力，甚至有可能造成社会解体。[②] 波兰尼利用失业作为一种社会压力，分析了其在经济、政治乃至国际政治中的影响，并特别提到了"失业的痛苦""产业与职业变动所造成的挫伤""道德上与心理上的折磨"此类社会心理问题。[③]

而滕尼斯认为，血缘共同体发展和分离为地缘共同体，最终发展为最高形式的精神共同体。其中地缘共同体是"生活的相互关系"，而精神共同体则是"心灵的生活的相互关系"。[④] 这三种纽带在空间和时间上密切联系，以各种常见的形式相互并存，比如"亲属"、"邻里"和"友谊"。他以村庄生活来举例，最为直接的是共同生活，居所相近引起

---

① 符平：《嵌入性：两种取向及其分歧》，《社会学研究》2009 年第 5 期。
② 〔英〕弗雷德·布洛克："导论"，见卡尔·波兰尼《巨变——当代政治与经济的起源》，黄树民译，社会科学文献出版社，2013，第 27 页。
③ 〔英〕卡尔·波兰尼：《巨变——当代政治与经济的起源》，黄树民译，社会科学文献出版社，2013，第 361 页。
④ 〔德〕斐迪南·滕尼斯：《共同体与社会——纯粹社会学的基本概念》，林荣远译，商务印书馆，1999，第 65 页。

"人们无数的接触，相互习惯，互相十分熟悉"；也具有"共同的劳动、秩序和行政管理"；同时各种神灵"带来福祉，消灾驱邪"。① 血缘、地缘、情感纽带构成"社区"凝聚的基本纽带和不同层面，其中体现共同体力量的精神纽带——比如"威严"② ——通过"感受到"③ 产生影响的特性，是"社区"的重要特征。

不难看出，波兰尼在指出"空间""经济、政治"嵌入的同时，也注意到嵌入与脱嵌可能带来的社会与心理冲击。而滕尼斯在"邻里"之外还强调了"友谊"，即地缘纽带与情感纽带的层次性，以及情感纽带对于凝聚共同体的重要意义。

从波兰尼和滕尼斯的思想资源，以及现在的各项理论和实证研究中，基本可将"互嵌式社区"的不同面向归结为三个层次：居住格局、社会交往、精神文化。但是已有的工作只是指出了嵌入式社区的多重面向。特别是，虽然也有学者提及了"精神关系""'无形'的嵌入"等因素，但基本仍是将其与居住格局和社会交往诸内容并列为"互嵌"的不同领域。而关于如何建设嵌入式社区的研究，也只是初步指明了不同面向之间存在层次差异。尚未有研究深入探讨居住格局、社会交往、精神文化三者之间的关系，即条件、深度④与目标的关系。指出这种层次性及其操作化尝试，甚为重要。利用红寺堡的材料，互嵌式社区研究中经常涉及的居住格局、社会交往、精神文化就可以转变为空间、社会、心态由浅入深的三个层次。

第一，空间层面的互嵌。居住格局的互嵌作为民族间社会交往的客观条件，对民族关系具有最基础的影响力。一个特定区域内的民族构成、人口比例及各民族居住空间的组合状况，可反映民族凝聚程度、民族间

---

① 〔德〕斐迪南·滕尼斯：《共同体与社会——纯粹社会学的基本概念》，林荣远译，商务印书馆，1999，第 65 ~ 67 页。

② 〔德〕斐迪南·滕尼斯：《共同体与社会——纯粹社会学的基本概念》，林荣远译，商务印书馆，1999，第 68 ~ 70 页。

③ 〔德〕斐迪南·滕尼斯：《共同体与社会——纯粹社会学的基本概念》，林荣远译，商务印书馆，1999，第 53 页。

④ 马戎、潘乃谷：《居住形式、社会交往与蒙汉民族关系——从赤峰调查看影响民族关系的因素》，《中国社会科学》1989 年第 3 期。

交流合作的空间条件。① 只有不同民族的人们居住在共同的空间之内，才有深入开展社会互动的机会。但是空间上的近距离接触并不一定带来民族关系的良性发展。即使人们在同一村落共同生活，呈现出混杂居住的局面，但是因为文化或历史上的原因，彼此间也会较难适应，民族冲突便可能发生。② 这就需要从空间关系进入社会层面的交往关系，对于现实生活中民族人口交往的关系和状态进行了解。

第二，社会层面的互嵌。民族人口间的深入交往可以化解不同民族因缺少了解导致的偏见与歧视，建立社会结合的新纽带，为解决更为宏观的民族问题创造社会条件。交往的前提是各民族人口中有相当数量的成员有相互接触的机会，即居住、工作、消费多重空间的互相嵌入。但跨民族社会交往并不必然导向民族团结，群际接触的积极效应是有条件和存在限度的。③ 交往既可能发展出积极联系与正面态度以改善民族关系，也可能发展成消极关系和负面态度。比如目前许多回汉社区中，最终民族间的往来仅仅停留在生计交换层面，并不都能转化为心理上比较亲近的关系。④ 要从社会层面的各种交往联系活动中促进民族团结，就需要对这些交往行为中的态度、情绪和认知进行定性。

第三，心态层面的互嵌。较之空间和社会层面的互嵌，嵌入其中的民族人口之间的文化融通和心理接纳是更为根本的环节。⑤ 已有的研究关注精神文化领域，主要讨论如何建设共享的文化体系乃至共有的社区精神家园，而忽视了建设过程中各民族人口的情绪、态度、感受和认知。社会心态表现为互嵌式社区的基本氛围，持续地对民族关系产生影响，同时又具有突发性，经由偶然事件的触发可能搅动社会生活的各个层面，从而导致重大的社会问题。⑥

所以说互嵌式社区应该理解为一个由空间、社会和心态三个层面共

---

① 马戎：《拉萨市区藏汉民族之间社会交往的条件》，《社会学研究》1990 年第 3 期。
② 束锡红、聂君：《西部地区民族关系的实证研究》，《民族研究》2012 年第 5 期。
③ 郝亚明：《西方群际接触理论研究及启示》，《民族研究》2015 年第 3 期。
④ 徐黎丽：《接触与非接触——影响民族关系的变量分析》，第七届人类学高级论坛论文集《中华民族认同与认同中华民族》，2008，第 243 页。
⑤ 来仪：《城市互嵌式社区建设研究》，《学术界》2015 年第 10 期。
⑥ 麻国庆：《当代中国的社会现实与应用人类学研究》，《华人应用人类学刊》2012 年第 1 期。

同构成的复杂体系。三者之间层层深入的关系，可以理解为民族团结建设中条件、深度与目标的关系。其中居住格局嵌入构建了空间条件，从而推动了民族人口社会交往的发展，形成了互嵌式社区的社会条件。空间条件与社会条件共同作用在一起，影响了社区的心态氛围，决定了社区民族交流交融的走向。在这个意义上，互嵌式社区的建设需要先后处理空间层面的居住隔离、社会层面的结构分割与资源排斥、心态层面的心理疏离三项工作。①

　　这里社会心态问题应给予特殊的重视。费孝通先生较早提出了心态问题对于社会科学研究的重要意义，"更应当关心的是人类相处的心态问题……研究人与人之间、国与国之间相互共处就不能不研究人的心态问题"②。后来他进一步提出要研究心态秩序的问题："必须建立的新秩序不仅需要一个能保证人类继续生存下去的公正的生态格局，而且还需要一个所有人均能遂生乐业、发扬人生价值的心态秩序。"③ 他的这一观点源自潘光旦先生的"位育论"，位是安其所，育就是遂其生。④ 在谈到民族问题时，潘光旦先生指出："民族问题的根本问题或中心问题就是……安所…… 就是民族秩序的维持。遂生 …… 就是民族进步的取得。"⑤ 后来费孝通先生利用"心""神""性"等概念提出拓展社会学研究传统界限的主张，强调："中国社会学现在还没有特别讲这个'心'，但是要在中国文化背景下研究社会，不讲这个'心'是肯定不行的。"⑥

　　我国民族地区取得了快速发展的成就，但是如何重建和谐的心态秩

---

① 郝亚明：《族际居住格局调整的西方实践和中国探索——兼论如何建立各民族相互嵌入式社区环境》，《民族研究》2016 年第 1 期。

② 张智楚：《人类学的新使命——从"生态"研究到"心态"研究》，《群言》1992 年第 9 期。

③ 费孝通：《中国城乡发展的道路——我一生的研究课题》，载《费孝通文集》第 12 卷，群言出版社，1999，第 315 页。

④ 潘光旦：《位育?》，载潘乃穆、潘乃和编《潘光旦文集》第 8 卷，北京大学出版社，2000，第 439 页。

⑤ 潘光旦：《民族的根本问题》，载潘乃穆、潘乃和编《潘光旦文集》第 9 卷，北京大学出版社，2000，第 239 页。

⑥ 费孝通：《试谈扩展社会学的传统界限》，《北京大学学报》（哲学社会科学版）2003 年第 3 期。

序问题尚未被重视。社会心态的变化与特定的社会运行状况或重大的社会变迁过程相联系①，既是快速发展与社会转型的反映，也是影响这一进程的重要力量。② 社区内宏观的风潮、舆论和社会成员个体的感受、信心、情绪、社会心态，会通过社会认同、情绪感染、去个性化等机制，对人们的行为产生潜在的和情绪性的影响。③ 回到互嵌式社区的讨论中，便是在推进互嵌式社区环境和社会交往的同时，如何充分认识嵌入其中的人们所面临的压力感、安全感、公平感以及各种心态的问题。互嵌式社区必然打破旧有的聚居格局，让不同民族的人们身处同一个空间之内，形成所谓"抬头不见低头见"的局面。而社会交往的深入，在促进民族交往的同时，也必然会加大矛盾冲突的风险。这都使得社会心态的研究成为互嵌式社区建设的重要内容。

回到"互嵌式社区"提出的政策话语中，习近平是在强调民族团结重要性的语境下提出的。其主题是"做好民族工作，最关键的是搞好民族团结，最管用的是凝聚人心"，目标是"促进各民族群众相互了解、相互尊重、相互包容、相互欣赏、相互学习、相互帮助"，最终实现"让各族人民像石榴籽那样紧紧抱在一起"。因此，在"互嵌式社会"的讨论中，"人心"或者说社会心态是一个重要的面向。在社会发展进程中，社会心态不仅是一种需要重视的社会心理环境和条件，也是可以发挥积极作用的社会心理资源，对于民族团结与民族地区发展具有重要影响。④ 忽视这种社会心理条件，则有可能阻碍互嵌式社区建设乃至各项民族政策的实施，在解决老问题的同时制造出新的问题。而作为社会心理资源，如果在充分认识的基础上加以开发，对于解决民族地区的社会问题，构建和谐民族关系都有重要意义。其重要性还在于，微观上可以研究社会舆论、心理、情绪，有助于具体民族问题的认识；宏观上可以研究民族认同，从而与中华民族共有精神家园的建设联系起来。

---

① 马广海：《社会心态的概念辨析》，《光明日报》2014 年 4 月 2 日第 16 版。
② 王俊秀：《社会心态：转型社会的社会心理》，《社会学研究》2014 年第 1 期。
③ 杨宜音：《个体与宏观社会的心理关系：社会心态概念的界定》，《社会学研究》2006 年第 4 期。
④ 杨宜音：《作为社会共识表达方式的社会心态》，《光明日报》2014 年 4 月 2 日第 16 版。

# 第 五 章

# 规则互嵌:木座寨的纠纷矛盾与社会控制

## 一 社区概况

木座藏族乡位于四川省平武县境北部,白马藏语称其地为"拿佐"。清道光版《龙安府志》记为"木作",今日当地人习惯称为"木座"。乡境东接高村乡和青川县唐家河自然保护区,南邻木皮乡,西连白马、黄羊关两藏族乡,北界甘肃文县上家坪、上丹堡两乡。辖木座、河口、新营三村,13 个村民小组(含寨子)。距县城 28 公里,面积 715 平方公里,人口 2000 余人。

木座藏族乡宋属龙州三寨长官司白马寨辖地。历元明清至民国 29 年(1940)隶阳地特编乡,民国 34 年(1945)隶阳地乡,民国 38 年(1949)归于新民乡。1950 年 8 月隶白熊大部落。1952 年从白熊大部落中析出建木座乡。1956 年民主改革结束后建木座民族乡。1959 年 10 月建立木座人民公社。1962 年 5 月改置木座藏族乡。1968 年 10 月复建人民公社。1981 年 9 月更名为木座藏族人民公社。1984 年 3 月改名为木座藏族乡,此后至今建制未变。

本章调查点木座乡民族村包括三个村民小组,可分为木座寨子和自一里两部分。木座寨在白马藏语称为"la chi kua",汉名"木座寨",包括现在的山上寨子、河坝里、倒挂沟。而自一里藏名为"zi ye",汉名"自一里",包括现在的自一里和自一沟。在当地人的语言中,木座寨和自一里合起来就称为"拿佐"。

在该地的历史上，番官和头人是木座社会传统的领导人物，他们归土司管辖，而土司则要受到朝廷州县官员的制约。到了民国后期，国民政府在这一地区引入了汉区的保甲制度，从而使番官、头人同保长、甲长并存于本地社会。1949 年解放后木座寨的地方管理组织并没有什么大的变化，仍然由番官、头人等传统首领来管理寨子里的日常事务，后来平武县政府下派了几个驻村干部以指导工作。1953～1954 年土地改革在该地开展，木座寨成立了农民协会，由贫下中农出任协会的各个职务，主要负责开展土地改革和组织生产。1958 年，木座寨农民协会撤销，改建民族管理区。管理区包括了木座寨和自一里，这是两个寨子第一次归于同一地方行政组织。到 1960 年，民族管理区撤销，设立民族大队。大队包括三个生产队，自一里为一队，木座寨子（包括河坝里）是二、三两个队混居。1999 年，民族大队改为民族村，设三个村民小组，这种状况持续到现在。

政治上该地一直都实行土官（番官）制。各寨有小土官（头人），不世袭；若干寨子组成一部落，相当于一个乡的范围，设有大土官，基本上是世袭的；再上边就是土司。在平武境内存在着王、薛两家土司，他们要受朝廷州县官员的控制。本地土官的统治是比较松弛的，远没有附近汉区的基层治理那么严密、完备。土官有权吃绝业，有关地界、财产、婚姻等纠纷由土官解决，他们的意志就是法律。纠纷双方还得向土官交纳大量的“口嘴钱”，这也是土官的重要收入。土官可以吊打欠债的群众。但在白马藏族的聚居地，没有成文法，也缺乏系统的习惯法，最高的刑法是跪、吊打、罚款。当地传统社会也没有常备武装，一旦有警情，各寨头人临时组织队伍出击。群众见到土司要跪下、叩头，见到土官头人则没有低头下跪的“礼节”或“规章”。这也是很长一段历史时期内该地地方政治的主要形式。解放前的最后一任土司中，王家分为前王和后王，前王王金贵，后王王叔平。王金贵管自一里以下、木皮以上，包括现在木座、木皮两乡，到潘羊崖为界。他平时住在平武县城，也会到各个寨子上巡视。每年每家老百姓要背 5 升小麦交到他家。

到了民国 34 年（1945），木座寨子隶阳地乡，国民政府的保甲制度在该地建立起来。保甲制和之前的土官制并存，形成了保甲长和番官头人共治的地方政治局面，本地的权力关系前所未有地复杂起来。根据对YZM 老人的访谈：

> 解放前头人是头人，保长是保长，头人是藏区的，保长管藏区，汉区。头人就像个生产队长，每年要选。他当得好两三年都可以当，当得不好就不当了。选头人时，要能说，身体要好，为人要公正。大家选了还要通过乡上批。保长大一点，是县老爷派下来的，保长番官一样大。甲长就像现在的生产队长，甲长、头人一样大。内部的事就找番官、头人，外部的事就找保长、甲长。

根据老书记 ZYK 的回忆，解放前最后一任番官是木金金（藏名"金金娃"），他也是保长；头人是朱明新（藏名"射稞子"）；甲长有正副两个，正甲长是木正仁（藏名"八赖"），副甲长是杨香云；武装队长是王银泉。到老书记他们任职时，保长甲长的职能已经十分明确了。解放后曾在木座乡任职的 WPG 说：

> 保长就是县大老爷来了接待，相当于村主任。甲长呢，今天保长说了要干啥，他就吆喝，老爷来了他就收粮、收肉、收酒。每年要给县大老爷交一次税，保长、甲长主要负责征税、交钱、交鸦片烟。鸦片烟他们看家庭情况派给你好多（多少），富的三两，穷的每家一两。每家每年要向县大老爷交一个猪头，由保长、甲长负责征收。保长、甲长还要解决寨子里的纠纷，组织武装保卫寨子的安全，还有几个寨子联合起来打土匪，保卫地方上的安全。保长组织大家一起去拜土黎、山神，组织收钱、买羊羔、请道士。

不过这上边最后一点，很可能不在保长的职权之内。木座寨其他老百姓的说法是，过去每年四月十八要由"寨主"带领全寨子的人去拜"启朗土地"。而且他们也称木金金为"寨主"，这很可能是因为他本人就是番官，而番官是当地传统的地方首领。木金金后来兼任番官和保长，所以 WPG 才会有此一说。

WPG 回忆说，木座寨以前世世代代的番官就是木家。木家管辖范围从木座、新驿，直到清川县的冒险坝（音）。到木金金当番官时，就只管木座寨子。解放后，地方的管理人员并没有什么大的变化，木金金等人的职位一直维持到土改时。后来平武县上派下来几个汉人作为驻村工作队，他们也只是指导一下而已。1958 年"镇反"运动时，木金金被抓去四川旺昌劳改，后病死。

除了番官头人、保长、甲长等正式的地方政治角色外，活跃于四川省的汉族民间秘密组织"袍哥会"也在木座寨子有着巨大的影响力。据平武县志记载，平武县的主要政治人物、工商人士都是"袍哥会"的成员，甚至很多藏区的番官头人也加入了这一组织。本地的袍哥组织分为清水袍哥和混水袍哥，清水袍哥打击恶事，而混水袍哥则专门抢人财物。木座寨子的 WSY 就是混水袍哥的红旗管事，主要负责开店，并通过开店观察过往的路人，然后让混水袍哥的兄弟去抢。他在寨子里也帮人写状子，或者买卖土地、药材的契约。事实上 WSY 本不是木座寨子的人，他原是汉族，以"抱儿子"的身份进入木座寨。解放后 WSY 就被抓了，释放后到 1952 年"清匪反霸"运动时，又被抓去坐了 8 年牢，后来回家务农直至去世。而 ZMW 当年是袍哥老幺，主要负责喊人、送信。1952年建木座乡，ZMW 任第一任乡长。"大跃进"期间他被撤职，打成右派，1977 年平反。据 WPG 回忆，袍哥老幺是"有的你吃，没的你说"，而且"你参加袍哥老幺他才保你，不然红旗管事要害你"。

土改后，木座寨成立了农民协会，这是本地历史上第一次完全将土官制度废除。在地方政治活动中，以前的地方土官与政府机构分权的现象转变为政府机构完全控制了地方权力。第一任农民协会主席是村民WTW，他是 MJJ 的亲姐夫，但家庭成分是贫农。WTW 任上最大的工作就是分土地，揭发番官头人的恶事。这也导致村民们对他的印象不好，YZM 老人回忆说"人人都讨厌他，爱批评人，一天说人家这个不对，那个不对"。MSW 是 WTW 的帮手，他也揭发了 WSY 和 MJJ 不为人知的一些事情。其实，番官头人是解放前寨子里公共生活的实际组织者，特别像伙耕生产和祭拜神灵这样重大的活动，番官头人的作用更是重要。所以对于 MJJ 等人的批判实际上就否定了木座寨子村民过去的生活习惯。

WTW 作为一个历史变革的执行人，将自己同当地几百年的传统生活对立起来。

1958 年，农民协会撤销，改设民族管理区，并包含了自一里。这是自一里和木座寨第一次归于同一村级行政机构，木座寨和自一里也第一次得到"民族"这样的名称。这个名称自谁而起已经不清楚了，但它却成为当地一个最基本的汉语称谓。民族管理区的第一任区长是睦世发（也写成"木实花"）。而副区长是袁玉兴，他是汉族，也是"抱儿子"。

1960 年，民族管理区又改为民族大队，含三个生产队，自一里是一队，木座寨则分为二、三两个队。也正是在 1960 年，ZYK 开始在队上工作。1960～1970 年，他担任二队队长，1970 年开始担任民族大队队长一直到 1974 年，1974～1986 年他任大队书记。1986 年下半年开始，ZYK 受聘于平武县林业局任林业员，监督绵阳市伐木厂和当地老百姓对木座寨子周围山上国有林的砍伐。据他说这是因为自己对寨子周围的山林很熟，又在民族大队干了多年，很了解本地的事情而被聘任为林业员。1994 年他的林业员工作也结束了。前前后后 ZYK 在民族大队干了近三十年，这三十年间外边的世界发生了许多大事。据 ZYK 回忆，"文化大革命"时，因为本地有个绵阳市伐木厂，所以白马藏民们也学汉人闹起来。当时的造反派分为"红工联"和"陈造"两派，都归伐木厂的造反派领导。木座寨村民主要参加的是"红工联"，但也就是跟着伐木厂的工人开开大会，并没有闹得特别厉害。不过木座寨有一个人在"文革"期间相当活跃，他就是 WPG。WPG 生于自一里，1954 年 15 岁时被抱儿子抱到寨子上的木家。1956 年他开始在木座乡担任通信员，1966 年任乡政府武装部部长，负责训练民兵、保卫安全，还兼任木座乡团总支书记。"文化大革命"开始后，WPG 先后在江油、广元等地搞运动，他自己说"67 年以后到上层去活动了"。此后，ZYK 还经历了 1976 年的松（潘）平（武）大地震，以及 1982 年的土地联产承包责任制改革。不过他认为这期间并没有什么特别重要的事情，寨子里没有什么变化，一直都是开开会、组织生产。

从 ZYK 的访谈中得知，木座寨还出过一对父子乡长。1952 年前后，父亲 ZTC 就在乡上工作，培养少数民族干部时，还去西南民族学院学习了两年。后来先后任木座乡副乡长、乡长。1973 年因肺结核病去世。而儿子 ZYY 读到小学后就去内蒙古当了两三年兵，回到寨子后在木座寨劳动锻炼了半年。据 ZYK 回忆：

> 当时我是书记，隔房兄弟嘛，你晓得，当时木座乡有一个保送读大学的名额，他不够一年，我们就跟上边说他有一年，就保送他去上了西南民族学院，读了三年书。

ZYY 读完书后先后在水晶区（现在的平武县水晶镇和水柏乡）、白马乡工作，后来又任木座乡党委书记兼藏区副书记（藏区包括现在的白马乡、木座乡、木皮乡）。2002 年 ZYY 在平武县档案局副局长任上因肝癌去世。ZYY 被认为给木座寨子做了许多事情，他任乡长、乡党委书记时给寨里修了饮水工程，还修了从山下九环线上到寨子的公路，特别是 1992 年在木座寨子的坝坝里举办了一次规模宏大的"清明歌会"，许多村民至今记得"小汽车从寨子上排到了河坝里"。今天寨子里的人提起他还会说"那是一个好人"。

ZYK 之后，自一里的 WG 接任了大队书记，而此时的大队长成了QW。QW 给寨子里办了许多事情，比如修饮用水。而且他为人很好，心直口快。虽然已经去世了，在寨子里仍然有很高的威望，许多人称他为"寨主"。他在 1996 年带领木座寨子百姓去后山拜"土黎"，即"启朗土地"（木座寨寨神）的事件，下文将重点记述。

QW 之后就是现任村支书 YZX，他先后担任三队队长、副村主任、村主任多年。由于近年来国家扶助政策和资金的增多，YZX 完成了许多事情。木座寨子的饮水工程修了三次，前两次是 QW 主持的，先是用水渠把山上的泉水引下来，后来改用钢管，YZX 最后用胶管把水分到了各家各户，最终解决了寨子的饮水问题。村民 GR 回忆说：

> 七几年（20 世纪 70 年代）吃的是坝坝东边山下的泉水。早上女人做饭，男人就要去背水，回来吃完饭再去地里。有小娃的就让

小娃去泉边舀水，等到大人晚上回来再去背。

寨子里各家各户之间小路的水泥硬化也是在 YZX 的主持下，依靠国家投资的资金完成的。路是由村社干部先量好要打多少，再算出每家要多少水泥，然后县上就直接把水泥分到每家每户。各家要自己去山下夺补河里背沙子和石头，等到沙石攒够了，再给亲戚说一声，大家一起干一天就打完了。一般都是经常往来的亲戚朋友，住在一起的也会一块儿干，这也是木座寨子"换工"的习俗。

在 YZX 的任内，国家"退耕还林"的政策给本地社会产生了深远的影响。木座寨的退耕还林是在 1999 年开始试点的，试点时只有几户，山上寨子里的 MYZ、MLS、SLX 和山下河坝里的 WDY。之所以选这几户是因为一方面他们在九环线两边都有地，另一方面他们都是干部（MLS 是老教师），对政策信得多一些。当时每家只试了 2 ~ 3 亩地，结果一到 7 月国家就把粮食退了。2000 年乡上和村社干部组织村民开会，宣传退耕还林的政策，结果人多嘴杂，会没有开成。于是乡上先组织村社干部和社员代表到乡上去开会，他们回来后同乡上的干部一起组织村民开会，乡长、书记也都出席。会上村社干部向村民仔细说明了退耕还林的目标、意义和要求，以及规定里头要栽什么树种，每亩补偿多少粮食。当时寨子里的会场是在坝坝里的篮球场，全寨子的村民聚到一起，村民也能讲话，说出自己的想法。YZX 回忆道：

> 当时个别户还是有担心，担心年底粮食兑不了。但大多数还是同意，不同意的大概有 10%。为什么大多数同意呢？我们这个地方种粮食好恼火，地又远，产量又低。

2000 年时，根据当时四川省的政策，木座寨退掉了九环线两侧北纬 25° 以上的坡地，2001 年就基本上退掉了全寨所有的土地。按政策一亩地退原粮 300 斤，有玉米、小麦、大米，折合成细粮就是 238 斤左右。每亩土地还有退耕还林款 20 块钱，县上每年会在 7 月和 11 月发放。从 2000 年到 2003 年，村社干部会统一组织汽车把粮食从县粮站拉回来，然后在坝坝里按每户的亩数分发。根据 MYC（当时任村文书）的访谈：

> 但这损失太大，每年就缺几百斤粮食，麻袋口口烂了，绳绳断了，路上的损失太多。村社干部就自己出粮食，像我每年就要少吃120多斤粮食。这样有的群众说好，（村社干部）他自己的粮食都少，把这事摆平了。但是有的社员还是好，他自己的粮食少个七八两、一二斤他就说算了，你们的也不够。有些呢，一格格在秤里面扒。这样有的干部就想不通，我做了好事，还得不到好。后头就算了，随意组织。

不过其他村民则说是村社干部嫌麻烦，所以不再统一往回拉粮食，而且他们还认为村社干部在组织汽车的时候有虚报车费的行为。大家都承认每年粮食都有缺口，村社干部也摊了些，不过也就几十斤，不可能有干部口中几百斤的损失。

2003 年村民就自己组织运输粮食。几家人关系好一点，就合在一起。组织到 5 吨就有一大车，3 吨就一小车，从县上粮站往回拉。这样粮食有了损失就大家分摊，车费也一起出。河坝里住得近一些的，就是住在一起的几户一起。而山上寨子里还是亲戚在一起的多，年轻人也会找朋友搭帮。

2004 年退耕还林的政策由补贴粮食变为发现金。寨子里的老人说："现在的年轻人不会当家，妈老呵又管不了，给成钱，他吃了、喝了、花了到时吃啥子？"于是老年人们就向干部反映，村社干部又向乡上反映。最后村干部拿着乡上印制的表格，通过挨家挨户的摸底，仍然有2/3村民选择粮食。他们就向乡上、县上反映，由县粮食局出面，统一把木座寨退耕还林的钱买成粮食，继续给大家退粮食。从此以后，每年年底村社干部都要登记各家是要钱还是要粮，要钱的到时候直接给钱，要粮的再统一买成粮食。按照本地的情况来看，退耕还林的粮食足够吃了，现在年轻人出去外边打工，只有老人和小孩在家，粮食就攒下来了。有的人觉得粮食够了就要钱，特别是那些在外边工作退休回来的人家。家里人多猪多的还要退粮，现在退粮的还占多数。

退耕还林的政策不仅改变了村民们的生产习惯和日常生活，更改变了作为基层政治人物的村社干部的工作职能。村寨首领们再也不用组织生产，这是几百年来的第一次。解放前的木座寨实行"伙活耕地"，即每年耕种的季节，以村寨为单位集中全寨的耕牛、劳力，从坝到坡依次耕完全寨的土地，不分贫富，不记工找补，到秋收时则各自收割自己土地上的庄稼。这种制度当中最核心的就是番官头人的组织，他们将全寨的生产力量集中起来，以应对严酷的自然条件。组织生产，防治自然灾害是"寨主"的主要职能。而解放后很长一段时间内，组织农业生产是大队干部的主要工作。按照老书记 ZYK 的访谈，即使在文革这样动荡的时期，也要以发动生产为主。但退耕还林后，木座寨村民不再大规模耕地了，每家只有几分菜地和一点种洋芋的山地，就没有了组织管理生产的必要。村社干部每年春秋种树时节，和上级林业员到山上的地里去看看，检查一下树木的生长，此外很少参与生产相关的工作。由于退耕还林，现在木座寨村社干部的职能中已经没有组织生产这一部分了。而从另一方面来看，村民们的主要经济来源由种植粮食转变为国家退耕还林的粮钱以及外出打工，村社干部掌握的资源大大减少，村民们的独立性则是增强了。事实上就是村社干部对于村民的控制力下降，其职能中的管理性下降，而服务性上升了。

退耕还林大大减轻了村社干部的工作强度。寨子里的退休教师 CM 就说："退耕还林后，村社干部就是每年问一下你要钱还是要粮，造一个册交上去就是了，其他就是计划生育、保护森林这些事了。"村主任和村支书都可以领工资，但是金额并不大。而且中欧天然林保护项目这样的外部资助也多起来，所以村社干部的职位对于退耕还林后闲在家里的人来说其吸引力就比以前大多了。从 2002 年开始，木座寨村社干部的选举就十分激烈，特别是社长这一职务。一个社长往往有好几个人争，村民们也分成几派，有的支持这个，有的支持那个。而且拉选票的活动也多起来，参加备选的人在选举前会到各家去活动，特别是那些有影响的村民就变得举足轻重。候选人也会公开许诺要为村民，为寨子干什么事。像 2005 年民族村第三村民小组的社长一职，就因为十几个人争夺，后来就让村主任门朝富（自一里）代理了。

弄清楚木座寨的社区政治历程，接下来再来看当地的文化特征。白马藏人是居住在汉藏文化圈交界地带的古老民族，其祖先可以上溯至先秦时期的氐羌人。《史记·西南夷传》记载："自冉龙以东北，君长以什数，白马最大，皆氐类也。"但是一直到明清时期，随着行政的深入，对平武境内的少数民族才分别有"白草番"（今色尔藏族）、"木瓜番"（今虎牙藏族）和"白马番"（今白马藏族）的区分。20世纪50年代的民族识别中，白马藏人被划归为藏民族的一个边缘地域分支。但是从60年代开始，白马藏人曾不断要求重新进行民族识别，以求获得"少数民族"的独立地位。① 四川省民族事务委员会在1978年和1979年曾先后组织两次实地调查，并召开学术会议以讨论白马藏人的族属地位。① 地方政府也曾积极争取白马藏人由"藏族"转变为"白马人"。② 经过民间与官方、地方与中央、学术与意识形态的多年冲撞，目前各方对白马藏人的文化特殊性已经有了一定的共识，但其族属和地位仍未明确。已有研究对该族群的族属问题有四种观点：（1）有的学者认为白马藏人与历史上的氐人存在渊源关系，提出该族群是商周至隋唐活动于甘南川北一带"白马氐"的后人③；（2）有的学者从生活地域、宗教信仰与语言习俗的相似性出发，认为白马藏人是松赞干布时期东迁的番民后代，是藏族的支系④；（3）有的学者认为"白氐"即白马羌，或称白马氐，白马藏人

---

① 这些调查完成了《关于平武县的达布人的族别问题的调查报告》和《关于我省平武、南坪及甘肃文县一带部分少数民族识别的补充调查报告》两份报告。在相关会议论文和调查报告基础上，四川省民族研究所出版了《白马藏人族属问题讨论集》（1980）。

② 平武县政府组织人力先后编纂了《白马藏人族属研究文集》（1987）、《白马藏族文化与旅游发展研讨会论文集》（2003）。当地政府还积极联系相关的民族学研究机构开展白马藏人的调查研究，如北京大学、中山大学、中央民族大学、四川大学等机构均在当地进行过田野工作。

③ 孙宏开：《历史上的氐族和川甘地区的白马藏人——白马藏人族属初探》，《民族研究》1980年第3期；徐中舒：《川甘边区白马藏人属古氐族说》，载《白马藏人族属问题讨论集》，四川省民族研究所，1980；马长寿：《氐与羌》，上海人民出版社，1984，第23～29页；李绍明：《氐、白马藏人族属研究文集》，平武县白马藏人族属研究会，1987；黄英：《白马藏人族源探析》，《兰州大学学报》（社会科学版）2002年第4期。

④ 桑木旦：《谈谈"达布人"的族属问题》，《白马藏人族属问题讨论集》，四川省民族研究所，1980；索郎多吉：《关于"达布人"的族别问题》，《白马藏人族属问题讨论集》，四川省民族研究所，1980；杨士宏：《"白马"藏族族源辨析》，《西北民族学院学报》（哲学社会科学版）1985年第4期。

应属于汉藏语系古羌语支"宕昌羌"的苗裔[①]；（4）有的学者指出白马藏人在文化上与周边的羌族、汉族、藏族均有相似性，但也存在自身的特殊性，因而难以简单确定族属。[②] 白马藏人的这种文化特殊性使其成为民族识别工作的典型遗留问题[③]，也显示了统一的意识形态标准与民族走廊地带族群文化的复杂性之间的错位。

白马藏族集中分布在摩天岭两侧的四川平武县、九寨沟县和甘肃文县境内。平武县境内则主要分布在白马、木座、木皮和黄羊关等四个藏族乡。这里是费孝通先生提出的"藏彝走廊"东部藏汉两大文化交错的地带，历史上汉、藏、羌等不同民族在这一地带你来我往，形成了交错杂居的文化格局。在历史发展过程中，处于民族走廊地带的白马文化中吸收了大量的汉藏族文化元素。今天的白马人仍有两套姓名，一套是用白马话起的藏名，另一套则与汉族姓名基本相同，拥有区别支系关系的"汉姓"。而白马文化对藏族文化的吸收，最为明显的是白马语言中对藏语的借用，白马语的常用词中与藏语同源的词占比达 27%。[④] 经过各民族文化传播、交往、融合及并存，白马文化本身就类似于一个内含多种文明元素的地域文化。

如果说民族走廊地带的历史和文化环境决定了当地跨民族文化的社会性质，那么现代以来的经济开发则将这一特征极大地复杂化了。地区内各族群的联系在现代日益紧密，这是与地区加速进入国家治理体系和全国市场联系在一起的。白马社会传统的生产方式是自给自足的农牧经济，白马人的姻亲关系多在本地，也有部分与南坪、文县等地白马藏人通婚，这构成本地传统交往圈的基本面貌。[⑤] 90 年代初兴盛的木材生意使一部分白马人与外地汉族有了密切的生意往来。

① 任乃强：《达布人的族源问题》，《白马藏人族属问题讨论集》，四川省民族研究所，1980。
② 张济川：《白马话与藏语（上）、（下）》，《民族语文》1994 年第 2、3 期；李绍明：《羌族与白马藏人文化比较研究》，《思想战线》2000 年第 5 期；孙宏开：《白马藏人的语言》，《白马藏人族属问题讨论集》，四川省民族研究所，1980，第 15～25 页。
③ 费孝通：《关于我国民族的识别问题》，《中国社会科学》1980 年第 1 期。
④ 孙宏开：《历史上的氐族和川甘地区的白马人》，《民族研究》1980 年第 3 期。
⑤ 连玉銮：《现代化进程中白马藏族的社会变迁研究》，四川大学硕士学位论文，2005，第 34 页。

　　对本地影响更为深远的是 1999 年的"退耕还林"政策，该政策落实之后，白马人完全进入了国家的社会福利体系。世代相传的生计方式失效之后，退耕还林补贴成为当地人最稳定的收入来源，政府成为他们日常生活中最重要的经济力量。白马人成为依赖于政府的受补贴者，他们之间不仅仅是治理与被治理的关系，更是依赖与被依赖的关系。

　　另一个影响当地社会结构的因素是大型水电企业的进入。随着夺补河梯级水电开发的推进，这些大型企业不仅改变了当地的经济生态，也影响了社区的权力和政治结构。2002 年中国华能集团公司与平武县政府签订了火溪河"一库四级"水能资源开发协议，开发建设水牛家电站、自一里电站、木座电站、阴坪电站。根据不完全的统计，2002～2010 年以华能为代表的水电企业在平武境内在建和计划兴建大小 17 座水电站。

　　经济发展也引起利益格局的复杂化和社会阶层的分化，改变了传统白马社会高度同质的社会结构，把白马人纳入了以县城为中心的经济体系之中。随着交往圈的扩大，本地各个族群之间，本地与县城之间，白马人与汉人之间的互动日益密切。白马人已经不再是独自生活在寨子中的少数民族，而成为区域经济体系中的参与者。需要说明的是，这一地区各文化体系的相互交叉并不是近代才开始的，而是一个历史过程，在这一过程中的任何一点上，都有它文化上共生、借用或叠加的不同特征。

　　总而言之，20 世纪 90 年代以来，本地经济结构发生了巨大变化，不同民族之间，白马藏人与政府之间的交往不再是偶然的、断断续续的，不同民族被经济力量挤压在一起。民族走廊上的白马藏人社会面临更复杂的民族交流环境，同时经济发展也给白马社会和文化带来巨大的冲击。民族走廊地区存在多种文化体系，人们既生活在自己独特的民族社区内，也活动于共同的地域范围中，同时因为民族政策和经济卷入又受到不同的国家约束。在这样的背景中，人们日常生活中出现的纠纷、惩罚经常处于一种复杂的社会规则机制下，权威、规则、舆论更多元，而且往往还有民族内外之分。这就提出了一个问题，如何理解这种社会规则的跨越与混用？

　　下面将通过对具体的案例分析，来展现这种"跨体系社会控制"内部的机制是如何运作的，不同群体的人群面对不同的权威和规则怎样做出反应。本章将考察当地白马人内部，白马人与外部两种实践情景下的社会控制，分别以白马人、外人、外部集团为行动主体，分析他们在这些不同情境中如何利用和违反各种社会规则。

## 二　村寨内部的纠纷及其解决

社会内部的秩序体系是早期法律人类学研究最为关注的。不管是"以规则为中心的范式"所关心的具体规则的实践情况，还是"过程的范式"注重的人们对纠纷的处理过程，都是想了解一个社会的整合与运行。这也是人类学最基本的命题之一。本地白马藏人的传统社会中，土官有权吃绝业，有关地界、财产、婚姻等纠纷由土官解决，他们的意志就是这个社会的法律，纠纷双方还得向土官交纳大量的"口嘴钱"。在现代的法律进入本地之前，这种制度有效地维持了社会秩序。正是因为调解纠纷需要花费大量的钱物，高成本迫使人们利用各种方法来减少纠纷，从而维护了社会有序运行。但1949年之后土官和头人不复存在，这种制度也就由官方转入地下，乃至逐渐被抛弃了。

### （一）成员个体间的纠纷

现在的村民纠纷可以分成大小两种，各有不同的解决方法。

　　一般比较多的矛盾就是：砍柴起了争执，小孩子打架，进到别人家的地里割猪草，说别人闲话这些事情。像上边这样的纠纷也就是吵吵闹闹，不会有什么大的状况。如果两个人为什么事情争吵起来的话，一般亲戚朋友都会去劝。但两个人会越吵越凶，而且别人越劝他们，他们吵得越凶。两个人吵着吵着就会把以前的事情都翻出来，比如我过去给你家帮工你没还，过去你哪里又做得不对之类。两个人一直吵一直吵，到后来就慢慢停下来了。然后两个人就相互不说话也不打招呼，十几天半个月后就又好了。一般的小纠纷老人家劝一下就不了了之了，也很少找村上的干部讲理。很少有村民主动找村社干部，村社干部也很少主动管村民的纠纷。

　　　　ZMW 和 NZCL 两家人为鸡闹过两次了。ZMW 说 NZCL 抱了他家的鸡，NZCL 又说他的鸡母在 ZMW 家门口下了鸡蛋，有了小鸡他自己还不知道，ZMW 就把鸡母同小鸡引了回去。先是他们两个吵起来，后来 ZMW 的二儿子也加入进来，亲戚朋友都劝不下，最后是 NZCL 抱走了鸡母和小鸡。两家人为鸡的事情吵过两次，后来再因为其他事情吵，村上没管，他们自己也没有解决。

　　对于社区内部成员之间的纠纷，主要还是依靠亲友网络的调解为主。在社区内部，所有人的日常生活都交织在一起，整个社会就是由血亲和姻亲组成的熟人社会，本地人称为"竹根亲"。类似于传统汉人社会的"无讼"状态，社区成员内部的纠纷主要依靠社会网络的自我调解。因为紧密的日常互动决定了两个家庭之间的联系不可能断绝。社区能人对于纠纷的解决也有很大的影响力，[①] 他们往往利用自己的权威和资源来化解内部成员之间的矛盾。但即使能人凭借个人魅力解决了纠纷，矛盾双方社会关系的恢复还是要依靠亲友网络中的日常交往。与乡村研究的发现类似，社区内部纠纷的解决往往有一个平息和冷却的过程。在这一个阶段双方先是隔离，完全切断一切联系；但是随着生活的继续，双方在社区内部慢慢接触，逐步恢复一些交往；最后经过一个仪式性的活动，比如道歉、喝酒、帮工，双方的互惠关系才得以恢复。

　　对于当地人所谓的"大纠纷"，比如房产、田地和山林的争夺，则都要找人调解，社区能人对于纠纷的解决也有很大的影响力，[②] 他们往往利用自己的权威和资源来化解内部成员之间的矛盾。但闹得凶的话，还会告到法院去。

　　　　WL 和 MLS 家就因为争地界而告到了平武县法院。MLS 的房子在 WL 家正前，两家人为了 MLS 房背后与 WL 家院前的界限争执起

---

① 赵旭东、辛允星：《权力离散与权威虚拟：中国乡村"整合政治"的困境》，《社会科学》2010 年第 6 期。
② 赵旭东、辛允星：《权力离散与权威虚拟：中国乡村"整合政治"的困境》，《社会科学》2010 年第 6 期。

来，WL 砍了 MLS 家的几棵树。MLS 的老婆是 WL 的亲姐姐。当时 WL 的老呵（即父亲）MNN 还在，老人劝说过，但没有解决问题，两个都不听。后来 WL 就告到县法院了。

这件案子之所以会告上法庭，主要是因为 WL 和 MLS 都是地方上有头有脸的人物。WL 在村里做了二十多年会计，而 MLS 在乡上小学做老师。他们都是村寨内的能人，平时帮别人协调纠纷，他们之间一旦发生了矛盾，社区内就没有人能给他们调解。而且他们掌握了外部社会的法律规则，当正常的内部调解不能解决问题时，都主动利用自己掌握的国家法制知识来保护自己的利益。还要注意到个案中当事双方的亲属关系，MLS 是 WL 的亲姐夫，在面对地基界限的现实利益时，即使如此亲近的亲属关系也不能解决问题。传统木座寨是以亲属纽带为居住原则的，往往是家庭分出一个儿子，就在父亲的房子周围给他新建一栋房子。这样就形成聚族而居的格局，所以家庭内部成员之间房屋地基的界限根本不存在。但是正是现代法制产权概念和行政治理技术的引入，在亲属成员之间划分了明显的界限。这种民族传统与现代法制之间的冲突，也是少数民族地区普遍存在的问题。

关于房基的争夺还只是在内部的利益纷争，伴随着经济的发展，白马藏人针对社区外利益的矛盾也凸显出来。旅游开发者、水电施工者进入之后，社区内部成员之间的纠纷也复杂起来，不再仅仅是日常生活的鸡毛蒜皮，往往已经夹杂了复杂的经济利益。

国家在当地施行退耕还林政策之后，在附近水电建设工地打工成了当地人重要的谋生手段。村民们也在几个包工头的组织下形成了相对固定的工程队。自一里的 MCF 与人合伙在河坝里开砂石厂，向夺补河上华能公司的水电站工程提供砂石。木座寨的 YZT 在华能公司的水电站工程打工，是寨子里极少数能在水电站工程打工的人。因为曾经发生过本地人偷盗工程材料的事情，华能公司很少雇用本地工人。据他自己说，也是因为大哥在县公安局的关系，他才能在华能公司工地工作。村民个人因为工作机会引发的纠纷可能很快就变成两个亲友团体，工作集团之间的冲突。虽然双方都是社区内部成员，但是他们相互之间的关系更复杂，而工作集团内部联系的紧密性要高于普通社区成员之间的联系。也就是说经济利益的导入与生产方式的转变作用在一起，已经松动了社区的传统组织纽带。在这样的条件下，小的个人纠纷在短时间内就发展成大规模的冲突事件，这种矛盾是传统的纠纷解决机制无能为力的。但是国家行政机制却能迅速发动公安等多种组织，强力控制局面，把矛盾置于国家法的框架之下，推动其进入国家治理的法制程序。

### （二）村寨成员与社区的矛盾

白马藏人的传统生产方式决定了公共活动在社区占有非常重要的地位，也发展出了一整套惩罚手段来对付不服从集体的个人。"土改"以前木座主要的公共事业是"伙活耕地"的集体耕作，即每年耕种的季节，以村寨为单位集中全寨的耕牛、劳力，从坝到坡依次耕完全寨的土地，不分贫富，到秋收时则各自收割自己土地上的庄稼。与此相配合的还有轮流守护庄稼免遭野兽侵害，修整上山耕作的小路这些事情。

> 在哪座山上干活，谁没有来的话就要罚他一只鸡。这鸡要先敬山王老爷，斩了鸡头，然后就烧了大家分着吃掉。如果罚肉的话就是一两斤腊肉，但比较少。罚酒的也少，当时玉米太少，酒都是拿玉米去酒铺（今平武县酒铺乡）换的。罚鸡的最多，因为当时还愿的事情多，祭神的事情也多，人们养的鸡就多些。番官头人、保长甲长如果不来参加集体的事情也要罚鸡，大家说了算，他们只是做个监督。到解放后的一段时间里，主要还是罚鸡，酒和肉都少。有的时候集体记工分，但谁不来仍然要罚。1982 年前后罚酒开始多起来，开始时是罚 2 斤，1992~1993 年的时候又涨成了 5 斤。杨正明老人说主要是承包责任制之后粮食产量增加了，可以更平常地拿粮食换酒。而且经济条件好了，也可以买，寨子里的小卖部就有散酒卖。后边也有罚钱的，也是用来买酒，一般就是 10 块钱，在寨子里的小卖部里刚好可以打五斤酒，但主要还是罚酒。

不论鸡还是酒，或者腊肉，在违反规则者经济损失的背后，更重要的是一种在集体内的"荣誉"的得失，关乎他在社区内部的声名地位。传统社会中秩序是以一种互惠的原则为前提的，冲突解决背后的基本原则就是使互惠关系恢复到原初整个社会接受的状态。而且鸡、酒或者腊肉的分享又强化了集体认同，使每个人都参与到对违反规则者的惩罚中来。虽然惩罚的形式不断变化，集体参与的内核却没有变化。

以前公共事业由全体寨民集体维护，但是2002年开始由村干部付工钱请人完成，这种凝聚认同的活动正在逐渐衰败。

> 现在主要的公共事业就是修山路，修水，栽电杆。其中刷山路两边的野草，打扫上山的公路和打扫坝坝里是最平常的集体活路。但是2002年开始，就很少组织村民集体干这些事情。一般就是村干部找两三个人去干，然后给他们工钱，这些人大多是村干部的亲戚。有的村民不同意这种做法，说："大伙一起一两个小时就干完的活路，非要开工钱找人去干。"村支书YZX的解释是："都没多少活路，如果组织村民集体去干的话，又要买酒，又要通知，人又组织不齐。倒不如我找一两个人来干，也好管理，完了给人工钱就是了。"

这里明显可以看出随着行政力量的深入，村寨的公共事务由全体成员维护集体认同的一种方式，转变为行政力量管理的事项。始自2002年的转变，主要是因为退耕还林之后，青壮劳动力的组织变成一件麻烦的事情。青年劳动力主要在县城，或者附近的水电站建设工地打工，很多人都不能每天回家，工作场所已在社区的狭小地域之外了。附近主要的水电工地在平武县白马藏族乡，2006年的时候该乡辖区内有7处工地同时施工，距离木座寨大约12公里。最近的华能火溪河自一里电站大坝到寨子也有2公里的距离，而且一旦成为水电工地的职工，就需要遵守一定的时间规范，不可能像在自家地里耕种那么自由。

另外，村民们的主要经济来源由种植粮食转变为国家退耕还林的补贴和青年人的打工收入。村社干部能够动用的资源明显减少，发挥管理职能的权威基础发生了变化。在不同的历史时期民族村权力系统发生了复杂的变化，但是地方精英人物却能利用这些变化，从而维持自己在当地社区的影响力。下面就这些权力关系变化背后的社会结构和文化网络进行分析，进而考察权威获取的地方规则。

（1）亲属网络。通过梳理在本地担任过村主任（或书记）一职的任务，可以看到木座寨的村社干部之间有一张亲属关系的网络。这种情况的出现，主要是因为当地复杂的亲属关系网络。木座寨与其他的白马村寨一样，通婚范围很小，基本限制在寨内，亲属关系显示出一种"竹根亲"的特征。木座寨的 GXZ 讲了一个故事："早上起来找阿宁（当地对奶奶的称呼），在自家院门前喊了几声，结果出来好几个阿宁答复。"这就是因为寨内相互通婚，造成亲属关系的叠加，每个人都有多重的亲属身份。一个家庭都与另外的几个乃至更多的家庭之间存在亲属关系，而人们之间的这种亲属关系又彼此混杂。亲属关系的称谓几乎涵盖了白马藏人群体内部的所有社会关系。当地人使用"园子"称呼整个村寨，实际上将地缘关系也纳入亲属关系的框架之中。但是亲属关系并不能天然地赋予精英人物以权威，还需要与社区历史上的权力传统，或外部政府部门的行政权力联系起来。以最为村民所怀念的领袖 QW 来说，虽然当地权威在不同的历史时期有不同的形式，但却仍然在一个血脉的传承之中。他的父亲做过国民政府时期的武装部部长，妹妹是村妇女主任，妹夫曾担任木座乡党委书记兼平武县藏区副书记，另一妹夫为平武县某局局长。

（2）宗教知识。当整个寨子受到威胁的时候，社区领袖就要担负起组织宗教仪式的职责。QW 之所以在寨子里享有很高的威望，被人们称为"寨主"，正是因为他在宗教活动中的作用。"寨主"的一项重要职责就包括组织祭拜神灵的仪式。木座寨过去每年农历四月十八要由"寨主"带领全寨子的人去拜后山的"启朗土地"。1995 年前后，木座寨子上凶死的人特别多，后来由村主任 QW 出面组织，1996 年底请来平武县新泉乡的端公做法，为本寨的"启朗土地"换了一个祭坛。当整个寨子的利益受到威胁的时候，村社干部们也会承担一些传统习惯中的职责。在传统组织已然不复存在的情况下，木座社会能借用现代行政组织，并形成独特的集体决策机制。在这种情况下本地行政组织的职能迅速转变，和木座传统的集体议事制度相结合，在本地精英之间达成一致。

（3）生计能力。QW正是这样集亲属网络与个人能力于一身的地方精英，亲属关系只是他的一个身份，村民们经常提到的还是他的个人能力和为集体办事的热情。据说他是一个打猎的好手，枪法很准，经常打到比别人多的猎物。虽然QW是以"抱儿子"的身份进入本地最大的王姓集团，但村民们在讲述他的传奇故事时却并不在意。从这点来看"抱儿子"虽然不是本地人，但在木座寨子里仍然可以掌握一定的权力资源，也可以成为本地社会的领袖。一般进入木座寨子的"抱儿子"多为汉族，他们或者掌握了某些本地缺乏的技术，或者对外界有更多的了解。这些都成为他们在本地生存的优势，可以从某种程度上抵消其社会资本和认同感的缺乏，从而保证了他们可以在本地社会获得一定的权力。其他几位被认为最有权威的精英中，有人是周围几个村寨唯一的铁匠，又会杀猪、杀羊；有人懂得兽医技术，突出的个人能力在本地社会传统上就十分重要。

（4）经济资源。另一个影响当地社会结构的因素是大型水电企业的进入。随着夺补河梯级水电开发的推进，这些大型企业不仅改变了当地的经济生态，也影响了社区的权力和政治结构。据不完全统计，2002～2010年以华能为代表的水电企业在平武境内在建和计划兴建大小17座水电站。社区成员之间的利益复杂，传统的结合纽带，如亲属关系、社区组织日益松动，经济利益的重要性逐渐凸显。退耕还林之后，本地最主要的就业渠道就是水电工地。青年劳动力主要在县城，或者附近的水电站建设工地打工。只有那些掌握了重要生产技术、承包工程的资本或者与水电企业建立了合作关系的本地人才能参与到开发的浪潮之中，他们也成为村寨的新精英。村民们在几个包工头的组织下形成了相对固定的工程队，他们对内负责为大家提供工作机会，对外则利用民族身份和市场要素争取经济利益。这样的人物成为人人羡慕的对象，因为不是谁都有本事承包到水电工程的建设，甚至进入水电工地打工也殊为不易。

在不同的历史时期，番官、保长、大队长、村主任代表的是行政权力以不同的形式进入社区，他们承担的职责正说明了行政治理不断深入的过程。但行政治理在社区的落地生根，是以与地方社会原来正式和非正式的权力关系达成合作的方式实现的。行政权力系统与其他关系的互动，表现为各种权威资源的混合、叠加和相互影响。在历史上保长主要是要协调与番官头人、寨主和白盖之间的关系，他在社区内能够取得权威，就能占据行政的职位。后来首要是占据外部行政网络的资源，有了这个资源就能确立在社区内部的地位，因为行政权力已经成为主导性的权威资源。这种不同关系的调适主要表现为精英人物在其中同时担任不同的职位，并在具体的实践中发挥不同作用。以"退耕还林"政策为例，在国家主导政策的落实过程中，地方精英一方面利用自己的社会关系将政策介绍到社区，由某些人来打开局面。另一方面又利用社区的共识来取得上级的行政资源，争取政策的灵活调整。现在市场经济体系引进之后，这个网络又多了一个支柱，那就是经济资源的优势。在生计方式转变的过程中，新的精英不仅打破了传统的社区组织，也为本地的权力竞争带来新的势力。

回顾木座寨的历史，可以看到原本由地方文化网络主导的权力结构，在行政力量深入之后转变为文化网络与行政系统衔接的双向关系，到现在则进一步演变为文化网络、行政系统与市场体系三者的竞争。在历史上主要是血缘、个人能力或者宗教知识决定了一个人是否能掌握这个社会主导的权力关系，而现在主要是协调村民利益的能力以及与外部社会的关系。就现在的情况来说，社区精英在内部的亲属关系更多是确认内部人的身份，但要取得社区的权威地位，就必须满足一系列条件。这些构成权威的因素不仅有行政权力，还有社会关系、个人能力、传统习俗、经济资源，构成多维度的权力网络。这些因素的变化表明，权力关系并不是一个确定的结构网络，更是一个变动不居的竞争过程，不同时期决定权威资源和权力实践的因素是不一样的。

# 三 村寨外部的纠纷及其解决

处在民族走廊地区的白马人在历史上与汉人来往密切，寨子里流传着许多关于白马人与汉人官员、货郎、工匠之间的故事，有喜结良缘，也有杀人放火。但是只有进入现代，国家法制前所未有地深入，这种白马人与汉人的冲突才更多地表现为文化、权力、经济交杂的状态。

　　木座寨子上也有过犯罪事件，2001 年就发生过一起团伙抢劫案。9 个寨子上的年轻人在九环线上抢劫了一辆去江油的双排货车，一共抢到了 1300 多块钱。后来警察破案，寨子的青年有的自首，有的被抓。他们最多的判了 6 年半，最少也是 4 年半，大多被判了 5 年。按当时四川严打的政策，50 块判 5 年，10 块钱判一年。这 9 个小伙子是在外寨一个叫伍三的汉人带领下抢劫的。一共抢到了 1300 多块钱，他们 9 个每人只分了 50 块钱，伍三拿了其余的钱，但是伍三却至今逃脱在外。

　　这些年轻人现在都回来了，有的已经结婚生了小孩。这九个人在江油服刑期间在煤矿上干活，所以有的学会了电机，有的学成了泥瓦匠，每个人还都掌握了一门技术，甚至强过那些待在家里的年轻人。寨子里的人都说这几个是年轻娃儿不知事，被人骗了，现在回来了就好。DRX 的儿子在入狱前在同 GM 谈恋爱，后来 GM 等了他 5 年，2005 年才结婚。GM 是本地年轻人中很好的一个妹子，她是"寨主"QW 的女儿，能歌善舞，现在在河坝里经营一家麻辣烫店。老书记的儿子 2003 年出狱，出来后没几天就去河北唐山打工去了，现在一个月能拿到 1200 多元。他今年已经 25 岁了，还没有结婚，老书记想他早点结婚，但他说儿子坐牢的事不会影响他的婚事。总的来说，本地人对他们并没有什么特别的看法，没有因为他们坐过牢而另眼相看。

　　这个个案从审判到社会后果有几点值得讨论的地方。当地白马人认为这几个年轻人只不过是不懂事，被外边的汉人给骗了，不然他们不会去抢劫。而且抢到的 1300 多块钱，他们每个人只分到 50 块，而那个汉人卷走了大多数。首先不去考虑这个领头的"伍三"到底是不是汉人，这里暗含的逻辑是他们认为白马人原来自给自足过得好好的，是外边的汉人把他们的年轻人教坏了。而且政府把白马的年轻人都抓了，带头的汉人却跑了，这表明处于弱势的白马人对外部国家法制的"公正"并不信任。这种不信任更多的是由于不理解，在他们看来，抢到50块钱就判了5年，就是10块钱1年。他们对于现代国家法制的审判逻辑没有概念，需要利用货币作为中介来解释为什么判刑，以及为什么判了5年。

从法律人类学最关注的社会后果来看，在本地社区，这桩抢劫案并没有对这九个年轻人在社区内的地位和声誉产生多大影响，寨子里也没有因为他们抢劫而惩罚他们。国家法律惩罚了个体，但没有产生预期的社会效应，在白马人社区并没有产生其在汉人社会引发的耻辱感。他们的恋人依旧等着他们回家，他们的家人也不觉得这有什么不光彩。访谈中唯一对此事遮遮掩掩的是上文提到的 MLS，他的儿子也参与了这次抢劫，他接受过一定程度的现代教育，对于国家法律定义下的"犯罪"有了解。相反，因为这些年轻人在监狱劳改时学会了不同的技术，现在的生活甚至好过那些没有工作的年轻人，而这种生活的能力是白马人社会评价的重要标准。

旅游开发和水电开发给当地社会带来巨大的冲击，白马人经济圈和社会交往圈不断扩大。进入白马人社区的游客、水电工程职工、小商贩日益增多，白马人与外来人群之间的冲突也日渐增多。特别是在退耕还林之后，许多白马人在附近的水电工地上谋生，双方个体发生直接冲突的可能大大增加。

> 2004年7月8日，呢哩村民与圣根坝砂场员工之间发生了冲突，呢哩寨子出动100余人赶到工地，导致工程停工3天。平武县司法办组织乡政府、派出所耐心劝解群众，宣传相关的法律法规，要求群众一定要冷静克制，并将群众疏散离开施工现场，召开双方群众参加的会议，调查了解事件发生的过程，分清各自的责任，通过协调使事件得以平息。①

在这个个案中，个体的冲突迅速发展成为外来群体与本地群体的矛

---

① 平武县地方志办公室：《平武年鉴（2005）》，2006，第89页。

盾，因为双方都把自己想象成弱势的一方，需要团结起来才能保证不被欺负。水电开发的工人觉得这里周围都是白马人的寨子，自己只是来这里打工的，无依无靠。相反白马人则认为他们都是国家大企业的职工，政府都不敢管他们。正是由于这种想象，白马人与外人的个体冲突也会带来很大的问题，政府部门不得不迅速介入。但是考察个案的解决过程，就会发现"平武县司法办"作为一个政府司法部门，没有推动司法程序，而是采用召开双方参加会议的方式来协商解决。也就是说县级政府成为双方沟通的中介，矛盾最终的解决不是依靠国家法律机制，而是由县政府组织双方进行谈判和协调，形成一个政府主导下的非正式的沟通渠道。这里很重要的一点是政府如何处理与大型水电企业的关系。

　　在外部个体、组织进入白马人村寨的过程中，难免也会挑战当地人传统的信仰与规则。"曹盖"面具是白马传统宗教信仰中的重要象征，制作过程必须由专人进行，如果不经允许擅自制作"曹盖"，就要遭到山神的惩罚，断手断脚，甚至断子绝孙。而且在制作过程中要严格按照念经、祈祷、择时日、选材料、雕刻、涂色等一套既有的规定程序进行，否则不但制作的"曹盖"不被承认，而且本人要受到山神的惩罚和舆论的谴责。作为宗教信仰的象征，"曹盖"面具附带了如此之多的神圣与禁忌，因而不能随意用手摸。白马人用不干净的手摸了"曹盖"，都会受到山神的惩罚，他们相信外人也是如此。调查中了解到一个故事，平武县有一个干部在寨子里用手摸了"曹盖"，后来就死了。根据其他人的调查，平武县文化馆确曾有一名工作人员在 1978 年病逝于白马路。"曹盖"面具背后是在白马传统宗教信仰中生长起来的一整套规则知识体系，它对这个社会内部的成员具有强大的约束力。如果触犯的是外人，白马人也认为它具有毫无疑问的约束力。个案中的平武县文化馆干部不管因为什么原因死在白马社区，在白马人看来就是因为他用不恰当的方式摸了"曹盖"，这就像阿赞德人的观念一样。[①] 而且这个故事的形成，又成为社区强化"曹盖"神威，教育外来者的知识。

　　地处民族地区的白马社区，最大的文化情境就是白马人的传统文化。

---

① 〔英〕埃文思－普理查德：《阿赞德人的巫术·神谕和魔法》，商务印书馆，2010。

白马人的宗教中最崇敬的是山神，他们认为一切天灾人祸、人间祸福都与山神有关。如果一个白马人得罪了"山神"，他所在的社区会让他杀鸡祭拜"山神"，或者由"白盖"（白马社会的宗教人士）替他作法向"山神"请罪，甚至将其视为灾祸而驱逐出去。一年中的节日活动多以敬山神为主要内容，各家各户的生老病死都要以各种形式向山神祈福、还愿。山神中最著名的是"白马老爷"——"叶西纳莫"。它是白马乡火溪沟与羊洞河交汇处的一座独峰石岗，山上满布乱石。

> 按照木座寨的传统，每年农历四月十八日全体寨民要去拜山神，这天在本地藏语中称为"日瓦找急"。据说这天人们种完粮食，要敬神，让神保佑庄稼。敬神时必须杀牛，这样神才信。每年杀一头牛，全寨子的人捐钱去外寨子买牛，杀牛时每个人都要牵一下牛绳，表示这牛是全寨子的人一起献给神的。四月十八这天的祭神活动必须由寨主带领，寨子里的所有人都要参加。山后的神树也是不能动的，谁碰了神树就要得神经病，要是有人砍了神树，寨主就要带着全寨子的人一起罚他。这些活动解放后就停了，1957 年是最后一次。后来虫害闹得厉害，苞谷都被虫吃了，寨子里又组织拜了一次，之后就再也没有了。

当一个白马社会控制系统之外的人触犯了禁忌，白马社会有两种处理方式。一是靠"山神"降罪；再就是团结起来一致对外，甚至引发群体性事件。

> 原来山上树木葱茏，1953 年秋川北森工局伐木公司管理的劳改犯人在砍柴时引起烧山事件，烧毁了"白马老爷"，当时曾引起白马人的强烈反应，经过政府的多方调节，并对肇事的几个犯人加刑，才平息了事态。

关于这个案件中的犯人，木座寨流传着他们有人砍树时掉下悬崖摔死，有人被野兽咬伤之类的故事，表明白马人也确实认为"山神"惩罚了这些人。但是对于川北森工局伐木公司（该公司在木座的林厂后成为绵阳市伐木场的一部分）而言，"山神"却无能为力，为了避免所有的恶果都落到世世代代居住在这里的白马人头上，他们就要阻止这些行为。这种集体反抗，并不能说服政府将林厂搬离，往往将矛盾转化到外部集团中的个体身上，推动政府对这些个体进行惩罚。在现代法律框架下并没有触犯"山神"之类的罪名，但为了缓解白马人的不满，政府推动司法程序给肇事的犯人加了刑期。也就是白马人的宗教禁忌和国家法律体系在这里达成了沟通，所以白马人虽然不能直接处罚外部集团，但在国家法律体系下获得了"等价物"。

前边的个案讲述的是个人违反了本地白马人社会控制规范，主要是他们怎样触犯了白马人宗教信仰这一最为重要的禁忌领域。从白马人的角度讲，不管是白马人还是汉人触犯了山神都要受到惩罚，而且山神惩罚的手段也是一样的。但如果外部集团触犯了白马人的宗教禁忌，往往会导致本地白马人团结起来一致对外，甚至引发群体性事件。他们认为外部集团违反了禁忌，得罪了神灵，但是山神不能惩罚非个人的外部集团，所有的恶果都会落到世世代代居住在这里的本地人头上，所以他们要阻止这些行为。但这种集体反抗，往往将矛盾转化到外部集团中的个体身上，推动政府对这些个体进行惩罚。

在伐木场没有进入之前，寨子周围的山林全是白马人自己的。但是政府通过法律将其纳为国有，这导致了现代法律与传统山林产权分配知识之间的矛盾，也暗含了利益的争端。1995 年木座寨村民和绵阳市伐木厂之间就发生过一次重大的案件，后来绵阳市政府出面才解决了问题，称为"5·17"案件。

当时地方上砍伐林木成风，本地的外地的人都到这里来砍树，绵阳市伐木厂也承包给了私人砍伐。村民格绕鲁、敖建、王牛娃、杨文华（色若修）等八九个人去山上砍树，他们选了在村有林和伐木厂的国有林交界的地方动手（也有人说他们是去偷人家伐木厂砍好的木材）。承包伐木厂的私人老板段本安（百川县人）就指使护林队队长何世伦带人打了这些村民。村民们被打得十分严重，都四散逃进各面的山里，连家都不敢回。后来村长荞瓦、三队队长朝波、二队队长滴如修带了几十个青年人进山找人，和护林队发生了冲突。第二天伐木厂报案，代生（木座寨出身的平武县公安局副局长）带了县公安局的人进山找人，木座寨的村民也进山找人，期间又和伐木厂发生冲突。后来绵阳市公安局、平武县公安局派出武警才控制了局面，市、县法院、政府在河口乡政府住了一个月左右才把问题解决。

这只是木座寨和伐木厂多年积累矛盾的一次爆发。伐木厂虽在本地区多年，但和地方上的白马人完全隔离开来。他们有自己的医院、学校，甚至蔬菜也是自己种植的。双方完全隔离，既没有利益上的交换，也没有文化上的交流。在此之前就发生过因为伐木厂不让村民搭便车而堵路的事情，村民也有多人被伐木厂的车撞伤。虽然不满和怨气不断积累，但木座寨和伐木场还算相安无事。

到了20世纪90年代初本地木材贸易的兴起之后，白马人关于山林的传统知识和国家法律的分歧就成了焦点。当时白马人、伐木厂、外地私人老板都在砍树，全国各地的商人蜂拥而至，伐木场与本地人成为木材市场上的竞争者。伐木场不再是"国家"的代表，而是一群借着国家的林业机器伐木的汉人，也就是伐木场不再"神圣"。

现在作为当地经济支柱的水电工程也类似伐木场，只不过其隔离标准由国家身份变为知识、技术和资本，它将当地人的参与空间局限在临时性体力劳动方面。

2004年8月14日，水电五局职工与水牛家村民发生了群体性冲突事件。该事件发生后，协调办立即赶赴事发现场，组织白马乡政府、派出所及华能涪江公司等单位制止了事态的发展，避免了更大规模的群体性冲突事件的发生。事态平息后，县上成立了"8·14"事件联合调查组，组织相关部门到成都向水电五局总部的领导汇报事件发生的经过，并征求水电五局总部领导对该事件的处理意见。在联合调查处理过程中，多次去做水牛家村民、水电五局的思想工作。①

　　作为地方政府的平武县来说，当时面临两难的困局。一方面是在国家民族政策下实行"两少一宽"的司法原则，对白马人的越轨行为采取一种宽松克制的态度。而且"维稳"作为地方政府的重要工作，在民族地区尤为突出。另一方面他们面对的是华能集团、水电五局等大型国有企业，这些外来团体不仅是本地经济发展的支柱，而且在行政级别上也远远高于当地政府。这就决定了在白马人与这些集团发生矛盾时，地方政府并不能完全做到国家司法所要求的公平公正，他们甚至不会引向司法程序。更为常见的处理方法是"开会"，组织当事双方坐下来谈判，通过协调双方的利益而平息事件。这种处理机制反映在平武县政府的部门设置上，表现为"协调办"这个协调地方与大型国企利益的中介。

　　上边这种处理机制主要针对的是作为群体性事件的大规模冲突，但在国家法律内有明确规定的个人犯罪案件，县政府则完全照章办事，并将这类案件的侦办率作为衡量法制工作的指标。

　　　2005 年共审结 17 件 30 人，共判处 30 人，其中判处盗窃全县水电工地的人犯 7 件 14 人（平武县白马藏族乡水电七局、白马藏族乡洋洞河移动基站工地、白马藏族乡白鹤沟中铁十二局水牛家项目部四号洞、水电七局水牛家电站项目部 5 号支洞、白马藏族乡水电七局承建的华能火溪河电站 5 号支洞口、平武县白马藏族乡华能火溪河电站水电七局项目部、中铁十二局承建的华能火溪河电站 3 号支洞口施工区、木座藏族乡华能火溪河自一里电站大坝等处），分别占判决该类案件件数、人数的 41.18%、48.28%，共挽回经济损失 3.75 万元。②

---

① 平武县地方志办公室：《平武年鉴》（2005），2006，第 89 页。
② 平武县地方志办公室：《平武年鉴》（2006），2007，第 184 页。

这些外来团体在国家法律控制体系下运行，但是他们在本地的活动又不得不与白马人的规范和习俗发生关系，当两者冲突的时候，其实也就是这两种控制体系发生了冲突。比如，水电五局可能认为当地的白马人偷拿工地上的材料是违法的，县政府应该依法审判；但是白马人觉得你们外边的人占了我们的土地，砍了我们的木材，还不让我们在你们工地上打工，从你们那里拿一点东西是应该的。这里就有一个"法"和"理"的经典矛盾。

到现在，当地众多的水电工程无疑给白马人传统的禁忌体系带来很大压力。

> 2004年由于水牛家水库电站取土料，急需将稿史瑙村坟墓从库区内迁出，但由于白马藏族千百年来形成的固有习惯，不能迁坟（哪怕淹在水中），但工程建设又必须要求将坟墓迁出。迁坟工作难度很大，多次深入到库区做群众工作。组织施工单位出动挖掘机、装载车协助移民户迁墓。及时兑现了移民迁坟补助费，并聘请有关人士撰写了《稿史瑙村迁坟记》，为安埋的坟墓立了碑，刻写了碑文。①

这里还有一个历史的变化，1953年的时候当地的宗教信仰氛围浓厚，外人触犯山神就会引起白马人的极大反应。但是到了1995年木座寨与伐木场"5·17"案件的时候，主要的导火索是因为经济利益的损失，宗教仅仅是本地人为反抗寻找合法性的话语资本。到了现在两种体系之间的沟通日益增多，政府也学会了如何利用地方的传统规范。2004年的时候，基层政府知道迁坟与白马人的传统习俗有冲突，但是利用撰写迁坟记，树立墓碑，以及借用传统丧葬仪式等手段，通过对白马人社会规范一些原则的强化冲淡了对某些规则的违反。外来团体在国家法律体系和市场经济原则下运行，但是他们在当地的活动又不得不与白马人的规范和习俗发生关系，当两者冲突的时候，其实也就是这几种规则体系发

---

① 平武县地方志办公室：《平武年鉴》（2005），2006，第90页。

生了冲突。

## 四　社会控制的跨体系实践

　　近年以来，中国少数民族地区的社会冲突日益频繁且激烈，构成民族研究领域的重要问题。外部的政治与经济力量进入地方社会之后，必然激起社会、文化、心理等多方面的反应，表现出来的摩擦与冲撞也是多种多样的。目前对于民族地区纠纷、矛盾与冲突的研究特别强调民族之间的张力，却忽视了这也是社会整合的一个面向。冲突在威胁固有社会规范的同时，也在为新的社会整合建立基础。本章的意义就在于以各种情境中社会规则的跨越、借用、混合为关注点，展现一个民族走廊地带的藏族村寨在"退耕还林"与"水电开发"等进程中社会矛盾的复杂面貌。正是通过不同体系社会规则的交叉实践，民族社会才与市场经济衔接起来，整合出新的社会面貌。

　　人类学对于法律的研究存在两种范式，即"以规则为中心的范式"和"过程的范式"。[1]"以规则为中心的范式"在国内传统上将"国家法"与"民间法（或习惯法）"对立起来，强调双元的控制。张冠梓、高其才、田成友、周星等人的少数民族习惯法研究[2]，梁治平等人提出"法律多元"的概念[3]，以及苏力对作为资源的习惯法的强调[4]都是受这一范式的影响。但是这种二元对立的方法显然不足以说明两者之间复杂的关系和互动，特别是从民众日常生活实践上看，这两者是整合在实践之中的。国家权力不断渗透进乡村之后，绝不会存在一种纯粹的习惯法，

---

① 赵旭东：《秩序、过程与文化——西方法律人类学的发展及其问题》，《环球法律评论》2005 年第 5 期。

② 张冠梓：《论法的成长——来自中国南方山地法律民族志的诠释》，社会科学文献出版社，2000；高其才：《中国少数民族习惯法研究》，清华大学出版社，2003；田成友：《对接国家制定法与民族习惯法的二元论》，云南大学出版社，1998；周星：《少数民族法文化研究应与民族法制研究相结合》，《贵州民族学院学报》（哲学社会科学版）2000 年第 2 期。

③ 梁治平：《乡土社会中的法律与秩序》，载王铭铭、王斯福主编《乡土社会的秩序、公正与权威》，中国政法大学出版社，1997，第 430、449 页。

④ 苏力：《法治及其本土资源》，中国政法大学出版社，1996，第 51 页。

习惯法与国家法两分的思考模式已经不能有效地解释社会现象。正是基于对这种范式的批判，王启梁提出用"社会控制"的概念加以弥补。[①] 张佩国提出"民间法秩序"的概念，将其视为一种多样化的规则实践机制，讨论了这一机制下的国家、社会、历史、文化等概念。[②]

而"过程的范式"的起点在于马林诺夫斯基所倡导的秩序来自于有着自我利益的个体的不断选择的观点。[③] 新发展的研究主要是基于"过程的范式"，强调社会控制作为"整体社会事实"在纠纷、越轨形成及处理过程中的作用。以及另一方面民众在此过程中对于规则的想象，利用、生产出一系列的话语、民俗和习惯。在应星、朱晓阳、赵旭东等人的研究著作中，[④] 作者常常透过具体的"事件/过程"来呈现转型时期复杂的社会事实，并试图解释种种行为背后的实践逻辑及其结构性动因。

从"过程的范式"对"以规则为中心的范式"的发展来看，要了解社会生活中法律规则的实践，必须将具体的规则投射到人们的生活中去。也就是要在日常的纠纷、矛盾、不满以及犯罪事件中寻找逻辑和意义。这样的事件表现为一个一个个案，这就需要我们对个案研究的方法做一些讨论。由于学科专业化和研究主题的收窄，学者们的关注点从最初的社会控制系统转向对抗管理（dispute management），Llewellyn 和 Hoebel 的研究标志着之后数十年专注于"纠纷案例"（Trouble – case）取向的开始。[⑤] 格拉克曼在讨论个案研究法的限制性之后，提出扩展个案研究（Extended – case Studies）。[⑥] 扩展个案法（扩展个案方法最初指的是菲律

---

① 王启梁：《习惯法/民间法研究范式的批判性理解——兼论社会控制概念在法学研究中的运用可能》，《现代法学》2006 年第 9 期。

② 张佩国：《民间法秩序的法律人类学解读》，《开放时代》2008 年第 2 期。

③ 马林诺夫斯基：《原始社会的犯罪与习俗》，夏建中译，桂冠图书股份有限公司，1994。

④ 应星：《大河移民上访的故事》，三联书店，2001；朱晓阳：《罪过与惩罚：小村故事》（1931 – 1997），天津古籍出版社，2003；赵旭东：《权力与公正：乡土社会的纠纷解决与权威多元》，天津古籍出版社，2003；董磊明：《宋村的调解：巨变时代的权威与秩序》，法律出版社，2008。

⑤ Donald Black, *Toward a General Theory of Social Control* (Volume 1), Academic Press, 1984, p. 76.

⑥ Gluckman, Limitation of the Case – Method in the Study of Tribal Law, *Law and Society Review* 7 (1973), pp. 611 – 642.

宾的 Ifugao 部落社会法律权威的审判方法，后主要指由个案研究法发展
而来的法律人类学研究方法，朱晓阳将其分为司法过程和研究过程两方
面来定义①）不仅仅关注案例本身，还关注案例是如何进入审判的，强
调描绘出参与者在审判前后全部的行为图谱。但是 Turner 和 Gluckman 等
人在使用延伸个案方法时，带有明显结构功能主义的色彩，将个案延伸
为与社会"均衡"相匹配的功能分工，而不从历时的角度来扩展个案的
解释性。Velsen 指出扩展案例法应追求一般结构原则的静态分析与具体
成员在特殊情境对这些原则操作的历时性分析紧密结合在一起。② 在这
个意义上，案例不仅仅是一件纠纷，而是一个故事，有起因，有发展，
也有影响。但要注意到 Velsen 为扩展个案法增加的仅仅是个案本身及其
行动者的时间线索，整个社区以及宏观的政治、经济、历史与文化的背
景则没有考虑进来。Burawoy 对扩展个案法的发展具有里程碑式的意
义，③ 他将个案抽离出自身的狭小范围，转而站在宏观场景，特别是宏
大权力的领域中，居高临下地观察具体的日常生活。也就是说延伸个案
方法不仅要收集和调查个案本身，而且要将个案产生的社会脉络或情景
也纳入考察的范围。本章的研究方法中，就试图在考察纠纷与犯罪个案
的同时，把社区所处的民族走廊地带的文化格局、国家权力与国企利益
不断下渗的政治环境、旅游和水电经济不断发展的经济背景都纳入个案
的分析中来，以求获得全面的认识。

　　通过上文对"扩展个案法"发展脉络的梳理，如果将个案作为一个
点，大多数推进都集中在纵向的线索上，而横向的个案与个案之间关系
的解释通道却没有打开。朱晓阳提出了"整体论"的问题，但他的"整
体论"更多是从"前历史"到"社会后果"的过程论，是不全面的整
体。④ 本章试图从横向线索来扩展个案的研究，因为现实生活中的实践
并不是一个个案，而是诸多个案交杂在一起的。只有从生活世界的不同

①　朱晓阳：《"延伸个案"与一个农民社区的变迁》，张曙光、邓正来主编《中国社会科学评
　　论》（第 2 卷），法律出版社，2004。

②　J. van Velsen, "The Extended – Case Method and Situational Analysis", *the Craft of Social Anthro-
　　pology*, 1967, pp. 129 – 149.

③　Michael Burawoy, "The Extended Case Method", *Social Theory* 3 (1998).

④　朱晓阳：《"语言混乱"与法律人类学的整体论进路》，《中国社会科学》2007 年第 2 期。

领域中抽离出个案做整体的考察，才能了解当地社会法律生活的全貌。个案内部的实践逻辑和个案之间的联系在不同的情境中表现为不同的形式，这里存在一个 Bourdieu "法律场"（Juridical Field）① 的状态，个案与个案之间关系的背后是诸多法律、规则、舆论以及权力下多个行为主体的实践结果。

正是为了建立个案与个案之间的联系，本章采用了 "社会控制" 的概念，因为这些个案可能属于犯罪、纠纷、群体性事件、禁忌和习俗等不同的社会领域，只有 "社会控制" 的概念才能将之统合起来，形成整体性的认识。人类学的早期法律研究并没有对这些概念进行明确的区分，只是将所有的规则和惩罚作为了解社会 "致和"（Conformity）和运作的手段。现代法律人类学已将这些概念发展成为不同的研究，但是从人们日常生活世界出发来看，不能将之视为天然分裂的事象。不同领域的社会控制只是人们生活的不同领域，虽然不同领域的规则与行为可能不同，但是其背后人们追求公平（这个公平既有文化上的差异，也有心理上的不同）的逻辑是一致的。而且由于现代社会实践关系的复杂性，不同文化、不同领域的社会控制也有交涉。

社会学和人类学的社会控制定义包括一切使人们服从规范和习俗的社会过程和组织，如儿童的社会化、宗族权威以及公开处决等。任何惩罚性的社会控制，都与广泛的社会组织、制度和人际关系联系在一起。正如莫斯提出的 "总体社会事实"（Total Social Fact），社区内的惩罚正如礼物的交换一样，反映了整个社会关系和文化意义体系。②

上面的讨论集中于木座寨及周边白马藏族地区的纠纷与惩罚，将重点放在多民族地区的社会控制之上。透过具体的 "事件/过程" 来呈现民族交流地区复杂的社会事实，并试图解释种种行为背后的实践逻辑。强调社会控制作为 "整体社会事实" 在纠纷、越轨形成及处理过程中的

---

① Pierre Bourdieu, "The Force of Law: Toward a Sociology of the Juridical Field, Law and Anthropology", edited by Martha Mundy, *The International Library of Essays in Law and Legal Theory* (Second Series), Dartmouth Publishing Company, 2002, p. 111.

② David Garland, *Punishment and Modern Society: A Study in Social Theory*, Oxford, Clarendon Press, 1990, p. 287.

作用，以及不同群体在此过程中对于规则的想象和利用。白马人、外部汉人、外部集团、政府是主要的行动主体，而他们的纠纷与惩罚实践又可以分为：当地白马人内部、不同民族个体之间、白马人与外部集团、外人与白马人文化四种情景。

马林诺夫斯基指出社会生活中的纠纷和矛盾是有着自我利益的个体不断选择进而达成社会稳定的过程。[①] 也就是说，冲突是社会生活固有的特征。科塞集中讨论了冲突对于群体聚合的正面功能，指出冲突具有保证社会连续性、减少对立两极产生的可能性、防止社会系统的僵化、增强社会组织的适应性等功能。特别是冲突可以将参与其中的双方结合在一系列纽带关系之中，从而促进社会的整合。[②] 下面就结合上文的材料，讨论社会冲突如何为当地跨民族的社会整合提供了可能。

首先，冲突为共享规则的产生提供了可能。在冲突互动的过程中，旧有的规范不断遭到挑战，形成了一种旧制度无法容纳，而新制度尚未形成的模糊环境。在这个过渡地带，冲突本身成为一种催化剂，新规则不断地被创造出来。韦伯在讨论习惯法中新内容的起源时，指出"真正决定性的因素是一系列相关的新行为引起的对现存法律规范理解的变化"，他认为作为这种转型的结果，"一种新的'一致理解'和一些新的合理的联合形式带着本质上全新的内涵产生出来"。[③] 当某种解决冲突的新规范为人们所普遍接受，则导致一种新的共享的价值准则。这套价值准则不仅是关于社会行为的知识体系，更成为新的意识形态，指导着冲突各方的互动行为和知识生产。通过分析行动主体在不同情境中如何利用各种社会规则，我们不难发现白马藏人、汉人、政府和水电集团在具体的互动中形成了一套特殊的共享规则。而民众对于这种规则的想象、利用，则进一步生产出一系列的话语、民俗和习惯，构成超越了规则体系的整体社会事实。在这一机制下，单一的规则已不能独自发挥影响，往往与其他体系共同作用。这几者之间国家法律具有政治优

---

① 马林诺夫斯基：《原始社会的犯罪与习俗》，夏建中译，桂冠图书股份有限公司，1994。
② 〔美〕L. 科塞：《社会冲突的功能》，孙立平等译，华夏出版社，1989，第106～119页。
③ Edward A. Shils and Max Rheinstein（ed.），*Max Weber on Law in Economy and Society*，Cambridge：Harvard University Press，1954，pp. 68.

势，因而对各体系之间的互动和交叉具有主导作用，但其他体系也积极去再造和利用前者。行为主体根据自己的利益，以及自身对不同体系规则知识的掌握来展开活动，在不同的纠纷和惩罚案件中灵活地交叉使用各种规则，从而在具体的个案实践中实现了对不同规则体系的跨越。

其次，冲突的解决为各方固定了结构性位置。新规则的普遍接受和应用会影响到更大范围内的人们，从而推动围绕着新规范的制度结构不断生长，构成社会生活的新纽带。西美尔认为冲突所内含的"对抗"结构具有积极的整合作用，提供了互动双方相互联系的交互性地位。① 正如上文所述，外部经济利益的导入与生产方式的转变作用在一起，小的个人纠纷在短时间内就发展成群体间的冲突事件。这种冲突是社区传统的解决机制无能为力的。国家行政机制虽能强力控制局面，但很少推动司法程序，而是通过协调各方的利益而平息事件。其背后是当地敏感的民族关系，不断下渗的国家权力与国企利益，以及水电经济不断发展的经济环境所形成的结构性族群关系。国家根据全局性的需求而制定的退耕还林政策，使得白马藏人与他们世代的生产方式分离开来，将之从传统生活的世界拉了出来。如果说白马藏人之前的生活束缚于山林和土地，那他们失去这些之后就转向了水电企业的建设工地等社区外的非农就业机会。可以说国家政策与水电企业合力，使得白马藏人完成了整个生计方式的转变。

调查点所在的村寨是费孝通先生提出的"藏彝走廊"东部藏汉两大文化交错的地带，历史上汉、藏、羌等不同民族在这一地带你来我往，形成了交错杂居的文化格局。经过各民族文化传播、交往、融合及并存，白马文化本身就类似于一个内含多种文明元素的地域文化。麻国庆提出民族地区的地域共同性，以地域文化共享来说明一定地理范围内的跨民族社会建构，正是强调这个意思。② 以本章涉及的材料来看，跨体系社会规则的实践正是这一建构过程的重要内容。

---

① Simmel, *Conflict*, op. cit., pp. 17－18.
② 麻国庆：《"民族与社会"研究丛书序》，〔日〕奈仓京子：《"故乡"与"他乡"：广东归侨的多元社区、文化适应》，社会科学文献出版社，2010。

在宏观的权力、经济、文化的作用下，当地社会冲突的实践形成某种跨越民族体系的社会控制机制，构成现代条件下民族走廊地区社会建构的重要内容。通过上文对于冲突实践的讨论，可以看到白马藏人的传统知识与市场经济规范、国家法律体系之间的跨越、交叉、借用成为当地社会的重要特征。这些在不同类型纠纷、矛盾，甚至冲突中积累起来的跨体系规则，以及在此基础上发展出来的机制构成当地各民族共享的知识。这套知识建立在参与其中的各方达成的共识之上，成为跨民族社会整合的重要资源，反映出来的是民族地区普遍的现实遭遇，任何民族都不可能脱离一种多重的支配格局，而自成一体。一是代表市场经济的各种资本力量，以及它们背后的规则、技术、关系和文化；二是政府为了推动少数民族地区发展所主导的各种"发展"政策，如"退耕还林""水电开发""民族旅游"等；三是在民族意识和文化自觉日益高涨的背景下，传统的文化、宗教与习俗复兴。这些支配力量造成了各种形式的冲突和摩擦，同时也带来了社会整合的机遇。

在村寨社区内部以及面对外部两种情境中的纠纷、矛盾与冲突的特征和逻辑，可以看到外部经济的导入与生产方式的转变作用在一起，白马人生活中的规则体系已经出现了复杂的交叉性。在内部而言，社区成员之间的利益复杂化，传统的结合纽带，如亲属关系、社区认同日益松动，再加上交往空间的扩展，导致社区传统公共活动无法开展。而在对外交往过程中，经济利益的重要性逐渐凸显，白马藏族传统的文化习惯由价值追求向理性工具转变。在这样的背景之下，白马藏族的传统知识，与市场经济规范、国家法律体系之间的跨越、交叉、借用成为当地社会的重要特征。

白马藏族区域这样的多民族地区存在多种文化体系，人们活动于共同的地域范围中，受到相同的政治和经济影响。吉登斯提出"行动化的结构与结构化的行动"相互建构，也就是被结构建构出来的行动反过来又建构了结构。① 从这个意义上讲，这种跨越体系的规则实践机制决定

---

① 〔英〕吉登斯：《社会的构成》，李康、李猛译，三联书店，1998，第102页。

了这一地区不同行为主体的活动，而他们的实践又推动行为主体在不同
体系之间的跨越。背后是这一地区地方社会的生长，不同民族、利益主
体在日常生活中实践着不同体系的规则，进而达成一种跨越文化差异的
地方共同性。

# 第 六 章

# 民俗互嵌：宝赠村的村寨交往与文化规则

## 一 社区概况

龙胜各族自治县位于桂林西北部，地处湖南、广西两省区交界处。该县东临兴安县、资源县，南连临桂县、灵川县，西南接融安县，西与三江侗族自治县交界，北和西北毗连湖南省通道侗族自治县，北邻湖南省城步苗族自治县。县域覆盖东经 109°43′28″~110°21′14″，北纬 25°29′21″~26°12′10″，南北最大纵距 78 公里，东西最大横距 60 公里，全县总面积 2538 平方公里。①

全县设 5 镇（龙胜镇、龙脊镇、平等镇、瓢里镇、三门镇）5 乡（泗水乡、江底乡、马堤乡、伟江乡、乐江乡），辖 119 个村民委员会、6 个居民委员会、1656 个村民小组。2014 年龙胜年末总户数为 48074 户，户籍总人口 181468 人。其中，男性人口 91826 人、女性人口 89642 人。人口自然增长率为 3.71‰。全县户籍总人口中，18 岁以下 30333 人，19~35 岁 41711 人，36~60 岁 74386 人，60 岁以上 35038 人。以青壮年人居多，18 岁以下人口占全部人口的 16.71%；18~60 岁占全部人口的 63.98%；60 岁以上人口占全部人口的 19.31%。②

龙胜各族自治县所辖之地古称桑江，秦朝属黔中郡，西汉归武陵郡；晋至隋，属始安郡（郡治桂林）；唐龙朔二年（662）置灵川县，龙胜属

---

① 龙胜各族自治县地方志编纂委员会：《龙胜年鉴》(2015)，线装书局，2016，第 66 页。
② 龙胜各族自治县地方志编纂委员会：《龙胜年鉴》(2015)，线装书局，2016，第 70 页。

灵川县地；五代后，晋天福八年（943）置义宁县，龙胜属义宁县地，一直延续到明代。[①] 明朝隆庆五年（1571）在义宁县司坪（今临桂县宛田乡）设桑江口巡检司（也称为桑江巡检司）专辖龙胜所属之地，明末废桑江口巡检司，至清顺治末年恢复。清乾隆六年（1741）划出义宁县西北部，设桂林府理苗分府。亦称龙胜理苗厅，简称龙胜厅，直属于桂林府，成为龙胜设县之始。民国元年（1912）改厅设县。中华人民共和国成立后，1949 年 12 月成立龙胜县。1951 年 7 月，中央民族访问团第一分团到广西各少数民族聚居区进行慰问。7 月 18 日，以副团长费孝通为首的访问团一行百余人来到龙胜，宣讲党的民族政策，勉励各民族加强团结。在访问团的帮助下，龙胜各民族干部群众开始酝酿民族区域自治。经原龙胜县政府呈文，广西省政府报中央人民政府备案，1951 年 8 月 16~19 日，龙胜各族各界人民第一次代表大会召开，选举产生了龙胜各族联合自治区（县级）人民政府。1953 年 12 月改称龙胜各族联合自治县。1955 年 8 月改称为龙胜各族自治县。[②]

　　龙胜是中南地区成立最早的民族自治地方，是聚居自治县境内侗族、瑶族、苗族实行民族区域自治的地方，境内还聚居着壮族、汉族等民族。[③] 侗族主要聚居在平等乡、乐江乡、瓢里镇；苗族大多居住在伟江乡、马堤乡境内；瑶族在泗水乡、江底乡、三门镇、和平乡广泛居住；壮族多居住在乐江乡、瓢里镇、三门镇、龙胜镇、泗水乡、和平乡境内。

　　瑶族是较早生活在这片土地的民族，据周去非所著《岭外代答》记载，在汉代时桑江已为瑶民所踞。南宋乾道元年至九年（1165~1173），靖江府招抚桑江五十二瑶头首归顺，可见在汉代到宋代之间，桑江领域就有瑶民生活。[④]

---

① 龙胜各族自治县民政局：《龙胜各族自治县概况》，2016 年 7 月 26 日，见龙胜各族自治县网站，http://www.glls.gov.cn/bencandy.php? fid = 49&id = 4522。
② 龙胜各族自治县地方志编纂委员会：《龙胜各族自治县志》（1988~2005），中国时代经济出版社，2013，第 19 页。
③ 龙胜各族自治县第十一届人民代表大会第三次会议：《龙胜各族自治县自治条例》，1995 年 3 月 31 日。
④ 龙胜各族自治县地方志编纂委员会：《龙胜各族自治县志》（1988-2005），中国时代经济出版社，2013，第 74 页。

　　龙胜侗族的族源是百越的骆越支，但在千百年的迁移过程中，不断融入其他民族的血统与文化。最早由贵州黎平县一带迁移到湖南靖州、通道等地后迁入。即使在龙胜落脚之后，也不断接纳和融合其他民族。北宋天圣年间至明清时期，一些原籍江西泰和县等地的汉人因为战乱而迁入龙胜境内，经过长期的民族融合，已经成了本地侗族的一部分。根据平等乡侗族的《祖先入村》歌词记载：北宋天圣二年（1024）侗民已经由贵州、湖南迁入县境北部平等一带，并形成聚居村落。元、明代陆续又有侗民迁入，散居于县境北部。乐江乡的宝赠村、地灵村，平等乡的庖田村、平等村、广南村、固洞村的侗民多数于明代分别从贵州黎平，湖南靖县、通道县迁入。此外还有宝赠村普团寨《黄氏族谱》记载：黄姓原籍湖南靖县飞山寨，后经通道县竹塘于明代洪武元年（1368）进入宝赠。①

　　乐江乡位于龙胜县境西北部，距离县城 37 公里。东接伟江乡，西邻湖南通道侗族自治县平阳乡，南毗瓢里镇、龙胜镇，东连平等乡，境内多山，林地面积广。乐江原隶桂林北区石孟乡，后归瓢里乡。1987 年 9 月 17 日，析瓢里乡东北部成立乐江乡人民政府，辖金坪、乐江、江口、凉坪、石京、石甲、光明、独镜、地灵、大雄、宝赠、同乐、西腰 13 个村，行政区域面积 227.88 平方千米，是一个"九山半水半分田"的少数民族贫困山区乡，居住着侗、苗、瑶、壮、汉等民族，80% 以上是侗族群众。2014 年，全乡共设 13 个村，203 个村民小组，5020 户 20001 人。全乡耕地面积 33180 亩，林地面积 244980 亩，全乡森林植被覆盖率达 75%。②

　　民国元年（1912）起，龙胜改厅设县，下设东、南、西、北四个团。北团管辖范围是由孟坳上至小江、独车、广南以及地灵、宝赠、西腰一带。民国 5 年（1916），改设七区，即上北区、下北区、上西区、下西区、东区、南区、中区。宝赠为下北区管辖。民国 22 年（1933），改区设乡，全县设 16 个乡，159 个村。宝赠属宝地乡管辖。民国 36 年

① 龙胜各族自治县地方志编纂委员会：《龙胜各族自治县志》（1988～2005），中国时代经济出版社，2013，第 74 页。
② 龙胜各族自治县地方志编纂委员会：《龙胜年鉴》（2015），线装书局，2016，第 320 页。

（1947），实行合村并乡，把原来的 16 个乡合并为 8 个乡。宝赠属维新乡管辖，乡址设在庖田，宝地乡撤销。1949 年 5 月，平等、地灵两村由陈基义、吴德忠率先发起武装暴动，推翻了国民党乡、村政权，获得龙胜县东北地区解放。于 1949 年 5 月 23 日在平等村成立龙胜县东北解放区人民政府。下设平等乡、广南乡、宝地乡、石孟乡、蒙江乡共 5 个乡。宝赠归宝地乡，乡址在地灵。

1949 年 11 月 24 日成立"龙胜县革命军事管理委员会"，同年 12 月 6 日成立"龙胜县人民政府"。下设东、南、西、北四区，17 个乡，108 个村，宝赠仍属宝地乡管辖。1953 年 5 月全县改设六个区，71 个乡（村改为乡），宝赠乡属于第五区（瓢里）13 个乡之一。1958 年 8 月，"人民公社化"后瓢里区改为乡，原宝赠乡改为宝赠村。1961 年 5 月全县改设 18 个"人民公社"，173 个生产大队。瓢里乡划分为"瓢里公社""石村公社""宝地公社"。1963 年 5 月全县设 8 个区"公社"，71 个乡（大队），宝赠为其中一个乡。1969 年 2 月，全县设 9 个"公社"，87 个大队，宝赠是瓢里公社 17 个大队之一。1979 年 11 月起，"公社""大队"又称"管理委员会"。1984 年 8 月，全县设 8 个乡，1 个镇，119 个村（街）。乡（镇）行政机构称为乡（镇）人民政府，村为"村人民委员会"，宝赠仍属瓢里乡人民政府管辖。1987 年 9 月由瓢里乡的 23 个村中，划出 13 个村（包括宝赠村）成立"乐江乡人民政府"。村级称为"宝赠村委会"，后改为"宝赠村民委员会"。①

宝赠村位于乐江乡西北面，地处湖南和广西交界地带，距离龙胜县城约 65 公里，有"八百里侗乡南大门"之称。正是因为传统文化保存良好，侗族文化丰富，2014 年该村被命名为"中国少数民族特色村寨"。其祭萨节更被评为广西非物质文化遗产。宝赠村下辖高桥组，懂里一、二组，江坪组，普团一、二、三、四组，上寨一、二、三、四组，高塘组，高赠组，阴山组，盘坡组，飞冲组，松六组等 18 个村民小组。② 侗族占绝大多数，分布在上寨、普团、江坪、高塘、高赠、盘坡、飞冲、

---

① 宝赠村委会提供的村史材料。
② 龙胜各族自治县地方志编纂委员会：《龙胜各族自治县志》（1988～2005），中国时代经济出版社，2013，第 38 页。

懂里、松六和高桥 10 个寨子当中。仅从村民小组的设置上，便能看出上寨、普团是当地最主要的两个聚居区，居住着大多数人口。不仅从人口数量，而且从人们口传的迁移传说来看，这两个寨子都具有重要的历史和象征意义。其中上寨是主寨，萨坛所在地，约有人口 400 多人，绝大多数为吴姓，传说中最早到本地定居。其他两个大的寨子是普团和江坪，其余的寨子都是由这三个寨子陆续分散出去。

根据上寨歌谣《吴的历史》，这个群体的迁移历史大致如下。

> 我们的祖宗从贵州来，在那里发展了几户之后，政府来收他们的税。然后就逃到上家桥、下家桥，在那里又有人来收钱、鸭蛋，收伙人税。他从这里又走，走到一个地方住了很久，后来因为跟寨子里起了矛盾，就迁到了通道县林口乡，那里已经有人住了。但是那里河太低，要做一个水车把水引上来。他们在庙里做了一个水车，可是庙门又小，做好后拿不出来。于是人们觉得这个地方不好，就继续走。就走到湖南一个地方，（上寨）吴家的老祖宗保娃朝用碰到（普团）伍家的老祖宗满松光明，吴家的老祖宗是卖锅的，伍家的老祖宗是卖纸的。他们两个就坐在田头，发誓把禾苗割了三兜，他们讲"我们两个有天地了，三天后就长起来，没有了就不长"。过了三天来看，禾苗长了三尺三寸零三。他们就继续走到通道平坦乡，没得好久他们又走，又到坪阳，那里人对他们不大好，他们就继续走来到宝赠，庚寅子卯年进了宝赠。吴、伍在宝赠落脚后，石姓的祖宗银桥车宗进了江坪，伍家的满松光明进了普团，保娃朝用进了上寨。三人约定各自经营维护好各自的寨子，不要被外人破坏。①

这首歌谣不仅介绍了上寨吴姓的迁移历史，还介绍了本村其他两个大寨祖先的来历。三个寨子的历史因为创寨祖先的关系得以联系起来，并暗喻了以上寨为首的村寨等级象征关系。下面就分上寨、普团和江坪，

---

① 原文为侗语，吴代荣老人翻译，部分地名只有发音，无法翻译。

通过各寨主要姓氏的历史，来揭示宝赠村各寨的发展历史与现状。

根据对上寨 WG 老人的访谈，上寨"吴"姓人口最多，全寨 80% 都是姓吴的，其他姓是朱、易、杨、伍、黄、兰、粟、姚、唐。

两个祖先是湖南下乡（湖南通道县）的生意人，现在还有坟，那边他们也承认。普团的祖先不晓得是伍、黄哪一个，是个卖锅的，我们上寨的祖先姓吴，是个卖纸的。他们在南地碰到，两个人一聊自己的历史，卖锅的说自己以前不做生意，在朝廷做武官。卖纸的说自己以前也是朝廷的，做的是文官。他们两个就感慨自己落了难，不知道外头还有没有他们的天下。他们就说试一下，就割了三兜禾苗，过几天禾苗如果长得整齐就说明还有我们的天下。结果三天后，那割过的禾苗长得比周围的还高三寸。他们就想这说明外头还有我们的天下，就想找个地方安家落户，后来就到了细腰河口称水。

吴姓是从贵州到湖南，再到广西三江县，后来才来到宝赠。一开始旧寨住的是瑶族，我们祖宗用计谋把他们赶走了。祖先从三江县沿着柳江一直上到细腰河口两河交汇处，他们在那里打了一竹筒水称了称，又到宝赠这条河打了一竹筒水称了称。这里的水重点，就觉得宝赠这边水里有宝，这边好点。当时山里都是原始森林，还有野兽，他们就从细腰一直走山梁到了旧寨。当时旧寨的瑶族主要住在河谷里。祖先他们也不敢打，不知道谁厉害，就想了一条计谋。等到晚上，他们一个人用竹挑了八九个灯笼，这样两三个人从山梁上下到河边，吹灭了，又跑到山上走下来，一晚上来回了三四趟。他们又用河草打了很大的一只草鞋，20 多公分宽，50 多公分长，打烂了扔在河边。那些人第二天就到河边去看，一看这么大鞋，一只就一斤半，就想这么大个人，不知道在谋划什么。这样两三晚上之后，他们就害怕了，都搬走了。

我们祖宗在旧寨住了 20 年左右，在那里养了一对鹅，那对鹅沿着河下来，到了我们祭萨的地方，就生下蛋，孵了鹅仔。一个月后就带回旧寨吃食，它们每天上去吃食，晚上就下来住，他们就奇怪，跟着鹅下来一看，哦，这个地方好，就该是我们住的地方。原来的旧寨被山梁挡住是阴的，现在这里是阳的。鹅都知道在这里下蛋生鹅仔，看来是个好地方，是适合人住的。

　　上寨的吴分为上、中、下三盘，最早的祖先生了三个公老，他们分上、中、下居住。最后就慢慢形成了寨子里上、中、下三个区域。上盘有三个公老，中盘有四个公老，下盘有五个公老。现在人们还讲这个，比如有两个上寨人在湖南碰到，问你是哪里的，我是上盘的，那我们就是亲兄弟。而上寨除了吴姓、伍姓之外，其他姓都是解放前后搬过来的，朱、易、兰、粟主要来自乐江乡的铜锣村。解放后从大祆（铜锣村）迁来唐姓1户，兰姓3户。当时因为上寨有地主，土地比较多，政府把铜锣村的贫农迁来上寨分土地。杨姓以前是本地本寨地主的长工，解放后就在此落户。伍姓依靠亲戚在上寨住下，时间较早，但是住在寨子外边，解放的时候也只有两户，现在一户。黄姓来自盘坡，盘坡寨子1957年发生了大火，黄健的爷爷买了上寨吴达财的一间半房子就住了下来。姚姓是湖南人，两兄弟在上寨做长工，解放后就留下来。

　　根据上寨吴姓的歌谣，伍姓最早进了普团，但是根据普团的传说，姓黄的跟姓伍的祖宗一起开创了这个寨子。根据 HGZ 老人访谈材料，"听老人家讲第一个来到我们寨子上的是黄功洋，从湖南真州过来的，可能是明朝的时候。姓黄的和姓伍的一起来的，姓伍的最早是伍满松。"据说直到清朝嘉庆年间的时候，伍姓人口都占优势。所以普团寨现在的礼堂、鼓楼都是伍家建的，后世在此基础上进行了重修。而黄姓据传先从定县迁到通道林口乡，然后进入普团，最先来的祖先名为黄龙安。当时寨子的居住格局可能是伍在上黄在下，即伍姓主要住在山坡上较高的位置，而黄姓住的较低。在不断地分寨和迁移过程中，伍姓的人口下降得很快。目前普团寨上伍姓只有十二余户。反倒是分出去的通道县临口乡木脚寨比较多，坪阳乡马田村也比较多。伍姓还迁移到地灵江头寨、滩脚寨、飞冲、高塘、高赠、铜锣老寨，甚至三江县细阳等地方。

　　伍家以前是姓"伍"的，清朝末年他们人口不发展，看到上寨

"吴"姓人口发展得多，就改成了"吴"。那时候我们姓黄的人多，他们只有几户。即是改称"吴"，他们跟上寨也是挂亲的。有年清明节湖南坪阳、马龙和本地飞冲、高塘，独镜难脚，铜锣老寨的回来联宗，他们又改回"伍"姓了。

姓黄的分到地灵村江头寨2户，湖南林口乡也有几户，都是逃壮丁出去的。湖南鱼塘有七八户，他们都是给宝赠守边界的。那时宝赠和这些寨子连在一起，有山界，姓伍的没有，守界的都是姓黄的。高增集体化的时候是养猪场，所以黄、伍被大队分到那里。高塘是以前就有的，也不知道为什么搬过去，现在他们姓伍的人多，大概30多户。

伍姓和黄姓关系一直较好，而且一直都有结亲，在伍姓人口多的时候还较常见，现在主要是跟上寨结亲。在调查时发现，普团寨在遇到喜事或丧事时，伍姓和黄姓是联合的，相互帮忙。在解放后分村民互助小组时，三两个家庭合作，主要就是兄弟之间联合。后来成立了村民小组，1958年又合成大队，全寨只有一个队，黄姓和伍姓更进一步混合在一起。

而在江坪石姓的传说中，本地的创始故事有另外一个版本。根据SWL老人的说法：

明朝洪武年间，石姓、杨姓是和普团的黄、伍，上寨的吴一起来到这里的。江坪的老祖宗是石银乔、杨车宗，保娃、熟用是带队进来的，他俩就在上寨，普团是伍满宗、黄功让，江坪就是石银乔和杨车宗。江坪现在的"吴"是上寨过来的。这六个老祖宗从贵州那边漫村过来（应该是在黎平），先到湖南通道下乡朋友那里种田。后来日头太大，天旱了，没水，几个人就到庙里边做水车，那个庙里边拜的是刘关张。做好了发现水车大门小出不来，他们怕被人笑话就来到这个地方。到西腰那里，宝赠河和西腰河交汇的地方，一条河舀了一筒水，那时候没有瓶子，就是用竹筒来装。称了之后宝赠河这边的水重一点，就说这条河的水种的庄稼比那条河好一点。

从那里就跟着这条河上来，一开始只是在小坡上搭茅棚，暂时安身住下来。

那时候这里已经有人了，是瑶族。那时候对面的山坡上，现在小路上去的坡上，寨子背后的坡上都是他们的。我们六个老祖宗就想办法驱逐那些瑶族，就去山上打了很大的草鞋，沾了黄泥然后挂到那些瑶族门上。晚上就做了好多灯笼，一个人挑六个，从山上跑下来。那些瑶族一看这么多大人，就说住不了了，我们还是走吧。这样六个老祖宗就住下来。那时候有三个坡，一个是普团这里，一个是学校那里，现在铲平了，一个在上寨背后。那时候说这三个坡是三条鲤鱼入水，整个宝赠是个大水塘，只要水不干就可以生活富足。西腰下去的玉山电站到宝赠这里有九道门，就是山路上自然生成的石坎，一直过了懂里的泥鳅坳才进了宝赠，以前说宝赠就是指这三个大寨子。

上寨那边两个他们是头人，是他们安排的谁住哪里。吴是从上寨分出来的，应该是清朝的时候，他们人口多了，住不下，就分到江坪住了。一开始姓吴的两个老祖宗是头人，他们有四个女儿，老大嫁给姓黄的，老二嫁给姓伍的，老三嫁给姓杨的，老四嫁给姓石的。现在学校那地方叫作"姑婆坡"，是头人给女儿晒布的地方。四个女儿嫁给四个姓之后回去给爸妈说"有的地方吃，没地方睡"，就是说没有地方埋，头人就把普团后边的坟山分给了黄、伍、杨、石四姓，只是后来那里埋不下了，才埋到这边。以前嫁女儿要带田产、带坟地，才免得人家说闲话。嫁给姓石的是最小的，所以在边边，学校上边那里，现在都住人了，姓杨的就在黄跟伍中间。黄跟伍就住在那里所以都埋在那里，石跟杨这边有坟山了，所以谁愿意就可以过去，也可以在这边，但是黄跟伍不能埋在石跟杨的坟地。江坪的坟山从北往南是杨、石、吴，中间也没有明显的界线，刚好与寨子从北往南吴、石、杨的居住格局相反。

江坪寨的吴、石、杨三姓之前是分开聚居的，不同的姓占据不同的山坡。后来土改之后，因为打土豪、人员散失，政府将地主的土地和房子分给了贫农，才出现了今日混杂居住的格局。江坪一开始分生产队的时候分成两个生产队，从凉亭右边的石板路分开，鼓楼这边是上队，另一边是下队。后来上队有一部分家庭因为劳动力少，上队其他人说"我们是给他们养儿子"，不愿意。就从上队分出一批劳动力差的成中队，把比较好的田分给他们，但比较少。文化大革命又合起来，一直到承包责任制的时候再次分开。

在寨子人口繁衍、规模不断扩大之后，便陆续有人分出去建立新的寨子。高塘、高赠、飞冲等周边的小寨子都是从上寨分出来的。盘坡的吴来自上寨，黄则是从普团分出去的。主要有下面三种情况：解放前上寨、普团等老寨子的土地，特别是河边平地里的土地都是地主的，房族内没地的人就只能去开垦山上的坡地，慢慢也就搬到山脚下去住了，像盘坡。解放后公社时期，高赠由于人口少，被当作全寨公共的养猪场，安排了很多人去那边专门养猪，后来就安家在那里。三年自然灾害时期，农田的产出大大减少，反而山上的林子里的产出成为人们的重要收入，所以就有人家自己搬到山上去住，如飞冲。

迁移的过程中，一个很重要的考量就是风水。如果梳理人们迁移的传说，会发现人们不断地寻找着风水更好的地方定居。

> 杨初六比较会风水，在现在坟山后边一座叫飞冲的坡上埋了一个坟，那里风水很好，但是每年都要杀9头牛祭拜，有一年已经杀了8头牛了，到最后一头牛那户比较贫困，就说"不要这坟了"。他们就去把那个坟打开了，结果里边飞出两只天鹅，飞到高桥去了。姓石的两兄弟一看说"那地方好，我们去那里住"，就分到高桥去了。

不过历史上，寨子的分裂主要是人口压力、火灾和生产便利。清末的一场火灾中，江坪寨损失惨重，随后姓石的一部分去了平等乡庵田村甲业寨，姓吴的分去了湖南坪阳乡普头村（现东江村），姓杨的分去了本村的懂里。目前江坪吴姓只有5~6户，高桥5~6户，懂里2户，三江县相侗寨12户，光明村寨崖5~6户。三江的是当时去那边给地主种田的农户，他们在解放后留下来，慢慢发展到 12 户。

也有为了逃壮丁，比如解放前石姓的石成湘、石成恩为了逃壮丁，搬到湖南通道县木脚乡瓦窑寨，在那里开荒种田。普团的 WSN 老人回忆："我爷爷就是贫农，1947 年抓壮丁厉害，我爸爸、妈妈、大伯全部逃去贵州黎平县独岩村。那时候贫农一家有两个壮丁的要抓一个，我们家逃得就剩下我爷爷一个人。他们一起去到贵州，一边给地主做工，一边在山上开荒。"这种逃离统治的现象，在民国时期，特别是李宗仁等治理广西前后较为明显，与当时执行的各种特种事业政策有密切关系。可见至少在当地侗族中，人口的迁移，村寨的兴衰更替是一种历史的常态。村寨的分分合合，背后是人们在这片广大区域不断地流动。所以要理解南岭走廊的民族现象，甚至与此相关的多种问题，都不能脱离这样的流动性和区域性。

人口分裂之后，同一姓家族之间也会发展出新的节日、习俗和传说，来进行区隔。比如江坪的吴就来自于上寨，但是两个群体有不同的节日。

> 我们和上寨的"吴"是兄弟。我们江坪有个师傅懂地理，我们姓吴的有个节日，他告诉上寨说我们明天祭甲戌，结果发大水，他们没有听清楚，听成乙亥，这样我们跟上寨过节就差一天。我们兄弟，以前从上寨分出来到这里，我们从来不跟上寨招亲，都是姓吴的，这一关我们把得很好。哪个要找姓吴的做老婆就说他不懂事。

在不断地迁移和分裂过程中，不同群体之间并不都是和谐的，也会产生一系列的竞争。普团和江坪两个寨子之间就存在这样的关系，到今日人们都已说不清楚为什么产生矛盾，但是这个不和的观念还存在着。根据普团黄姓受访者的说法，"解放后，普团和江坪人还是代代要打，我爸爸那辈，我这辈都打过，小时候还骑木马的时候就打。我记得跟上寨打石头仗很少，我只参与过两回，和江坪就多了，两三天一次。从以前到现在，和江坪招亲很少，和上寨招亲就多了。"而据江坪石姓受访者说："解放前，江坪、普团就有点对头的意思，江坪经常和普团打群架，所以招亲的人也就少。那时候都是后生家打的，老人家不出面都在

后面捅火。经常都有，但是没事，没出过人命。解放后不打架了，但是
到现在两个寨子说话还是生分点。我们寨子跟普团历来有矛盾。"

至于为什么会产生这样的矛盾，老人家们也讲不出原因。不过从当
时流传的两个故事中，我们可以看出一个可能的解释。

一则故事是有关普团的黄姓和江坪的石姓。据说自从开山祖宗到清
朝末年，姓黄的和姓石的都不能通婚，一直到民国才开始有招亲。因为
以前据说姓黄的和姓石的是两兄弟，所以不能结婚。而对于这一点，两
寨流传着结构大概相同，但角度完全相反的故事。

> 姓石的说，以前有个忠臣在朝廷做大官，被奸臣给害了，满门
> 抄斩。石家刚好有两个兄弟在外边，就赶紧跑，官兵在后边一直追，
> 眼看就要追上了，两兄弟跑进一个黄泥巴的大山里边，逃过了追兵，
> 后来为了感激这座山就把老二改称姓黄了。
>
> 姓黄的也有这么个故事，只不过忠臣原来姓黄，救命的是一块
> 大石头，后来老二就改姓石了。

这两个版本显示，两姓人们之间的矛盾，或许与谁更正统的竞争有
关。人们都认为自己的姓氏是曾经在国家体系中取得荣誉的"高官"，
这同其他移民群体中流传的"落难叙事"一样，都是为了强调本族群与
国家政权之间"更紧密"的关系。但至于谁是老大，谁继承了祖先的姓
氏因而更"正统"，则明显出现了差异。

另外一则传说是有关普团的黄姓与江坪的杨（初一）姓。

> 以前杨初一、石、黄、伍都是跟上寨吴结婚的。老人家说以前
> 姓吴的有两个很漂亮的女儿，其他四个姓各有一个男的，他们都去
> 争这两个姑娘。后来争来争去，黄争到一个，石争到一个，杨初一
> 和伍没有争到。伍慢慢就分到外边，普团人越来越少。这样慢慢就
> 成了两个寨子的冲突。老人家说，以前打架的话，就是杨初一比较
> 积极。

　　这则传说显示普团的黄姓与江坪的杨（初一）姓之间的矛盾，可能与婚姻竞争有关。首先女性是一项维系社会繁衍的重要资源。更重要的是上寨作为"主寨"，吴姓作为开创此地的首领，娶到上寨吴姓的姑娘便可以巩固后来移居到此地的黄、石、杨等群体的地位。

　　　　我们江坪的坟山就在后面的山坡上，他们普团的坟山也在后面。但是地势比我们的高，前面还有一个小坡（现在慢慢盖起房子了，已经看不出来了）。这样就像一个犯人被坐在堂上的判官审问一样，因此有了矛盾。

　　不同姓氏之间的矛盾因为人口的变化，转化为寨与寨之间的矛盾。而且这种矛盾还会上升到象征层面，并固定下来。所以今天人们早已忘却了当初是因为什么产生了矛盾，但都明白两个寨子之间的不和。

## 二　民俗交往背后的文化逻辑

　　"月也"（weex heek）是侗语发音，也叫"为也""月贺""外嘿""也哼年""吃乡食""吃相思""鸡尾客"，是侗族地区一种重要的跨社区交往活动。[①] 湖南和广西交界地区的通道县、三江县、龙胜县多在春节期间举行，称为做"鸡尾客"。人数规模不定，大寨有上百人，小寨也有二三十人，男女老少都可以参加。宾主双方举办赛芦笙、哆耶踩堂、男女对歌、讲款、表演戏曲，同时主寨要进行招待宴请。一般持续时间为三到五日。离别时主方还会赠送猪羊等礼物，意思是来年再次回访。[②]

　　"月也"盛行于侗族南部方言区，是村与村之间、寨与寨之间、以鼓楼为代表的家族与家族之间进行的循环交往活动。广义的"月也"包括村寨之间一切集体的交往活动，而狭义的"月也"是指无亲戚关系的

---

① 这项重要的侗族民俗活动在 2011 年以"月也"的名称被纳入了第三批国家级非物质文化遗产名录，下文就以"月也"统称之。

② 廖君湘：《侗族传统社会过程与社会生活》，民族出版社，2009，第 86 页。

群体之间的交往。① 在贵州九龙寨到如今还存在"月也当杜""月也贺楼""月也国刀""月也竿棉""月也列单"等各种形式的"月也"活动。有村与村之间、男女歌队之间、不同家族的妇女之间、老年人歌队之间等不同的人群参与。② 这种民俗活动在历史上早有记载。《宋史·西南溪洞诸蛮》所记："农隙时，至一二百人为曹，手相握而歌，数人吹笙于前导之。"这应该是目前较早关于"月也"的记录。史载其俗为"每入正月内，男女成群吹芦笙。各寨游戏，彼此往来，宰牲款待，日踏歌坛，一月皆然"。③

"月也"习俗到 20 世纪 80 年代仍然普遍地存在于黔桂交界的侗族地区④，作为一项特殊的侗族民俗活动，已有较多文献对不同地区的相关活动进行了记录。⑤ 有研究讨论了这一民俗与农业生产周期安排的关系⑥，活动过程中食物的制作与交换反映出性别意识⑦，以及这一活动如何成为举办春节歌赛的基础⑧。

"月也"在不同地区发展出了多种多样的形式，可大致概括为四类。⑨

第一类是农历正月期间开展的"为也戏"（做戏客），客寨数十人组成戏班到主寨巡回演出，每个寨子三五天，以后主寨再回访，也称"吃还"。"为也老"（做众客），人数往往多达上百人，男女老幼都参加，聚

---

① 刘锋、龙耀宏：《侗族：贵州黎平县九龙村调查》，云南大学出版社，2004，第 101～102 页。
② 刘锋、龙耀宏：《侗族：贵州黎平县九龙村调查》，云南大学出版社，2004，第 103～111 页。
③ 世皑：《侗族生活习俗散论》，《民族论坛》1989 年第 4 期。
④ 杨树清：《广西三江侗乡习俗三例》，载黔东南苗族侗族自治州文学艺术研究室《民俗》，1985，第 93～104 页。
⑤ 廖君湘：《侗族传统社会过程与社会生活》，民族出版社，2005，第 86～88 页。中国科学院民族研究所贵州少数民族社会历史调查组编《侗族简史简志合编（初稿）》，1963，第 63 页。王胜尧：《侗族文化与习俗》，贵州民族出版社，1989，第 37、93～94 页。
⑥ 刘芝凤：《中国侗族民俗与稻作文化》，人民出版社，1999，第 194～197 页。
⑦ 林淑蓉：《侗人的食物與性別意象：从日常生活到婚姻交换》，《考古人类学刊》2007 年第 67 期，第 22～25 页。
⑧ 徐新建：《沿河走寨"吃相思"——广西高安侗族歌会考察记》，《民族艺术》2001 年第 4 期，第 188～205 页。
⑨ 贵州省黎平县志编纂委员会：《黎平县志》，巴蜀书社，1989，第 134～135 页。廖君湘：《侗族传统社会过程与社会生活》，民族出版社，2009，第 87～88 页。

会三五天（一般为单数）后才放行，走时赠之以礼物，称为"尾巴"。"为也左楼"（做贺鼓楼客），主寨新建鼓楼落成之后，客寨全体来贺，送楹联贺匾、放鞭炮、踩歌堂，为期一天，招待与"做众客"一样，但是要等到客寨维修或新建鼓楼才能回访。

第二类是甲戌节、中秋节赛芦笙时举办的"为也轮"（做芦笙客），宴请、迎送与上述一样，只是有专门的赛芦笙环节。

第三类是"为也暇"（做社客），在春社赶社期间，主寨接待客寨的姑娘们集体做客，主寨的青年男子负责接待，白天踩堂对歌，晚上行歌坐月。第二年则由主寨的男青年送本寨的姑娘们去"还客"。

第四类是"为也鼎"（做众定亲客），也叫"开众亲"。这也是在寨与寨、族与族之间进行的联亲活动，一般由两寨老人确定好联亲意向之后，双方的青年男女们自己操作。首先主寨的姑娘邀请客寨的男性到访，其间行歌坐月、聚会聊天；谷物成熟时姑娘全家宴请客寨男青年，欢迎"女婿"；来年正月择吉日"伦鼎"，结束这次时间长达数月的相亲活动。

"月也"虽然形式多样，在各地具体的发展也不一样，但是根据《黎平县志》记载，可以分为"月也老""月也戏""月也轮""月也暇""月也左楼""月也鼎"几种形式。[1] 其中涉及回访的有"月也老""月也戏""月也暇""月也左楼"。所以要通过这一民俗现象来研究跨社区交往行为如何运作与延续，"月也戏"是较为有效的切入点。

2011 年，由贵州省黎平县申报的侗族民俗"月也"被国务院批准纳入第三批国家级非物质文化遗产名录中。在该名录的介绍中，"月也"被进行了大致的界定。[2] 侗语意为"集体出访做客"，当地汉族称为"吃乡思""吃乡食"。"月也"参加人数一般是一家一名代表，由寨中有威望的人率领，集体到某友好村寨拜访。甲寨客人快到乙寨时，乙寨众人要到寨口迎接，同时用日常生产工具或生活用具等，设置重重路障，双方摆开歌阵，对唱拦路歌。入寨后白天或演侗戏，或赛芦笙，或踩歌堂；晚上则到鼓楼对唱大歌，或欣赏"嘎锦"（侗族曲艺）直到深夜；其间

---

① 黎平县志编委会编《黎平县志》，巴蜀书社，1989，第 134～135 页。

② 贵州省黎平县：《月也》，见中国非物质文化遗产网，http://www.ihchina.cn/55/51160.html。

两寨青年男女还要到月堂里行歌坐月直至天亮。宾主如此欢度三至五日始散。月也结束，主寨集结队伍欢送客人，送至寨口又唱拦路歌，表示挽留。主寨还要以猪羊馈赠。次年或若干年后，此寨再到彼寨回访。

具体地看，"月也"必须遵守一定的礼俗和程序。① "月也"的第一项重大活动是"拦路迎客"：客寨按照先前两寨约定的人数来到主寨的寨口，进寨的路却早早地被人们用日常生产工具或生活用具设置重重障碍，拦路的还有主寨的男女歌队、芦笙队和寨老等人。要进寨就得对歌，用来作为障碍的物品才会被一一撤下。对歌开始，先由主寨歌队唱"嘎莎困"拦路，申明本寨今天出了很多很多不吉利的大事，要祭寨，不准外人进入。客寨歌队则唱"嘎开困"逐一应对，反驳其不让进寨的种种理由都不存在，一定要进寨。主人百般刁难、盘话，客人巧妙解脱、对答。如此这般群体性对唱，大都要进行到傍晚，直到客寨歌队"认输"或由寨老们出面劝说，双方才得以告一段落。

祭"萨"，也是"月也"活动的重要事项。客人进寨后，在歌队的带动下直奔主寨的"萨坛"。来到主寨的"萨坛"，随着鲜果、肉类贡品的摆放，祭仪活动就开始了。锣鼓、产签之声跟随客人的"呜呜呜"三声而起；鞠躬拜祭、主寨老人献平安果。最后，所有主客寨人员在"萨坛"前彼此牵手搭肩，围成数层的大圆圈，表演歌舞"多耶"，自然洒脱、热闹非凡。

鼓楼对唱，这是"月也"的第三个部分。时间多安排在白天或晚饭后的时段进行，一般要从到达的第一天唱到临走前的那一天晚上。对唱模式与"拦路迎客"相似，双方以异性歌队相向。主寨若是女歌队唱，客寨必以男歌队答，反之亦然。

炉旁叙歌，这是"月也"的一项重要活动。时间安排在深夜，多在"鼓楼对唱"之后的深夜，地点则分散在几个主寨家的火炉边。活动的内容及形式有两种：一是主客两寨自由结伴的青年男女围着火炉群体性对唱，相互倾吐爱慕之情，俗称"坐妹"或"闹姑娘"；二是主客两寨的男女老少随意性地围着火炉听老歌师唱歌，听众适时参与帮腔或轻轻

---

① 潘柒七：《试论侗族"月也"的社会文化功能》，《贵州民族报》2013年10月16日第B3版。

哼持续低音烘托，在其多声部民歌的叙唱中接受传统教育。

依依送别，这是整个"月也"的最后一项活动。每次"月也"大致要延续三五天，到最后一天早上，主客双方群聚寨中广场，歌队相互表演从对方那新学来的歌曲，芦笙队则表演新学来的芦笙曲。然后全体到"萨坛"前举行告别仪式，全体手拉着手"多耶"，用具有独特性的圆圈来暗示团结、友情。送客出寨时，主寨一般要送一头牛或猪作为礼物请客人带走，俗称"安尾巴"，留下"尾巴"好继续往来。按照"月也"的规矩，主寨来年要依样回访客寨，以示"月也"从此生根。如果某寨不愿再交往，则献出一头牛或猪，会同两寨人士聚于两寨中途，宰而分食，俗称"断相思"。

而在宝赠村，人们有其具体而特殊的程序。上寨的 WG 老人详细介绍了上寨"月也"的大致规则。

> "月也"出发之前要在萨坛那里祭一下，然后算一下哪个方向好，就向哪个方向去。每年只有第一次出发时要算方向，然后就东南西北随意了。"月也"不一定每年都去，如果哪一年收成好点，人口旺盛，也就是有条件了就去。如果哪一年有条件了，头人或者寨子里老人一说，大家商议好，我们有钱请师傅，就请师傅教一冬，有时候是两三冬，春节时就可以出去"月也"了。师傅有时候是本寨的，有时候是外边的。如果我们听说外边的师傅教得好，也会请外边的。师傅教的是大戏，也就是桂戏，解放后学的是侗戏，也就是把桂戏翻译成侗话，也有把各寨的故事编成戏的。
>
> 吃完午饭出发，傍晚进寨子。你下帖来，我们就去寨门那里迎接，放鞭炮、铁炮。接到寨子上石坪那里，我们要吹芦笙、跳芦笙舞。然后就各家分，一家 2~3 个，安排吃夜饭、住宿。吃完夜饭再到石坪，吹芦笙、唱屯歌。主方唱屯歌请客人猜十二生肖，猜得对就好，猜不对就笑你。一直到十一二点，各自去休息。第二天早上年轻人就去找姑娘踢毽子；老年人聚到一起讲故事。下午就讲款，客人讲。一叫"满仔"（意思是最小的儿子），就是讲祖宗从哪里来，干了什么事；二叫"保老"（意思是大哥），就是讲外边我们管

到哪里，属于上寨的地盘有：传素乡、乐江乡细腰寨、坪阳乡权头寨；三叫"保尼"（意思是二哥），就是我们管到瓢里乡蒙化寨、乐江乡乐江寨、平等乡庙田、广南城。客人在中间的桌子上讲，主人听。到了晚上再跳芦笙舞。不表演节目，只讲款，也算为"也"。

唱戏的话就是直接进来到戏台，然后安排各人带他们回家吃夜饭。一般都是刚进寨子就分"也"，一家领2～3个客人回去招待，后边唱戏这几天，除了两次聚餐吃猪之外，就是去各家吃饭。吃完夜饭就出来唱戏，一般要唱到晚上12点到凌晨2点。第二天10点以后又开始演出，唱到下午2点吃午饭，如果唱得晚了，就直接吃夜饭，吃完夜饭就唱到晚上。如果唱三天，就在第三天白天杀猪，晚上吃夜饭的时候吃，吃完海唱。接下来第二天还要唱半天，吃完午饭才走。我们把猪头挑到寨门给客人，让他们带着去下一个寨子。我们的姑娘在寨门外边路上唱拦路歌，如果他们唱得比我们好就拿走；不如我们姑娘唱得好，我们姑娘就把猪头挑回去自己吃了。一般唱不赢也给他们拿走了，有的地方就真的给姑娘吃了。如果给姑娘挑走了，和姑娘比歌的年轻人就要自己掏钱买猪，小一点的就可以，请自己寨上吃。是他们输的，老人家不管。

如果杀2头猪的话，以3天3夜的时间来说，第二天杀第一头猪，就算还了以前他们招待我们的；第三天杀第二头，就是他们又欠我们的了。第一头直接把猪头给他们，第二头要把猪尾巴夹在猪嘴里给他们，意思是留了尾巴，以后还要来往。白天杀猪，下午5、6点才吃饭。杀第二头猪的时候，猪头要放在案子上敬神上香，客方带队的老人家就要讲款。内容是"猪的历史"，猪从哪里来，怎么养的，然后才吃夜饭。第三天杀第二头猪，到下午就不唱戏了，摆好桌椅饭菜之后，把第二个猪头拿出来拜。然后他们的老人家开始讲"猪的历史"，拜完到晚上才吃夜饭。第四天他们还要唱一早上，吃完午饭再走。我们寨子的男女老少会去寨门外边路上拦，唱《留客歌》，拉拉扯扯，有的一直到傍晚才走得了。

这个仪式过程中，"萨"在从出发到结束的各个环节中都扮演了重要的角色，甚至可以说"萨"崇拜渗透在整个"月也"的过程中。第一，在客寨出发前，必须准备供品，先到萨坛祭"萨"。向她拜别，祈求"'萨'神在路上保卫、在夜晚维护，保众人周全，护众亲周到"，然后方可出发。第二，客寨进寨后，主寨首先引导客人至"萨岁"神坛，举行祭祀仪式，乞求"萨"神保佑平安无事、五谷丰登、六畜兴旺。第三，在鼓楼坪踩堂赛歌时，唱歌先唱萨岁歌，先要歌颂祭祀萨岁一番，以表示对萨岁的敬意。第四，在鼓楼集体宴会时，客寨讲款也要先讲萨岁款，表示对萨神的尊敬和崇拜。第五，返回本寨后，要把带回来的猪肉和礼物献给"萨"，然后同全寨人分享。①

除了历史传说，上寨的主寨地位也是由其在信仰活动中的角色奠定的。"萨"在侗语中有原始祖母的意思，在侗族信仰中位置崇高。据当地人讲："听老人家讲她的老公是侗族的侗王，叛乱后被朝廷杀了，只剩下女的，就拿来祭拜。"上寨是宝赠唯一有萨坛的村，大祭年份，宝赠人都会汇聚到上寨进行祭祀，这也奠定了上寨主寨的位置。

宝赠人认为萨很灵验，能福佑众人，所以要祭。村民反映："像我们的石板路，不知道有几百年的历史了，从来没有发生过地虚，都完完整整，都是那个萨保佑。像其他地方都挨过地虚，他们的石板路都脆了。我七十多岁从来没遇到火灾。人杰地灵才可以保平安啊！""萨坛很灵的，有人出去打工之前，都会很早到萨坛这里拜。"当地人祭萨的主要目的就是求平安，"求萨不管个人还是集体求，最先就是要消灾"；"我们都是求身体健康、国泰民安"。也有观点认为萨能够影响风雨雷电等诸神，使其保护庄稼，"我们祭萨是因为萨帮我们老百姓种养啊"。②

据 WMX 老人介绍，宝赠十几个寨子祭"萨"的仪式大致如下：

> 上寨祭萨时普团、江坪、高赠、高塘、盘坡都要过来，附近地灵、西腰也过来。上寨是二月卯日，这一天是萨的生日，西腰是正月初八。解放以前有萨田，分布在普团、上寨、江坪、董里，各寨

---

① 阮立影：《侗族"月也"习俗的文化解读》，《黑龙江史志》2009 年第 9 期。

② 徐赣丽、郭悦：《当代民间文化的遗产化建构——以广西宝赠侗族祭萨申遗为例》，《贵州民族研究》2012 年第 2 期。

子都有大小不一的萨田，由寨子里老百姓耕种，养猪做祭祀的用途。田多就养大一点，田少就养小一点，其余粮食就是自己的。卯日天刚刚亮，大概六点左右，抬活猪一头到萨坛旁边的石板坪上，然后由高增的吴永能念经，念完他说拿出去杀。以前是在萨坛旁边直接杀，现在是抬到寨子外边的大路上去杀，这个也是根据念经的师傅而定。萨也有神像，是由龙胜县文化馆蒙成强馆长制作，他会在祭萨前一天赶来制作。祭祀之前神像放在萨坛旁边供人们祭祀，11点钟搬进萨坛，由念经师傅搬进去，再念经。念完经以后由师傅算一个人出来，由他抱一只活鸡进去萨坛转一圈，然后出来。随后人们把萨抬出来，抱鸡的人打头，之后是萨、草龙、抬禾把和其他物品的人。走的方向也是由师傅算出来的，就是要把上寨、普团和江坪三个寨子走一遍，再转回萨坛。

2010年祭萨时我抱鸡，之后师傅算出来的大利方向是西，就往江坪方向经便桥过河去江坪寨，然后走大桥进普团，再回到上寨。江坪在鼓楼那里摆了香案，放了祭品，普团都没有。因为老人不说，年轻人都不知道，他们只知道放炮，说萨来到我们寨子了，我们要一路放炮。

祭萨在宝赠分为大祭和小祭。小祭分为两种。一种是全寨性的，每年二月的第一个卯日（即萨的生日）大家都会聚集萨坛举行祭萨活动；还有每个月的初一、十五，管萨代表全村人去给萨岁上香、烧纸钱、放鞭炮，祈求萨岁保佑全寨。另一种是个人（主要是妇女），于农历每月初二、十二、二十二，或正月、十月初八祭祀。是日中老年妇女各自携带茶油、茶叶、黄豆、米花到坛前打油茶祭供。此外，如果发生月食、日食、瘟疫或意外事故，以及外出打工前，也会有不定期的祭祀。

"月也"最早起源于古代侗族村寨间的联姻行为，即有婚姻关系的村寨之间集体互访，以巩固婚姻联盟关系。"月也戏"（做戏客）主要是以侗戏、桂剧等戏曲表演为平台，同时开展多种文化交流和人员交往的"月也"形式。客寨的青年男女以戏班、歌队等形式组织起来，在老人的带领下前往主寨表演。其中老人主要是走亲访友，而两个寨子青年人之间的交友联谊则是主要内容。侗族婚姻传统中的"行歌坐夜"受到地理范围的限制，往往局限在寨子附近的村寨。但"月也"表演的间隙是青年人跨社区交往的重要机会，因而"月也"被认为是扩大婚姻范围的重要机制。后渐渐演化为村与村、寨与寨互相往来做客，开展对歌、讲款、叙谈等休闲娱乐及教育活动。[①] 这种联合的功能，也可以从有关"月也"起源的一则传说中观察到。传说在很早以前，侗家人住在大山里，由于相互不通信息，一个寨子遇到火灾、匪患，其他寨子全然不知。也就没有办法提供帮助，侗家人为此吃了不少苦头。后来有两位老人建议，各寨相互间每年走访一次，遂成风俗。[②] 村寨联谊活动有利于打破村寨社会闭塞，交流生产经验，加深近邻之间的交往和友谊，增强了侗族社会内部的凝聚力，促进了地域社会的形成。

　　回到这项民俗背后的文化逻辑，不难发现其所包含的村寨交往中的互惠原则一直在持续和实践。"月也"也被称为"吃相思"，林淑蓉认为"吃"代表的是相互走访与宴请，"相思"代表的是两寨男女青年的交往。她将"月也"活动中"主寨"与"客寨"的关系转化为"给妻者"与"讨妻者"、"女人"与"男人"之间的象征，认为这一活动将一种经历隔代时间延迟的"父方交表婚"背后的婚姻交换展演出来。[③] 但是以调查中发现的材料来看，侗族村寨的婚姻范围集中周边村寨，而"月也"的活动范围则大得多。虽然覆盖了几个通婚村寨，但更多的是距离较远且很少有婚姻关系的寨子。最重要的通婚寨子并不在"月也"的范围之内，因为亲属关系的存在，这些寨子已经成为"本寨"的一部分，因而作为对"外"互惠性交往的"月也"就不存在。如果说婚姻交换不再是"月也"的主要内容，那到底是什么机制来实现互惠性的表达？

　　马林诺夫斯基最早提出"互惠"作为分析礼物交换的基础，指出存

---

① 廖君湘：《侗族传统社会群际关系的层面、特征和影响因素》，《湖南科技大学学报》2006年第1期。

② 谢冰：《月也——侗族的集体"串门"》，《民族大家庭》1994年第1期。

③ 林淑蓉：《物/食物与交换：中国侗族的人群关系与社会价值》，载黄应贵主编《物与物质文化》，中研院民族所，2004，第240~246页。

在"互惠性服务的均衡链"①，萨林斯则进一步指出了互惠性原则的可计算性②。而"月也"之所以能够在历史上延续发展下来，就是因为存在一种"欠"与"还"的转换机制，将双方的互惠性关系建立起来。"欠"与"还"是一对在调查中获得的地方概念，主要指在"月也"过程中参与双方的关系地位。具体来说，"欠"指的是客寨在接受主寨的款待之后，便"欠"了对方，表现为欠了对方宴请用的猪。猪头的数量被用来标记"欠"的程度，但主客双方都明确知道"欠"的内容更宽广，包括程序上的礼遇、仪式上的尊重，以及丰盛的宴请、周到的安排等方面。而"还"指的是在下一次"月也"回访中，主客关系发生转化，主寨为了偿还上次做客所"欠"，参照上次被款待的情况以及自身条件来回馈对方。

在每次"月也"结束之后，主寨都要将消耗掉猪肉的猪头交给客寨作为礼物带回。客寨带回之后要在本寨的公共地方做成筵席与全寨分享，这样才使寨与寨之间建立了联系。人类学关于礼物的研究中，除了将礼物的交换作为群体内个体间互惠互助的行为，如阎云翔对于礼物流动与社会网络的研究③，群体间的礼物交换也被作为不同人群交往的纽带，波兰尼将之作为社会整合的一种模式。④ 马林诺夫斯基对于特罗布里恩群岛间的"库拉"网络的研究中最早提出了这一命题，而列维·斯特劳斯则将妇女交换作为不同部落之间建立社会交往的基础。⑤ 顺着这一思路，"猪头"作为礼物的流动是否能展现出区域交往的大致脉络？

"月也"的主要内容可简单分为宴请与娱乐两部分，涉及"吃"与"被吃"、"表演"与"观看"，通过这样的关系转换，侗族人群交往背后

---

① Bronislaw Malinowski, *Crime and Custom in Savage Society*, Paterson, N. J.: Littlefield, Adams, 1962, p. 46.

② Marshall Sahlins, *Stone Age Economics*, New York: Aldine de Gruyter, 1972, pp. 191 – 210.

③ 阎云翔：《礼物的流动———一个中国村庄中的互惠原则与社会网络》，李放春、刘瑜译，上海人民出版社，1999。

④ 〔英〕卡尔·波兰尼：《大转型：我们时代的政治与经济起源》，冯钢、刘阳译，浙江人民出版社，2007，第40～53页。

⑤ Claude Lévi - Strauss, *The Elementary Structure of Kinship*, Trans. J. H. Bell and J. R. von Sturner, Boston: Beacon Press, 1969, pp. 61 – 68.

的相互宴请与娱乐的交换机制得以展现出来。在当地，"猪头"成为一个最清晰的衡量标准，客寨所欠，以及下次接待回访时所需要偿还的标准都由"猪头"的数量表示出来。

"月也"的时候，主寨杀猪接待，要把猪头放在桌子上，然后讲猪历史的款，双方确认之后才能吃。根据上寨的《兜杂猪》，这里的猪不仅是礼物，还具有神圣的意义。根据 WDR 老人的翻译，这个款词大意如下：

> 猪以前是野猪，人们种的黄豆和菜都被野猪带的仔吃光了。于是人们就把地围起来防止野猪糟蹋，结果又被野猪吃了。母猪和两个猪仔跳出去逃走了，有两个跳不出去。两个人就把这两个猪仔抓回来，砍树做成猪圈把这两个猪仔养起来了。用糠来喂猪，煮潲水给猪，吃习惯后猪长得很快。有人要来买，他也不卖，就留给来"月也"唱戏的人，用来接待他们。

单来说，"欠"与"还"是对应的关系，本次所欠只有在下一次回访中才能被偿还。但在一次"月也"活动中，"欠"与"还"同时存在。也就是说在某次具体的活动中必然是先"还"后"欠"。在宴请这条线索上，主寨首先要继续用"客寨"的身份来偿还上次做客对方寨子时所"欠"的猪，接下来才是以主人的身份招待远道而来的客人。当活动结束时，客寨带回本次访问所享用同样数目的"猪头"，其中一部分是作为接受主寨偿还上次所欠的"还"，另一部分则是本寨在此次新产生的"欠"。

简单地将"月也"中的礼物交换分割成"欠"与"还"存在一定的问题，因为这两者虽然发生在同一次访问过程当中，但一次访问的"欠"对应的是下次回访的"还"。"欠"与"还"的对应转化将两个寨子历史上多次的"月也"活动联系起来，形成一个跨越历史的交往过程，在人们的记忆中紧密地联系在一起。

# 三　以村寨为中心的交往网络

下面就以上寨 1948 年的"月也"经过为线索，看看"欠"与"还"的文化逻辑是如何被理解和操作的。

1948 年正月初四，上寨的"月也"队伍经过难脚寨，再到独镜寨，下去就是第一站乐江乡光明寨。他们在那里表演了七天七夜，主要节目是桂剧《薛仁贵征西》。作为主寨的光明寨杀了八头猪，据说是因为"他们说这猪小，不作数，多杀几头"。在此之前是光明寨"欠"上寨，这次结束就转变为上寨"欠"光明寨。此后，2008 年光明寨来上寨表演，但是因为只来了一夜上寨没有杀猪。也就是到现在上寨还"欠"着光明寨。如果下次光明寨到访，上寨认为杀几头猪要看表演的时间，如果时间短就杀两头猪，一头"还"一头用来招待，时间长了就要全寨再商量。不过现在"月也"的节目都变少了，年轻人都要工作，不可能像以前那样连唱七天了。

这种情况也是有的，在"月也"过程中，不管是杀了八头小猪，还是一头牛，人们还是用两头猪一"还"一"欠"的模式来理解。1989 年上寨 50 多人到平坦乡平坦村走访。主寨平坦村之前"欠"上寨一头猪，结果他们杀了一头牛来"还"，最后上寨带了一个牛头回寨。虽然一头牛的价值要远大于一头猪，但是上寨认为他们并不"欠"主寨，只是扯平了。如果主寨再杀一头，不管是牛还是猪，上寨才"欠"对方。到现在平坦村还没有来上寨"月也"，如果他们来，上寨只需要杀一头猪，杀两头就比较好，那样就算"欠"两头了。

如果素有来往的两个寨子之间只杀了一头猪，也就是只"还"上次所"欠"，而不开始新的循环，那就意味着双方的交往可以暂停一段时间。这种情况有时候是因为两个寨子之间起了纠纷，也有可能是收成不好，招待不起。下次新一轮交往的开始还是由上次"月也"的"主寨"来拜访，扮演客寨的角色，然后双方的交往就恢复了。这时候接待的一方只需要杀一头猪，因为不需要"还"。类似于到一个新的寨子"月也"，双方的关系重新建立，只需要杀一头猪。1957 年上寨去平等乡平等村的街上队表演，因为节目精彩，旁边的街下队就来邀请。对方杀了一头猪，这样上寨就"欠"了街下队。2008 年街下文艺队来表演，上寨杀了两头猪，然后双方的交往就稳定了下来。

1948 年上寨"月也"的第二站是乐江乡独镜寨。本来第一站就计划的是独镜寨，但是他们不接待，才转去光明寨。后来独镜寨的老人就对他们年轻人说"这伙人戏唱得好，你们不接待不对"。这样上寨的"月也"队伍又被半路请到独镜寨。在此之前独镜就"欠"上寨，他们杀了两头猪，到现在上寨还"欠"着。上寨的老人认为主要是"他们的歌舞比不过我们"，独镜的老人不让来。2006 年的时候，独镜寨的老年文艺队 20 多人来到上寨表演。上寨没有杀猪，因为这些人被认为不能代表独镜全寨。全寨的文艺队要有老年、中年、青年，男男女女才能代表。即使杀了猪来访的客人也不敢吃，因为他们只能代表这 20 人，如果吃了就是这 20 人"欠"上寨的。下次上寨去独镜寨"月也"，寨子里的其他人就可以不招待，只这伙人买猪请客。但是如果上寨在接待中杀了两头猪，并把猪头给他们带回去，让全寨的老少一起吃了，那就变成独镜寨"欠"的了。

像独镜这样拒绝接待的例子也是有的。上寨有一次去通道县坪阳乡塘头寨，但是那时候对方请了个道士在作法，全寨吃斋不吃肉，不给外人进去，只好绕行，对方一直就"欠"到现在。有时候也是因为接待能力，1988 年正月江坪寨先后来了四个地方唱戏的。最远的是来自三江县马胖寨，来了 100 多人。之前江坪寨已经接待了三批唱戏的，把他们正月准备的肉都吃完了。马胖寨的人说江坪还"欠"他们的，并拿出一块布，上面记着哪一年哪个寨子去过他们那里"月也"。

1948 年上寨"月也"的第三站是乐江乡独镜村难脚寨。在难脚唱了三天三夜，杀了两头猪。1982 年的时候，难脚文艺队 30 多人来到上寨表演彩调和舞蹈，上寨杀了两头猪，就变成对方"欠"上寨的了。1987年上寨又去难脚寨表演侗剧《薛刚反唐》《狸猫换太子》。对方杀了两头猪来款待，到现在上寨还"欠"着。杀两头猪最为常见，构成"一还一欠"的基本模式。第一头是"还"，就是甲寨上次作为客寨去乙寨，他们杀了猪款待，让甲寨带了猪头回来给寨人吃，于是甲寨就"欠"对方的，首先要"还"掉这一头。第二头才是"欠"，就是甲寨作为主寨杀猪宴请乙寨，从而乙寨作为客寨"欠"了甲寨，只有下次"月也"时才能"还"，从而建立起了有来有往、连绵不断的交往关系。

1948年上寨"月也"的最后一站是本村的飞冲寨。虽然在那里表演了两天两夜，但是对方并没有杀猪。上寨认为飞冲与自己是同一个村寨，那里有许多人都是上寨的亲戚，所以可以不杀猪，就算杀了也不算"欠"。1987年上寨去本村的盘坡寨唱了两天两夜的《薛刚反唐》，对方杀了一头猪。但是因为盘坡主要是上寨分出去的吴姓，杀猪不作数。同年去江坪，杀了一头猪，也不作数。对于本村寨的寨子来说，上寨是主寨，其他寨子在传说和迁移历史上都依附于上寨，因而内部的交往是不算"欠"与"还"的。但是也有差别，盘坡、高赠被上寨作为兄弟；普团、江坪利用婚姻和亲属关系联系在一起，算亲戚；其他本地以外的寨子都是朋友。

总之，最基本的就是一"欠"一"还"的交往模式，这也是"月也"可以不断延续的内在机制。当然也存在杀一头、本村不计等多种灵活的运作方式，展现出更为丰富的文化内涵。"主寨"与"客寨"之间的交往以猪头礼物的"欠"与"还"标记出来，从而使得这种交往行为可以在时间上延续下来，跨越数代人的生命历程。莫斯提出的"整体呈现体系"强调礼物交换之外，礼节、宴会、仪式和舞蹈等都可以作为交换的对象。[1] 在"月也"的过程中，"欠"的象征是猪头，但实际上包含表演过程中的款待、仪式、戏曲、对歌甚至欢乐，这些都构成需要"还"的对象。在这里，"主寨"与"客寨"的关系并不仅仅表现为象征意义上的"送猪头"与"拿猪头"，而是对应到"宴请"与"被宴请"、"娱乐"与"表演"、"受祭"与"献祭"等双方交往过程中的位置差异与转换。所以说在一次"月也"中，"主寨"用以"猪头"为象征的宴请招待来换取"客寨"的表演与交往；在下一次回访中，双方的位置又转换过来，至此一次互动才算完成。在具体的实践中，即使"还"了猪

---

[1] 〔法〕马塞尔·莫斯：《礼物——古式社会中交换的形式与理由》，汲喆译，上海人民出版社，2005，第8页。

头，但是如果宴请得不丰盛，招待得不热情，或者"客寨"的表演不丰富、仪式不规范都会使得双方的交往行为受到影响，从而影响到在整个地区"月也"网络中的声誉地位。

"月也"是侗族以村寨为单位建立交换关系的活动，主寨与客寨之间建立互惠性的"访问"与"回访"、"邀请"与"回请"关系，强调你来我往的平衡关系，从而稳定地扩展村寨交往。这个过程中的礼物交换及其展演的文化象征代表着村寨之间交换关系的确立和维系。"月也"与"款"一样，是侗族在历史上的民族冲撞中形成的族内联合机制，通过互通消息和族内联合来保障本民族的生存发展。侗族跨区域交往研究中重视"款"等硬性的地区网络，却忽视了"月也"这样文化性、民俗性、娱乐性的柔软关系。这一活动内含的猪头礼物的"欠"与"还"构成一个欢乐之网，将处于不同空间和时间的村寨联系起来，使得侗族的跨区域交往得以延续下来。

当地把"月也"称为"为也"，"也"是旅客、贵宾和情人的意思，这里的意思是"我们是老交情了"。据说上寨很久以前就有"为也"，解放前节目主要是大戏，也就是桂剧。20 世纪 60 年代开始主要表演侗戏，将熟悉的桂剧改编成用侗话表演，或者取材于附近村寨的故事。后来也加入红歌、语录歌之类的内容，"文艺队"成为对"月也"队伍的称谓。每次出访的文艺队总人数大概在 30 多人，多的时候也组织过 60 人的队伍。现在因为青年人都出去打工，往往组织不起来。即使去到其他村寨，因为节目越来越少，有的时候一天就表演完了，杀猪的情况也少了。

为了更清楚地说明这一民俗的细节，下面就以调查点的材料来简单说明整个活动的流程。在决定"月也"之后，寨老就要商定去哪几个寨唱戏，先向还"欠"本寨的村寨发出红帖。到了正月初三前后，事先准备好节目的队伍就出发"月也"。出发之前首先要到萨坛请本寨的"萨"保佑一切顺利，然后才能放铁炮出发。祭拜之后还要找先生算一下哪个方向好，每次"月也"离开本寨的方向都需要算准，然后就根据路途远近安排。一般是下午两三点的时候出发，距离近的话就会晚一点，基本上以天黑之前赶到第一站为宜。在接近要拜访的村寨时，首先要有打前脚的人报信，然后敲锣打鼓往对方的寨子行进。这时候主寨的寨老已经召集众人到寨门等候，欢迎之后就把队伍引到主寨的萨坛前献祭。经过短暂的联欢，主寨的寨老就开始分配各家接待来访的人员。在接下来的几天内，除了几次共享猪肉的宴请是所有人在一起之外，平时就由这个人家照看客人的饮食起居。

到访的第二天下午要由客寨的老人来讲款。分三个部分，由三个人分别讲述：一叫"满仔"（意思是最小的儿子），就是讲客寨的祖宗从哪里来，做过什么事；二叫"保老"（意思是大哥），就是讲"外边"管到哪里；三叫"保尼"（意思是二哥），就是"里边"管到哪里。表演一直要持续三天左右，如果节目精彩，主寨还会多留两日到四日。上寨出去"月也"最短是两天两夜，最长在一个寨子待了七天。做客期间最重要的活动就是主寨杀猪招待客人，第一次杀的猪是"还"上次他们到访时候所欠客寨的，之后两个寨子就扯平了。接下来再杀就是主寨款待客人的，杀多少头，客寨就"欠"多少头。也有只"还"的情况，这样双方的互访就暂时告一段落，下次还可以再访问，但就是一个新的开始。有的寨子杀了不止两次，在"还"完所欠数目之前为一个阶段，之后不管杀了几次猪，都是客寨"欠"的。以杀两头猪的情况来说，在第二头的时候就要把猪头放在神案上敬神，然后由客寨的老人讲款，主要内容是猪的来历。①

在分离的时候，主寨要把这次"月也"中所杀的猪头全部交给客寨带回，象征对方带了整头猪回去，并伴有其他形式的馈赠。猪头和猪尾都要带回来，把猪尾巴放在猪嘴里边，表示"留个尾巴"，愿意继续来往。② 接下来"月也"的队伍就前往约定的下一站，程序基本如上。也

---

① 上寨相关的款词为《兜杂猪》，大意：猪以前是野猪，人们种的黄豆和菜都被野猪带的仔吃光了。于是人们就把地围起来防止野猪糟蹋，结果又被野猪吃了。母猪和两个猪仔跳出去逃走了，有两个跳不出去。两个人就把这两个猪仔抓回来，砍树做成猪圈把这两个猪仔养起来了。用糠来喂猪，煮潲水给猪，吃习惯后猪长得很快。有人要来买，他也不卖，就留给来"为也"唱戏的人，来接待他们。此内容为上寨讲款人吴代荣老人翻译。

② 杨锡、邓星煌：《鸡尾客》，载杨通山等编《侗乡风情录》，四川民族出版社，1983，第257页。王胜尧：《侗族文化与习俗》，贵州民族出版社，1989，第37页。这点有所争论，前者记录若赠送猪头并挂上尾巴，表示彼此来往暂告一个段落；而后者说留尾巴是为了以后继续来往更密切，这与宝赠调查的材料一致。

有因为节目精彩而临时被主寨周边村寨邀请的情况，或者在路途上临时拜访的例子，这些就是新的来往关系的产生。回到寨子之后，出访的队伍要把带回来的所有猪头给全寨的人分享，才是完成这三十几个人代表整个寨子的义务。

上寨的吴姓最早在本地定居，普团和江坪都是后来迁移过来的人口，通过婚姻和拟制亲属关系结合起来。传说中上寨将自己的女儿嫁给了普团的黄姓，普团的黄姓将女儿嫁给了江坪的杨姓，而后来迁移到江坪的吴姓则通过归宗成为上寨的兄弟。款词中的记录是"保娃朝用进上寨，满松功祥进普团，银桥车松到江坪"，并说明是由上寨的祖先带领大家进到这个地方的。这就形成了现在宝赠村以上寨为核心的布局，他们的地位还体现在祭拜萨神、迁移传说、土地分配等方面。"月也"的范围和规模也是其主寨地位的体现。上寨的人口众多，节目丰富，因而常年有"月也"的活动，范围遍及周边甚至湖南的乡镇。而普团、江坪则主要在距离上比较近的寨子，规模小且断断续续。参与地区"月也"网络的程度代表了上寨对外交往的能力，也保障了其在社区内的领导地位。

**表 6-1　宝赠三寨"欠"与"还"的现状**

| | 欠 | 待还 |
| --- | --- | --- |
| 上寨 | 湖南通道县陇城乡竹塘村、远冲、平稳；坪阳乡横溪；平坦乡平坦村；马龙乡里问；黄土乡上都天；乐江乡乐江村；平等乡庖田、平等上界寨、新元村独车寨、蒙洞、寨井村 | 平等乡平等村下界寨、龙坪村、新元村八榜寨、独车寨；瓢里镇蒙化村桐木寨；坪阳乡塘头寨、马鞍村、田心寨；三江县马鞍；独镜村上吉康 |
| 普团 | 平坦乡同雷寨、中铺寨；陇城乡竹塘寨；马龙乡竹塘寨、里问寨 | 平等乡广南大寨；坪阳乡马安寨、坪阳寨；平坦乡吉大寨；三江县中普寨 |
| 江坪 | 甘溪乡甘溪寨、江紧村 | 坪阳乡桐木寨、塘头寨；甘溪乡甘戈寨、同雷寨；陇城乡陇城寨、下溪；三江临溪乡高友；马胖乡马胖 |

资料来源：根据调查材料整理。

上寨"月也"的访问范围遍及湖南通道县的陇城乡、坪阳乡、平坦乡、马龙乡、黄土乡、传素乡，以及广西龙胜县的乐江乡、平等乡、瓢里镇和三江县。这跟历史上的款组织有一定的联系，他们认为以前归上寨管理的范围有，"外边"的传素乡、乐江乡西腰寨、坪阳乡权头寨，

"里边头"的瓢里乡蒙化寨、乐江乡乐江寨、平等乡庙田、广南城。款词里的记载为"高头到传素，中间在老寨，下面到西腰"。但同现实中的婚姻范围有较大出入，上寨吴姓主要是与普团的黄姓，江坪的石姓、杨姓，以及周边的地灵、西腰、铜锣联系在一起。

表6－2记录了上寨1948年以来的出访活动，在此之前很多细节已经变得模糊不清，而且也很难记录接待"月也"的情况，因为来访往往是散乱的。接待的情况实际上夹杂在他们对"月也"出访的记忆中，与他们同某个寨子的互动结合在一起。在报道人讲述某次拜访一个寨子的记忆中，就会清楚地说出自从那次之后对方有没有来过自己寨子"月也"，双方此后的来往有几次，现在是谁"欠"谁。在比较清楚的七次访问中，最长的一次有19天19夜，规模最大的有60人集体参与。表演的节目以戏曲为主，1969年之前以桂剧为主，主要曲目有《薛仁贵征西》《女杀四门》《南阳关》《黄鹤楼》等；此后变为侗戏，主要有《梁山伯与祝英台》《汉阳赶考》《婧英》《情哥相爱》《六女评》等剧目。1948年的出访带回来最多的猪头，达到12个。其中主要的模式是一个寨子杀两头猪，一头主寨"还"，另一头客寨"欠"。杀比较多的小猪或者一头牛，还是按照一个猪头来记，但是双方都清楚在"还"的时候就要标准高一点。此外，本村内部的寨子，因为都是姻亲和同宗关系，可以不杀猪，杀了也可以不记。

### 表6－2　上寨历年"月也"基本情况

| 年份 | 路程 | 带回猪头 | 模式 |
| --- | --- | --- | --- |
| 2007 | 独镜村上吉康寨 | 2 | "一还一欠" |
| 1989 | 陇城乡远冲寨→马龙乡里问寨→皇土乡上都天寨→平坦乡平坦村 | 4（加1个牛头） | 2个"一还一欠"，1个未杀，1个杀牛 |
| 1988 | 乐江乡乐江村→坪阳乡横溪寨→陇城乡竹塘寨→坪阳乡平稳寨→甘溪乡恩戈寨 | 8 | 均为"一还一欠"，最后一站送师傅，不杀 |
| 1987 | 宝赠村盘坡寨→乐江乡同乐村→宝赠村江坪寨→独镜村难脚寨 | 5（加1个牛头） | 2个"一还一欠"，2个本村不计 |
| 1969/1970 | 通道县陇城乡竹塘村→马龙乡长安堡村→陇城乡路塘村→坪阳乡桐木村 | 不明 | － |

| 年份 | 路程 | 带回猪头 | 模式 |
|---|---|---|---|
| 1957 | 平等乡庖田村甲业寨→平等乡广南寨→平等村街上队→平等村街下队→新元村独车寨→孟洞村固洞寨→蒙洞村寨井寨 | 11（加1个牛头） | 5个"一还一欠"，1个"扯平"，1个"第一次" |
| 1948 | 乐江乡光明寨→乐江乡独镜寨→乐江乡难脚寨→乐江乡飞冲寨 | 12 | 2个"一还一欠"，1个杀8头小猪，1个本村不杀 |

上寨老人为笔者回忆了 1988 和 1989 年两次"月也"的过程。梳理这里的地点，可以发现大多数村寨都在湖南省境内。在侗族村寨交往的知识中，并没有省、市、县等行政区划的概念。人们只会记得某某寨，为了介绍方便，才会加上所在乡的名字。当地人在介绍"月也"路线时，往往会提到翻过哪个界（山），顺着哪个沟，这都不是现代的交通道路，而是人们在历史上的交往中形成的地方交通网络。在当地侗族村寨内部，不论是"月也"这样的民俗知识体系，还是地理的空间认知，都有其特殊的系统性，不受外界的干扰。

1988 年，正月初二出发，60 多人，吴广做文艺组长。节目是用侗话唱桂戏，有《薛刚反唐》《薛仁贵征西》《情哥相爱》《六女评》，还有侗剧、彩调、屯歌。吃完早饭出发，从地灵这边翻界走小路，4 个多小时到了乐江乡乐江村。他们都安排好了，各个队就来请，唱了 4 天 4 夜，杀了 2 头猪。1989 年他们寨子过来打篮球，我们也杀了 2 头猪招待。从乐江出来又返地灵，翻过地灵界到了通道县坪阳乡横溪寨。唱了 4 夜，杀了两头猪，一头还一头欠。就是第一头平了他们以前欠我们的，第二头我们又欠他们的了，所以带了两个猪头回来。到现在一直没来过，还欠着。第三站去了陇城乡的竹塘，待了 5 天 5 夜，他们不让我们走，还要留。杀了 2 头猪，到现在一直没来回访。从竹塘出来去了坪阳乡的平稳，唱了 4 天 4 夜，杀了 2 头猪，也是带了 2 个猪头回来。1990 年他们来上寨唱侗戏，我们杀了 2 头猪，现在还欠我们 1 头。接下来去了甘溪乡恩戈寨，唱了一夜，第二天就走了。这次是送师傅，送师傅不杀猪。那一次带回来 8 个猪头，我们就在礼堂煮了，寨子里大大小小的人都过来吃。这么出去一次，要准备二三十个节目，大家白天干活，晚上到礼堂（前身为戏台）排练，练了一个多月。师傅是从通道县甘溪乡恩戈寨请来的，叫杨智盛，一共教了两年。第一年 80 块/月，第二年 90 块/月，包吃包住。

1989 年正月初六，50 多人，组长是吴必善、吴海波、吴必治。从细腰下去陇城乡，再到远冲寨，在那里表演了 5 天 5 夜。节目跟 1988 年的一样，师傅还是那个恩戈的师傅。杀了两头猪，到现在上寨还欠着他们。一般都是杀两头，第一次去的新寨子才杀一头。老朋友他们欠我们，都是两头。接下来去了马龙乡里问寨，也唱了 5 天 4 夜，最后两个寨子的文艺队还联欢了一夜，杀了两头猪，到现在他们还没来。然后去皇土乡上都天寨子，唱了 5 天 5 夜。他们没杀猪，每天都把一家两三个安排好了。这样我们就不欠他们的，他们有节目也可以来我们寨子表演。我们就可以杀猪也可以不杀。杀的话就只杀一头，那他们就欠我们的了。接下来去了平坦乡平坦村，唱了 4 天 4 夜。他们之前欠我们一头猪，结果杀了一头牛来还，我们得了一个牛头回来。但是我们还是不欠他们的，如果他们再杀一头，不管是牛还是猪，我们就欠了。下次如果他们来我们寨子，我们杀猪也可以，不杀也可以，我们两个寨子平了。如果杀，一头也可以，两头也可以，杀两头他们就欠我们两头。从平坦上来时经过陇城镇平稳村，到陇成泗潭，再走就到细腰回来了。这次出去走了 20 天，带回来 4 个猪头，1 个牛头。

本研究涉及的"月也"类似于列维·斯特劳斯关于婚姻交换的研究，妇女的交换将两个不同的部落联系起来，是一个社区与另一个社区之间的互惠性关系。猪头礼物是消耗性的交换物，不能像手镯和项链那样不断传递下去。其所承载的象征意义止于两个村寨之间，表现出来就是以村寨为单位的点对点交往关系。在库拉圈中，宝物在人群中不断向下传递并最终回到所有者的手中，这样就将地域中的诸多单位都拉入进来，每个社区在这个网络中都同上下游的社区联系在一起。"月也"民俗之所以能将不同的村寨纳入一个整体性的地区网络，不在于"猪头"，而在于"猪头"所表示出来"欠"与"还"的文化逻辑为人们所共享。

# 四　村寨交往与地域社会的形成

龙胜县境内主要是山区，而且山体高大，连绵不断。这些山脉属于南岭山脉越城岭山系，大体可分为猫儿山脉、大南山脉、全数山（全素山）脉及天平山脉等四大山脉。同时，该县境内水系丰富，地势东、南、北三面高而西部低。有大小溪河480余条，主流桑江集全县所有水系，于县境西部之石门塘注入三江侗族自治县。山水相间看似阻断了人们的交往，但历史证明，正是借助于这样的自然和交通条件，南岭走廊地带的民族交往频繁而且密切。龙胜自治地方之所以称为"各族自治县"，便是考虑到该县境内侗族、瑶族、苗族、壮族、汉族人口上相对平衡，并且在历史上已经形成了交错杂居的格局。

本章所涉及的侗族主要分布在贵州、湖南、广西三省区毗邻地带和湖北省西南部。这个地带大致属于武陵山脉和苗岭山脉支系，区内有渠水、浏阳河、青水江等河流。其中广西主要分布在三江、龙胜、融安、融水、罗城、东兰等县。从语言上，侗族可以分为两大区域，以贵州省锦屏县南部侗、苗、汉杂居的启蒙一带为分界线，以北的天柱、锦屏、剑河、三穗、镇远、玉屏、新晃、芷江、靖州等县区被称为北部方言区。而龙胜所在的区域，与黎平、榕江、从江、融水、三江、通道等县被称为侗族的南部方言区。"月也"民俗主要集中在南部方言区。

侗族"月也"活动，是寨与寨之间相互友好的社交活动，它似乎不仅仅是一种友好的联盟，更是一种军事力量的联盟。"月也"这样你来我往，增进了大家的感情。一般相互"月也"的村寨几乎没有发生纠纷和不团结，如果有相互不认识的，在路上发生口角或不快的事，只要知道对方是"月也"村寨的，马上就可化敌为友，和好如初。不仅如此，更有甚者。据说，只要是举行"月也"活动的村寨，它们在无形中形成一个庞大的"村寨群"，在舆论和力量上给予支持和援助，使别的村寨不敢随意侵犯。①

　　这一地区网络的形成，还需要考虑侗族传统社会组织的影响。侗族传统上就有"合款"联盟，它以民族为纽带，以地域为基础，其组织分为大、中、小款多种层级。寨与寨之间的"侗款"为小款，集中多个小款就组成了"中款"，集若干中款便成为"大款"。历史上，龙胜侗民与湖南通道县交接区域曾经存在过 8 个"小款"。这 8 个小款合成一个"中款"，"款坪"（也就是集会和议事地点）设在今天乐江乡石村的东江寨，称为"东江坪"。在此之上还有一个"大款"设在贵州省黎平县，称"黎平大款"。这一组织到了清朝乾隆六年（1741）龙胜设理苗厅后逐渐式微，现在只能在传统歌谣与"月也"这样的民俗活动中窥得一斑。②

　　汉字所记录的"款"（kuan）字，实为"宽"（kuant）字。其含义有二：一是指交谈或座谈；二是指村寨自治订立款约（简称立款）、村寨与村寨之联合订立款约（简称联款或合款）、宣讲款词（即款规款约）和执行款规仪式的总称。③ 侗族社会的款组织，是由小款、中款、大款和联合大款四个层次构成的。小款是侗族社会的最小立款单位，一般由一个自然村寨或一个大寨子加上邻近的若干个小寨子组成，是侗族社会民间自治的最小组织，也是侗族社会最基层的组织单位。这样的一个基层立款单位通过联合订立款约，形成覆盖广大侗族地区的社会组织。其构成的具体情况是：由邻近的若干个小款区联合盟誓立约而组成中款区，由邻近的若干个中款区联合盟约组成大款区，再由大款区联合盟约而组成联合大款区。中款、大款均是军政合一的民间自治和联防组织，联合大款是侗族地区联合自治的最高层次组织。④

　　通道境内及广西三江、龙胜等县境内聚居的侗族联成一个大款，下

①　潘柒七：《试论侗族"月也"的社会文化功能》，《贵州民族报》2013 年 10 月 16 日第 B3 版。
②　龙胜各族自治县地方志编纂委员会：《龙胜各族自治县志》（1988～2005），中国时代经济出版社，2013，第 75 页。
③　吴能夫：《侗族萨崇拜初探》，《贵州民族研究》1989 年第 1 期。
④　杨昌嗣：《侗族社会的款组织及其特点》，《民族研究》1990 年第 4 期。

面分立 12 个小款。① 三江侗族自治县有著名的七大峒区。其中大营峒区辖程阳、林溪等 20 个寨子；白果峒辖寨结、牙洞等 16 寨；武洛峒辖马胖、马善等 11 寨；猛团峒辖独洞、牙寨等 12 寨；永吉上峒辖周村、洛村等 9 寨；永吉中峒辖龙胜、斗江等 12 寨；永吉下峒辖河村、大田等 25 村。② 结合上文上寨 "月也" 的村寨来看，程阳、林溪、马胖等寨子也出现在上寨 "月也" 的网络中。可以判断出，"月也" 的网络大致是沿着所在 "款" 的脉络，主要也集中在 "款" 的范围之内。

与马林诺夫斯基（另译作马凌诺斯基）在 "库拉圈" 的研究中所发现的一样，"月也" 的伙伴之间形成一个巨大的、村寨之间的关系网，将一定地区范围内的许多村寨以确定的社会形式联系起来。在这个网络当中，人们的行为受到确定的关系和互惠性责任的约束，因而要共同遵守细微的规则和礼俗。③ 这套规则的核心逻辑就是 "欠" 与 "还" 的转化，将跨越时间和空间的村寨纳入这一关系网络之内，保证了交往行为的延续。上文讨论了宝赠村主要寨子 "月也" 活动的范围和规则，虽然 "月也" 本身限定在侗族的村寨之间，但是其背后的民俗规则超越了民族界限。在这片区域内人们活动的结构性是跨越民族边界，认识区域文化共同性的重要突破点。④ 下面就以宝赠东北 3.6 公里处的同乐村为例，说明 "欠" 与 "还" 的逻辑是如何扩展到该地区的其他民族的。

同乐村主要有铜锣、老寨和大祣（上大祣、下大祣合称）三个寨子，约 123 户。其中铜锣有 49 户，包括杨姓瑶族 23 户，杨姓侗族 7 户，鲍姓汉族 12 户，兰姓瑶族 1 户，邱姓彝族 6 户；老寨有汉族 30 户，另有来自宝赠吴姓、伍姓侗族约 8 户；大祣有瑶族 29 户，来自平等乡庖田村的粟姓侗族 7 户。之所以不厌其烦地将这些具体的数字列举出来，是为了展现这个社区内部复杂的民族和族群构成。历史上变幻不定的人口迁移把不同背景的人们置于同一个空间之中，这种特殊性构成了民俗规

---

① 杨锡、进飞、星煌：《解放前通道侗族地区原始社会的痕迹》，《贵州民族研究》1982 年第 1 期。
② 石开忠：《侗族款组织及其变迁研究》，民族出版社，2009，第 85 页。
③ 〔英〕马凌诺斯基：《西太平洋的航海者》，梁永佳、李绍明译，华夏出版社，2011，第 442 页。
④ 麻国庆：《文化、族群与社会：环南中国海区域研究发凡》，《民族研究》2012 年第 2 期。

则扩展的基础。

在这三个寨子中，老寨是上寨吴姓定居此地最早的居住地。据传说，吴姓在此站稳脚跟之后，慢慢向下占据了原先为瑶族居住的区域，也就是今天上寨的土地。而此地的瑶族则先是迁移到今天的盘坡，再到老寨，最后一直到湖南通道县传素乡鱼塘寨才定居下来。但是后来占据铜锣的一支杨姓侗族，由于同传素乡鱼塘寨、平等乡盘胖寨的瑶族通婚，慢慢地在文化上接受了瑶族的身份。以目前铜锣寨的通婚圈来看，杨姓瑶族主要是和鱼塘寨、盘胖寨结亲；杨姓侗族则跟本地宝赠村上寨、普团联系在一起；鲍姓汉族主要是跟通道县马龙乡黄家堡、长安堡来往。这就构成这个小村寨特殊的族群复杂性，以语言为例，各个族群的人们平时在自己家里都是各讲各话，但到了村里开大会的时候，汉话和瑶话成为沟通的主要选择。

在与铜锣来往密切的鱼塘寨、盘胖寨、巽良寨等寨子，舞龙灯是人们正月里一项重要的民俗活动，并以此走村串寨进行表演。但是如果与上寨"月也"的网络加以比较，会发现两者没有重合，也就是虽然上寨和铜锣之间有来往，但是他们的伙伴之间并没有联系。铜锣、大祎在解放前就有舞龙灯的习俗，而老寨是后来才发展起来，但是三个寨子并不联合，而且还要相互走访。铜锣的舞龙灯是全寨各族人一起参与的一项表演活动。正月舞龙灯之前，要先在老寨的庙里拜祭，然后才能在各个寨子表演。只要起龙灯就要去老寨和大祎，之后才去周围其他寨子。一般是第一夜在铜锣，第二夜在老寨，第三夜在大祎。如果下来宝赠就一定先要到上寨的萨坛拜祭，才能去上寨、普团、江坪舞龙灯。在祭拜萨神的时候，龙灯的龙头要向萨点三下，意思是磕了三个头，然后点蜡烧香。据说2008年的时候，因为表演的都是年轻人，直接去了江坪，他们从下边舞上来就顺路回本寨。但龙灯据说不是很亮，有的老人认为这是因为没有先去萨坛拜祭的结果。

舞龙灯一夜的话就只吃一顿夜饭，如果留一夜就要杀猪，"欠"与"还"的观念在这里也适用。2006年正月初八铜锣的舞龙队去鱼塘访问，因为是吃过夜饭才出发，表演之后就住下来。第二天中午主寨就杀猪招待，一下杀了两头。晚上赶往下一站盘胖寨的时候，铜锣舞龙队带走了两个猪头、两个猪脚、两个猪尾巴，意思是他们拿了两头猪。第一头是鱼塘"还"以前欠下的。鱼塘寨曾在 20 世纪 80 年代到铜锣舞龙灯，享用到两头猪的款待。其中一头是铜锣"还"他们在 70 年代所"欠"下的。而 2006 年的这第二头就是"放"，这样被认为朋友才能做得长久。在时隔两年之后，鱼塘寨的舞龙队在 2008 年正月来到铜锣，主寨又杀了两头猪，而这笔"欠"到 2011 年调查的时候还没有还。

这种地方文化的背后是各个民族在共享的生存空间中跨越民族的地方社会建构。[①] 从这个意义上来说，在宝赠及其周边的村寨中所共享的"欠"与"还"的交往逻辑，是各个族群在迁徙、交往、融合及并存中发展出来的，并构成这个地方社会的一个重要面向。宝赠村所在的桂西北、湘西南和黔东南的交界地带生活着侗、苗、瑶等民族，历史上的民族迁移频繁而混乱，而且往往是以小规模的人口迁移为主。这就形成了今天隔山不同族，甚至同村不同俗的复杂格局。很多所谓固有的民族文化，已为地方文化所取代。而这种地方文化又具有明显的地域限制，往往围绕着本地一个主要的族群建构出来，为一个狭小区域内的多个族群所共享。这种共同性来源于不同族群之间的互动，特别是人们有意而为之的交往活动，从而在限定的地域范围内整合出某种超越族群的民俗文化。

款组织作为侗族区域化的一种重要网络的作用已经变得模糊不清，但是在人们的日常生活中，与此相关的风俗习惯、历史记忆和象征体系则仍然发挥着影响。随着时间的推移，可能形成某种风俗习惯的社会机制早已不存在，但是文化上的习惯则延续下来，并通过人口的流动和交往成为一种地区普遍的民俗，这点在民族交流、迁徙频繁的民族结合地带尤为明显。人们交往活动往往纷繁复杂，还涉及民族内外之分，以及个体或群体的不同层面，这就使得人们活动的结构性被遮蔽了。只有深入人类行为中的文化象征，寻找其内在的逻辑，才能将一个地方整体的面貌揭示出来。本章所讨论的"欠"与"还"的运作，植根于各民族交

①　麻国庆：《"民族与社会"研究丛书序》，〔日〕奈仓京子：《"故乡"与"他乡"：广东归侨的多元社区、文化适应》，社会科学文献出版社，2010。

往过程中所产生的一套共享的民俗规则体系。这个基本逻辑虽然适用的民族不同，活动各异，但是其内在的互惠性将不同民族的人们跨域时间和空间联系起来。时间上保证了跨族群交往机制的延续性，族群之间的互动不仅存在于当下，还有一条清晰的脉络可以追溯到历史中去。而在空间上，不同地理范围、文化特征的族群只要采取这一逻辑，就可以参与到地域内的交往体系当中，并向其他族群扩展。正是这种交往体系运行的过程将"欠"与"还"一类的文化逻辑生产出来，并依靠它不断发展。

有时候我们谈起区域往往受限于行政区划和地理景观，政治治理的边界在研究地方社会时的教条性和迟滞性表现得相当明显。认识一个区域性的社会，还需要将地方社会人们交往交流的网络和生态纳入考量。不能说两地之间有大山阻隔，人们就不相往来，还是要考虑实际的交通、贸易、民俗等因素。

从社会的整合性因素如何伴随着人们的活动在地理空间上形成一个区域的网络入手，考察在这种网络下人们活动的结构性。这种研究包含两个方面，一是区域社会体系作为网络结构，二是这个网络中附着的文化象征。从形式上来看，区域网络既可以是有形的交通道路、市场网络，又可以是观念层面的信仰网络和风俗习惯。其基础是功能差异导致的社区间的相互结合，列维·斯特劳斯在讨论两个部落的结合时认为，那是因为它们相互提供必不可少的商品，比如妇女。如果从这个角度来看，区域网络的形式其实都可以认为是地方社会体系结构性因素的表现，如信仰、贸易、婚姻等社会体系的构成要素在空间上的扩展。这些结构性因素伴随着人们的交往活动，在跨越社区的范围内不断扩展，在社区之间结成一种特殊形式的网络。由于各个因素的扩展范围不同，形成了多种网络关系相互交错的复杂关系。在这一过程中，也产生出一整套基于不同网络关系的风俗、传说、故事等象征体系，也就形成了区域社会的外在形态。区域网络并不是简单的结构，而是在这个网络的视野下，产生的一整套依附于其上的仪式、民俗、组织、物质形态，而且社会生活的其他方面也因此表现出一些网络主导下的文化特征，还有各种不同文化事项/体系之间的冲突、适应和相互影响。

在施坚雅的材料里边，高店子市场社区中的小农 50 岁时已经赶集
1000 次，每次赶集他都要在茶馆里同远处村庄的朋友消磨一两个小时，
每个小农都"与同一个市场社区中所有的成年人有点头之交"。基层市
场社区是亲戚、宗族组织、秘密会社、宗教组织的载体。施坚雅指出：
"就中国小农被认为生活在一个自足的社会而言，那个社会不是村庄而
是基层市场社区……农民的实际社会区域的边界不是由他所住村庄的狭
窄的范围决定，而是由他的基层市场区域的边界决定。"① 在此基础上，
他提出基层市场社区才是中国社会最基本的分析单位。

杜赞奇则认为："与将目光仅仅局限在市场体系上不同，我认为在
研究特定区域之前，我们必须弄清各种组织形式的综合体以及它们之间
的相互关系。"② "权力的文化网络"（culture nexus of power）包括不断相
互交错影响作用的等级组织和非正式相互关系网。诸如市场、宗族、宗
教和水利控制的等级组织以及诸如庇护者和被庇护者、亲戚朋友间的相
互交换，构成了施展权力和权威的基础。象征价值赋予文化网络一种受
人尊敬的权威，它反过来又激发人们的社会责任感、荣誉感——它与物
质利益既相区别又相联系——从而促使人们在文化网络中追求领导地
位。③ 正是文化网络，而不是地理区域或其他特别的等级组织构成了乡
村社会及其政治的参照坐标和活动范围。④ 如果说施坚雅倾向于认为市
场是主导区域社会体系的因素，那么杜赞奇就更接近于社会生活的真
实——没有哪一种体系因素是决定性的，社会体系是由多种因素在生活
实践中的相互作用而形成的。

施坚雅通过对基层市场体系内的社会体系的分析，发现了一个具有
独立性、自主性的"社会"，它位于村庄与国家、农民与国家之间，以

① 〔美〕施坚雅：《中国农村的市场和社会结构》，中国社会科学出版社，1998，第 40 页。
② 〔美〕杜赞奇：《文化、权力与国家：1900～1942 年的华北农村》，江苏人民出版社，1996，第 32～33 页。
③ 〔美〕杜赞奇：《文化、权力与国家：1900～1942 年的华北农村》，江苏人民出版社，1996，第 20 页。
④ 〔美〕杜赞奇：《文化、权力与国家：1900～1942 年的华北农村》，江苏人民出版社，1996，第 10～11 页。

此作为农民与社会、村庄与社会的桥梁。① 从这一思路来看，区域网络中的活动主体已经不再是展开日常生活的个体，而是作为共同体单位的村落、民众组织，比如庙会组织、秘密会社、职业团体等。区域网络之所以能把分散在空间里的共同体组织起来，是因为网络提供了共同体互动的机制和场景，共同体依据网络的原则组成一个统一的社会体系。也就是说，区域层面的社会与人们的日常生活无涉，它反映的是村落或其他组织作为活动主体对网络规则的实践。但并不是说区域网络不影响人们的日常生活，通过共同体单位的互动，网络的规则还是会渗透到人们生活的方方面面。而正是因为人们在日常生活中践行这样的规则，共同体单位的行为才有迹可循。一旦人们的生活发生变化，他们组成的共同体也必将改变行为逻辑，导致区域网络体系的变迁。

所以区域研究不能局限于具体的时空条件，而是考察一些重要的关系、结构、网络在时间上的演化和空间上的扩展。要理解特定区域的社会经济发展，有贡献的做法不是去归纳"特点"，而应该将更多的精力放在揭示社会、经济和人的活动的"机制"上边，把握区域社会发展内在的脉络。② 从事社会网络研究，或以此为切入点做区域社会研究，其目的并不在得出普适性或者能够解释全中国的结论，而是在多种网络关系中去考察区域社会运行的逻辑，以及人们在其中的行为策略，这才是以小见大的观点。在这一体系下考虑区域社会的运行，这种体系是作为一种场域或情境，而不是其他。

---

① 〔美〕施坚雅：《中国农村的市场和社会结构》，中国社会科学出版社，1998，第51页。
② 陈春生：《木材的流动——清代清水江下游地区的市场、权力与社会》序言，三联书店，2006。

# 第 七 章

# 生活互嵌：黄家村的天主教会与乡村生活

## 一 社区概况

明末清初，天主教耶稣会开始在陕西地区传教，最早主要是在关中地区。当时著名的学者、陕西天主教第一人王徵在天主教传播过程中发挥了重要影响。他先后邀请、协助耶稣会传教士金尼阁神父、耶稣会士德国人汤若望、耶稣会士葡萄牙人曾德昭，在关中地区进行传教，并修建了陕西第一所天主堂崇一堂。大致翻阅陕西各县县志，也可以发现大量有关当时天主教传播情况的记录。据民国修《城固县乡土志》"当时县城境内天主教徒，男女共一万七千余丁口"。[1] 民国修《兴平县乡土志》记载，明末清初当地就有天主教传教活动，清末回民起义之后天主教进一步传播，"天主堂嘉道以前本境只有一、二嗣，因高陵县有总堂，新添四五，共七处"。[2] 据记载，扶风县在光绪年间已有信教群众 1200～1300 人。[3]

天主教在陕西关中地区的传播，有教会和民众两方面的原因。宏观来看，鸦片战争后基督教与天主教就开始在一系列不平等条约的屏障下向中国内地进行传播。据统计，在陕西 45 个县中天主教在 1840～1860

---

[1] 《城固县乡土志》（清阙名纂修），民国燕京大学图书馆铅印本，台北成文出版社影印"中国地方志丛书—华北地方"264 号，第 36 页。

[2] （清）张元际纂修：《兴平县乡土志》，光绪三十三年手抄本，台北成文出版社影印"中国地方志丛书—华北地方"231 号，第 74～75 页。

[3] （清）谭绍裘撰：《扶风县乡土志》，清光绪三十二年手抄本，台北成文出版社影印"中国地方志丛书—华北地方"273 号，第 89 页。

年传入的占陕西全部县区的2%，1861～1900年传入的占29%。①在政治保护和教会的主动传教之外，人口流动逐步将这些宗教带入了陕西境内的各县。特别是河南、山东等地的人们为了逃避战乱或灾荒，大量进入西部。其中许多人本来就已接受了基督教或天主教，进一步传播了宗教。比如兴平县最早记载的天主教教民就来自山东，开始定居在齐村乡涝池村十字路，后来便以其家为据点开展宗教活动，在1905年甚至建立了教堂。②相对于主动传教，在当地民众接受天主教的过程中，一个重要的因素就是人们因为灾荒和疾病而接受教会的帮助。借助粮食和医药等救助手段，教会逐渐取得了当地民众的信任，慢慢发展起来。正如《华阴县志》所记载，天主教在当地一开始只有少数人入会。1932年该县霍乱流行，天主教神父对于参加礼拜者，每人发给一升粮食，一时入教者剧增。从而导致"平民村几乎家家入教"，甚至被当地人称为"天主教村"。③而以医传教一直是天主教、基督教传教的重要手段，许多教民就是因为无钱医治疾病才转向教会，或者为传教士带入的西方医药所治愈。这一点也为教会组织所认可，甚至明白指出："绝大多数的教友是既愚且贫又病的，因为他们信教之初，或是有了病，无钱延医吃药走投无路，只好来求耶稣来医他们。"④农民生活日益贫困，导致"吃教""靠教""因病入教""因上学入教"等现象突出，这也是近代关中地区天主教发展的重要背景。⑤

天主教在陕西地区的传播过程中，于道光二十四年（1844）将陕晋代牧区一分为二，自此天主教陕西教区正式形成。四十余年之后（光绪十三年，1887年），罗马教廷以秦岭山脉为界将陕西分为陕西南部和陕西北部两个代牧区。其中陕北代牧区以西安为中心，包括关中与陕北两个区域，管理西安府、同州府、凤翔府、延安府、榆林府和乾州、鄜州、绥德州、商州北部的教务。宣统三年（1911）陕西北部代牧区又一分为二，形成陕西中部与陕西北部两个代牧区，其中陕中代牧区以西安为中心，包括

---

① 王欣瑞：《基督教与近代陕西社会》，西北大学硕士学位论文，2001，第25页。
② 兴平县地方志编纂委员会：《兴平县志》，三秦出版社，1994，第840页。
③ 华阴县地方志编纂委员会：《华阴县志》，作家出版社，1995，第745页。
④ 《中国基督教全国总公会公报》第20卷第5期，1948年5月。
⑤ 王欣瑞：《近代基督教传入陕西及陕西农民入教原因探析》，《西北大学学报》（哲学社会科学版）2004年第1期。

西安府、同州府、凤翔府、乾州和商州北部。1924 年经罗马教廷批准，陕西中区改为西安代牧区，陕西南区改为汉中代牧区，陕西北区改为延安代牧区。1932 年西安教区又分出盩厔教区，也就是现在的周至教区。①

周至教区管辖周至县、户县、眉县、扶风县、武功县、兴平市、杨凌区等地的信众。在陕西天主教的八个教区中，周至教区面积最小，但是信教群众密度最大。该教区主教府位于周至县北大街，奉圣母圣心为主保，每年的 8 月 22 日庆祝。历史上著名的"大秦景教流行中国碑"就在周至县楼观台附近出土。该碑文也显示，基督教和天主教前身的景教，于唐朝时（大约 635 年）已经在周至及周边地区传播了。② 1950 年周至监牧区有天主教徒 23397 人，占当地总人口（92 万人）的 2.5%，人数居陕西省各教区之首。共有神父 24 人，其中教区神父 22 人，修会神父 2 人，堂口 91 处。次年周至监牧区升格为周至教区。③ 到 2014 年，周至教区有神职人员 58 位，教堂和祈祷所共 166 座，信众 68000 多人。周至教区有两处朝圣地，其中一处就是位于眉县跑窝（豹窝）的十字山朝圣地。这里距离本研究中的黄家村相去不远。

根据《眉县志》，明末清初时天主教由高陵县通远坊经过扶风县传入。清乾隆四十二年（1777）在青化乡豹窝（今跑窝）建成圣若瑟堂、圣母亭、十字山小堂、十四处苦路。因为豹窝（今跑窝）地理环境酷似耶路撒冷的加尔瓦略山，故也被称为中国天主教圣地。雍正时（1723～1735）建立井索（今属齐镇）、新寨（今属营头乡）教会。嘉庆时（1796～1820）建蛮王冢（今属金渠乡）教会。道光至光绪（1821～1908）时建郭河村（今属常兴镇）、永安村、烟霞村、黄家村（今属营头乡）、南枣林（今属金渠乡）、河湾（今属青化乡）教会。到光绪三十三年（1907），全县天主教徒有 740 余人，教堂 8 所。其他的天主教会都是在民国 18 年（1929）荒年前后发展新教徒后建立的。道光以前并无固定下会神父，咸丰十一年（1861）后，始有英国人师神父来眉县下会，清末民初又有德国人柏神父来眉县下会，先后下会在眉县境内教堂

---

① 刘建平：《近代天主教在陕西八个教区的形成和发展》，《中国天主教》2007 年第 4 期。
② 王雪：《基督教与陕西》，中国社会科学出版社，2007，第 15 页。
③ 刘建平：《近代天主教在陕西八个教区的形成和发展》，《中国天主教》2007 年第 4 期。

的还有 15 名中国神父。到 1989 年，全县有天主教徒 7200 人，其中神父 4 人，会长 60 人，开放天主教活动堂点 18 处。①

眉县位于陕西省关中平原西部偏南，秦岭中部北麓，县域跨渭河两岸。西宝高铁，陇海铁路，西宝高速公路，西宝公路中、南线穿境而过。地理坐标介于东经 107°39′08″～108°00′51″，北纬 33°59′～34°19′28″。东与周至县接壤，西与岐山县毗邻，南接太白县。县境东距省会西安市 124 公里，西距宝鸡市 65 公里，辖 5 镇 7 乡，共计 279220 人口，有 8 个少数民族 132 人。眉县地势为南高北低，地形由北向南依次为河谷、平原、丘陵、秦岭山地。地貌呈现"七河九原一面坡，六山一水三分田"。属温带大陆性季风气候，年均气温 12.9℃，年降水量 589 毫米。②

调查点黄家村所在营头镇地处秦岭太白山下，红河谷口，隶属陕西省眉县。居县境东南部，距县城 17 公里。全镇下辖 11 个行政村，68 个村民小组，共 19100 多人口。其中生活在山上的有三个行政村，4000 余人口，其余行政村位于山下。全镇土地面积 9.7 平方公里，耕地面积 2.96 万亩，人均耕地 1.63 亩。粮食作物面积为 1.48 万亩，果树面积 1.07 万亩，主要作物有小麦、玉米、猕猴桃、核桃、板栗、花椒。2006 年全镇工业总产值为 6100 万元，主要工业有矿产品加工、纺织、食品加工、建材加工。营头镇旅游业发达，镇内有著名的红河谷国家森林公园。主要宗教有天主教和佛教。天主教设有教堂 4 处，教民 3000 多人，主要分布在黄家村、永安村、烟霞村、新寨村。佛教庙宇两处，其中营头镇街道村的敬林寺，有教徒 100 多人，为眉县佛教协会所在地。③

本次田野调查主要在黄家村四组进行。④ 该村位于营头镇西北，北接金渠镇枣林村，西邻齐镇西凉阁村一组，东距河营公路约 700 米。黄家村包括 6 个村民小组，总人口 2143 人，共 530 户，土地面积 3500 亩。黄家村村民以农业为主要生计方式，主要粮食作物是小麦和玉米，果树有猕猴桃、苹果树。工业是村民们就业的重要渠道，以建材加工为主，

---

① 眉县地方志编纂委员会：《眉县志》，陕西人民出版社，2000，第 751 页。
② 宝鸡市地方志编纂委员会：《宝鸡市志》，三秦出版社，1998，第 2171 页。
③ 营头镇概况整理自 2007 年 3 月 4 日中午对营头镇政府办公室 RHF 的访谈，地点在其办公室。
④ 调查主要在 2007 年前后展开，故部分数据来自当时收集的资料。

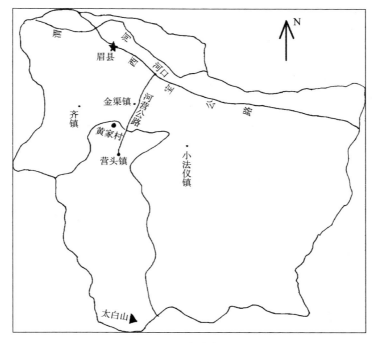

**图7-1　调查地点区位图**

有村民JSZ（4组）、ZHS（3组）兴办的两个砖厂。还有三个石粉厂，分别属于西安人ZJJ，一组村民STL、ZLH。目前全村630人在外打工，务工和非农经济是当地群众重要的收入来源。除了附近的工厂，4组村民主要去宝鸡市打工，1组村民还随陕西省皇城砖机厂去蒙古等国打工，今年有五六十人，组织者是1组村民JCS、LSL。

全村有天主教、佛教、民间信仰等宗教活动。天主教教民1063人，其中4~6村民小组有90%的村民信仰天主教，现在的黄家村教堂就修建在4组。1、2组主要信仰佛教、道教，三组也有2/3的村民信，村民不分佛道，太上老君同佛祖在一个庙中祭拜。村中主要的佛道信仰场所是黄觉寺（2组），以前是道观，1990年改建成佛寺。此外还有地母宫（1组）一处，是民间信仰场所。

黄家村教会属于周至教区，是眉县县政府批准的宗教活动场所。现在的教堂建于1988年，2000年建圣堂。现在的驻会神父为宋光裕，宝鸡市扶风县人。会中还有修女两人，主要负责教堂的日常事务，并主持教会的诊所。现任会长有 JXY（4 组，兼任教会会计）、WRL（4 组）、LZP（5 组）、ZBC（3 组）、WHP（6 组）。教会的事务都要由神父同会长一起开会决定。教会的主要事业有诊所一间，教会商店一间，并经营冰棺。目前黄家村教会的主要收入来源就是教会商店的承包费，还有是圣婴款和村民的贡献。2006 年黄家村教会收入约 8495 元，支出 14420 元，支出主要用于宗教活动、仪式，以及神父修女的日常生活。当地教会还办有锣鼓队、号队、音乐会（又称为"管乐队"）、弦乐队，主要负责人分别是 JXY、JZG、JCL、LQW。这些都是由教堂念经时伴奏的音乐会发展而来的，主要在教会的活动中演奏，像迎圣婴、游圣体等。地方的公共事务教会人员也会参加，有的教民在红白事时也会邀请他们。黄家村会的四大专例为复活节、圣诞节、圣母升天、神圣降临。其他重要节日有 11 月 1 日的诸圣节，2 日的追思已亡。当天神父和教民要一起去坟地为去世的教民祈祷，还要在教堂举行仪式。10 月 7 日是玫瑰专例，教会要举行许多活动来纪念，玫瑰圣母是黄家村教会的"主保"。黄家村教会是圣母圣心堂，供奉玫瑰圣母。这是根据教堂建成后祝圣仪式在天主教教历上的月份而定的，黄教村教会的老教堂是在圣母圣心月祝圣，所以是圣母圣心堂。

　　周至教区方济各会在黄家村会口也有他们的成员，主要是一些热心的教民。教民要加入必须由方济各会会长提名，神父同意后才能加入。一般成员中女性占多数，男教民没有几个，会长也是女的。他们每个月要举行"合会"（类似于例会），每月要交会费。这些钱用来给一些过世的神父祈祷，还有就是救济穷人。像某地的教会筹划建堂时，方济各会就会在其他会口讨钱。

　　黄家村的教堂修建在 4 组通向河营公路的路口，同村委会、黄家村小学等构成了当地的天主教社区中心。具体的位置如图 7 - 2 所示。

　　根据对县统战部干部的访谈，天主教最初的传教手段包括：一给贫困户钱粮，特别是在多次灾荒中，救济穷人的生活；二给人看病，建立育婴堂、医院、学校等公益事业，以扩展其影响；三在精神方面给老百姓以帮助。他还说"天主教在眉县的传教就是由点到面，先在经济社会

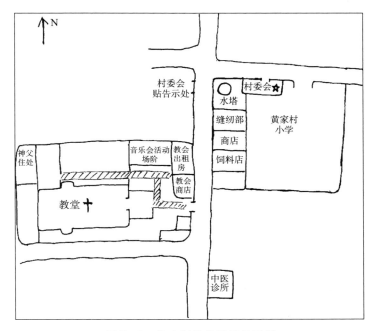

**图 7-2　黄家村教堂附近社区图**

落后地区，就像青化、营头①的山上"。② 全县目前 7 个乡镇有天主教教
民，分布在 16 个行政村，45 个村民小组，信教人口六七千人。政府批
准的天主教宗教场所 18 个。全县具体的天主教堂分布如图 7-3 所示。③

　　而对于黄家村当地的天主教传播历史，村民中却没有几个人能讲得
清楚，根据老会长 JSZ 老人的口述④，整理了下面的资料。老人说：

　　　　过去全县只有一个神父下会，最早的外国柏神父在烟霞村（营头
　　镇）住过。本会刘姓家中有一口井，在井旁有一个最早的祈祷所，刘

---

① 这两个乡镇在眉县南部，有部分乡民居住在太白山山区。
② 整理自 2007 年 3 月 5 日对 JCX 的访谈，他是眉县统战部专门负责宗教事务的人员，访谈地
　点在县统战部办公室。
③ 这幅图由 LYF 老人绘制，原名《眉县教堂分布图》。原图是在 2004 年 1 月 5 日制成的，张
　贴在 LYF 家客厅的墙壁上。
④ 整理自 2007 年 3 月 1 日下午对 JSZ 老人的访谈，地点在其家里，结合了神父 SGY 的修正。
　JSZ 现年 77 岁，曾在黄家村小学担任教师多年，并担任黄家村会会长多年。

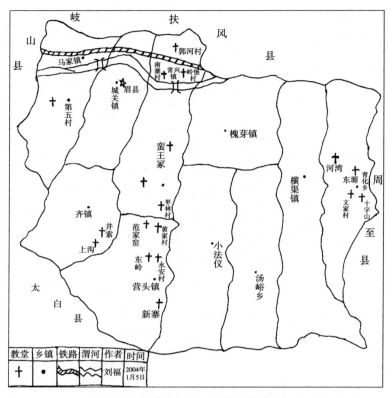

**图 7－3　眉县全境天主教教堂分布图**

家老前辈 LZZ 他叔父外号電王刘神父曾在此下会。刘家原来是岐山县帖沟人，因跟神父来此定居。后来有胡神父（死后埋在齐镇南在村）、老侯神父（凤翔人，曾留洋意大利）先后领导设计枣林堂（民国元年）以及黄家村堂（民国 2 年即 1913 年），当时黄家村堂大堂七间，砖木结构，坐东朝西。以后有胡子芦神父、秃子张神父，后来是周宏道神父驻会的时间最长。从抗日战前至解放后有 YZY（病亡）、ZYL。LFR 神父在"文革"时被逮，平反后也常来暂住本会。80 年教难①后的神父有 LYS、ZCF、WYK、GPH、LZD、GPF，现在是 SGY 神父。

---

① 根据对 LQF 老人的访谈，这里的"80 年教难"应该是指 1975 年黄家村教民被捕事件，在当时"文化大革命"的背景下，LQF 等人被以"反革命"的罪名判刑。当时的大队干部是大队书记 LWC（1 队），大队长 ZJC（3 队）和 4 队队长 ZGY。

过去的老堂在"文革"教难时被拆毁，1980 年政策放开后退了部分教产，暂盖了五间横式小堂，坐东朝西。那时堂太小了，做弥撒时教民得跪到院子里去。1988 年秋筹建了现在的大堂，历时半年完工，高 34 米、长 14 米、宽 15 米。以后又相继盖起教堂院内三座楼房及门楼。2000 年 1 月 1 日由周至教区 YGY 主教祝圣，当时黄家村堂驻会的是 GPF 神父。

本会过去未出神父修道，解放后 ZYS 是本会首位神父，现在在周至县东会服务。2004 年又出了新赵神父（ZNS），现在在长沙做神父。本会现有男修生一名（ZJH），修女 5 名，都在外地服务。还有 LZ 神父在 2003 年全家迁到黄家村，他在北京神哲学院工作。

## 二　乡村教会与村民交往

施坚雅（G. Willian Skinner）对晚清中国社会提出了一个区域体系的等级结构模式，在这个经济等级结构中，中心地的等级划分依据经济功能的强弱。从施坚雅处借得他山之石，本章以天主教网络与信仰活动为依据。因为教会在不同等级上也有自己的"中心地"，而这往往不同于政治或经济意义上的"中心地"。这部分就将考察调查地社会多层次的村民社会活动空间与网络，展现这一特殊状况下村民的婚姻与交往活动。

从行政区划分来看，黄家村 4 组同黄家村 1、2 组是一个自然村，隶属于营头镇、眉县、宝鸡市。但是从天主教组织体系来看，黄家村会口的周围是枣林会口、烟霞村会口、永安村会口。这些会口都属于周至教区。在宝鸡市境内，眉县与扶风县同属周至教区，而其余 6 县 3 区（凤翔县、岐山县、千阳县、陇县、太白县、麟游县、陈仓区、渭滨区、金台区）的教会则属凤翔教区。这主要是由天主教在宝鸡市传播的历史造成的。另外，在政协等机构中拥有职位的神父，则必须按行政区划任职。

这种行政系统与教会系统之间的不一致，本质上是不同"大传统"在进入地方社会时历史、能量、形式、目标的不同造成的。两个组织在不同层次上分割了地方社会资源，进而深刻地影响了地方社会中教民的活动空间与生活。在黄家村 4 组的日常生活中，选举、求学、诉讼、治安的资源是由行政系统控制的，所以在处理这些事情时，教民往往要按行政系统的等级结构与分工活动。在婚姻、亲友、信仰这些领域中，天主教教会组织系统是教民行为的主导者，天主教信仰与组织决定了人们建立起跨区域的交往范围。当然地理地域的概念仍是十分重要的，毕竟教民们生活在一定的地理环境中。在日常生活中，教民必然要同居住在自己社区附近的村民发生关系，不论他们信教与否。像黄家村 4 组同黄家村 1、2 组村民间的关系，虽然信仰不同，但他们的耕地连在一起，他们共用一个供水、供电和通信系统，所以村民间的联系也是相当密切的。另外，教民们往往只去最近的集市，或者更繁荣的经济中心。虽然黄家村隶属于营头镇，但村民们赶集则往往会去金渠镇街道。不仅因为黄家村距离金渠镇街道地理上更接近、道路更平坦，更是由于金渠镇街道要比营头镇街道繁荣得多。当地教民的活动空间是分成多个层面的，不同的因素影响了不同的领域教民们的行为。

在上述因素影响下的多层次综合的交往空间体系中，天主教信仰具有引人注目的作用。下面就将围绕天主教信仰，考察婚姻与日常交往领域教民们的活动。根据天主教的规定，教民只能与信仰天主教的人结成婚姻。虽然这条规定现在执行得并不十分严格，2002 年黄家村教会的神父还就这个问题跟教民有过一次讨论。但在当地教民看来，能否坚持这一点仍然是信仰虔诚与否的重要标准。所以黄家村教民绝大多数的婚姻都是在教民之间结成的，即使有的情况下一方不是教民，一般也会在结婚前后加入天主教。从这点来说，婚姻是天主教传播的重要途径之一。从现实的角度讲，夫妻双方如果信仰不同的话，不仅日常生活习惯不同，而且观念上也会经常产生矛盾，这样的婚姻必然承受着巨大的离心力。在农村的熟人社会，周围的亲戚朋友都是教民，不是教民的一方在日常生活中也会面临压力。从黄家村 4 组收集到的资料来看，教民的婚姻一般可以按性别分成两种情况：第一种是男子娶妻，绝大多数教民的妻子都是来自信仰天主教的社区，本来就是教民，现在也出现了女方不是教民的情况，如果女方不是教民，也会在结婚前或结婚后成为信徒；第二种是指女性的流出，绝大多数女性都会嫁到天主教社区，最受欢迎的男方是全家都是热心教徒的家庭，只有个别妇女在夫家不信天主教的情况下坚持信仰，但村民们说这"要淡得多"。

　　正是由于不与异教徒通婚的原则，使得信教地区的婚姻行为有了引人注目的特征。图7-4是黄家村4组教民LQF家（全家信教）的亲属关系图①，图中列出了梁家所有已婚女性嫁出的方向或娶进的来源，从中可以大致看出当地教民通婚范围的特征。

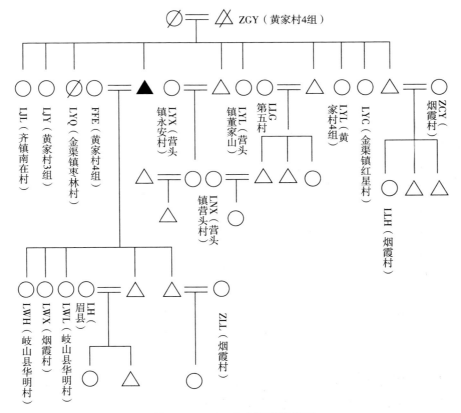

**图7-4　LQF全家婚姻情况图**

　① 这个亲属关系图整理自2007年2月26日下午对LQF老人的采访，地点在老人家里，参与人有笔者、LQF老人、其妻FXE。

　　图 7 - 5 中所有的乡村都是天主教社区，其中不仅有本村，也有邻近的枣林村（金渠镇）、南在村（齐镇）、永安村（营头镇）、烟霞村（营头镇），还有岐山县的华明村。这正反映了当地教民通婚范围的特征。由于重视不与非天主教徒通婚的原则，本地教民们的通婚圈表现出两方面的特征：一是人们往往跨越行政区划和地理距离的限制，在不同信教村落之间达成婚姻；二是教民们也在本社区内部大量通婚。

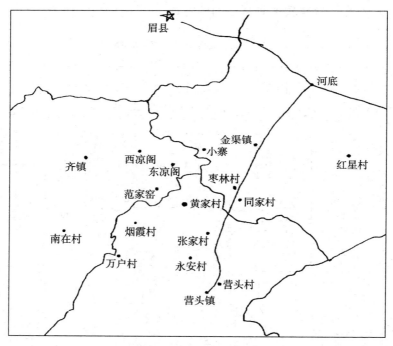

**图 7 - 5　调查地相关村落区位图**

　　其实这里还有一个历史的变化。在老年人的婚姻中，许多人都是在本社区不同姓氏之间结成的，这种情况在七八十岁的老人中比较常见。由于黄家村教民中有许多姓氏是从其他地方迁徙过来的，社区内部各姓氏之间并无血缘关系，所以彼此通婚既不存在生物学上的问题，也没有伦理上的困难。这就造成了早年黄家村教民社区内部婚姻频繁的特点。教民们也倾向于与附近的天主教社区，如枣林村、南在村、永安村、烟霞村建立婚姻关系，这些村落同黄家村 4 组在地理上比较接近，又是有教堂的教民社区。教民们利用婚姻加强本社区内部的凝聚力，也在不同的天主教社区间建立联系，以应对外部不信教社区的强大压力。特别是黄家村4组的教民同不信天主教的村民生活在同一个自然村中，这种压力可想而知。赵文词（Richard Madsen）指出中国乡村社会的天主教信仰"与其说是一种被选定的信仰，不如说是一种被给与的身份"。①

　　而且这种"身份"是在教民同不信教村民的交往中建构出来的，他进一步指出："一旦人们拥有想甩也甩不掉的身份，并因这种身份而遭到迫害和歧视——那么，人们对这种身份的认识，以及人们对共有这种身份的社区的认同就更强了。社区纽带没有因外部压力的强大而削弱，反而被加强了。"② 婚姻以及由此而生的姻亲关系网，就是本地天主教民加强认同的社区纽带。这种纽带既建立在共同的信仰之上，又维护了信仰。

　　到现在，政府宗教政策稳定，教民与不信教群体的相互了解也更深入，天主教群体不再承受以前那么大的压力。特别是伴随着交通的改善，黄家村4组教民的婚姻圈也不断扩展到更广的范围，但是坚持教民与教民通婚的原则并没有改变。事实上，正是由于天主教组织的完善和教会活动的发展，才使得地理空间相距较远的教民有了接触的机会，才有可能把女儿嫁到更远的社区或从对方社区娶进媳妇。LQF老人就是在周至教区总堂参加教会活动时认识了岐山县华明村的胡某，多次接触后觉得这个人"对教会很热心"，就决定把自己的大女儿嫁给胡某的儿子，后来其小女儿则是她姐姐介绍过去的。③ 这个不断生长的婚姻交换范围，把原来个别社区间的认同纽带延长到了相距遥远的教民社区。

　　但是黄家村4组的教民并不是同每个天主教社区都有婚姻交往，根据调查所得资料如表7-1所示。

---

① Richard Madsen, *China's Catholics: Tragedy and Hope in an Emerging Civil Society*, Berkeley: The University of California Press, 1998, p. 53.

② Richard Madsen, *China's Catholics: Tragedy and Hope in an Emerging Civil Society*, Berkeley: The University of California Press, 1998, p. 53.

③ 这个个案整理自2007年2月26日下午对LQF老人的采访，地点在老人家里，参与人有笔者、LQF老人、其妻FXE。

表 7 - 1　黄家村 4 组主要的通婚社区

| 社区 | 人数 | 百分比（%） |
| --- | --- | --- |
| 黄家村 3 ~ 4 组 | 10 | 18 |
| 南在村（齐镇） | 7 | 13 |
| 枣林村（金渠镇） | 7 | 13 |
| 永安村（营头镇） | 9 | 16 |
| 烟霞村（营头镇） | 8 | 14.5 |
| 其他* | 15 | 25.5 |
| 总计 | 56 | 100 |

* 在这 56 名已婚妇女当中还有嫁到或娶自下面村落的：营头镇董家山、齐镇第五村、金渠镇红星村、营头镇营头村、岐山县华明村、齐镇西凉阁等地。

需要指出的是上述数字是以已婚女性教民为调查对象的，包括娶进和嫁出。可以看出，在调查到的 56 人中，74.5% 的婚姻关系建立在黄家村 3、4 组内部，永安村，烟霞村，南在村，枣林村这五个社区。这样我们就可以清晰地看到黄家村 4 组教民的通婚范围，结合地图可以看出，当地的主要通婚范围兼顾了信仰同地理的接近性。教民们利用婚姻将这五个天主教社区凝聚成为更高一级的社区，而这也成了教民日常交往的基础。

这种婚姻范围也反映在黄家村 4 组村民的空间观念上。在调查过程中当笔者问及黄家村 1、2 组的位置时，4 组的村民大多向南一指说"那都不信教"，导致笔者一度以为 1、2 组距离比较远。后来才发现它们在同一个自然村中，而 4 组教民经常提到的 5、6 组，烟霞村，枣林村则都离 4 组有相当一段距离。不难看出，在当地教民的心里，他们同 5、6组——烟霞村、枣林村、南在村更近些，跟同一个自然村的 1、2 组则比较陌生，虽然地理空间上相反。这一方面是由于共同的天主教信仰使教民们有"自己人"的感觉。另一方面则是因为这几个社区之间有广泛的婚姻关系，人们的亲属网络分布在这几个社区。也就是共同的信仰塑造了文化和心理上的认同感，而后者提供了现实的社会基础。

乡村社会交往中很重要的一方面就是亲友往来，这也是维系熟人社会的重要纽带。这种亲友往来一般可以分成两类：一是社区内部，主要是基于血缘关系和日常生活的交往活动；二是社区之间，则多依赖于建立在基于婚姻关系之上的亲友网络。现实的社会基础不仅建立在个体的社会网络之上，还经由乡村教会的交往活动不断强化。上文对本地婚姻圈所做的考察，也是揭示了黄家村4组教民姻亲交往的空间范围，但接下来这部分的重点不在于此。基于收集到的资料，笔者将黄家村教会作为主体，主要考察其交往活动。

这些资料主要围绕《黄家村会圣堂庆典礼单》，它记录了2000年1月1日黄家村新教堂圣堂庆典时接收礼金的情况，由教民WZZ老人记录。这份礼单在首页上分了五类：社会团体、教会团体、教外人士、外会教友、本会教友。实际上当天的接待活动也是按这种分类方法分成五组，各组有专门的接待人员，记录如表7-2所示。

**表7-2　《黄家村会圣堂庆典礼单》基本信息**

| 类型 | 金额（元） |
| --- | --- |
| 社会团体组（LYC、LGS、LZH） | 1940 |
| 教会团体组（JCF、LGY、WXM） | 1880 |
| 教外人士组（WZQ、DHY、LXX） | 3290 |
| 外会教友组（SEK、LHP、ZZH） | 6931 |
| 本会教友组（WYS、ZTP） | 9792 |
| 合计 | 23833 |

社会团体组可以分为两种。一种是企业、医院等社会机构，如眉县烟草专卖局、周至县眼科联合医院、东兴水泥厂等。它们与黄家村教会的关系有的是基于教民的个人网络，有的则是表达作为当地重要机构的存在。第二种则是附近天主教教民聚居区的村组，有黄家村村委会（礼单上登记为"黄家村宗教管理小组"）及各村民小组、永安村村委会、烟霞村村委会、东凉阁村村委会（齐镇）。这些组织是国家权力在乡村社会的代表，左右着教民的信仰与生活，但它们也同样需要教会的支持。

礼单上与教会系统有关的记录分为：教会团体组、外会教友组、神父、本会教友四部分。从前三部分的记录中不难发现，不论是教会团体

（包括教会堂口、教会医院、教会音乐队），还是外会教友或神父主要都来自眉县境内的天主教社区。在这里的线索就是天主教的网络，纵的方向上有周至总堂、圣心会、玛丽亚方济传教修女会。而从横的方向上来看，黄家村会口、枣林村会口、永安村会口、南在村会口这些基层教会组织则在地理空间接近的原则下联系起来。

而在外会教友方面，外会教友组共收到 6931 元，占全部礼金的 29.1%，如表 7-3 所示。

表 7-3　《黄家村会圣堂庆典礼单》外会教友组信息

| 社区 | 人数（人） | 百分比（%） | 金额（元） | 百分比（%） |
| --- | --- | --- | --- | --- |
| 烟霞村 | 80 | 28.0 | 1915 | 27.6 |
| 南在村 | 65 | 22.7 | 1840 | 26.5 |
| 永安村 | 38 | 13.3 | 1580 | 22.8 |
| 枣林村 | 24 | 8.4 | 920 | 13.3 |
| 红星村 | 21 | 7.3 | 530 | 7.6 |
| 其他* | 68 | 23.8 | 1141 | 16.6 |
| 全部 | 286 | 100 | 6931 | 100 |

*这里的其他包括小法仪镇、常兴镇郭河村、齐镇范家窑、营头镇张家村、齐镇第五村、营头镇铜峪村等地。

其中，来自烟霞村、南在村、永安村、枣林村、红星村教会的教友占到了全部外会教友的 76.2%，而且上礼的金额占到了全部的 83.4%，他们是外会教友中最主要的群体。如何理解这几个外部社区在黄家村圣堂庆典中的表现呢？这可以从以下两方面来分析。一方面这几个天主教社区也是黄家村 4 组教民通婚的主要范围，所以许多教民之间都是亲戚关系。像礼单上外会教友有很多都是用女性的名字登记，这些一般都是黄家村教民中嫁出去的。虽然她们代表的是自己的家庭为教会上礼，但必然要用这些女儿的名字，因为她们的名字在黄家村天主教社区是被熟知的。从实质上来讲，因为她们的名字与社会关系在本社区为人熟知，所以礼金才能在本社区转化为社会资本。这种现象在农村各种公共活动中都是常见的，如修庙、建学校、建戏台，往往各家人都会通知自己家已婚的女儿回来上礼。而且捐资姓名和金额还会张榜公布，或者刻成石碑，所以有没有上礼金和上多少是十分重要的，关乎生活在这个村落中的亲人的名声地位。相反的，如果有女儿嫁在这个社区，则她娘家的家人也会来上礼，但这种情况不多。另一方面，这几个天主教社区间教会活动交流比较多。一般如果一个堂口的神父生病了或有要紧的事情，那他就会请别的堂口的神父来代他做弥撒。黄家村会口的 S 神父认为他经常会找枣林会、永安村会、烟霞村会的神父。在没有神父在堂的情况下，教民会自发前往附近的教堂参加教会仪式。像黄家村 3 组的教民多去烟霞村，而 4~6 组的教民则往往大清早赶去枣林教堂。其他会口的教民也会参加黄村教堂的宗教活动。如果有的仪式一个神父办不过来的话，他往往会找多一个神父共同完成，S 神父说主要也就在上边的几个会口里请。而且，像音乐队、号队也会在其他会口有大活动时前往助兴。

分析礼单上本社区以外来客的记录，有下面五个类型。一是上文提到的黄家村教民社区通过婚姻所形成的亲属。这其中以嫁出去的本地妇女最多，主要来自烟霞村、南在村、永安村、枣林村。二是附近同本会口关系密切，宗教活动交流较多的堂口的教民，像枣林会、烟霞村会、永安村会的教民。三是教会本身的组织与网络。黄家村会是这一网络在黄家村的触角，所以周至教区的主要机构都要来为黄家村教堂祝圣，以表明教会系统对该教堂的认可与支持。四是建立在本社区的教民个人社会关系之上的。比如说教民 JCH 在东兴水泥厂担任领导职务，与企业主私交很好，所以东兴水泥厂在当天上了 200 元的礼金。眉县烟草专卖局亦为此例。还有许多教民的朋友、同事，因为同其个人的交情，不论信教与否，都会来凑个热闹。[①] 五是抛开信仰，黄家村教堂圣堂也是本地社会一件重大的公共事务。同新建小学教学楼一样，所以附近各村委会、村小学以及附近的医院都会上礼。其中社会水泥厂也有礼金 200 元，则是因为他们在本地雇用了大量工人，作为地方的主要企业，他们少不了要表示一下支持。也有不信教的村民，只为了"行善"就上了礼金，对于他们，不论是教堂圣堂，还是寺庙开光、道观修葺都不重要，重要的是表达其"行善"的意愿和对社区公共事务的热情参与。

---

① 这种解释在调查过程中得到了 JSZ、JCH、LQF、神父 SCY 的证实。

　　如果我们以社区为单位考察，也存在着一条"礼物"流动的线索。据 JSZ 老人（曾任会长）的访谈①，一般礼单公布以后，哪里人上的礼多，这些一般性的印象会成为公共的记忆。村民们会在其他村有事情时以相等的价值还过去，这里不仅仅指礼金，有时还会出劳力帮助、出材料、出借用具。而所谓的有事情不仅包括教堂圣堂，还可以是新修寺庙、道观、修建小学（近年比较多）之类公共性的事务。而且还的时间也不一定，往往要好几年，直到对方社会有这种事务。如果还的"礼物"被认为低于己方村落曾付出的，则往往会在整个地域内造成对该方社区的轻视或嘲笑。一般也不会超出收到的"礼物"很多，这里什么是多、什么是少的标准全在于整个地域（包括多个社区）居民的公共舆论中。

　　要全面地理解黄家村教会的活动，就不能脱离整个区域内各个宗教机构的活动。下面就从黄家村社区内其他宗教机构的活动入手，认识一下它们之间的联系。黄觉寺是黄家村另外一处重要的宗教场所，过去一直是道观，在 1990 年被改建成为佛教寺庙。现在有一个和尚住在黄觉寺，不过大门整天都是关着的，他和一只狗生活在那里。黄觉寺的大殿里同时供奉太上老君与弥勒佛祖，信仰者认为他们是佛教。其主要信仰者分布在 1、2 组，3 组也有一部分。《重修黄觉寺募捐列名》刻在寺内大殿旁的石碑之上，是对最近一次修缮时募捐的记录。根据这份记录，可以对黄觉寺进行一个交往空间的分析，并同黄家村教会做比较。笔者从中摘录了一部分，如表 7 - 4 所示。

表 7 - 4　《重修黄觉寺募捐列名》行政组织信息

| 社区 | 金额（元） | 社区 | 金额（元） |
|---|---|---|---|
| 黄家村 1 组 | 900 | 第二坡村委会 | 50 |
| 黄家村 2 组 | 500 | 张家村东组 | 50 |
| 黄家村 3 组 | 500 | 张家村西组 | 50 |
| 黄家村 4 组 | 100 | 烟霞村委会 | 50 |
| 黄家村 5 组 | 100 | 永安村委会 | 50 |

---

① 整理自 2007 年 2 月 28 日上午的访谈，地点在 JSZ 老人家中，参加者有笔者、JSZ 老人，还有他的孙子 JJL。

续表

| 社区 | 金额（元） | 社区 | 金额（元） |
|---|---|---|---|
| 黄家村 6 组 | 100 | 横渠土岭村 | 30 |
| 同家村 4 组 | 50 | 小寨村 | 20 |
| 同家村 5 组 | 50 | 枣林 9 组 | 20 |
| 万户村村委会 | 50 | | |

　　这里可以看出黄觉寺的信仰群体在黄家村内的分布。黄觉寺建在 1 组的地方上，所以 1 组的信仰人数应该更多，而该寺对于 1 组来说如此重要，要花 900 元来支持重修。而对于 4 ~ 6 组这样的天主教社区来说，首先必须要有所表示，但重要性大大降低，这也反映在捐款的金额上。如果向黄家村以外看，重要的村落有同家村（4、5 组）、万户村、第二坡村和张家村。这些都是黄家村附近的非天主教社区，个人捐款也主要集中在齐镇和营头镇范围内。结合图 7 - 4，黄教村教会同黄觉寺在交往活动中有不同的空间范围。在调查中了解到，上边的四个社区也是黄觉寺信仰者的主要交往范围。上文提到赵文词将天主教信仰看成一种"身份"，那么面对凝聚力强大的天主教群体，非天主教信仰也成为一种"身份"，而这就是黄家村非天主教教民加强认同的纽带。另外，烟霞村、永安村和枣林村虽然以天主教信仰为主，但对黄觉寺重修也有捐款。因为黄觉寺重修是当地的重要事件，他们必须要有所表示，这也体现了上文关于社区间"礼物"流动的分析。

　　黄觉寺也有自己的信仰网络，虽然这种佛教、道教、地方信仰混合的信仰网络并没有天主教体系那样组织严密。《重修黄觉寺募捐列名》中也有这样的记录：

表 7 - 5　　《重修黄觉寺募捐列名》宗教机构信息

| 机构名称 | 金额（元） |
|---|---|
| 石龙庙 | 100 |
| 仰天寺佛殿 | 50 |
| 五寨菩萨殿 | 30 |
| 双庙寺 | 30 |

黄觉寺的信仰网络主要是附近地区的佛寺，而且都是类似于黄觉寺的村落寺庙，没有营头镇敬林寺那样规模的大寺。这些村落寺庙由于缺乏严密的组织体系，无法产生横向或纵向的广泛联系。虽然寺庙内联合了多种信仰内容，最终影响力也仅仅限于某一社区内。而天主教组织则有完善的机构和各司其职的宗教人员，因而它整合乡村社会的能力更强。

# 三 乡村教会与宗族运作

家族是指基于血缘关系而建立的家庭集团，这种组织形成的一个重要特点就是它往往会追溯到共同的祖先。家族观念是中国文化的重要组成部分，对中国社会的发展产生了深远的影响。不同于一姓聚居或大姓占主导地位的东南地区村落，关中农村的很多地方是以多姓杂居为特点的。这也导致传统的家族组织形式在关中农村的遗留较少，但家族观念仍然在乡村生活中发挥着作用。所以下面就将讨论黄家村 4 组环境中天主教教会与村落宗族之间的关系。

经过调查，黄家村 4 组有卢、梁、蒋、王、段、张、李、潘、刘、赵、陈 11 姓，其中卢、蒋、汪、张、赵人口占多数。11 姓中张、赵两姓是当地老户，别的姓氏都是迁移过来的，所以姓氏很杂。而各姓迁来的原因都同天主教信仰有关，因为当地较早地就形成了天主教教民聚居地，所以就成了其他地区教民迁移的目的地。比如，梁姓一家①原居宝鸡市太白县。后来当地义和团闹得厉害，他们因为信仰在当地生活不下去，就迁到了教民集中的黄家村，在村子西北二里处定居下来。刘姓则分为两支：一支即 LZZ 一家子，他们原来是岐山县帖沟人，后来跟随来黄家村会口下会的雹王刘神父来此定居，并在他家的井旁边建了一个最早的祈祷所；另一支则是 2003 年才迁来的，即村民 LYF 家，他们原本是太白县鹦鸽乡牟家坪村人，因为当地的生活条件比较差，而黄家村附近生产条件好些，又是天主教信仰区域，所以当 2003 年黄家村 4 组有住房出售时，他们便迁了过来。LYF 的儿子 LZ 神父现在北京神哲学院工

---

① 即 LQF 一家，他这一辈兄弟 4 人，具体见图 7-4。

作，所以他们家在办理搬迁手续时得到了黄家村教会会长的帮助。

黄家村教会中行使管理职能的教民被称为"会长"，但并不存在"委员会"一类的组织。黄家村教会的 S 神父认为会长们就是在神父的领导下负责一些具体的工作，但是 JXY 会长（4 组）觉得在信仰上神父说了算，在教会的具体事务上神父和会长一样，重要事情的话神父要跟所有会长一起开会决定。虽然每个村民小组教民分布并不均匀，会长一般却是每个小组一个，S 神父说这是为了方便服务教民。一般都是老会长老了，不能负责教会的事情了才会选新的会长。也有中途不愿意干的，但从来没有罢免会长的先例。像 JSZ 就是因为自己砖场的生意忙不过来，不干会长了。而且是退一个会长才选一个，不是所有会长全部重新选。在会长的选举中，往往先由神父提名，再让教民在候选人中选择。S 神父认为，有两条提名会长的重要条件：一是信教虔诚，热心教会事务；二是要能影响教民的人。对于第二条，宋神父解释说："我不可能提名 LYF 老人吧，他 2003 年才迁过来，在这里又没有什么亲戚朋友。"① 言下之意，被提名的会长必须有广泛的亲友网络，也就是这些人必须是"大门子"（家族房支）的。这也不难理解，家族基础历来是掌握乡村社会权力的重要资本。抛开个人能力不管，大家族的成员才能动员更多的社会资源，也才能影响更多的村民。整理黄家村 4 组曾任会长的教民，得名单如表 7－6 所示。

表 7－6 黄家村 4 组会长名录

| JSZ | ZZC | JSZ | LJH | WYM | JSH |
|-----|-----|-----|-----|-----|-----|
| LYL | ZJY | SSY | JXY | WRL | |

其中的关系相当复杂，以 J 姓为例，J 姓会长占了近 30%。JSZ、JSZ、JSH 三人为"门子弟兄"；JXY 是 JSZ 的亲侄子；JXY 的妹妹嫁给了 ZJY 的儿子。从中不难看出 J 姓在本社区的地位和影响力，这也表现了 J 家对教会世俗权利的控制。吴飞指出家族确实是"维护教友群体认

① 整理自 2007 年 3 月 7 日上午对黄家村教会神父 SCY 的访谈，地点在教堂院子内神父的住处，参与的有笔者、S 神父。

同的一个重要技术"①，天主教信仰成为家族共同的特征，也成为家族遗产之一。

　　神父提名"大门子"的教民担任会长是为了借助其家族关系及社会影响力，以便教会的活动能顺利开展。但是大家族的会长也必然会分割神父在社区中的权力，S 神父就遇到了这样的问题。教堂旁边的教会商店是 1999 年办的，刚开始时教会雇用教民来经营，每月付给经营者 400元工资，先后有 LQR、JCX 两个人干过。2005 年 JXY 当上了会长并兼教会会计后，便同 S 神父商量把商店承包出去，每年收取一定承包费。神父和众会长开会后觉得是个好办法。但是当神父建议在村里让教民公开竞争时，会长 JXY 却决定将商店承包给 JCL，并最终让 JCL 以每年 4000块承包了商店。JCL 为 JSZ 老会长之子，JXY 的亲伯叔兄弟。这件事 S 神父也没有办法，教民却说"那肯定是要给自己弟兄了"②。不难看出，会长们依靠家族关系和个人能力获得了影响他人的力量，并因此得到了教会的认可。而教会任命他们做会长反过来又加强了其影响他人的力量。

　　除去分的方面，教会还有合的影响。这么多姓氏在过去不到 100 年间陆续迁到了黄家村 4 组，为了适应该地的社会与生活，社区内部不同姓氏间的整合从未停止，进而形成了一个以共同的天主教信仰为基础、多姓氏紧密联系的群体。由于迁徙的时间不长，同一姓氏的村民往往都可以追溯到具体的祖先，所以实际上不同姓氏就代表了不同的家族。为了应对外部社会的压力，教民们形成了两种建立家族联系的途径。一种就是结成婚姻，正如上文对婚姻圈的考察所揭示的，早期许多教民的配偶都来自当地社区，这种情况在 60 岁以上的老年人中比较常见。一个新的姓氏迁来当地居住，他们融入当地社区最快最有效的方法就是同原来的居民建立婚姻关系。融入当地社会后，他们的通婚范围才逐步扩大到其他村落。另一种途径就是"代父""代母"制度。"代父""代母"是天主教宗教教育中的重要制度。即小孩长到一定年龄，一般在领坚证圣事的时候，

---

① 吴飞：《麦芒上的圣言——一个乡村天主教群体的信仰与生活》，道风书社，2001，第 129 页。
② 对 LQF、CBC、BZK 等人的访谈中都有类似的看法，这句来自 LQF 老人。这个个案整理自2007 年 2 月 26 日下午对 LQF 老人的采访，地点在老人家里，参与人有笔者、LQF 老人、其妻 FXE。

神父要为他指定一个"代父"或"代母"（男孩找"代父"，女孩找"代母"）。这个人不能是孩子的家人，他在孩子的信仰和人生问题上起引导（或如黄家村教民所说的"带领"）的作用，相当于信仰上的监护人。在黄家村4组，虽然说小孩的"代父""代母"是由神父指定的，但一般小孩的家长都会提出建议人选。所以事实上是小孩的家长（父母或祖父母）指定人选，神父只是将这种关系正式化并神圣化。而选择"代父""代母"的条件有两点：一是"对教会的知识懂得多，热心"；二则"自己的父母不行，一般不找自己家的人"。所以一般都是在不同家族之间建立起"代父子"或"代母女"的关系，这就成了不同家族之间建立联系的又一座桥梁。两个原没有关系的姓氏利用这种制度发生了关系，而且"代父子""代母女"的关系一旦成立，就要在神父处登记上册，这种关系便是两家人在上帝面前订立的契约。这种关系成为个人一生的关系，逢年过节还要带上礼物去拜访"代父""代母"。这样一来，原来信仰生活中的个人关系就延伸到世俗世界，并成为家族之间发生关系的纽带。这一制度在不同家族之间模拟了血缘关系，把不同的姓氏整合起来。

　　辈分观念是建立在血缘关系的基础上的，两个不同姓氏之间不可能形成辈分等级体系，除非利用婚姻等行为拟制辈分关系。根据当地的习惯，在解放前新搬来的户比老户低三辈。如此说来，新迁来的姓在辈分上自动比老姓低三辈，所以黄家村4组整个社会就被纳入了同一个虚拟的家族。后来的成员即使成年了，看到老户成员还要以"爷""叔""哥/姐"来打招呼。到了解放后就不是了，要看年龄，没有什么低三辈之说。在当地社会，"代父""代母"的关系一旦形成，则"代父""代母"被自动等同于父母一辈。"代父""代母"的父母辈即成为自己的祖辈，他们的子女便是自己的兄弟姐妹。进而扩展开来，在不同姓氏之间建立了辈分等级。再加上内部婚姻的影响，所以整个黄家村4组姓氏众多，具体的辈分关系也相当复杂。亲属关系与辈分等级交错在一起，表现在称谓的复杂繁多之上。黄家村4组两个教民之间的具体辈分有好几种，血缘关系、姻亲关系、"代父子""代母女"关系、迁移历史几种因素交错在一起，所以称呼也有好几种。

　　比如说：按照迁移历史来说，JW 要管 LQF 叫"爷爷"，管 LQF 的妻子 FFE（娘家在黄家村 4 组）叫"婆婆"。可是 FFE 又是 JW 父亲他姑的女儿，也就是 JW 应该称 FFE 为"姨"，而管 LQF 叫"姨父"。但是 LQF 又是 JW 的"代父"。现实生活中，JW 的父亲一般就叫 LQF"叔"，却称呼 FFE 为"姐"。JW 本人有时候叫 LQF"代父"，有时候又叫"爷爷"，他把 FFE 称为"婆婆"，JW 说这样显得"尊重些"。①JSZ 老人总结说人们总是会挑几种辈分中比较亲近的，也就是辈分差距小的来用。

　　上文讲到了天主教信仰在不同家族建立联系方面的作用，下面则考察一下天主教信仰对于巩固一个家族内部凝聚力方面的影响。家族观念是基于对共同祖先的认同，而其组织形式则在传统的农业社会中发挥着集中资源、组织生活生产的作用。但在现代社会，一方面是强调个体主义的市场经济，另一方面是各种功能的替代性组织发达，所以传统家族的组织不断萎缩，更多地停留在人们的观念当中。而天主教向来反对祭拜祖先，所以人们往往忽视了天主教信仰对于增强家族内部凝聚力的作用。下面笔者将从黄家村 4 组 LQF 家的家庭祈祷室入手，考察这种作用。梁家三兄弟及其子女分成 5 户住在教堂西北，离村子有近两里路，周围便是农田并没有人家。因为离教堂太远，下雨天或农忙时梁家人要去教堂非常不方便，每天的早晚课更是麻烦。所以 2006 年 3 月 LQF 便集合另两个兄弟的力量在自己家里花 1 万多元建了一个家庭祈祷室，添购了圣像、圣图、电视机、音响、跪凳等设施。②从此以后，每天早上 5：30 ~ 6：00，下午 7：30 ~ 8：00，梁家人就在这里念经。村里教堂钟声响起的时候，梁家全家十多口人除了很小的幼儿都要按时来这里念经、祈祷，但是星期日他们仍然会去教堂过集体生活。LQF 老人经常从河北《信德》报社邮购一些天主教信仰的 DVD 或教会的歌碟、圣人故事，闲了无

---

① 整理自 2007 年 4 月 6 日晚上笔者利用即时通信工具对蒋伟的访谈。

② 这个家庭祈祷室是一间平房，紧挨厨房，门向北开。门口挂着"三圣之家"的牌子，上面还写有"家庭祈祷室，内设圣母颂卡拉 OK，2006 年若瑟月纪念"。这个牌子是由村上发给军属的"光荣之家"改过来的。室内西面墙是圣画、圣像，还有装饰的彩灯，放了四排跪凳。东面墙上有一台 29 寸的电视机，配有音响、DVD，还有一套茶几。

事的时候，家里人就会聚在家庭祈祷室观看。这里还有一个历史的原因，"文革"期间，梁家人在 LQF 家地下打了一个地道，家里的大人常常会偷偷在地道里念经。后来 LQF 老人为此被打成了反革命，坐了 8 年牢。我们经常强调天主教信仰分裂家族认同的作用，但是共同的信仰加上偏僻的地理位置却让梁家人更紧密地组织起来。为了坚持信仰他们建立了这个家庭祈祷室，而这个家庭祈祷室却为梁家人提供了公共生活的场所和组织。家庭祈祷室在某种程度上相当于过去宗族祠堂一般的公共空间。LQF 老人就说他们经常会在念完经、做完祷告后在家庭祈祷室商量事情。这个家庭祈祷室客观上让梁家人有更多的机会待在一起，而这种交流机会的增加必然导致家庭凝聚力的强化，更何况家庭祈祷室部分地承担了家族议事厅的功能。调查中就发现梁家人的关系更亲密，有次下雪后，笔者观察到梁家人在 LQF 带领下扫雪修路。所以这种情况下天主教信仰反而增强了家族的凝聚力。

赵文词（Richard Madsen）也曾指出，"文革"后那么多教民立即恢复信仰并不是因为他们多么忠于天主教，而是他们忠于家族，忠于父祖相传的信仰。信仰天主教是他们家族的标志，因而他们渴望恢复。[①] 这也有助于理解为什么 LQF 一家对于信仰如此"热心"。事实上天主教在中国传播的一个重要途径就是利用家庭血缘，父—子—孙式以家庭为单位的传播。如果父亲信仰天主教而儿子不信，那他不仅背叛了信仰，更重要的是背叛了亲情，背叛了血脉相连的家族联系。如此沉重的负担使教民们很少背弃家族的信仰。

## 四　乡村教会与村落政治

乡村行政组织是地方社会权力资源的重要占有者，作为国家权力在村落中的代表，它影响了当代乡村社会生活的方方面面。而乡村教会则是建立在天主教信仰之上，管理和组织教民的宗教机构，它从宗教信仰

---

① Richard Madsen, *China's Catholics: Tragedy and Hope in an Emerging Civil Society*, Berkeley: The University of California Press, 1998.

中获得权威，影响教民的信仰与世俗生活。面对黄家村这样一个教民与非教民各占一半的状况，下面就将仔细分析这两个系统对乡村社会权力的分割，以及这种分割对村民生活的影响。

## （一）精英的交流和分工

首先要讨论的便是两个系统中精英的交流和分工。由于历史和其他一些原因，天主教徒一度被怀疑，他们自认为很难在官方的行政机构中得到认可。S 神父认为乡村教会的主要工作如下。[①]（1）组织和筹划教会的仪式和重要的宗教活动，如圣诞节、游圣等。（2）管理和运营教会的财产，每年都要公布黄家村教会上一年的财务，管理教会商店、卫生所，经营冰棺，收取房租；特别重要的是每年组织夏秋两季粮食收获后教民给教会的贡献。（3）记录教民的圣名、代父、代母等基本的宗教信仰信息。（4）开展教育、医疗等公益活动。黄家村教会每年都会在寒暑假为本村中小学学生举办补习班，由本村读大学的教友做老师。教会还利用天主教网络从国外争取到捐款，帮助黄家村村委会修建了水塔和小学教学楼。而村委会主任陈宝存总结村委会（及乡村支部）的主要工作有[②]：（1）组织农业生产，协调水利与农业物资。（2）向村民宣传国家政策，向上反映农村基本信息，如人口、耕地、粮食产量等。（3）协调解决村民纠纷。（4）负责计划生育、社会治安等方面的工作。如此看来，教会与地方行政机构是完全不同的两个组织，两者在黄家村村民生活中的不同层面发生作用，对象也不同。

## （二）共治模式与社区生活

在黄家村，教会虽然与地方行政机构是两个分野清晰的组织，但两者之间的冲突也不可避免。土改前大队在村子南边的大庙（黄觉寺），后来迁到了 4 队教堂的院子里。到 1980 年左右，当时国家的政策是要退赔教产，教民都要求退赔教堂的地产，村上就把院子里西边的一半退给了教会。教民们在那块地方上建了一个大房子作教堂，当时的神父是宗长风神父。随着教民人数逐渐增多，许多教民都要跪在院子里念经，刮

---

① 整理自 2007 年 3 月 7 日上午对黄家村教会神父 SCY 的访谈，地点在教堂院子内神父的住处，参与的有笔者、S 神父。

② 整理自 2007 年 3 月 6 日中午对 CBC 的访谈，地点在其家里，参与者有笔者、ZBC 夫妇。

风下雨很不方便。1987 年的时候教会决定新建教堂，但是村上占了东边院子不让。1987 年秋收之后，因为多次协商没有结果，教民们就强行拆了村上在教堂院内的房子，而村里只好将办公场所迁到小学内。教堂在 1988 年建成，村上也在小学内建了 4 间平房作为办公场所。在这次冲突中，正因为教会与村委是两个界限清晰的组织，所以冲突起来才难得协商的余地。

教会也影响了村委会的工作。2005 年以前，当地村委会的一项主要工作就是收取农业税和各种提留款。CBC 说："以前收费，全村就是先从教民开始，3 队就是先从信教的村民开始，只要人在家里，一半天就可以收完了。不信教的村民就麻烦了，不得不一天一天慢慢收。"此外在计划生育的工作中，虽然天主教教义反对堕胎等行为，但神父也要求教民遵守国家政策和法规。如果有女性教民被强制流产，教民们不认为这是她或她家庭的罪过，但是大家会为他们全家人祈祷。也就是在信仰上流产是有罪的，但现实中是由村委会控制这一领域的，人们也接受强制的行为，认为这是国家政策的一部分。而且因为教民每天早晚都要去教堂念经，所以有什么重要的事情都是由神父在仪式后口头告诉教民。但是村委会只能依靠村中的大喇叭进行广播，或者由村上干部到村民家里通知。这就导致了教会更深入教民的内心，对教民的影响力也更特殊。在调查中的一次弥撒后，神父在堂里告诉教民某家的什么人生了白血病，但是没钱治疗，就当场在教堂里组织了一次捐款。那家人的代表和会长，神父站在教堂前边，教民们走过去把钱放在一个盆子里。到最后由会长清点捐款，把钱交给受捐助的人家，并把捐款的数字记录下来。

教会与村委两个组织的对立还影响到村民"过事"的活动中，"过事"在当地指举办酒席、待客的行为。广义包括"立木"（新房落成）、"满月"、"赎身"（曾在庙中许过愿，到小孩长到一定的年纪时还愿的活动）等之类，但如果没有指明的话，"过事"一般指红白事，即婚礼或葬礼。每家"过事"都会有"拿事的"，也称为"总管"，就是负责总管全局的人。在黄家村，一般情况下"过事"会有两个"拿事的"，一个是会长或老会长，另一个则是村上的干部或曾在村上任职的人。两个人之间也没有明确的分工，"谁看到什么就管什么"。现在黄 4 组中经常当

"拿事的"就有 WYL（队长）和 JCF（会长）。对于能够"拿事的人"有什么标准，村民们列出了以下几点："能成"，也就是要有能力，要管得住事情才行；"知道的多"，就是在"过事"方面有经验，掌握别人不知道的信息和经验；"镇得住人"，是指要有权威，管起大家来都听才行。结合这三点来分析，之所以"拿事的"都来自教会和村组这两个系统，是因为村民们相信他们具备这三点，也就是这两个系统都赋予了地方精英以权威性。

雷德菲尔德（Robert Redfield）提出的"大传统"与"小传统"的概念，使我们更清楚地看到了同国家传统、上层文化相对的地方文化，但是简单的二分并没有触及乡民社会的要点所在。我们必须看到中国乡土社会，或者说地方社会的特殊性。它已经在儒家文化等"大传统"下浸淫了几千年，再加上近代中国历史的巨变，因而也具有了一定的复杂性，不可能简单地用"大传统""小传统"区分开来。马克斯·韦伯（Max Weber）在其影响深远的《中国的宗教》①一书中，把中国村庄认定为"一个没有朝廷官员的自治的居民点"。在他看来，中国村庄的自主和凝聚力主要来自两个方面。首先是宗族势力对村社生活的支配，一个村庄通常是数个家族的联合体。其次是村庄中以宗族为基础的自治组织。这些组织多以村庙为聚集点，其职责囊括修路、疏浚、防卫、治安、办学、诊治、丧葬诸端。但回到中国地方社会的当下，宗族势力早已大不如从前，而村庄中以宗族为基础的自治组织的诸多功能也被由村民选举产生的村委会所替代。

秦晖从北朝至唐宋间的敦煌文书中发现了这样的乡村景观。一方面是多姓杂居的编户齐民，再就是公共交往空间的非族姓化。②而费孝通先生把中国乡土社会基本社群称为"小家族"，他认为中国乡土社会的基础结构是"差序格局"，"社会关系是从一个一个人推出去的，是私人

---

① 〔德〕马克斯·韦伯（Max Weber）：《中国的宗教　宗教与世界》，见《韦伯作品集》，广西师范大学出版社，2004。
② 秦晖：《传统中华帝国的乡村基层控制：汉唐间的乡村组织》，《中国乡村研究》第 1 辑，商务印书馆，2003。

关系的增加，社会范围就是一根根私人联系所构成的网络"。① 《乡土中国》中还指出，乡土社会秩序的维持和现代社会有很大的不同，它是个礼治的社会，一种自动的秩序，是个"无为而治"的社会。学者们对于中国传统乡村社会不同角度的研究成果，已经建构出了一个"乡村社会"的范式，这是本章考察天主教乡村教会的基础之一。

　　另一方面，有关基督宗教的研究则主要可以分成两类。一类集中在宗教教义、宗教文化、社会思想等方面，具有明显的"大传统"的倾向。比如：刘小枫的《道与言，华夏文化与基督教文化相遇》② 与王晓朝的《基督教与帝国文化》③ 就是这方面研究的代表。而另一类则是实证性的研究。这里也包括从基层出发的天主教传播历史的研究，这类研究在天主教赖以流传的现实社会中历史地理解天主教的发展。在关于天主教乡村教会的实证性研究中，吴飞在《麦芒上的圣言》一书中关注了地方教民社区的"技术"，这包括三部分：教会的世俗治理技术；国家权力的治理化；第三也是最重要的一部分，教友群体的集体技术。作者主要考察了"段庄教友中的集体记忆技术"是如何影响地方的历史与生活。④ 黄剑波在其博士论文《四人堂纪事——中国乡村基督教的人类学研究》中对基督教在中国北方农村的生存、发展以及适应进行了考察，分析了基督教对社区结构、家庭关系、国家权力的冲击和适应。⑤ 虽然其研究对象是基督教，但是本章正是从此借用了一些思路，来分析天主教乡村教会在地方社会的活动。此外，李峰把乡村教会作为一个开放性的组织体系，进而考察其结构模式、资源流动、产品输出与人员活动。⑥

　　在上述中国传统乡村社会与乡村教会两方面研究的基础之上，本章将两者联系起来，在村落社会的环境中考察乡村教会以及天主教信仰，

---

① 费孝通：《乡土中国　生育制度》，北京大学出版社，1998，第 30 页。
② 刘小枫编《道与言，华夏文化与基督教文化相遇》，三联书店，1994。
③ 王晓朝：《基督教与帝国文化》，东方出版社，1997。
④ 吴飞：《麦芒上的圣言——一个乡村天主教群体的信仰与生活》，道风书社，2001。
⑤ 黄剑波：《"四人堂"纪事——中国乡村基督教的人类学研究》，中央民族大学博士学位论文，2003。
⑥ 李峰：《乡村宗教的组织特征及其社会结构性位秩：华南 Y 县 X 镇基督教教会组织研究》，复旦大学出版社，2005。

或者说在乡村教会的背景下认识地方社会。分析"中国传统乡村社会"与"乡村教会"两个概念体系中重要特质的相互作用，以及由此带来的对乡民生活、行为上的影响。在调查地点的具体时空环境中，考察这两个概念体系中各种特质的借用、融合、变异，并以此来理解天主教信仰下乡村社会的特殊性。

上文主体部分立足于笔者在黄家村4组所做的田野调查，分婚姻与交往活动、教会与家族、教会与村落政治三方面，对天主教信仰影响下的乡村社会进行了考察。通过在一个传统的农村环境中考察天主教信仰与教会组织对乡村社会婚姻、交往、家族、政治等事象的影响，本章试图更深入地理解各种因素在乡村社会环境中的互动，进而认识天主教视野下的中国乡村。

第一部分首先分析了教民们的婚姻情况，发现黄家村4组教民的通婚圈主要集中在：本社区、枣林村、烟霞村、南在村、永安村的范围内。这几个村落都是黄家村4组周围的天主教社区，这是因为当地人坚持教内婚的原则。如果在地图上表现出来的话，可以发现教民们是兼顾了信仰与地理位置接近的原则。婚姻活动把这几个天主教社区结合起来，在黄家村4组通婚范围内形成了更高一级的社区。上述通婚圈不仅决定了当地教民的空间观念，也影响了教会的交往行为。分析《黄家村会圣堂庆典礼单》后发现，参加庆典的主要外部教会来宾的分布基本上同当地教民的通婚范围重合。教民的通婚圈决定了乡村教会的交往范围，这是教会本身组织体系之外的主要因素。事实上，因为乡村社会任何组织的活动都建立在其成员的活动之上，乡村教会在地方社会的交往也是建立在教民的网络之上的。乡村社会的主要特征是熟人社会，基于亲属关系，日常交往的人际关系十分发达，这是任何组织进入乡村社会的重要条件，也是主要障碍。所以自身组织不甚发达的乡村教会必然要利用教民的人际关系网络来开展活动，因为只有这样才能减少阻力，建立同乡村社会的广泛关系。教会依赖于教民的人际网络开展活动，必然导致教民的交往空间决定教会的活动空间。因为如果将教会的交往活动分解开来，大多都是教民与教民的交往，也就是说教会交往活动是教民交往活动的集合。这里教民的人际网络中既包括教民，又包括非教民。总之，乡村教会的交往活动可以分成两类：一类依靠天主教会自身的组织体系；另一类则建立在教民人际网络之上，在以村落社会为分析单位的考察中，后一类是主要方面。

一般认为天主教信仰对于中国传统的家族观念有解构的作用，因为天主教反对祖先崇拜，并把家族观念中最重要的"血脉"归于上帝。但是分析梁家人围绕其家庭祈祷室的活动，天主教信仰则成了增强家族凝聚力的有效途径。LQF 家的家庭祈祷室某种程度上承担了传统社会中家族议事厅的功能，为梁家人提供了公共生活的场所。跳出单个家族，天主教信仰在不同家族之间建立联系方面也有重要作用。调查地社区有 11 个姓氏，并且没有占绝对优势地位的家族，所以不可能形成弗里德曼或韦伯论述中的宗族。那这 11 个姓氏又是如何整合在一起的？上文的考察中发现了两条主要的途径：一是社区内部的婚姻，这种融入本地社会以应对外部压力的行为大大加强了社区内部各姓氏之间的整合，大多数教民之间都有亲戚关系；二是"代父""代母"制度，教会利用这一宗教教育制度来建立教民之间的神圣关系。而教民们在日常生活中把原来信仰中的个人关系延伸到了世俗世界，成为家族之间发生关系的纽带。正是通过以上途径，辈分等级扩展到了社区内的每个人身上，整个社会被纳入了一个虚拟的家族之中。不同于传统家族的是，这里联系个体的不是血脉关系，而是共同的天主教信仰。或者说天主教信仰替换了血脉关系，成为凝聚这一大家族的纽带。同时乡村教会还承担了传统社会中宗族组织提供的某些公共服务，如医疗、修路、扶助老弱病残等。所以可以说天主教乡村教会本质上与传统家族相同，是教民自组织的形式。

对于传统的中国乡村社会有"国权不下县，县下惟宗族"的认识范式，宗族自治是中国传统乡村的主要特征。但近代以降，正式的村级行政机构的创立，使得政府在地方社会有了直接的代理机构，国家权力空前深入地进入地方乡民的日常生活。与此同时，宗族的势力却大大削弱，乡村社会的治理者由宗族变成了村委会，可以说传统乡村社会一直以来都是由单一组织治理的。但黄家村 4 组的研究却很有趣，教会与村委会共同承担地方治理的职责，在地方社会中发挥着不同的作用。这种两个机构共治的格局深深影响了教民的生活，这一点在当地红白事的操办过程中特别明显。教会从天主教信仰中获得权威性，主要在信仰和与之相关的世俗生活中发挥作用，如举办宗教活动、管理教会财产、开展公益活动。而村委会是国家政权的基层组织，主要工作有组织生产、宣传国家政策、计划生育。这种两个机构共治的格局类似于宗族复兴后福建、广东乡村的情况，虽然当地是教会同村委会对立，而不是宗族同村委会对立。

　　本书在互嵌式社会的视野下考察乡村教会，分析了乡村教会与村落社会两个概念体系中的重要特质的相互交涉。在黄家村的具体环境中，这两个体系中各种关系的交叉互动，是理解天主教信仰氛围中乡村社会特殊性的重要突破口。从上文的分析中不难发现，乡村教会不仅解构了传统意义上的中国乡村社会，更重要的是，它正同传统乡村社会的诸因素一起建构一个特殊的中国乡村社会类型，正如黄家村本身所展现出来的特殊性一样。这个个案似乎与民族问题有一定的距离，但对于如何认识宗教条件下的乡村还是有一定的启发。我国的民族群众普遍信仰宗教，不论是制度宗教、民族宗教还是民间信仰，长期以来便在民族地区发挥着重要的影响。宗教与政府、民间组织一道影响着基层社会的方方面面。从加强民族团结的角度出发，需要正视几类组织在人们日常生活中的互动，推动构建新时期的公共领域。

# 结语：中华民族共同体与民族团结

在各民族"互嵌式社会"中，经济生活的互嵌是基础。改革开放四十年以来，市场在资源配置过程中的基础作用日益凸显，各族人民被纳入同一个市场的支配之下。一个重要的后果就是统一劳动力市场的形成。在第二章闽宁镇的材料中，各种企业在贫困地区落地之后，给当地的劳动力市场发展带来明显的改变，城镇化与产业扶贫在当地造就了一个地方的劳动力市场。借助这个市场，当地没有产业经验的农业人口逐步转变为拥有一定就业技能、熟悉现代经济活动的工人。

正如闽宁镇创业就业中心门外的 LED 显示屏所隐喻的那样，这个市场一方面替用工企业发布用工信息，另一方面又为作为信息中心，收集、登记劳务人员信息。市场将多元的人口转化为千篇一律的劳动力商品，在这里没有民族、家族，只有学历、技能和经验。不同民族、不同来源地、不同宗教派别的人们共同参与到同一个劳动力市场的竞争当中。民族、宗教等方面的差异在这个过程中被弱化，人们之间在经济生活上的差别愈来愈小。统一的劳动力市场必然塑造出具有共同特点的劳动力，因为只有具备了市场欢迎的特质，才能在就业竞争中取得优势。

就业过程从经济学来看，是劳动者以自己的劳动换取工资收入的过程。但是从劳动力再生产的角度来看，则是不断地协商"合格劳动力"身份的过程，也是他们再生产自身民族身份和重塑认同的过程。在这个过程中，传统民族社会的组织和纽带被打破，出现了一些新的群体和关系，大大改造了民族社会的面貌。在民族地区的劳动力市场上，以国家民族政策、扶贫政策为特色的再分配逻辑，与以市场竞争为特色的市场逻辑，以及民族关系再生产为特色的文化逻辑一道，便于理解少数民族就业的基本关系。

文化方面互嵌的结果就是地域共同文化的形成。在第三章的讨论中发现，不同体系文化的互嵌在阿拉善是一个已然形成的状态。这种地域文化和地域认同的建设，始于阿拉善王爷等地方精英的努力。作为蒙、汉、回、维、藏多民族边界地区的一个军事性的治理单位，地方精英很早就开始关注地域文化的建设，强调地域共同的文化和认同。比如阿拉善王爷曾经居住过的地方被人们建起敖包，供奉阿拉善佛像，成为地域文化的重要标志。此外还积累了各种传说、信仰和歌谣，客观地发展出了"阿拉善"这一地域的文化共同性。这种地域文化以蒙古族文化为基础，吸纳了生活在此地的多个民族的文化内容。这还表现在非物质文化遗产保护工作中，当地以"阿拉善服饰""阿拉善习俗"等名录来描述这一地区人们所共享的文化样貌，而非哪一族的服饰和习俗。这些有形的物质文化、无形的非物质文化，与塑造当地文化面貌的民族文化一道，成为当地打造地域共同文化的重要资源。

近年来阿左旗大力推进现代文化建设，建立起了较为完善的公共文化服务体系。当地新时期建设共享文化的一些政策实践包括：处理好少数民族语言文字与国家通用语言文字的关系，营造双语的学习、生活和工作环境；加大对公益性文化事业的保障力度，从公共文化设施、群众文化活动、民族文化传承与保护三方面打造标准化、均等化基本公共文化服务。在这些政策实践过程中，一方面基层政府自上而下地打造基础文化设施的硬件和软件，另一方面鼓励群众广泛开展群众文化活动从而自下而上地重塑人们的文化生活。共同文化的建设看来是成功的，根据数据统计，阿左旗在语言文字、双语教育、民族交往、民族通婚等领域均获得了当地各族群众的认可，并展现了交往交流交融不断深化的发展趋势。以阿拉善当地的饮食文化来看，在当地家庭的餐桌上，既可能出现代表蒙古族饮食文化的黄焖羊肉、羊血肠、奶茶、奶酪等，又能看到汉族喜爱的酸汤揪面片，还有深受回族群众偏爱的馓子。所以阿拉善的共同文化，是各民族文化体系互相嵌入在一起的，形成了互有区别又联为一体的地区性共享文化。当地的文化互嵌，不仅仅是蒙古族、汉族、回族等多个民族文化的互嵌，还是藏传佛教、汉传佛教和伊斯兰教等多种宗教文化的互嵌，更深层次上来说也是游牧文明、农耕文明等多种文明系统的互嵌。

　　空间互嵌便是政策话语中的"相互嵌入的社区环境"，体现了互嵌式社会的空间特征。第四章以红寺堡的材料和数据，揭示了当地互嵌式社区的空间特征，及其在社会和心态层面的影响。历史上红寺堡是因扬黄灌溉工程和移民安置而发展起来的，水利设施确定了当地社会空间的基本框架。而后来移民安置过程中，基础设施和公共服务设施的建设在此基础上不断细化了当地互嵌式的空间关系。在空间互嵌层面，呈现出以村民小组为单位集中、行政村为单位嵌入的空间特点；移民的社会网络重构存在以兄弟姐妹、亲戚邻里为主线的差序特征，村干部或街道干部的重要性明显上升；当地群众工作范围集中在附近县市。在这个共享的空间当中，多元的地域文化、民族人口与宗教派别相互嵌入在一起。

　　居住格局、生活环境的互嵌作为民族间社会交往的客观条件，对民族关系具有基础性的影响力。只有各民族人口中有相当数量的成员获得相互接触的机会，即居住、工作、消费多重空间的互相嵌入，才有深入开展社会互动的机会。在讨论了空间特征之后，第四章还结合问卷从移民社会适应、成员就业行为、民族交往行为三方面描述了红寺堡回汉人民社会交往的情况。在交往的深度方面，从聊天、成为邻居、一起工作到成为亲密朋友，民族交往的意愿均很强烈；跨民族交友在当地较为普遍；成为邻居和亲密朋友因为涉及回族特殊的宗教和饮食习惯，有一定的障碍；结为亲家的意愿明显降低。在交往的广度方面，1/3 的受访者外出工作，半数受访者接受县外就业；县内日常的交通工具提及率最高的是公交车，决定了人们交往的地理半径；六成受访者家庭的新生儿出生在县市医院，近四成在乡镇卫生院。在这样的社会环境当中，社会心态方面该地多数受访者表示生活有经济压力，各个领域安全感均较高，回族、非农人口和高中教育背景的受访者公平感较低。利用红寺堡的材料，互嵌式社区研究中经常涉及的居住格局、社会交往、精神文化可以分成空间、社会、心态由浅入深的三个层次。居住、生活、就业格局嵌入构建了空间条件，从而推动了民族人口社会交往的发展，形成了互嵌式社区的社会条件。空间条件与社会条件共同作用在一起，影响了社区的心态氛围，从而决定了社区民族交流交融的走向。

互嵌式社会的另一个重要内容是社会控制的互嵌，具体表现就是社会规则的互嵌与共享。第五章利用木座寨的纠纷、矛盾与惩罚揭示了当地社会规则互嵌的面貌。这个寨子地处"藏彝走廊"藏汉两大文化交错的地带，历史上汉、藏、羌等不同民族在这一地带频繁互动，形成了交错杂居的文化格局。改革开放以后，快速的经济开发又推动这种交错杂糅极大地复杂化。退耕还林与水电开发深刻地改变了当地的经济结构，不同民族被经济力量挤压在一起，把白马人纳入了以县城为中心的乃至更高层级的经济体系之中。在这样的背景下，调查发现人们生活世界中出现的纠纷、惩罚经常处于一种复杂的社会规则机制下，权威、规则、舆论更多元。本书考察了当地白马人内部、白马人与外部两种实践情景下的社会控制，分别以白马人、外人、外部集团为行动主体，分析他们在这些不同情境中如何利用和违反各种社会规则。与一般将民族地区纠纷、矛盾与冲突视为民族关系间的破坏因素的观点不同，这里强调了其对于社会整合的意义。冲突在威胁固有社会规范的同时，也在为新的社会整合建立基础。正是通过不同体系社会规则的交叉实践，民族社会才与市场经济衔接起来，整合出新的社会面貌。

通过分析木座寨各种行动主体在这些不同情境中如何利用和违反各种社会规则，民族走廊地区社会规则的互嵌与共享得以展现出来。白马藏人、汉族、政府、林场和水电集团在具体的互动中形成的一种特殊机制，跨越了单一的社会规则系统。国家法制下的刑罚、地方政府的治理、民族内部的惩治、民族宗教的禁忌和现代企业的运转规范都不是单独发挥影响，更多是与其他体系共同作用。这些在不同类型纠纷、矛盾，甚至冲突中积累起来的跨体系规则，以及在此基础上发展出来的机制构成当地各民族共享的知识。这套知识建立在参与其中的各方达成的共识之上，成为跨民族社会整合与社会建设的重要资源。跨越体系的社会控制机制及其实践背后，可以看到当地互嵌式社会的生长，不同民族、利益主体在日常生活中实践着不同体系的规则，进而达成一种跨越文化差异的地方共同性。

　　互嵌式社会的具体表现，就是社会网络、民俗生活等领域的共享。第六章关注桂东北宝赠村的村寨交往与民俗规则，便是在揭示南岭走廊这一多民族杂居地区民俗生活互嵌的面貌，以及这一格局是经由什么样的区域网络和文化逻辑形成的。为了认识当地多民族你来我往的复杂历史与现状，该章通过对该村各寨与主要姓氏迁移传说与歌谣的整理，初步理清了当地人群在不同时空如何利用信仰、婚姻和拟制亲属关系联合起来，又怎样因为人口繁殖、生计竞争分裂开来，说明了这样一个特殊社区如何形成的问题。

　　该章主要讨论了"月也"这样一种民俗现象中的跨社区交往行为的运作与延续，将该地区乃至更广范围内的侗族村寨与其他民族人群纳入一种稳定的交往关系。"月也"是侗族以村寨为单位建立交换关系的活动，主寨与客寨之间建立互惠性的"访问"与"回访"、"邀请"与"回请"关系，强调你来我往的平衡关系，从而稳定地扩展村寨交往。"月也"的伙伴之间形成了一个村寨之间的关系网，将一定地区范围内的许多村寨以确定的社会形式联系起来。这个过程中的礼物交换及其展演的文化象征代表着村寨之间交换关系的确立和维系。而"月也"之所以能够在历史上延续发展下来，就是因为存在一种"欠"与"还"的文化逻辑，将村寨交往中的互惠原则实践和维持下来。而且这一民俗规则不仅限于侗族村寨，也扩展到该地区的其他民族人群。虽然民族不同、民俗也各异，但是其共享的民俗规则和文化逻辑将不同民族的人们跨域时间和空间联系起来。时间上保证了跨族群交往机制的延续性，族群之间的互动不仅存在于当下，还有一条清晰的脉络可以追溯到历史中去。而在空间上，不同地理范围、文化特征的族群只要采取这一逻辑，就可以参与到地域内的交往体系当中。这种地域文化围绕着侗族村寨建立起来，但又超越了民族边界，为区域内的多个族群所共享，在当地整合出某种具有区域公共性的民俗文化。

　　互嵌式社会的落脚点不在于外部看重的政治、经济、文化和空间等结构性领域，而在于日常生活世界。生活在一个互嵌式的社区中，上述各领域的相互嵌入都是达成了一个结果，即人们的生活紧密相关，你中有我、我中有你，谁也离不开谁。为了弥补前边章节未能涉及宗教这一重要问题，第七章以关中地区一个汉族村落的乡村生活为例，讨论了天主教条件下人们的生活互嵌。

首先是通婚圈的问题，调查发现由于重视不与非天主教徒通婚的原则，当地教民们的通婚圈往往跨越行政区划和地理距离的限制，在不同信教村落之间建立起婚姻关系。教民们利用婚姻将周边五个天主教社区凝聚成为更高一级的社区，而这也成了教民日常交往的网络基础。在此基础上，黄家村教会的交往活动纵向上沿着天主教的网络，横向上则与教民的通婚圈大致重合，有些案例也建立在各自社区教民的个人社会关系之上。其次是教会与村落宗族之间的关系方面，信仰既有分的作用，也有合的影响。一方面神父提名"大门子"的教民担任会长是为了借助其家族关系及社会影响力，以便教会的活动能顺利开展。但是大家族的会长也必然会分割神父在社区中的权力。另一方面教民们形成了两种建立家族联系的途径：一是结成婚姻，二是"代父""代母"制度。通过这样的机制，辈分等级扩展到了社区内的每个人身上，该村众多的姓氏被纳入一个虚拟的大家族之中。最后是教会与村落政治方面，教会与村委会共同承担地方治理的职责。两个组织分工明确，有完全不同的精英群体，在地方社会中发挥着不同的作用。教会从天主教信仰中获得权威性，主要在信仰和与之相关的世俗生活中发挥作用。而村委会是国家政权的基层代表，控制了政治、司法、治安和公共服务等方面的资源。第七章在互嵌式社会的视野下考察乡村教会，分析了乡村教会与村落社会两个概念体系中的重要特质的相互交涉。在黄家村的具体环境中，各种关系的交叉互动，是理解宗教信仰条件下乡村社会特殊性的重要突破口。宗教不仅解构了传统意义上的中国乡村社会，更重要的是，它正同乡村社会的诸因素一起建构了一个特殊的中国乡村社会类型。

上面简单回顾了前几章所讨论的问题。大致是想通过不同的个案，从经济、文化、空间、社会、民俗、宗教等六大面向，讨论不同领域的互嵌性特征，特别是背后的共同性如何生成和表现的问题。回到本书中一直在使用的"互嵌式社会"这一概念。"嵌入"本身就具有空间、经济、政治、历史等诸多面向，要"嵌入"的是社会整体，而非其中的哪一个子系统。在民族团结的语境中讨论"相互嵌入"，是指各民族在交往交流交融的过程中，在社会、经济、文化、思想等方面联结互动为一个整体。经过我国多民族互动交往的历史过程，特别是新中国社会主义大家庭的建设，各民族已然形成了你中有我、我中有你的"多元一体"格局。习近平总书记深刻地指出了这个格局的多重内涵，即"分布上的交错杂居、文化上的兼收并蓄、经济上的相互依存、情感上的相互亲近"①。

经济、文化、空间、社会、民俗、宗教等领域多元相互嵌入，共同性不断增长的过程，便是各民族逐步深化团结于中华民族这一共同体的过程。在各地的实践中，比如云南建设民族团结示范区的探索便说明，经济发展、民生改善、文化繁荣、教育振兴、生态建设、法治建设等方面的工作缺一不可。② 所以民族团结并不是一句口号，而是有着上述诸领域实实在在的机制。在历史方面，民族团结和民族分裂是民族关系调整的两个极端状态。③ 民族团结实现的过程，也是多民族国家凝聚、联合不同民族成员保障社会合作的进程。在政治方面，团结的核心是在一个多民族国家的族际政治整合当中发现造成公共物品拥挤的拥挤点。民族团结建设所要做的是确保族际利益整合的公正性及建筑其上的政治合法性。④ 在社会方面，民族团结就是把分散的不同民族联合起来，使之成为彼此具有相互依存的良性互动关系，并形成更大民族共同体的过程和状态。⑤ 所谓相互依存的良性互动关系，就是各民族之间互助合作的平等关系。这一关系来源于民族交往中那些平等互利的行为，它们被通过法律、制度、习俗固定下来，并沉淀出相互依存的共同意识。在法律方面，公民和族裔双重身份的共生如果不存在缝隙，文化和公民权就会

---

① 新华社：《中央民族工作会议暨国务院第六次全国民族团结进步表彰大会在京举行》，新华网，http://www.xinhuanet.com/politics/2014-09/29/c_1112683008.htm，2014 年 9 月 29 日。以下未注明出处的习近平总书记讲话均引用于此。

② 王延中、管彦波：《云南建设民族团结示范区与和谐民族关系的基本经验及启示》，《民族研究》2014 年第 3 期。

③ 周竞红：《传统社会资源的挖掘和创新利用——"民族团结誓词碑"的启示》，《中央民族大学学报》（哲学社会科学版）2016 年第 3 期。

④ 陈建樾：《多元一体：多民族国家内部的族际整合与合法性》，《中央民族大学学报》（哲学社会科学版）2003 年第 5 期。

⑤ 郑杭生：《民族团结与和谐社会建设——一种社会学的解读》，《创新》2009 年第 12 期。

彼此相互加强，国家的作用则可以得到充分的实现。① 在文化和情感方面，决定民族关系的是族群的荣誉与尊严。各民族的文化都得到充分的发展，国民都乐意归属于这个国家，而且可以利用各自独特的文化来表达这种国民归属，促成团结。② 所以民族团结的深化，必须从这些领域全面推进，抛开哪一方面都是不恰当的。

与民族团结类似的还有"社会团结"和"民族整合"的概念。在许多民族团结研究中，涂尔干的社会团结思想颇受青睐。这里需要说明，社会团结主要讨论的是人与人如何结合起来的问题，也就是社会何以组织起来。③ 而民族团结不是个体的结合，主要指不同民族之间的团结即族际团结，是团体之间的关系。而"民族整合"这个概念尚没有明确的界定和认可，常用的内涵也比较庞杂。④

事实上，"民族团结"这一概念在不同历史时期被赋予了不同的内涵。辛亥革命后由封建王朝到国家的政治转型，使"五族共和"为基础的新民族观逐渐形成，并取代了王朝国家传统的"族类观"。抗日战争爆发前后，民族团结与抵抗外辱、民族复兴联系起来，中华民族的团结由此进入了新的阶段。新中国成立后，消除了民族间的歧视和压迫，逐步建立了平等、团结、互助、和谐的社会主义民族关系。⑤ 在这样的历史进程中，中国共产党民族团结思想的提出与清晰化，与长征期间在西南多民族地区的经历和革命实践有着密切的关联。⑥ 新中国成立前夕通过的《中国人民政治协商会议共同纲领》中，民族团结主要是为了反对帝国主义和各民族内部的阶级敌人。在社会主义建设的过程中，为了加强族际整合，构建了一整套新的族际政治整合方式，造就了当前平等、

① 〔英〕安东尼·D. 史密斯：《全球化时代的民族与民族主义》，龚惟斌、良警宇译，中央编译出版社，2002，第 103、118 页。
② 陈志明：《中国、民族与国民团结》，《清华大学学报》（哲学社会科学版）2016 年第 1 期。
③ 〔法〕埃米尔·涂尔干：《社会分工论》，渠东译，三联书店，2000，第 257、297 页。
④ 严庆：《解读"整合"与"民族整合"》，《民族研究》2006 年第 4 期。
⑤ 周竞红：《"民族团结"内涵的演变及当前巩固民族团结的途径》，《中国民族教育》2014 年第 4 期。
⑥ 陈建樾：《激荡与互动：中国共产党民族团结思想的提出与清晰化》，《西南民族大学学报》（人文社会科学版）2017 年第 2 期。

团结、互助、和谐的社会主义民族关系。① 对于民族关系的这种概括，也是与不同时期整个国家的发展思想相联系的。其中"和谐"就与构建社会主义和谐社会的布局密不可分。②

在中国共产党民族团结思想不断丰富发展的道路上，习近平新时代中国特色社会主义思想无疑为之注入了新的内涵。在这样一个"新时代"，我国社会主要矛盾已经转化为人民日益增长的美好生活需要和不平衡不充分的发展之间的矛盾。③ 而具体到我国的民族工作领域，也面临"五个并存"的阶段性特征④，即改革开放和社会主义市场经济带来的机遇和挑战并存，民族地区经济加快发展势头和发展低水平并存，国家对民族地区支持力度持续加大和民族地区基本公共服务能力建设仍然薄弱并存，各民族交往交流交融趋势增强和涉及民族因素的矛盾纠纷上升并存，反对民族分裂、宗教极端、暴力恐怖斗争成效显著和局部地区暴力恐怖活动活跃多发并存。特别是在民族地区全面建设小康社会的关键时期，人们对于美好生活提出了更高的期盼。

已经有学者从"团结各民族为一体"到"民族团结第一"再到"最大的民心政治"整理了不同时期民族团结的内涵与意义。强调加强民族团结、促进民族和睦、推动中华民族伟大复兴，是习近平治国理政思想在民族方面的一个核心理念，也是中国共产党中国特色民族理论和统一多民族国家民族政策的核心思想在新形势下的新发展和新举措。⑤ 习近平新时代中国特色社会主义民族团结进步思想的新内涵包括：深化民族团结进步教育，是维护民族团结的有效方式；铸牢中华民族共同体意识，是维护民族团结重要的精神基础；加强各民族交往交流交融，是维护民族团结的现实途径；促进各民族像石榴籽一样紧紧抱在一起，是民族团

① 周平：《中国族际政治整合模式研究》，《政治学研究》2005 年第 2 期。
② 郝时远：《构建社会主义和谐社会与民族关系》，《民族研究》2005 年第 3 期。
③ 习近平：《决胜全面建成小康社会　夺取新时代中国特色社会主义伟大胜利——在中国共产党第十九次全国代表大会上的报告》，新华社，2017 年 10 月 27 日。
④ 闵言平：《深刻把握民族工作"五个并存"的新特征》，《中国民族报》2014 年 11 月 28 日，http://www.seac.gov.cn/art/2014/11/28/art_8017_220692.html。
⑤ 陈建樾：《民族团结：习近平治国理政思想的核心理念》，《中国边疆史地研究》2016 年第 3 期。

结最理想的状态；共同团结奋斗，共同繁荣发展，是维护民族团结最根本的宗旨。[①]

在习近平新时代中国特色社会主义民族工作思想体系中，民族团结具有重要的地位。他先后多次提出"坚持把维护民族团结和国家统一作为各民族最高利益""民族团结是我国各族人民的生命线""做好民族工作，最关键的是搞好民族团结""像爱护自己的眼睛一样爱护民族团结，像珍视自己的生命一样珍视民族团结"[②]。不难发现民族团结在他的民族工作思想中不仅是一种工作方法，更是所有民族工作的目标。在这一总的目标之下，为了在新的历史阶段加强民族团结，他进而具体地指明了各个领域的工作方法。

首先，民族团结的核心是共同繁荣发展。"增强团结的核心问题，就是要积极创造条件，千方百计加快少数民族和民族地区的经济社会发展，促进各民族共同繁荣发展。"[③] 马克思指出："各民族之间的相互关系取决于每一个民族的生产力、分工和内部交往的发展程度。"[④] 民族团结的经济基础正是改革开放以来蓬勃发展的社会主义市场经济，这决定了多民族社会多种结构的发展变化，影响了中华民族内部和外部交往的发展程度。中华民族这个共同体内部的民族关系，取决于生产发展的持续与平衡。改革开放和社会主义市场经济改革的推进，让少数民族和民族地区得到了很大发展，但一些民族地区群众困难多，困难群众多，同全国一道实现全面建成小康社会目标的难度仍然不小。只有充分把握改革开放和社会主义市场经济带来的机遇和挑战，着力解决发展过程中的不充分和不平衡问题，让发展的成果为全国各族人民共享，才是加强民族团结的根本途径。

---

[①] 乌小花：《习近平新时代民族团结进步思想的多维度与新内涵》，《中央民族大学学报》（哲学社会科学版）2017 年第 6 期。

[②] 《总书记两会声音》，《人民日报》2017 年 3 月 15 日第 9 版。

[③] 中共中央文献研究室：《习近平关于协调推进"四个全面"战略布局论述摘编》，中央文献出版社，2015，第 37 页。

[④] 卡·马克思、弗·恩格斯：《德意志意识形态》，中国社会科学院民族学与人类学研究所编《马克思主义经典作家民族问题文选》马克思恩格斯卷·上册，社会科学文献出版社，2015，第 110 页。

其次，民族团结的载体是各民族相互嵌入的中华民族共同体。"推动建立相互嵌入的社会结构和社区环境"，便是要在空间环境、社会结构等方面促进各民族交往交流交融，从而建成各民族紧紧抱在一起的中华民族共同体。而这一共同体的建成，有赖于各民族在生活格局上的互相嵌入；社会建设上实现基本公共服务均等化，社会公平得以保障；经济结构上平等充分地参与到社会主义市场经济体系中，共享改革开放的发展成果；社会地位上各民族一律平等，国家充分保障每一个公民的合法权益；文化发展上尊重和保护各民族传统文化，凝聚中华民族文化的向心力。只有这些领域推动各民族持续深入地相互嵌入，才能筑牢中华民族的共同体基础。

最后，民族团结的方向是文化认同。"加强中华民族大团结，长远和根本的是增强文化认同，建设各民族共有精神家园，积极培养中华民族共同体意识。"文化认同是最深层次的认同，只有对伟大祖国、对中华民族、对中国特色社会主义道路的认同不断深化，民族团结才能持续巩固发展。而认同的根本就在于人心，习近平明确指出："人心是最大的政治，做民族团结重在交心。人心相聚，根本在于价值相通，认同相一。"在争取人心方面，既要坚持民族平等，加强各民族交往交流交融，尊重差异、包容多样；还要牢固树立正确的祖国观、历史观、民族观；并要坚决反对大汉族主义和狭隘民族主义，用法律来保障民族团结。实现这样的目标，就必须全社会一起做交流、培养、融洽感情的工作。

总之，团结的基础是平等，团结的根本是各民族根本利益的一致性，团结的表现是各民族像石榴籽一样紧紧抱在一起，团结的方向是对中华民族共同体的认同。

在这样的理解基础上推进民族团结，就是要从某个系统、某个领域已经形成的"嵌入"着手，进一步让更多民族在更多领域参与到这个共同的整体中来。这个多面向的整体就是我们所说的"中华民族共同体"。从第一章已经完成的文献整理中不难看出，"社区"本身就是"共同体"，只是因为滕尼斯的原意经过重重翻译转介，以及我国社会转型的特殊历史，才被简化为今日的特殊意涵。如果我们回归到滕尼斯的用法，

"共同体"指的是建立在血缘、地缘、情感、传统纽带之上并富有情感和认同的人类共同体。这个共同体不仅有空间、地缘上的意义，还包含经由血缘和传统纽带建立起来的社会结构，以及成员之间亲密无间、守望相助的情感与认同。这与工业化之后建立在劳动分工以及法理性契约基础上的"社会"大不相同，后者内部的成员之间缺乏情感联系，过于理性化而往往陷于周期性的失范。这显然是更为深刻的认识。从人类学坚持的整体观来说，社会不可能分割成不同的子系统，发挥影响的是"总体的社会事实"，它们"既是法律的、经济的、宗教的，同时也是美学的、形态学的"，"情感的、道德的、契约的，统合于一体"。① 既包括交往交流交融式的社会现象，又包括相互嵌入的社会结构，还包含了大家庭中手足相亲、守望相助的情感联系。

从"互嵌式社会"出发来研究民族团结，包含两个层面。一是社区内部多样性如何共存和共同性如何生成的问题。一个村寨内部民族、社会、文化、宗教、象征等多元的因素之间交织互嵌的格局如何形成，发展出什么样的民族关系，生长出什么样的共同体特征，即这样的"社区"如何团结起来，是"互嵌式社会"研究的第一步。二是嵌入其中的各个体系其上层/基层、中心/边缘的互动，即费老所谓"立体的上下关系"② 问题。"互嵌式社区"作为一个节点，一个社会之内或诸社会之间政治、经济、文化和民族等不同的体系在这里联结。讨论上下内外各种体系如何投射于这样一个小的社区，社区的生活如何反应，是研究社会整体如何团结起来的中观视角。所以"互嵌式社会"可视为一种双向的透镜，既可以观察民族团结的微观社会基础，又可以透视宏观的多元体系互相嵌入、联结进而互动的关系，达成对于民族团结的理论认识。

只有在这样理解的基础上，我们才能将最近民族理论学界的几个热点问题联系起来。"相互嵌入的社会结构和社区环境"力求解决的是民族交往中有形的空间整合与无形的社会整合，而"中华民族共有精神家园"致力推动的则是更高层次的认同整合，归结起来都是"中华民族共

---

① 〔法〕马塞尔·莫斯：《礼物》，汲喆译，上海人民出版社，2005，第176页。
② 费孝通：《学术自述与反思》，三联书店，1996，第35页。

同体"的建设问题。而本书的各章节尝试从各地的个案出发，讨论不同民族、文化、社会通过交往和并存怎样由多元整合出共同性，形成一个个相互关联的共同体。

以中华民族共同体建设推进民族团结，就应该重视上边谈到的这一共同体的多重面向。[①] 打牢中华民族共同体的政治、经济、社会和文化基础，铸牢中华民族共同体意识。

政治方面，要坚定不移走中国特色解决民族问题的道路。民族区域自治制度是我国的一项基本政治制度，是中国特色解决民族问题正确道路的重要内容。要坚持统一和自治相结合、民族因素和区域因素相结合，把宪法和民族区域自治法落实好。此外，还要不断发展和完善党的民族理论和方针，只有筑牢这个政治基础，才能让各族人民增强对伟大祖国的认同、对中华民族的认同、对中国特色社会主义道路的认同。

经济方面，确保民族地区如期全面建成小康社会。支持民族地区加快经济社会发展，是中央的一项基本方针。要紧紧围绕全面建成小康社会目标，顺应各族群众新期盼，深化改革开放；加强基础设施、扶贫开发、城镇化和生态建设，不断释放民族地区发展潜力；大力发展特色优势产业，增强民族地区自我发展能力；推进基本公共服务均等化，着力改善民生。只有改革开放的发展成果为全国各族群众共享，发展节奏与群众生活水平提高相适应，才能筑牢中华民族共同体认同的经济基础。

社会方面，加强各民族交往交流交融，巩固和发展民族团结。构建各民族互相嵌入式社会结构和社区环境，让少数民族更好地融入城镇化之后的生活环境，持续推进各民族交往交流交融。民族团结是我国各族人民的生命线，做好民族工作，最关键的正是搞好民族团结。要尊重差异、包容多样，让各民族在中华民族大家庭中手足相亲、守望相助。从而实现各民族像石榴籽那样紧紧抱在一起，筑牢中华民族共同体的社会

---

① 麻国庆：《民族研究的新时代与铸牢中华民族共同体意识》，《中央民族大学学报》（哲学社会科学版）2017 年第 6 期。

基础。

文化方面，大力传承和弘扬中华民族共同体文化。历史上各民族共同创造了灿烂的中华文化，形成了兼收并蓄的民族文化传统，是我国巩固中华民族共同体的一大有利因素。进入习近平中国特色社会主义新时代，传统民族文化与现代文化并存，更应提炼中国特色社会主义伟大实践中创造出来的先进文化，积极推动文化交流和公共文化建设，弘扬适应习近平中国特色社会主义新时代发展方向的中华民族共同体文化，筑牢中华民族共同体的文化基础。

中华民族共同体意识是对这个共同体在上述四方面不可分割的认识，是对这个共同体的历史、当下与未来共同命运的认识，是对"你中有我、我中有你，谁也离不开谁"这个格局的认识，根本上是对中华民族作为一个整体的认同和理解。只有不断推进民族平等、经济依存、社会互嵌、文化兼容，筑牢中华民族共同体的各项基础，才能建设心理和认同层面的各民族共有精神家园，最终铸牢中华民族共同体意识。

# 参考文献

## （一）地方史志与年鉴

（清）谭绍裘撰：《扶风县乡土志》，清光绪三十二年手抄本，台北成文出版社影印《中国地方志丛书－华北地方》273号。

（清）张元际纂修：《兴平县乡土志》，光绪三十三年手抄本，台北成文出版社影印《中国地方志丛书－华北地方》231号。

《城固县乡土志》（清阙名纂修），民国燕京大学图书馆铅印本，台北成文出版社影印《中国地方志丛书－华北地方》264号。

阿拉善盟地方志编纂委员会办公室：《阿拉善盟史志资料选编》（第2辑），1987。

阿拉善左旗地方志编纂委员会：《阿拉善左旗志》，内蒙古教育出版社，2000。

宝鸡市地方志编纂委员会：《宝鸡市志》，三秦出版社，1998。

贵州省黎平县志编纂委员会：《黎平县志》，巴蜀书社，1989。

华阴县地方志编纂委员会：《华阴县志》，作家出版社，1995。

金山主编《阿拉善盟年鉴》，阿拉善盟档案史志局，2016。

龙胜各族自治县地方志编纂委员会：《龙胜各族自治县志》（1988－2005），中国时代经济出版社，2013。

龙胜各族自治县地方志编纂委员会：《龙胜年鉴》（2015），线装书局，2016。

龙胜各族自治县民政局：《龙胜各族自治县概况》，2016。

眉县地方志编纂委员会：《眉县志》，陕西人民出版社，2000。

平武县地方志办公室：《平武年鉴》（2005），2006。

平武县地方志办公室：《平武年鉴》（2006），2007。

兴平县地方志编纂委员会：《兴平县志》，三秦出版社，1994。

政协阿拉善盟委委员会编《阿拉善盟文史》第 4 辑，1988。

## （二）专著

Aihwa Ong, *Neoliberalism as Exception：Mutations of Citizenship and Sovereignty*, Durham, NC：Duke University Press, 2007.

Barry Sautman, "Preferential Policies for Ethnic Minorities in China：the Case of Xinjiang", in William Safran (ed.), *Nationalism and Ethno – regional Identities in China*, London：Frank Cass, 1998.

Brinley Thomas, "Migration：Economic Aspects", *International Encyclopedia of the Social Sciences (Volume 9 and 10)*, New York：The Macmillan Company and The Free Press, 1968.

Bronislaw Malinowski, *Crime and Custom in Savage Society*, Paterson, N. J. ：Littlefield, Adams, 1962.

Claude Lévi – Strauss, *The Elementary Structure of Kinship*, Trans. J. H. Bell and J. R. von Sturner, Boston：Beacon Press, 1969.

David Garland, *Punishment and Modern Society：A Study in Social Theory*, Oxford, Clarendon Press, 1990.

Donald Black, *Toward a General Theory of Social Control (Volume 1)*, Academic Press, 1984.

Edward A. Shils and Max Rheinstein (eds.), *Max Weber on Law in Economy and Society*, Cambridge：Harvard University Press, 1954.

Hsiao Tung Fei & Chih – I Chang, *Earthbound China：A Study of the Rural Economy of Yunnan*, Routledge & Kegan Paul, 1948.

J. van Velsen, *The Extended – Case Method and Situational Analysis*, *the Craft of Social Anthropology*, 1967.

M. Gordon, *Assimilation in American Life*, New York：Oxford University

Press. 1964.

Mark Granovertter, "Economic Action and Social Structure: The Problem of Embeddedness", *American Journal of Sociology*, 1985.

Marshall Sahlins, *Stone Age Economics*, New York: Aldine de Gruyter, 1972.

Michael Burawoy, *The Extended Case Method*, *Social Theory*, 1998.

Pierre Bourdieu, "The Force of Law: Toward a Sociology of the Juridical Field, Law and Anthropology", edited by Martha Mundy, *The International Library of Essays in Law and Legal Theory (Second Series)*, Dartmouth Publishing Company, 2002.

Richard Madsen, *China's Catholics: Tragedy and Hope in an Emerging Civil Society*, Berkeley: The University of California Press, 1998.

阿拉善盟地方志编纂委员会办公室编《阿拉善盟文献资料选编》（第 2 辑），1987。

北京大学社会学人类学研究所编《社区与功能——派克、布朗社会学文集及学记》，北京大学出版社，2002。

勃儿吉斤·道尔格：《阿拉善和硕特》（下册），内蒙古文化出版社，2002。

蔡昉、都阳、王美艳：《劳动力流动的政治经济学》，三联书店、上海人民出版社，2003。

陈春生：《木材的流动——清代清水江下游地区的市场、权力与社会》序言，三联书店，2006。

〔德〕斐迪南·滕尼斯：《共同体与社会》，林荣远译，商务印书馆，1999。

〔德〕斐迪南·滕尼斯：《共同体与社会——纯粹社会学的基本概念》，林荣远译，商务印书馆，1999。

〔德〕卡·马克思、弗·恩格斯：《德意志意识形态》，中国社会科学院民族学与人类学研究所编：《马克思主义经典作家民族问题文选》马克思恩格斯卷·上册，社会科学文献出版社，2015。

〔德〕马克斯·韦伯（Max Weber）：《中国的宗教·宗教与世界》，

载《韦伯作品集》，广西师范大学出版社，2004。

董磊明：《宋村的调解：巨变时代的权威与秩序》，法律出版社，2008。

杜赞奇：《文化、权力与国家：1900－1942年的华北农村》，江苏人民出版社，1996。

〔法〕埃米尔·涂尔干：《社会分工论》，渠东译，三联书店，2000。

〔法〕马塞尔·莫斯、爱弥尔·涂尔干等：《论技术、技艺与文明》，蒙养山人译，世界图书出版公司，2010。

〔法〕马塞尔·莫斯：《礼物——古式社会中交换的形式与理由》，汲喆译，上海人民出版社，2005。

范长江：《中国西北角》，新华出版社，1980。

费孝通、王同惠：《花篮瑶社会组织》，江苏人民出版社，1988。

费孝通：《费孝通文集》第12卷，群言出版社，1999。

费孝通：《论人类学与文化自觉》，华夏出版社，2004。

费孝通：《社会调查自白》，《费孝通全集》第10卷，群言出版社，1999。

费孝通：《社会学概论》（试讲本），天津人民出版社，1984。

费孝通：《乡土中国　生育制度》，北京大学出版社，1998。

费孝通：《学术自述与反思》，三联书店，1996。

甘肃省图书馆编《西北民族宗教史料文摘宁夏分册》（内部发行），1986。

高其才：《中国少数民族习惯法研究》，清华大学出版社，2003。

国务院扶贫办编《中国社会扶贫创新行动优秀案例集：2012》，中共中央党校出版社，2013。

何艳玲：《都市街区中的国家与社会：乐街调查》，社会科学文献出版社，2007。

《红寺堡之光》编委会：《红寺堡移民开发史》，宁夏人民出版社，2009。

红寺堡开发区志编纂小组：《红寺堡开发区志》，宁夏人民出版社，2006。

李峰：《乡村宗教的组织特征及其社会结构性位秩：华南 Y 县 X 镇基督教教会组织研究》，复旦大学出版社，2005。

梁治平：《乡土社会中的法律与秩序》，载王铭铭、王斯福主编《乡土社会的秩序、公正与权威》，中国政法大学出版社，1997。

廖君湘：《侗族传统社会过程与社会生活》，民族出版社，2005。

林淑蓉：《物/食物与交换：中国侗族的人群关系与社会价值》，黄应贵主编《物与物质文化》，中研院民族所，2004。

刘锋、龙耀宏：《侗族：贵州黎平县九龙村调查》，云南大学出版社，2004。

刘小枫编《道与言，华夏文化与基督教文化相遇》，三联书店，1994。

刘芝凤：《中国侗族民俗与稻作文化》，人民出版社，1999。

陆大道、刘毅等：《1999 中国区域发展报告》，商务印书馆，2000。

〔美〕L. 科塞：《社会冲突的功能》，孙立平等译，华夏出版社，1989。

麻国庆：《“民族与社会”研究丛书序》，〔日〕奈仓京子：《“故乡”与“他乡”：广东归侨的多元社区、文化适应》，社会科学文献出版社，2010。

马强：《流动的精神社区——人类学视野下的广州穆斯林哲玛提研究》，中国社会科学出版社，2006。

马戎：《民族社会学：社会学的族群关系研究》，北京大学出版社，2004。

马戎：《少数民族社会发展与就业：以西部现代化进程为背景》，社会科学文献出版社，2009。

马英：《阿拉善长调民歌的生态理想——阿拉善蒙古族长调民歌生态文化解析》，广西师范大学出版社，2009。

马长寿：《氐与羌》，上海人民出版社，1984。

潘光旦：《潘光旦文集》第 8 卷，北京大学出版社，2000。

潘光旦：《潘光旦文集》第 9 卷，北京大学出版社，2000。

潘乃谷：《社区研究与社会发展》，天津人民出版社，1996。

平武县白马藏人族属研究会：《白马藏人族属研究文集》，1987。

平武县白马藏人族属研究会：《白马藏族文化与旅游发展研讨会论文集》，2003。

秦晖：《传统中华帝国的乡村基层控制：汉唐间的乡村组织》，《中国乡村研究》第 1 辑，商务印书馆，2003。

全国人民代表大会民族委员会办公室编辑《内蒙古自治区巴彦淖尔盟阿拉善旗清代单行法规及民刑案件判列摘译》，全国人民代表大会民族委员会办公室，1958。

施坚雅：《中国农村的市场和社会结构》，中国社会科学出版社，1998。

石开忠：《侗族款组织及其变迁研究》，民族出版社，2009。

束锡红、杨荣斌、聂君、樊晔：《生存与发展：宁夏红寺堡区大河村生态移民经济社会变迁考察》，阳光出版社，2014。

四川省民族研究所：《白马藏人族属问题讨论集》，1980。

苏力：《法治及其本土资源》，中国政法大学出版社，1996。

孙立平：《断裂：20 世纪 90 年代以来的中国社会》，社会科学文献出版社，2003。

田成友：《对接国家制定法与民族习惯法的二元论》，云南大学出版社，1998。

汪晖：《东西之间的"西藏问题"》，三联书店，2011。

王铭铭：《社会人类学与中国研究》，三联书店，1997。

王铭铭：《中国人类学评论》第 17 辑，世界图书出版公司，2010。

王胜尧：《侗族文化与习俗》，贵州民族出版社，1989。

王晓朝：《基督教与帝国文化》，东方出版社，1997。

吴飞：《麦芒上的圣言——一个乡村天主教群体的信仰与生活》，道风书社，2001。

吴文藻：《论社会学中国化》，商务印书馆，2010。

吴文藻：《吴文藻人类学社会学研究文集》，民族出版社，1990。

徐黎丽：《接触与非接触——影响民族关系的变量分析》，第七届人类学高级论坛论文集《中华民族认同与认同中华民族》，2008。

〔英〕埃文思－普理查德：《阿赞德人的巫术、神谕和魔法》，商务印书馆，2010。

〔英〕安东尼·D. 史密斯：《全球化时代的民族与民族主义》，龚惟斌、良警宇译，中央编译出版社，2002。

〔英〕吉登斯：《社会的构成》，李康、李猛译，三联书店，1998。

〔英〕卡尔·波兰尼：《大转型：我们时代的政治与经济起源》，冯钢等译，浙江人民出版社，2007，第50页。

〔英〕卡尔·波兰尼：《巨变——当代政治与经济的起源》，黄树民译，社会科学文献出版社，2013。

〔英〕拉德克利夫·布朗：《社会人类学方法》，夏建中译，华夏出版社，2002。

〔英〕马林诺夫斯基：《原始社会的犯罪与习俗》，夏建中译，桂冠图书股份有限公司，1994。

〔英〕马凌诺斯基：《西太平洋的航海者》，梁永佳、李绍明译，华夏出版社，2011。

闫天灵：《汉族移民与近代内蒙古社会变迁研究》，民族出版社，2004。

阎云翔：《礼物的流动——一个中国村庄中的互惠原则与社会网络》，李放春、刘瑜译，上海人民出版社，1999。

杨锡、邓星煌：《鸡尾客》，载杨通山等编《侗乡风情录》，四川民族出版社，1983。

应星：《大河移民上访的故事》，三联书店，2001。

俞正燮：《癸巳存稿》，卷六。

张冠梓：《论法的成长——来自中国南方山地法律民族志的诠释》，社会科学文献出版社，2000。

张京泽：《红寺堡生态移民区域发展新视角》，宁夏人民出版社，2013。

赵旭东：《权力与公正：乡土社会的纠纷解决与权威多元》，天津古籍出版社，2003。

中共中央文献研究室：《习近平关于协调推进"四个全面"战略布

局论述摘编》，中央文献出版社，2015。

中国科学院民族研究所贵州少数民族社会历史调查组编《侗族简史简志合编（初稿）》，1963。

王胜尧：《侗族文化与习俗》，贵州民族出版社，1989。

朱凤：《近代阿拉善旗社会初析》，载《中国蒙古史学会论文选集》，内蒙古人民出版社，1986。

朱晓阳：《延伸个案"与一个农民社区的变迁》，张曙光、邓正来主编《中国社会科学评论》第 2 卷，法律出版社，2004。

朱晓阳：《罪过与惩罚：小村故事（1931 – 1997）》，天津古籍出版社，2003。

## （三）期刊文章

Gluckman，"Limitation of the Case – Method in the Study of Tribal Law"，*Law and Society Review*，1973（7）.

Graham Grow，"Developing Sociological Arguments through Community Studies"，*International Journal of Social Research Methodology*，2000，Vol. 3，No. 3.

Maurice Freedman，"A Chinese Phase in Social Anthropology"，*The British Journal of Sociology*，1963，Vol. 14，No. 1.

阿布都外力·依米提：《制约少数民族农村劳动力流动因素的分析及其对策——以维吾尔族为例》，《黑龙江民族丛刊》2006 年第 5 期。

蔡昉：《劳动力迁移的两个过程及其制度障碍》，《社会学研究》2001 年第 4 期。

陈纪：《社区资源：民族互嵌式社区建设的社会支持研究——天津市"两县三区"的调查报告》，《西南民族大学学报》（人文社会科学版）2016 年第 6 期。

陈建樾：《多元一体：多民族国家内部的族际整合与合法性》，《中央民族大学学报》（哲学社会科学版）2003 年第 5 期。

陈建樾：《激荡与互动：中国共产党民族团结思想的提出与清晰化》，《西南民族大学学报》（人文社会科学版）2017 年第 2 期。

陈建樾：《民族团结：习近平治国理政思想的核心理念》，《中国边疆史地研究》2016 年第 3 期。

陈志明：《中国、民族与国民团结》，《清华大学学报》（哲学社会科学版）2016 年第 1 期。

丁明俊：《阿拉善草原信仰伊斯兰教的蒙古族穆斯林》，《西北民族研究》2005 年第 4 期。

丁赛：《农村汉族和少数民族劳动力转移的比较》，《民族研究》2006 年第 5 期。

丁元竹、江汛清：《社会学和人类学对"社区"的界定》，《社会学研究》1991 年第 3 期。

丁元竹：《社区的发展史和思想史研究》，《学习与研究》2009 年第 2 期。

杜家骥：《阿拉善蒙古与清廷联姻述评》，《民族研究》2001 年第 5 期。

费孝通、方李莉：《关于西部人文资源研究的对话》，《民族艺术》2001 年第 1 期。

费孝通：《关于我国民族的识别问题》，《中国社会科学》1980 年第 1 期。

费孝通：《农村、小城镇、区域发展——我的社区研究历程的再回顾》，《北京大学学报》（哲学社会科学版）1995 年第 2 期。

费孝通：《试谈扩展社会学的传统界限》，《北京大学学报》（哲学社会科学版）2003 年第 3 期。

符平：《嵌入性：两种取向及其分歧》，《社会学研究》2009 年第 5 期。

嘎尔迪：《阿拉善左旗信仰伊斯兰教的蒙古人之由来》，《西北民族学院学报》1990 年第 2 期。

海日、索音布：《试论蒙古族穆斯林的历史与现状》，《神州文化》2013 年第 6 期。

郝时远、张海洋、马戎：《构建新型民族关系——郝时远、张海洋、马戎访谈》，《西北民族研究》2014 年第 1 期。

郝时远：《构建社会主义和谐社会与民族关系》，《民族研究》2005年第 3 期。

郝亚明：《民族互嵌型社区社会结构和社区环境的理论分析》，《新疆师范大学学报》（哲学社会科学版）2015 年第 4 期。

郝亚明：《西方群际接触理论研究及启示》，《民族研究》2015 年第 3 期。

郝亚明：《族际居住格局调整的西方实践和中国探索——兼论如何建立各民族相互嵌入式社区环境》，《民族研究》2016 年第 1 期。

何生海，孙傲：《阿拉善左旗族际通婚研究》，《西北师范大学学报》（社会科学版）2014 年第 3 期。

胡鸿保、姜振华：《从"社区"的语词历程看一个社会学概念内涵的演化》，《学术论坛》2002 年第 5 期。

胡日查：《清代汉族移民在阿拉善和硕特旗的开发活动——以阿拉善左旗蒙古文档案为中心》，《蒙古史研究》第十辑，2010 年。

胡小武：《民族互嵌型社会的动力结构及优化模式》，《新疆师范大学学报》（哲学社会科学版）2015 年第 5 期。

黄英：《白马藏人族源探析》，《兰州大学学报》（社会科学版）2002年第 4 期。

黄志辉：《"嵌入"的多重面向——发展主义的危机与回应》，《思想战线》2016 年第 1 期。

金占祥：《回民在巴彦浩特》，《回族研究》1996 年第 2 期。

来仪：《城市互嵌式社区建设研究》，《学术界》2015 年第 10 期。

乐黛云：《文化转型与文化冲突》，《民族艺术》1998 年第 2 期。

李静：《民族交往心理构成要素的心理学分析》，《民族研究》2007年第 6 期。

李绍明：《羌族与白马藏人文化比较研究》，《思想战线》2000 年第 5 期。

廖君湘：《侗族传统社会群际关系的层面、特征和影响因素》，《湖南科技大学学报》2006 年第 1 期。

林淑蓉：《侗人的食物与性别意象：从日常生活到婚姻交换》，《考古人类学刊》2007 年第 67 期。

　　刘东旭：《流变的传统：珠江三角洲地区的彝人家支再造》，《开放时代》2013 年第 2 期。

　　刘建平：《近代天主教在陕西八个教区的形成和发展》，《中国天主教》2007 年第 4 期。

　　刘世哲：《民族理论政策热点问题的讨论与启示》，《西南民族大学学报》（人文社会科学版）2013 年第 10 期。

　　刘小峰：《以"有形"过渡到"无形"：中国社区研究史再反思》，《中国农业大学学报》（社会科学版）2013 年第 3 期。

　　刘援朝：《历史与现实，阿拉善盟的汉族与蒙古族——阿拉善盟民族关系调查》，《西北民族研究》1995 年第 1 期。

　　麻国庆：《当代中国的社会现实与应用人类学研究》，《华人应用人类学刊》2012 年第 1 期。

　　麻国庆：《民族研究的新时代与铸牢中华民族共同体意识》，《中央民族大学学报》（哲学社会科学版）2017 年第 6 期。

　　麻国庆：《文化、族群与社会：环南中国海区域研究发凡》，《民族研究》2012 年第 2 期。

　　马平：《阿拉善的"蒙古浩腾"人族群——对阿拉善地区蒙古族穆斯林群体的初步田野调查报告》，《回族研究》2006 年第 4 期。

　　马戎、潘乃谷：《居住形式、社会交往与蒙汉民族关系——从赤峰调查看影响民族关系的因素》，《中国社会科学》1989 年第 3 期。

　　马戎：《拉萨市区藏汉民族之间社会交往的条件》，《社会学研究》1990 年第 3 期。

　　马戎：《外出务工对民族混居农村的影响：来自内蒙古翁牛特旗农村的调查》，《社会》2010 年第 3 期。

　　马戎：《西部开发、劳动力流动与少数民族教育》，《西北民族研究》2002 年第 1 期。

　　马天龙：《东乡族农村劳动力转移特点及其思考》，《西北民族大学学报》2004 年第 1 期。

　　马艳：《劳动力转移：社会变迁与家庭关系——以保安族为例》，

《青海民族研究》2007 年第 4 期。

潘咏梅、徐艳华、巴图巴根、曹小艳、何强寿、宋晨染：《阿拉善左旗农牧民专业合作社发展情况调研》，《蔬菜》2013 年第 10 期。

裴圣愚、唐胡浩：《武陵山片区民族社区互嵌式建设研究——以湖南省靖州苗族侗族自治县为例》，《中南民族大学学报》（人文社会科学版）2015 年第 2 期。

裴圣愚：《相互嵌入：民族社区环境建设的新方向》，《黑龙江民族丛刊》2015 年第 1 期。

齐义军：《包容性增长视阈下民族地区就业研究——以内蒙古为例》，《中央民族大学学报》（哲学社会科学版）2011 年第 2 期。

阮立影：《侗族"月也"习俗的文化解读》，《黑龙江史志》2009 年第 9 期。

世皅：《侗族生活习俗散论》，《民族论坛》1989 第 4 期。

束锡红、聂君：《西部地区民族关系的实证研究》，《民族研究》2012 年第 5 期。

孙宏开：《历史上的氐族和川甘地区的白马藏人——白马藏人族属初探》，《民族研究》1980 年第 3 期。

孙宏开：《历史上的氐族和川甘地区的白马人》，《民族研究》1980 年第 3 期。

孙立平、王汉生、王思斌、林彬、杨善华：《改革以来中国社会结构的变迁》，《中国社会科学》1994 年第 2 期。

孙振玉：《当前部分少数民族欠发达地区农村劳动力之发展困境与出路——甘肃积石山县保安东乡撒拉回土五族农村劳动力发展状况调查》，《兰州大学学报》（社会科学版）2000 年第 2 期。

汤夺先：《西北大城市少数民族流动人口若干特点论析——以甘肃省兰州市为例》，《民族研究》2006 年第 1 期。

童星、赵夕荣：《"社区"及其相关概念辨析》，《南京大学学报》2006 年第 2 期。

王俊秀：《社会心态：转型社会的社会心理》，《社会学研究》2014 年第 1 期。

王美艳：《城市劳动力市场上的就业机会与工资差异——外来劳动力就业与报酬研究》，《中国社会科学》2005 年第 5 期。

王铭铭：《小地方与大社会——中国社会的社区观察》，《社会学研究》1997 年第 1 期。

王平、严学勤：《论民族互嵌与和谐民族关系的构建——以新疆塔城市的实证研究为例》，《新疆师范大学学报》（哲学社会科学版）2015 年第 5 期。

王启梁：《习惯法/民间法研究范式的批判性理解——兼论社会控制概念在法学研究中的运用可能》，《现代法学》2006 年 9 月。

王希恩：《论中国少数民族传统文化现状及其走向》，《民族研究》2000 年第 6 期。

王希恩：《民族的融合、交融及互嵌》，《学术界》2016 年第 4 期。

王希恩：《社会主义市场经济和中国的民族意识》，《民族研究》1998 年第 3 期。

王希恩：《中国全面小康社会建设中的少数民族人口流迁及应对原则》，《民族研究》2005 年第 3 期。

王希恩：《中国特色民族理论政策十年发展观》，《中南民族大学学报》（人文社会科学版）2015 年第 3 期。

王希恩：《中华民族凝聚力的更新和重构》，《民族研究》2006 年第 3 期。

王欣瑞：《近代基督教传入陕西及陕西农民入教原因探析》，《西北大学学报》（哲学社会科学版）2004 年第 1 期。

王延中、管彦波：《云南建设民族团结示范区与和谐民族关系的基本经验及启示》，《民族研究》2014 年第 3 期。

乌小花：《习近平新时代民族团结进步思想的多维度与新内涵》，《中央民族大学学报》（哲学社会科学版）2017 年第 6 期。

吴良平：《流动人口与新疆嵌入式民族社会结构构建——以新疆石河子市明珠社区汉族流动人口春节族际互动网络为例》，《西南民族大学学报》（人文社会科学版）2016 年第 2 期。

吴能夫：《侗族萨崇拜初探》，《贵州民族研究》1989 年第 1 期。

吴鹏森：《社区：具有相对独立性的地域社会——与丁元竹、江汛清同志商榷》，《社会学研究》1992 年第 2 期。

吴月刚、李辉：《民族互嵌概念刍议》，《民族论坛》2015 年第 11 期。

项飚：《社区何为——对北京流动人口聚居区的研究》，《社会学研究》1998 年第 6 期。

肖林：《"'社区'研究"与"社区研究"——近年来我国城市社区研究述评》，《社会学研究》2011 年第 4 期。

谢冰：《月也——侗族的集体"串门"》，《民族大家庭》1994 年第 1 期。

谢桂华：《农民工与城市劳动力市场》，《社会学研究》2007 年第 5 期。

熊坤新、王建华：《改革开放以来中国民族理论若干问题研究述评》，《民族研究》2008 年第 6 期。

徐赣丽、郭悦：《当代民间文化的遗产化建构——以广西宝赠侗族祭萨申遗为例》，《贵州民族研究》2012 年第 2 期。

徐新建：《沿河走寨"吃相思"——广西高安侗族歌会考察记》，《民族艺术》2001 年第 4 期。

闫丽娟、孔庆龙：《民族互嵌型社区建构的理论与现实基础》，《新疆师范大学学报》（哲学社会科学版）2015 年第 6 期。

严庆：《解读"整合"与"民族整合"》，《民族研究》2006 年第 4 期。

严庆：《新形势下中国民族理论研究简析及其建议——基于 2006—2010 年民族理论研究分析》，《贵州民族研究》2010 年第 6 期。

杨昌嗣：《侗族社会的款组织及其特点》，《民族研究》1990 年第 4 期。

杨刚、李若青：《民族嵌入式社区建设实践的理论思考——基于云南大理关迤社区的调查》，《北方民族大学学报》（哲学社会科学版）2016 年第 5 期。

杨鹍飞：《民族互嵌型社区：涵义、分类与研究展望》，《广西民族研究》2014 年第 5 期。

杨鹍飞：《民族互嵌型社区建设的特征及定位》，《新疆师范大学学报》（哲学社会科学版）2015 年第 4 期。

杨敏：《作为国家治理单元的社区——对城市社区建设运动过程中居民社区参与和社区认知的个案研究》，《社会学研究》2007 年第 4 期。

杨圣敏、王汉生：《北京"新疆村"的变迁——北京"新疆村"调查之一》，《西北民族研究》2008 年第 2 期。

杨圣敏：《大城市中少数民族流动人口聚居区的形成与演变——北京"新疆村"调查之二》，《西北民族研究》2008 年第 3 期。

杨士宏：《"白马"藏族族源辨析》，《西北民族学院学报》（哲学社会科学版）1985 年第 4 期。

杨文顺、金炳镐：《近年来中国民族理论研究的热点问题》，《民族论坛》2013 年第 2 期。

杨锡、进飞、星煌：《解放前通道侗族地区原始社会的痕迹》，《贵州民族研究》1982 年第 1 期。

杨宜音：《个体与宏观社会的心理关系：社会心态概念的界定》，《社会学研究》2006 年第 4 期。

张朝霞：《新疆嵌入式社会结构和社区环境的实现路径研究》，《西北师大学报》（社会科学版）2016 年第 1 期。

张会龙：《论各民族相互嵌入式社区建设：基本概念、国际经验与建设构想》，《西南民族大学学报》（人文社会科学版）2015 年第 1 期。

张济川：《白马话与藏语（上）、（下）》，《民族语文》1994 年第 2、3 期。

张佩国：《民间法秩序的法律人类学解读》，《开放时代》2008 年第 2 期。

张秋红、杨占武：《宁夏红寺堡生态移民区回族方言接触探析》，《北方民族大学学报》（哲学社会科学版）2016 年第 1 期。

张瑞娟：《内蒙古县域发展水平综合评价研究》，《内蒙古财经大学学报》2015 年第 2 期。

张善余、曾明星：《少数民族人口分布变动与人口迁移形势——2000

年第五次人口普查数据分析》，《民族研究》2005 年第 1 期。

张智楚：《人类学的新使命——从"生态"研究到"心态"研究》，《群言》1992 年第 9 期。

赵世林：《论民族文化传承的本质》，《北京大学学报》（哲学社会科学版）2002 年第 3 期。

赵旭东、辛允星：《权力离散与权威虚拟：中国乡村"整合政治"的困境》，《社会科学》2010 年第 6 期。

郑杭生：《民族团结与和谐社会建设——一种社会学的解读》，《创新》2009 年第 12 期。

周竞红：《"民族团结"内涵的演变及当前巩固民族团结的途径》，《中国民族教育》2014 年第 4 期。

周竞红：《传统社会资源的挖掘和创新利用——"民族团结誓词碑"的启示》，《中央民族大学学报》（哲学社会科学版）2016 年第 3 期。

周平：《中国族际政治整合模式研究》，《政治学研究》2005 年第 2 期。

周星：《少数民族法文化研究应与民族法制研究相结合》，《贵州民族学院学报》（哲学社会科学版）2000 年第 2 期。

朱晓阳：《"语言混乱"与法律人类学的整体论进路》，《中国社会科学》2007 年第 2 期。

## （四）学位论文

丁鹏：《内蒙古阿拉善左旗巴彦浩特镇汉族移民文化变迁研》，兰州大学博士学位论文，2008。

韩莲：《内蒙古阿拉善左旗"蒙古族穆斯林"文化的民族学调查与思考》，中央民族大学硕士学位论文，2010。

黄剑波：《"四人堂"纪事——中国乡村基督教的人类学研究》，中央民族大学博士学位论文，2003。

黄丽娜：《新时期内蒙古自治区阿拉善左旗民族关系研究》，西北民族大学硕士论文，2015。

连玉銮：《现代化进程中白马藏族的社会变迁研究》，四川大学硕士论文，2005。

苏利德：《中国蒙古族穆斯林研究——历史、传统、文化多样性》，中央民族大学硕士学位论文，2012。

王欣瑞：《基督教与近代陕西社会》，西北大学硕士学位论文，2001。

### （五） 报纸与网络文献

习近平：《决胜全面建成小康社会 夺取新时代中国特色社会主义伟大胜利——在中国共产党第十九次全国代表大会上的报告》，新华社，2017 年 10 月 27 日。

《习近平在第二次中央新疆工作座谈会上发表重要讲话》，新华网，http：//www. xj. xinhuanet. com/zt/2014 – 05/30/c_ 1110932196. htm，2014年 5 月 30 日。

《中央民族工作会议暨国务院第六次全国民族团结进步表彰大会在京举行》，见新华网，http：//www. xinhuanet. com/politics/2014 – 09/29/c_1112683008. htm，2014 年 9 月 29 日。

《中共中央政治局召开会议研究进一步推进新疆社会稳定和长治久安工作》，《人民日报》2014 年 5 月 27 日第 1 版。

《关于加强和改进新形势下民族工作的意见》，《人民日报》2014 年12 月 23 日第 1 版。

《全国城市民族工作会议在京召开》，《人民日报》2016 年 1 月 7 日第 1 版。

《总书记两会声音》，《人民日报》2017 年 3 月 15 日第 9 版。

马广海：《社会心态的概念辨析》，《光明日报》2014 年 4 月 2 日第16 版。

闵言平：《深刻把握民族工作"五个并存"的新特征》，《中国民族报》2014 年 11 月 28 日第 5 版。

潘柒七：《试论侗族"月也"的社会文化功能》，《贵州民族报》2013 年 10 月 16 日第 B3 版。

汪晖：《中国：跨体系的社会》，《中华读书报》2010 年 4 月 14 日。

严庆：《互嵌的机理与路径》，《中国民族报》2015 年 11 月 6 日第 7 版。

杨圣敏：《新疆村的调查与分析》，《中国民族报》2001 年 9 月 4 日。

杨宜音：《作为社会共识表达方式的社会心态》，《光明日报》2014 年 4 月 2 日第 16 版。

图书在版编目（CIP）数据

互嵌式社会与民族团结：人类学的视角／张少春著
. -- 北京：社会科学文献出版社，2018.4（2022.10 重印）
（中国特色民族团结进步事业丛书）
ISBN 978 - 7 - 5201 - 2491 - 1

Ⅰ.①互…　Ⅱ.①张…　Ⅲ.①民族团结 - 研究 - 中国
Ⅳ.①D633

中国版本图书馆 CIP 数据核字（2018）第 059899 号

中国特色民族团结进步事业丛书
互嵌式社会与民族团结：人类学的视角

著　　者／张少春

出 版 人／王利民
项目统筹／宋月华　周志静
责任编辑／周志静　韩莹莹
责任印制／王京美

出　　版／社会科学文献出版社·人文分社（010）59367215
　　　　　　地址：北京市北三环中路甲 29 号院华龙大厦　邮编：100029
　　　　　　网址：www.ssap.com.cn
发　　行／社会科学文献出版社（010）59367028
印　　装／唐山玺诚印务有限公司

规　　格／开　本：787mm × 1092mm　1/16
　　　　　　印　张：20　字　数：335 千字
版　　次／2018 年 4 月第 1 版　2022 年 10 月第 2 次印刷
书　　号／ISBN 978 - 7 - 5201 - 2491 - 1
定　　价／98.00 元

读者服务电话：4008918866